理解中国的经济崛起

源起、模式与特色

**DEMYSTIFYING CHINA'S
ECONOMIC EMERGENCE**

Origin, Models, and Features

郭益耀（Y. Y. Kueh） 陈钊 冯曲 主编

中国出版集团 东方出版中心

图书在版编目（CIP）数据

理解中国的经济崛起：源起、模式与特色 / 郭益耀，
陈钊，冯曲主编. －上海：东方出版中心, 2023.2
ISBN 978-7-5473-2142-3

Ⅰ.①理… Ⅱ.①郭… ②陈… ③冯… Ⅲ.① 中国经济－
经济发展－研究 Ⅳ.①F124

中国国家版本馆CIP数据核字（2023）第008035号

理解中国的经济崛起：源起、模式与特色

主　　编　郭益耀（Y.Y.Kueh）　陈　钊　冯　曲
出版统筹　郑纳新
责任编辑　万　骏　陈明晓
封面设计　今亮后声

出版发行　东方出版中心有限公司
地　　址　上海市仙霞路345号
邮政编码　200336
电　　话　021-62417400
印 刷 者　上海盛通时代印刷有限公司

开　　本　890mm×1240mm　1/32
印　　张　19.75
字　　数　455千字
版　　次　2023年7月第1版
印　　次　2023年7月第1次印刷
定　　价　128.00元

序言

郭益耀、冯曲、陈钊

从 1978 年开始,中国经济在 40 多年里保持了年均超过 9% 的增长率。这使得中国的人均 GDP 从 1978 年不足 200 美元提高到 2020 年约 10,000 美元。考虑到中国有将近 14 亿的人口,10,000 美元的人均水平让中国的 GDP 总量达到约 14 万亿美元,占世界经济的比重从 1978 年的 1.8% 提高到今天的大约 17%,成为仅次于美国的世界第二大经济体。2010 年,中国的货物出口超过德国,成为世界第一大出口国。不仅如此,作为全球重要的制造大国,如今中国在全球价值链中的地位持续上升,不仅出口的附加值显著提高,技术进步加快,而且正在从技术模仿者向创新者转型。

长期以来,研究中国经济的学者通过观察经济决策激励机制的改变、财政分权制度的演化,特别是政策跟市场经济的互动,试图去理解中国经济成功崛起这一重大历史现象。的确,在推动计划经济模式向市场经济过渡并鼓励民营经济的发展方面,邓小平推动的市场改革功不可没。它不但改变了中国大陆 1978 年之后的经济发展模式,还获得空前的成功。但不可否认,推动经济的市场化只是中国经济成功崛起的必要条件。从跨国经验来看,一个国家成功的经济发展还要具备更多的额外条件,不然无法解释真正能逾越低收入陷阱和中等收入陷阱的国家(地区)为何凤毛麟角。中国无疑是具备了那些条件的。现今世界,大多数低收入国家长期无法实现经济崛起,大概不是因为无视经济市场化和开放的机会，而是因为缺少了国家制度的支撑。

2000 年以来，郭益耀教授发表了多项研究论文和著作，显示他很早就意识到有必要对中国经济崛起之模式问个究竟。与大多数经济学家的看法不同，郭教授认为经济学家要拥有更宽广的、历史的视野，方能理解中国经济的成功崛起背后应有一个连贯而不是断裂的逻辑。郭教授感到有责任向学界发出提醒，中国在相当长时期内（包括改革开放前的计划经济时期）在人力资本及工业化方面打下的基础，对邓小平时代推行的改革开放的成功提供了关键的助力，在漫长历史上形成的统一国家体制和维护国家秩序的能力更是重要。

张军教授认同郭教授的上述想法并曾写信交流。张军教授是中国经济研究领域著名的经济学家，目前是复旦大学文科资深教授、经济学院院长、复旦大学中国经济研究中心主任，对中国经济问题的研究精湛，见解独到。郭教授自己也确实曾经想过进一步推动相关重大研究，可惜"心有余而力不足"，他将这份希望寄托于张军教授以及更多志同道合的经济学家。

张军教授与郭教授相识近 30 年，是同行更是挚友。张军教授多次访问香港，曾经在香港岭南大学访学，也曾经到香港郭教授家中与郭教授畅谈研究与志趣。那些场景历历在目，郭教授至今记忆犹新。用郭教授的话讲，张军教授不但对中国经济有深厚的研究功底和成果，而且多年来积极推动海内外学术交流，为中国经济研究集思广益。

记得 2010 年，张军教授大病初愈，回到上海浦东家中静养。为了加强他的信心和勇气，郭教授偕同夫人晓瑚女士从香港赶到上海看望。郭教授那天对张军教授说："你吉人天相，将来你 60 大寿时，我准备学德国大学的传统，为你出版一本贺寿专辑。"

弹指间，2023 年 1 月迎来张军教授的 60 岁华诞，也正逢张军教授从教 35 周年。因此,郭益耀教授借此机会,邀请海内外中国经济研究之翘楚,拨冗撰写专文,汇集成一本名为《理解中国的经济崛起:源起、模式与特色》的专辑,作为送给张军教授 60 岁华诞和从教 35 周年的庆祝大礼。这种贺礼在欧美学界颇为流行,德国的大学习惯称为 Festschrift,在学术界本是由来已久的传统。

于是,郭益耀教授在 2021 年向中国经济学界以及致力于中国经济问题的海外同行发出邀请,得到张军教授很多学界好友和弟子的热烈响应。一年时间,近 30 位经济学家为 Festschrift 撰写了论文。基于这些论文的国际研讨会由张军教授的弟子们精心准备。2022 年 9 月 17 日,由新加坡南洋理工大学经济学系主办的"中国的经济崛起:起源与模式"高端学术研讨会在线上成功举行,并现场直播,超过 6.7 万人次观看了本次研讨会,盛况空前。

这次研讨会是近年来中国经济学界的盛事。郭益耀教授亲自致开幕辞。他深情回顾了自己与张军教授的忘年交,并感谢学者同仁踊跃参会。他期待研讨会产生丰硕的学术成果,推动中国经济学的发展进步。他预祝 Festschrift 出版顺利,并以此庆祝张军教授从教 35 周年和 60 岁华诞。

随后,张军教授的弟子冯曲教授代表主办方新加坡南洋理工大学经济学系致开幕辞。冯教授对郭益耀教授的学术贡献给予高度评价,并感谢郭益耀教授亲自发起筹备 Festschrift 和本次研讨会。他还回顾了张军教授与他的师生情,深情感谢张军教授对他的指引、栽培与鼓励。他期待与研讨会学者一道,分享对中国经济发展的最新研究,共同推进跨国学术合作与理论发展。

为庆祝张军教授即将迎来的从教 35 周年和 60 岁华诞,研讨会开幕式上还播放了张军教授的弟子为研讨会特别制作的纪念视频。视频从两位复旦经济学院在校生的视角,通过他们对三位年轻教师的探访,逐步走近张军教授丰富的学术人生。视频还回顾了张军教授在学术研究、国际合作与教书育人方面的卓越贡献，展现了张军教授作为复旦大学经济学院院长领导学院发展取得的重要成绩。

　　在开幕式后，研讨会首先邀请张军教授的好友，著名经济学家、北京大学新结构经济学研究院院长林毅夫教授做开幕特邀演讲。林教授的演讲题目为"内生结构视角下中国经济发展的波折与崛起"。林教授基于新结构经济学的概念框架和内生结构的新视角来分析中国经济崛起的内在机制，并以此展望中国经济发展的未来。林教授提出，从"新结构经济学"的角度来看，中国应当利用"有效市场、有为政府"的共同作用，按照比较优势来实现高水平发展。他预计，从2019到2049年，中国将会每年保持4.5％的增速，从而成为先进工业化国家，并实现民族复兴的伟大目标。

　　研讨会随后的四场主题演讲共邀请了18位经济学家从各自不同的研究角度分享了自己的最新学术成果。另外，研讨会还邀请了新加坡南洋理工大学的冯曲，浙江大学的方红生，复旦大学的寇宗来、兰小欢、罗长远、章元、章奇、宋弘、奚锡灿等教授担任评论人，对报告嘉宾的论文做了评论。研讨会还吸引到多位国际经济学界前辈参与，包括香港岭南大学校长郑国汉教授、香港岭南大学经济学系前主任何泺生教授，以及香港岭南大学教授、山东大学经济学院前院长林平教授等参与了研讨会的讨论。会后，何泺生教授还应邀为本专辑撰稿。

　　最后，研讨会邀请张军教授做闭幕致辞。张军教授首先感谢郭益耀教授的提议和发起，也感谢众多海内外经济学界的好友与弟子花上一整天的时间全程参与会议并做精彩分享和讨论。随后张军教授就会议关于中国经济崛起模式的起源这个话题做了自己的学术分享。他首先介绍了他的研究团队试图基于"秩序—创新—规模"（order-innovation-size）的内在关系分析经济发展的理论框架的努力。他说，历史上看，工业化首先在近代欧洲发生，是因为欧洲首先解决了政治秩序与商业创新活动的兼容问题,形成了一套后来被新制度经济学家大力推崇的经济制度。这套制度通过航海贸易和殖民扩张输出到了世界其他地区,但仅有极少数地区获得经济发展的成功。所以新制度经济学并不能为战后大多数国家的经济发展努力提供多大的帮助。话锋一转,张军教授说,东亚经济的成功以及中国这个大国的经济崛起都是在并不具备西方经济制度的情况下发生的,这提醒我们,东亚的发展模式里应有追赶工业化的先行者的战略成分。这个追赶战略既要满足对制度质量的最小化要求,也要能够执行。而满足这两个条件的发展战略就是加工出口战略。张军教授认为,实行出口导向战略事实上是东亚和中国经济崛起的共同逻辑起点,并非偶然。基于这个分析框架,张军教授简单介绍了他对后来者的经济发展和制度变化的基本看法。最后,他也相信中国这个大国经济的持续崛起将为经济发展的理论带来深刻变革。他期待与海内外各界朋友一道努力,为中国经济学的发展做出更大的贡献。

研讨会从早上 8:30 开始一直持续到晚上 6:30。会上,张军教授的很多海内外学界好友彼此相聚,交流并讨论了关于中国经济研究的最新成果。借此机会,学界同仁表达了对张军教授即将迎来的从教 35 周年及 60 岁华诞的深情祝福。用林毅夫教授的话说,各地的嘉宾能花 10 小时不间断全程参与这个研讨会,在这些年来是非常罕见的现象,说明从理论上探讨中国经济成功崛起的模式与起源确实是一个非常值得投入的学术活动。林毅夫教授希望学界同仁要以这个研讨会为契机,把这个主题的高端会议持续开下去,一定能寻找到中国经济成功里存在的尚不被现代经济学关注的新发现。

尤为荣幸的是,张五常教授也在会后应邀发来大作《推断与解释中国》。文中,张五常教授回顾了他在 20 世纪 80 年代如何顿悟,推断中国必将走向市场经济。这源自张五常教授对两项局部转变的观察。第一个是中国通过承包合约的转变,推动了产权的确定。第二个则是他留意到当时珠三角地区国有企业不少职工转变为合同工，这意味着合同工成了"小资本家"，进一步壮大了市场主体。基于这两个关键的局部变化，张五常天才地推论中国不可能走回头路重回到计划经济，而只能向市场经济发展。张五常教授还分享了他昆山之行后的又一次顿悟：将中国的县际竞争与其成名之作《佃农理论》的思想联系在一起。用张五常教授本人的话形容，真的是"因缘际会"而又"深不可测"！

本专辑收录了研讨会的大部分论文，这些论文涉及中国经济的重大关键问题，包括经济增长的历史演进与现实挑战、国家发展战略、国家治理现代化、制度改革、产业政策与市场经济、财政政策转型、地方政府行为、国有企业改革、创新模式、创业与知识产权保护、企业融资约束、碳中和与能源转型、互联网与自营就业、东亚发展模式的比较分析等。本专辑囊括这些论文，力图在中国经济问题的研究上提出新见解、新证据、新理论，从而细致且系统地探究中国经济崛起的源起、模式与特色。

回首这次研讨会的盛况，我们燃起对中国经济学现代化、国际化和自主发展的坚定信心。学界相知相敬、师生薪火相传的佳话必然会激励后来人投身到研究中国经济转型与变革的浪潮中。乘风破浪会有时，直挂云帆济沧海！正如林毅夫教授和张军教授在总结研讨会时所说，让我们共同投身到中国经济学发展的大时代，做出新的贡献！

让我们谨以这次会议和本专辑为张军教授从教 35 周年以及 60 岁华诞表示庆祝。祝张老师身体健康，继续引领中国经济学发展前进的方向！

目　录

总　论

专　论

总

论

推断与解释中国

张五常

1979 年的夏天，我收到伦敦经济事务学社的主编朋友一封短信，说撒切尔夫人的办公室要求一个经济学者回答一个问题：Will China go capitalist？他说一个五百字的答案足够。问题有趣，该年九月我带着杨怀康到阔别了二十二年的广州一行。是从香港坐飞机去的！见到姊姊一家，恍若隔世。

在那三天行程中我认识了几位有等级排列的干部朋友。我对经济现象非常敏感。当时的广州贫穷毋庸细说，但我重视的是干部的等级排列。

推断中国反对者众

我要到两年后才惊觉：当年中国干部的等级排列是为了在资产没有权利界定的情况下，减少竞争必然会出现的租值消散。1979 的广州之行后，我得到的结论清晰：中国需要的经济改革，要从以等级界定权利转到以资产界定权利那边去。当时我肯定这是改革的关键，但要用上什么机制才能转过去呢？我要到 1983 年初才想到：通过承包的合约转变！那时，我肯定地推断中国会改走市场经济的路。

按五百字的要求，1981 年我寄给伦敦一份厚厚的足以印成一本小书的文稿。该社的老编很高兴，要立刻出版，但却轮到我这边有困难：读到该文的朋友一致反对我肯定地推断中国会改走市场经济的路。

反对最强烈的是两个人：1979 年获经济学诺贝尔奖的舒尔茨（T. W. Schultz）与 1992 年才获诺奖的贝克尔（Gary Becker）。可能因为刚获诺奖不久，舒尔茨寄来的信老气横秋，说经济学不能推断经济改革这种事。此君大名，善行政，但没有发表过一篇档次高的经济学文章，他怎样说我不管。问题是贝克尔。他是我认识的分析力最强的经济学者。他欣赏我的创意，我欣赏他的分析力。君子和而不同，奇怪地，贝兄和我永远不同（一笑）！

当年我推断中国会改走市场经济的路，肯定地下笔，是把自己的名字押上去，推错了，黄河之水也洗不清。我这肯定推断是在承包合约来得明确之前。当时我看到两项明确的局限转变，认为转回头近于不可能，就把自己的名字押上去了。

局限转变看得清楚

我不容易说服街上的人——而今天看不容易说服经济学者——局限的转变只要掌握得准确、足够，有公理性的经济学的推断功能跟自然科学的没有分别。好比 1984 年我见到在珠三角一带，合同工纷纷取代国家职工，我说中国的经济改革不会走回头路。当然又给外人骂个半死。我怎可能错呢？一个国家职工转作合同工，只要有市场，不管有没有借贷、利息率存在，这是费雪的天才之见。跟着的推理是，一个合同工可用他的预期收入，以利率折现而求得自己的身价，即是自己成为一个小资本家。国家要走回头路，怎会得到那无数的小资本家的同意呢？这跟牛顿说苹果脱离了树枝，下跌到一半不会回升到树枝上去一样。经济学的困难是从事者学不到家。

作为一门有公理性的实证科学，解释人类的行为，经济学不仅可作事后解释，也可在事前推断。1981 年我说中国会改走市场经济的路，是事前推断。然而，这推断需要掌握有关的局限转变，非常困难。我能成功，是因为当时只有一个关键性的利益团体，而两项重要的局限转变来得很夸张。我不是侥幸地猜中，而是侥幸地遇到一个我可以肯定地掌握着切要的局限转变的情况，让我放胆地把自己的名字押上去。至于中国的改革给人类带来一个新时代，则是我的另一项回报了。

科斯定律有严重的错

同学们要找机会细读那本小书。其中我指出"科斯定律"有错。科斯说如果交易费用是零，市场会怎样怎样。我说如果交易费用真的是零，不会有市场！这点科斯同意，阿罗（K. Arrow）也同意，只是当时大家不认为是重要的。后来我愈想愈重要；科斯本人也认为重要。重要在哪里呢？重要在我们不知道为什么会有市场！这个问题难倒我很多年，要到 2007 年写《中国的经济制度》时我才想到答案。

市场为什么会出现呢？这是大难题，因为专业产出与收入分配不需要通过市场。另一方面，市场的运作牵涉到的交易或制度费用很多，公安、法律、金融、管理等费用，在先进的市场经济中，一般的估计是占国民收入的百分之七十以上！如果这些费用一律是零，由一只看得见的手指导生产与分配，没有市场会节省很多资源。

为什么会有市场我想了很久。第一个破案的关键是，20 世纪 90 年代中期我给交易或制度费用来一个广义的阐释：在一人世界不存在的费用一律是交易或制度费用。过了几年我想到，租值消散是一人世界不存在的，所以这消散是交易或制度费用中的一种。再过几年，一个难得一遇的漂亮思维出来了：市场的出现，是通过引进法律、公安等多项提升交易费用的法门，来争取采用市价这个唯一不会导致租值消散的竞争准则，从而减少足以灭绝人类的租值消散！这里含有一个非常重要的交易费用替代理论：提升我们日常见到的交易或制度费用，来替代也算是制度费用的租值消散。

　　1981 年的夏天，我在美国，杨怀康从香港给我打电话，说香港前财政司的郭伯伟告诉他，香港大学的经济讲座教授之位将要空出，嘱我申请。早上半年，科斯找我，希望我能到香港工作。他认为我是对经济制度的运作知道最多的人，又懂中文，听说中国可能开放改革，我应该到那里解释一下市场是怎么一回事。从我那里听到港大将会有空缺，他促我申请。

　　我是 1982 年 5 月到香港任教职的。1983 年 10 月，我开始写一个名为"张五常论衡"的专栏，每星期要写两篇之多。勉为其难，但过了不久我发表了篇有趣的文章《卖橘者言》——读者热闹起来。后来好些人说，这些是经济学散文的开山之作了。我自己呢？见读者喜爱，就继续如此这般地写下去。在"论衡"我一口气地写下后来结集的三本书，解释经济制度的运作，希望能协助中国改革选择要走的路。

　　我不是个改革者。只是年幼时见那么多小朋友饿死街头，而自己后来有机会求学，一发劲，三招两式就成为学者，认为中国的青年也应该有类似的机会。想当年，北京的朋友很快就知道我是那样的一个人，在多方面协助，我要求什么数据他们立刻提供。尤其是《再论中国》，没有他们的协助写不出来。有影响吗？很难说。当时我不敢希望他们依我的去做，只是希望他们读我的文章。后者，我算是成功了——超出我下笔时的期望！

　　在学问的进取上我是个非常幸运的人。重要如中国的经济改革，数世纪难得一见的，纯从学术那方面衡量，最重要的两篇英语文章皆由我写出来,而且写得好! 因缘际会,在人类的一个历史性的转变中我能写出两件关键性的作品,可谓不枉此生!

昆山之行看到现象

1997 年,我到昆山为先父研发出来的抛光蜡找厂房用地。因为原料的进口成本过高,是不可能赚钱的小生意,只是母亲说父亲的发明要保全下来。那趟昆山之行,我察觉到地区与地区之间竞争"抢客",其激烈我以前没有见过。地区之间有竞争是老话题,但我见到的激烈程度仿佛是多间商店销售同样物品。怎会是这样的呢? 百思不得其解。我要到 2003 年,得到一位地区干部朋友的提点,才恍然而悟:土地的使用权力落在县的手上! 每个县的政府是用出售土地的使用权利来引进投资者带来收入的。因为多种权利皆界定得清楚,县与县之间的激烈竞争就出现了。中国当时有 2,860 个县,其竞争抢客的激烈可想而知。

生命短暂,上苍仁慈

做学问要锲而不舍——这点能耐我是有的。我也有不寻常的杀手本能,即一个研究项目开了头,我是见不到成果不罢休。然而,作为一门公理性的实证科学,经济学既可事后解释,也可事前推断,实验室的存在与操作一定需要。不幸的是,复杂无比的真实世界是经济学的唯一可靠的实验室,而此室也,我们无从操控。别无选择,从事经济研究的要不断地到真实世界跑。这是我个人的取向。

问题是人的生命短暂,我能活到今天的 82 岁,上苍的仁慈与医疗的发达都是原因。事实的观察需要累积,我刻意地等到退休后的65 岁才动笔写《经济解释》,写了四次,从起初的三卷到今天的五卷,断断续续地写了 17 年。

一夫之勇与好的经济学

《经济解释》到处都是假说验证，从街头巷尾的观察到古今中外的史实，都要有掌握。因为频频引进交易费用，有趣的定律彷佛信手拈来。《经济解释》跟马歇尔的传统有两方面的重要分离。

其一是除了需求量（quantity demanded），所有无从观察的术语或概念我完全不用。需求量是指意图之量，不是真有其物，但有关的需求定律不可或缺，所以需求量我保存下来。我把不是真有其物的功用（utility）放进废纸箱内，跟贝克尔等大师是过不去了。贝兄是"功用"大师，而我则认为没有边沁（Jeremy Bentham）这个人，经济学的发展会更好。功用函数这种玩意儿，作者中了套套逻辑之计不容易知道！同学们不妨参阅 1972 年我发表的《婚姻》与贝兄 1973 年发表的《婚姻》，比较一下。还有，贝兄认为我 1978 年发表的《座位票价》一文是解释错了，我却认为是好文章，同学们也要读该文，作自己的判断。

其二，为了让出很多空间，方便交易或制度费用的引进，我把经济学的整体简化为需求定律、成本概念与竞争含意这三个基础，其他可以完全不用。当然，上述的三个理论基础要用出很多的变化才可以展示出无限的威力。

科斯谢世前几年，不断地要求我把好的经济学在中国再搞起来。他很不满意经济学的发展好些年，但我的不满比他来得早——约早上二十年吧。要凭一夫之勇把好的经济学在中国搞起来，当然很夸张，不可信。然而，从近两三年的发展看，科斯和我的期望可不是白日梦。今天我相信，好的经济学在中国搞起来的机会不差。这是因为读我《经济解释》的多是商人或干部。他们读不是为了考试或名头，而是认为对他们有用处。

内生结构视角下中国经济
发展的波折与崛起*

林毅夫

  大家上午好。非常荣幸能够参加祝贺张军教授从教 35 周年和明年 60 华诞的国际高端学术研讨会,并在会上做主旨发言。我非常尊重张军教授。三十多年来我们在学术上相互学习、相互切磋、相互勉励。张军教授在中国经济发展与崛起上做了很多开创性的研究,取得了卓越的成就。这一领域也是我个人的研究重点。近些年我倡导总结中国和发展中国家经济发展经验现象的新结构经济学,今天我想从新结构经济学内生结构的视角来诠释中国在 20 世纪经济发展的波折和崛起的现象。

  中国经济从 19 世纪以来的波澜壮阔的起伏变化是世界经济史上的一件大事。历史上中国曾经是一个鼎盛的文明,但在 18 世纪下半叶,西方国家出现工业革命以后,中国经济在世界上的地位就急剧下滑。根据麦迪森计划的数据整理的图 1 所示,中国 GDP 在 1820

* 本文由石烁博士根据 2022 年 9 月 17 日"中国的经济崛起:起源与模式"(International Symposium on the Origin and Model of China's Economic Emergence)高端学术研讨会上的主旨演讲整理成文,特表致谢。

年的时候占到全世界的 30%，其后快速持续地下跌，直到 1970 年代
末改革开放以后才又迅速崛起。

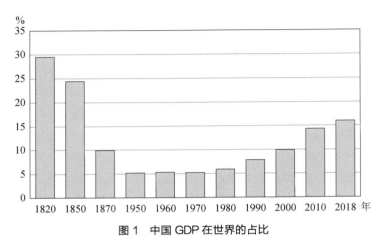

图 1   中国 GDP 在世界的占比

数据来源：作者整理自 Maddison Project Database（MPD）2020。

　　经济是基础，经济地位的下滑伴随着国力的衰弱，在 1840 年的
中英鸦片战争中，中国被英国打败，中国开始了将近一个世纪的割
地、赔款，人为刀俎我为鱼肉的民族屈辱的历史。中国知识分子历来
以国家兴亡为己任，鸦片战争以后，几代知识分子为了中华民族的伟
大复兴抛头颅洒热血，包括：推动洋务运动的曾国藩、李鸿章、左宗
棠；推动戊戌变法的康有为、梁启超、谭嗣同；推动资产阶级民主革命
的孙中山、黄兴、宋教仁；推动新文化运动、五四运动的陈独秀、李大
钊、胡适；还有在五四运动以后参加北伐、抗战、社会主义革命的一代
人。虽然有这四代人的不懈努力，但到 1949 年，中国经济规模在世
界的占比已从 1820 年的 30% 下降到 1950 年的 5.2%。中华人民共
和国成立以后，又经过了一代人建设社会主义的努力，到 1978 年的
时候，中国的经济规模在世界的占比也只有 5.9%。对于这几代知识

分子而言,民族的复兴是一个遥不可及的梦。

张军教授、我和在座的许多中国学者都是改革开放后进入大学,毕业后为了中华民族伟大复兴而努力的第六代知识分子。我们这代知识分子和前五代知识分子比是最幸运的,因为从1978年改革开放以后,中国取得了连续40多年平均每年9.2%的增长。在人类经济史上,任何国家或地区都不曾有过以这么高的速度、持续这么长的时间的经济增长。中国在国际上的经济地位也急剧上升,中国经济规模占全世界的比重在1980年是5.9%,到2018年的时候恢复到16.0%。现在中国比历史上的任何时期都更接近民族复兴目标的实现。

为了民族复兴目标的最终实现,几代中国人在中国经济发展上所遭遇到的挫折和取得的成功经验非常值得经济学界的同仁的关心、总结,了解其背后的道理、学理、哲理。新的理论来自新的经验,这是我这些年倡导的新结构经济学的理论源泉,因此,我想借此机会向在座的诸位同仁简要介绍新结构经济学的基本内涵,并从新结构经济学内生结构的视角来解析为什么在改革开放后中国能够取得奇迹式的经济增长,为什么改革开放之前,中国经济发展相对停滞,并对未来的发展做一个简单的展望。

一、 新结构经济学

众所周知,现代经济学是亚当·斯密1776年出版《国富论》以后才从哲学中分离出来而成为一门独立的社会科学。从亚当·斯密一直到20世纪30年代的凯恩斯,全球的经济学研究中心主要是在英国,那段时期提出开创性理论的经济学家普遍是英国人或是在英国工作的外国人,其他地方有,仅是凤毛麟角。从第二次世界大战以后一直到现在,世界上引领理论新思潮的经济学家,基本上不是美国人，就是在美国工作的外国人，其他地方有，也同样是凤毛麟角。

经济理论是理论的提出者根据对所在国家的社会经济现象的观察，总结其背后的道理而来的。理论是一个简单的因果逻辑，理论提出者从所在社会众多的经济、社会、政治、文化变量中抽象出他认为是造成所观察到的现象的重要决定因素，就以此为因变量，而舍象了其他众多次要的变量来构建解释现象的理论①。所以实际上，我们所学习的任何理论都是内嵌于理论产生之国当时的经济、社会、政治、文化等被归类为结构的变量之中，这些结构变量成为理论的暗含前提。在产生理论的国家，如果其内嵌的结构发生从量变到质变的变化，有些被舍象的变量从非重要的因素变成重要决定因素，比先前的理论提出者抽象出来而保留在理论模型中的因变量产生更为重要的影响时，原有的理论就会失掉解释现象的能力，而被建立在新的重要决定因素上的新理论所取代。

产生于发达国家的理论因为把发达国家的结构作为理论的暗含前提，往往忽视了不同发展程度国家的结构的差异性，通常只要发展中国家的经济、社会、政治、文化结构和发达国家存在差异，就会被认为是存在于发展中国家导致其资源错配、发展绩效差的"扭曲"。②

在第二次世界大战以后，很多发展中国家摆脱了殖民地、半殖

---

① 舍象是和抽象组对的哲学用语，抽象指的是理论提出者在众多社会经济变量中提取重要的因变量放在其理论中来解释所观察到的社会经济现象；舍象则是指理论提出者为了逻辑的简单而将那些被其认为非重要的变量存而不论。
② 例如，新制度经济学在研究发达国家的制度时，一般认为制度是内生的，但是，在运用新制度经济学的理论来研究发展中国家时，则把发展中国家和发达国家的制度差异当作是外生的扭曲。Daron Accemoglu 和 James Robinson 的 *Why Nations Fail* (Cambridge，USA：MIT Press，2011) 就是这方面的代表作。世界银行的 *Doing Business Indicators* 和 *World Governance Indicators*，以及世界经济论坛的《世界竞争力报告》所用的指标也是采用这种思路来构建的。

民地地位,开始追求它们自己国家的工业化和现代化。那时候从主流经济学中分离出来一个新的子学科"发展经济学"。发展经济学最初的理论被称为"结构主义"。结构主义者认识到发达国家与发展中国家在产业结构上的差异性。例如阿瑟·刘易斯提出的两部门模型(two-section model),认为发达国家之所以先进、收入水平高是因为其生产结构为现代化的制造业,发展中国家收入水平低是因为其生产结构停留在传统的农业等自然资源产业。① 结构主义的发展经济学,虽然认识到发展中国家和发达国家的结构差异,但是把这种差异认为是外生的。这是到现在为止,主流经济学理论的现状。

参照第二次世界大战以后东亚经济体的快速发展经验,我根据对中国近代以来经济发展成败的观察,总结、提出了"新结构经济学"的新的理论。和结构主义一样,新结构经济学认为不同发展程度的国家的结构有差异性。新结构经济学采用作为现代经济学主流的新古典经济学的理性人假说和所得(预算)效应以及替代(相对价格)效应的机制来研究、解释不同发展程度的国家的结构差异的产生和结构变动的原因和影响。在命名上,既然把"结构"作为研究的对象,按现代经济学的命名原则应该称为"结构经济学"。为了区别于把结构差异作为外生给定的结构主义,所以,称为"新结构经济学"。②

新结构经济学的核心观点是:不同发展程度的国家,它们的结构是不同的,也就是存在异质性(heterogeneity)。这种异质性是有原因的,也就是内生的(endogenous)。主要原因是每个经济体在每个时

① Arthur A. Lewis, 1954. "Economic Development with Unlimited Supplies of Labor," *The Manchester School*, May.
② 这种命名方式也是现代经济学的常规,例如,诺斯在1960年代用新古典经济学的方法来研究制度和制度变迁时,理应取名为"制度经济学",但是,为了区别于存在于19世纪末和20世纪初的制度学派,所以,称为"新制度经济学"。

点的要素禀赋结构(endowment structure)，内生决定具有比较优势、生产成本最低的生产结构(production structure)，进而内生决定与生产结构相适应，交易成本低，使生产潜力得以充分释放的合适的基层结构(infrastructure)中的各种硬的基础设施如电力、道路等和顶层结构(superstructure)中的各种合适的制度安排如金融、教育、法律、规制、道德、价值规范等。[①] 对于每个经济体而言，要素禀赋和其结构在每个时点给定、随着时间可以变动，不同发展程度的国家，要素禀赋结构不同，例如，发达国家自工业革命以来，资本长期积累，资本相对多、劳动力相对少；而发展中国家正好相反，通常资本相对短缺，劳动力或自然资源相对丰富。一个经济体如果按照每个时点给定的要素禀赋结构所决定的比较优势来选择该时点的产业和产业所使用的技术，那么该产业所生产的产品的成本相对于其他产业的产品的成本在国际和国内都将会降到最低。所以，我们可以说，这样的生产结构是最优的。

不同发展程度的国家，它的生产结构中的产业和每个产业所用的技术不一样，规模经济不一样，对资本的需求不一样，风险特性也不一样。因为规模经济不一样，市场的范围就会不一样。所以，让市场能够运行的基层结构，比如说交通基层结构，包括道路、港口的要求会不一样。并且，由于不同的资本需求、不同的风险、不同的交易特性，属于顶层结构、能够减少风险和能够让交易顺利进行的各种教育、金融、法律、规范等制度安排也不一样。

所以从新结构经济学的视角来看，每个经济体的要素禀赋结构、生产结构、基层结构、顶层结构是相互关联、环环相扣的。其中，生产结构内生于要素禀赋结构，生产结构又内生决定基层结构以及顶层

---

① 基层结构(infrastructure)中文学界目前通用的用语是基础设施，顶层结构(superstructure)中文学界目前通用的用语是上层建筑。

结构。上述便是新结构经济学的核心理念。①

自亚当·斯密以来,经济学家最关注的主题是一个国家怎么发展,这也是"新结构经济学"最关注的问题,也是在座诸位关注的、本次会议的主题。各种生产结构、基层结构和顶层结构都是内生的,而且是内生于每个时点给定、随着时间可变动的要素禀赋结构。收入要增长、国家要发展,生产力水平必须不断提高,生产结构中的产业要升级、技术要创新。但是,既然生产结构是内生的,是内生于要素禀赋结构的,那么,如果生产结构要从生产力水平低的土地面积密集、劳动力密集成功地向生产力水平较高的资本密集的产业、技术升级,那么,要素禀赋结构就必须先从资源、劳动要素相对丰富变为资本要素相对丰富,这是"新结构经济学"视角下的简单的推论。

那么怎样才能够让一个国家的要素禀赋结构快速往资本相对丰富的结构升级?从新结构经济学的视角看,最好的方法是在每个时点上,按照该时点的要素禀赋结构所内生决定的生产结构来选择产业和技术进行生产,这样在生产同类产品的国家中该国的要素生产成本会相对最低,并且该国若有内生于该具有比较优势的生产结构也就是适应于该生产结构的产业和技术之需要的基层结构和顶层结构,这样交易费用也会在同样生产该产品的国家中处于最低的位置。由于要素生产成本和交易费用都处于相对最低水平,该国的产品在国内国际市场上都会最有竞争力,生产企业可以获取可能的最大利

---

① 新结构经济学以要素禀赋及其结构作为内生一个经济体结构分析的起点符合辩证唯物主义物质第一性的原则,认为要素禀赋结构内生决定生产结构、生产结构内生决定基层结构和顶层结构则反映了历史唯物主义的精神。要素禀赋是一个经济体在每个时点的总预算,要素禀赋结构决定一个经济体在那个时点的要素相对价格,所以,要素禀赋及其结构通过预算效应和相对价格效应内生决定生产结构进而内生决定基层结构和顶层结构,这种分析方式统一了马克思主义的分析范式和新古典经济学的分析范式。有关新结构经济学较为详尽的介绍,请参考林毅夫和付才辉所撰写的《中国经济学手册》中的"新结构经济学"词条。

润，整个经济可以创造最大的可以用于储蓄的剩余，投资的回报率也会最高，资本积累就会最快，要素禀赋结构往资本相对丰富的结构变化的速度也就最快，带动比较优势和生产结构的升级，当然升级要顺利进行必须根据比较优势和生产结构的变化，基层结构和顶层结构必须有相应的变化。

根据上面的理解，新结构经济学认为一个国家的经济要发展好，有两个最主要的制度前提。

第一个制度前提是"有效市场"。因为在一个经济体中企业家是生产活动的主体，会根据利润最大化的原则来决定进入何种产业、在进入的产业中采用何种技术来生产，企业家的选择加总形成该经济体的生产结构。如何使企业家利润最大化的自发选择符合新结构经济学所揭示的按照一个经济体每个时点的要素禀赋结构所内生决定的符合比较优势的最优生产结构的原则，这就要求在每个时点上要素相对价格能反映该经济体各种要素的相对稀缺性，这样的价格体系只能在要素和产品的交换都是在竞争的市场中进行时才能获得，所以，有效的市场是按照比较优势发展经济的制度前提。

第二个制度前提是"有为政府"。经济发展不单单是资源的静态有效配置，还是一个各种结构不断动态变化的过程，生产结构根据要素禀赋结构变动的升级需要有先行的企业家决定进入新的产业、采用新的技术，生产结构升级的成功也需要有和其相适应的电力、道路等基层结构与金融、教育、法律等顶层结构。这个结构变动过程必然伴随着市场失灵，需要"有为政府"来帮助企业家克服。首先，先行的企业家进入的产业如果不符合比较优势，不会成功，后来的企业家可以避免同样的错误，如果先行企业家成功，后来的企业家会跟进，所以，先行企业家不管失败或成功都会给其他企业家提供有用的信息，会创造外部性，所以，必须对其有所补偿，才会有企业家愿意先行。并且，先行的企业家进入的生产结构即使符合要素禀赋结构变动后的新的比较优势,要在国内国际市场竞争中拥有竞争力,使升级获得成功,还需有基层结构和顶层结构的相应完善来降低交易费用,使得该生产结构所生产的产品有相较于其他国家生产的同类产品低的总成本。基层结构中的电力、道路、港口和顶层结构中教育、金融、法律等的完善需要积极有为的政府协调不同的企业来达成或由政府自己来达成。

如何发挥市场和政府的作用是经济学界关注、充满争论的问题。如刘易斯所言,没有一个国家不是有了一个明智而积极有为的政府而发展成功的,但是,政府的干预导致一个国家经济发展的失败亦是连篇累牍。[1] 从新结构经济学角度来看,市场有效要以政府有为为前提,因为市场当中尤其是结构升级过程中,必然会出现很多失灵的地方,需要政府来克服。但政府有为,要以市场有效为依归,因为政府的这些作用,实际是帮助企业家克服市场失灵。当然,不同发展程度的国家由于发展阶段和结构的异质性,市场失灵可能发生的地方不同,所以,需要政府发挥有为作用的地方也不同,新结构经济学希望能为各个不同发展程度国家的政府避免缺位或越位提供一个分析的框架。

从新结构经济学的视角来看,不同发展程度的国家,每个时点的要素禀赋结构所决定的生产结构、基层结构和顶层结构会有差异性。这种结构的异质性会导致不同发展程度的国家经济发展、转型和运行的一些原则有差异性。用这种结构的内生性和运行的异质性可以为中国转型后的快速发展,以及转型前中国经济发展的缓慢提供一个内部逻辑自洽并且一以贯之的理论解释。这个框架也可以解释为什么第二次世界大战以来发展中国家取得政治独立以后普遍发展缓慢以及为 20 世纪 80 年代以来发展中国家的经济转型普遍困难重重提供自洽的解释。

---

[1]　Arthur Lewis, *Theory of Economic Growth*, London: Allen and Unwin, 1955, p. 376.

二、 改革开放以后中国经济的快速崛起

经济要发展，收入要增加，不管是在发达国家还是在发展中国家，都要生产力水平不断提高。生产力水平要不断地提高则需要生产结构不断地进行技术创新，利用资本越来越密集的技术，同时，还需要产业不断升级，将各种生产要素从附加值低的产业（像农业）重新配置到附加值比较高的产业（像制造业）。在制造业内部，也要爬制造业的阶梯，从劳动力比较密集的制造业，向资本比较密集的制造业升级。也就是技术创新和产业升级是任何国家实现经济发展必然要遵循的机制。[1]

从新结构经济学的角度来看，发达国家和发展中国家有一个结构的差异性。发达国家收入水平高、劳动力水平高，代表它的产业和技术都已经在世界最前沿，要技术创新，就必须要自己发明新技术，要产业升级，也必须自己发明新产业。这也就是 20 世纪 80 年代中期以后保罗·罗默所提出的"内生经济增长"。[2] 发达国家依靠内生的经济增长，从 19 世纪中叶到现在平均每年的人均 GDP 增速大概是 2%左右。再加上人口增长，每年 GDP 增长在过去一百多年来大概就是 3%左右。[3]

发展中国家也要技术创新、产业升级。但是，发展中国家收入水平低、劳动力生产水平低，代表它现在的产业和技术仍然处在世界前沿内部。由于这样的差异性，发展中国家要技术创新、产业升级，除了

[1] Kuznets, S. 1966. *Modern Economic Growth: Rate, Structure and Spread*. New Haven and London: Yale University Press.
[2] Romer, P. 1986. "Increasing Retgurns and Long-run Growth," *Journal of Political Economy*, 94(5),1002-37.
[3] Maddison, A. 2006. *The World Economy*. Paris: Organisation for Economic Cooperation and Development.

跟发达国家一样,靠自己发明之外,实际还有两种可能性:一个是亚历山大·格申克龙提出的后发优势(advantage of backwardness)。也就是,发达国家在某个产业出现了新技术,发达国家要放弃旧技术才能采用新技术。发展中国家如果生产结构升级到要发展这个新技术的产业时,可以直接采用这种新的技术,而不必有放弃旧技术再来采用新技术的机会成本。所以,发展中国家采用世界最先进技术是有一个机会成本比发达国家低的"后发优势"。[1]

我在"新结构经济学"中其实更强调另外一个概念,"后来者优势"(latecomer advantage)。发展中国家的生产结构中的产业和产业所使用的技术在世界前沿之内,生产结构要升级时,除了格申克龙提出采用全新技术的"后发优势"之外,还可以采用发达国家已经使用过的成熟技术作为技术创新的来源,也可以进入一个附加值更高的成熟产业来进行产业升级,而不一定要采用最新的技术或进入世界最前沿的产业。这样发展中国家就可以有比自己发明新技术、发展新产业低的成本和风险来进行技术创新和产业升级的可能性的"后来者优势"。[2]

从实证经验来看,第二次世界大战以后,200多个经济体里有13个利用了前面讲的后来者优势,实现了每年7%或者更高的增长速

---

[1] Gerschenkron, A. 1962. *Economic Backwardness in Historical Perspective*, *a book of essays*. Cambridge, Mass.: Belknap Press of Harvard University Press.

[2] 一个发展中国家在技术创新和产业升级时,如果最新的技术符合其要素禀赋结构所决定的比较优势,那么"后来者优势"等于"后发优势",所以,"后来者优势"包括了"后发优势"。但是,"后发优势"排除了发展中国家采用成熟技术作为技术创新的来源的可能,许多发展中国家,由于误用了"后发优势"的概念,在不具有比较优势时采用了违反比较优势的最新技术或进入使用最新技术的产业而导致了需要各种政府扭曲、干预来给予补贴的"后发劣势"。见 Lin, Justin Yifu, "The Latecomer Advantages and Disadvantages: A New Structural Economics Perspective," in Martin Andersson and Tobias Axelsson eds. *Diverse Development Paths and Structural Transformation in Escape from Poverty*, Cambridge: Cambridge University Press, 2016, pp. 43 - 67.

度。这个速度是发达国家增速的 2 倍或更多，并且持续了 25 年或更长时间。因此，这些发展中经济体能够大幅度缩小跟发达国家的差距，甚至赶上发达国家。①

中国在 1978 年开始改革开放以后，也成为这 13 个经济体当中的一个。按照这样理解的话，中国改革开放以后能够取得持续到现在 40 多年，每年平均 9.2％的增长，人均 GDP 增长达到 8％左右的成绩，正是充分利用了跟发达国家的生产结构差异所带来的低成本、低风险的技术创新和产业升级的后来者优势。这是中国能够快速崛起的主要原因。

三、 为何在 1978 年以前经济发展缓慢

如果后来者优势是中国在 1978 年以后经济快速增长的主要原因，在工业革命以后，中国跟发达国家的产业和技术差距就一直存在，为何过去未能快速发展？ 中华人民共和国建立以前，中国可以说是一直处于内忧外患之中，政治、经济、社会不稳定，发展受到阻碍。但是 1949 年以后中国就迎来了和平发展的时期，为什么只有到 1978 年改革开放以后才获得了快速发展？ 从新结构经济学的视角来看主要是发展思路的问题，就是在经济建设中忽视了生产结构的内生性。

1949 年以后为了迎头赶上发达国家，也为了国防安全，我国在要素禀赋结构中资本相对极端短缺的条件下，优先去发展资本密集型的重工业。那些资本密集型的产业是发达国家而非当时一穷二白的农业国家的比较优势，所以，当时采取的重工业优先发展战略违背了要素禀赋结构所决定的比较优势。这种违反比较优势的产业中的

---

① Commission on Growth and Development，2008，*The Growth Report：Strategies for Sustained Growth and Inclusive Development*，Washington，DC．：World Bank．

企业在开放竞争的市场中没有自生能力①，即使有正常的管理也不能获得社会上可以接受的利润率，企业家不会自发进入，所以，在政府采取这种发展战略前中国没有这种资本密集型的产业。要把这样的产业发展起来，国家就必须给予要优先发展的产业各种保护和补贴，包括给予市场垄断地位，不准许外国同类产品进入中国，让该类产业中的企业生产的产品享受垄断的高价。并且，压低各种要素的投入价格，包括资本价格、外汇价格、原材料和劳动力的价格，让该类产业中的企业得以用比较低的成本进行建设、运营。这种价格扭曲导致供不应求，出现各种短缺，政府就必须用行政手段按计划来配置资源，才能把要优先发展的产业建立起来。②

这种扭曲的价格体系、行政资源配置，固然得以将资本密集的重工业在一穷二白的农业经济基础上快速建立起来，使得中国在 20 世纪 60 年代就能试爆原子弹，70 年代就能发射人造卫星，建立了独立自主的国防，保证了国家的安全，但是，优先建立起来的产业在市场中缺乏竞争力，未能创造剩余，符合比较优势的产业却得不到必要资源来发展，因此，也无法创造剩余。所以，要素禀赋结构和产业结构升级速度缓慢，造成了经济发展速度和收入水平增长缓慢，在 1978 年时中国的人均 GDP 只有 156 美元，达不到撒哈拉沙漠以南非洲国家平均数的三分之一。从人均收入水平来看，中国跟发达国家的差距不断在扩大。

进入改革开放以后，我国才改变了发展思路。改革开放前中国

---

① Lin, J. Y. and Tan, G. 1999. "Policy Burdens, Accountability, and the Soft Budget Constraint," *American Economic Review*, 89, (2), *Papers and Proceedings of the One Hundred Eleventh Annual Meeting of the American Economic Association*, May, 426 - 31.

② 林毅夫、蔡昉、李周，《中国的奇迹：发展战略与经济改革》，上海三联书店、上海人民出版社，1994 年。林毅夫，《解读中国经济》，北京大学出版社，2018 年。

和其他社会主义国家以及发展中国家的发展思路一样，发展绩效同样差，存在的问题也大致相同。中国的改革开放和苏联、东欧等其他转型中国家相比，最大差异在于我国实现了稳定且快速的发展，避免了苏联、东欧和其他发展中国家那样经济崩溃停滞、危机不断的局面。这种差异在于转型路径的不同，苏联、东欧和其他发展中国家根据当时主流的新自由主义所主张的以休克疗法同时推进市场化、私有化和自由化的华盛顿共识，我国则采取了"老人老办法，新人新办法"的渐进双轨制改革。①

所谓"老人老办法"就是认识到，原来经济中的各种行政干预和扭曲是内生于保护、补贴优先发展的产业中那些没有自生能力的企业的需要。在内生的原因还未消除前，也就是在优先发展的产业中那些企业尚未有自生能力时如果把那些保护和补贴都取消掉，就会出现经济学所说的将次优（second best）取消不会回到最优（first best），而是比原来更差的情形。② 中国政府在转型期则解放思想、实事求是，认识到这一点，继续给予原来的企业必要的保护、补贴，保证其继续生存，也就维持了经济的稳定。

同时，中国政府采取"新人新办法"，放开对符合比较优势的劳动力密集产业的准入，并发挥积极有为的作用，不仅招商引资，还设立了工业园、加工出口区等，让园区里有符合比较优势的产业发展所需要的电力、道路、排水、电信等基层结构和效率高的一站式服务制度

---

① 见 2007 年我在牛津大学所做的马歇尔讲座所出的书，中文版：林毅夫，《经济发展与转型》，北京大学出版社，2008 年；英文版 Justin Yifu Lin, *Economic Development and Transition: Thought, Strategy and Viability*, Cambridge: Cambridge University Press, 2009. Lin, J. Y. "The Washington Consensus Revisited: A New Structural Economics Perspective," *Journal of Economic Policy Reform*, Vol. 18, No. 2 (2014), pp. 96 - 113.

② Lipsey, R. G., Lancaster, K. 1956. "The General Theory of Second Best," *Review of Economic Studies*. 24(1):11 - 32.

的顶层结构。把这些符合比较优势的产业建立起来,在国内外市场迅速变成中国的竞争优势,同时充分利用后来者优势,以实现经济的高速增长。

这种务实的方式不仅让中国在转型期维持了经济稳定和高速增长,也为中国能够逐渐取消计划经济时期遗留下来的各种扭曲创造了必要的要素禀赋结构的条件。在转型前的计划经济时期以及转型初期之所以需要采用各种行政干预和扭曲来保护老产业是因为这些计划经济时期优先发展的老产业违反了当时中国的比较优势,其企业缺乏自生能力。在转型期中国经济持续二三十年的高速增长以后,资本积累得非常快,从1978年时只有156美元的人均GDP,达到现在1万多美元的人均GDP,在要素禀赋结构中资本逐渐从相对短缺变为相对丰富,比较优势和生产结构也不断从劳动力相对密集的产业和技术向资本密集的产业和技术提升。很多在转型初期违反比较优势的产业,已经逐渐变得符合中国的要素禀赋结构所决定的比较优势,这些产业中的企业就从缺乏自生能力变成具有自生能力,只要经营、管理好,在竞争的市场中就能获得社会上可以接受的利润率。像钢铁产业和装备制造业等就是例子。转型期的保护补贴就从"雪中送炭"变成了"锦上添花","锦上添花"并非维持经济稳定和发展所必需,只是带来了寻租、腐败、收入分配不公,因此,可以将之取消,少数关系到国防和经济安全的违反比较优势的产业可以像发达国家一样由财政直接给予补贴,这样,中国也就有了一个有效的市场制度。①

① 林毅夫,《新结构经济学视角下的国有企业改革》,《社会科学战线》2019年第1卷。英文稿见 Lin, J. Y. "State-owned enterprise reform in China: The new structural economics perspective," *Structural Change and Economic Dynamics*, Volume 58, September 2021, pp. 106 - 111.

四、 未来改革和发展的建议

现在我们比历史上任何时期都更接近中华民族的伟大复兴，这个目标的最终实现有赖于经济持续地以快于现有的处于领先地位的发达国家的增速发展，从新结构经济学的视角来看，这要求我国必须在有效市场和有为政府的共同作用下，按照要素禀赋结构和比较优势的变化来进行生产结构的转型升级和相应的基层结构和顶层结构的完善。随着中国经济发展水平的提升，有些产业已经处于世界的前沿，这些产业的进一步技术创新和升级就有赖于内生增长的方式靠自主研发来取得，同时，中国目前的人均 GDP 按购买力平价计算只有当前最大最强的美国的四分之一左右，代表我国绝大多数产业仍处于追赶的阶段，在这个过程中我国仍要充分利用后来者优势来进行技术创新和产业升级才能有比发达国家更快速的持续发展。

作为一个有 14 亿人口的大国，改革开放后中国的快速崛起带来了世界百年未有之大变局。自 19 世纪末以来一直处于世界最大最强地位的美国为了维持在世界上的霸权地位对我国采取了贸易摩擦、科技战等手段，限制高科技企业和中国的正常市场往来，冀图让中国无法充分利用后来者优势来抑制中国进一步的发展。但是，绝大多数我国不具有比较优势的高科技产业，不仅美国有，其他发达国家也有，贸易是双赢的，而且，小经济体得到的好处大于大经济体，我国现在已经是按购买力平价计算的世界第一大经济体，只要我国继续保持快速增长和开放，德国、法国、瑞士、日本、韩国等其他发达国家没有为维护美国的霸权而牺牲和中国的贸易往来给其企业、就业和经济整体发展所带来的利益的意愿。所以，除了那些只有美国有、其他发达国家都没有的高科技产品中国需要依靠财政直接补贴以举国之力来攻关防止被卡脖子之外，其他的产品应该按照比较优势原则,利用国内国际两个市场、两种资源来加速经济发展。如果能够按这种方式发展,我判断中国在未来还会有巨大的发展潜力。根据宾夕法尼亚大学公布的世界表第 10 版的统计数据,2019 年中国的人均 GDP 按购买力平价计算只有美国的 22.3%,相当于德国 1946 年、日本 1956 年、韩国 1985 年和美国的差距水平。以上三国都维持了 16 年人均 GDP 年均 8%以上的增长。所以,从后来者优势来判断,在 2035 年以前中国应该有人均 GDP 年均 8%左右的增长潜力。

另外,与德国、日本、韩国当年处于和中国现在同一发展阶段的情况比,中国还有一项优势。以前没有大数据、人工智能等新经济,这种新经济的产品和技术研发周期特别短,主要投入是人力资本,人力资本由后天的教育和先天的才能组成,注重教育的发展中国家和发达国家在人力资本上其实差异不大,给发展中国家在短研发周期的新经济上提供了换道超车的可能。① 中国的资本禀赋和工业革命以后已经发展了两百多年的发达国家比处于相对短缺的地位,许多传统的资本高度密集的先进产业我国仍不具有比较优势,但是,在新经济的换道超车上,我国不仅和发达国家站在同一条起跑线上,而且,我国具有人多天才多、国内市场大、产业配套齐全的优势,因此,结合传统经济的后来者优势和新经济的换道超车优势,中国在 2035 年之前应该还有不低于 8%的年均增长潜力。用同样的方式来分析,即使到 2049 年,中国也仍然有比发达国家更高速增长的潜力。

中国在 2019 时按购买力平价计算的人均 GDP 为美国的 22.6%,过去 50 年多来美国的人均 GDP 的年均增长率为 1.8%,未来很可能仍然维持这样的增长速度,如果我国从 2019 到 2049 年的 30 年间,能够保持平均每年的人均 GDP 增长速度比美国高 2.7 个百

---

① Lee, K. 2013. *Schumpeterian Analysis of Economic Catch-up*: *Knowledge*, *Path Creation*, *and the Middle-income Trap*. Cambridge: Cambridge University Press.

分点,也就是平均每年人均 GDP 增长 4.5％的速度,那么到 2049 年时,中国的人均 GDP 将达到美国的 50％。由于中国的人口大约为美国的 4 倍,届时中国的经济规模将为美国的二倍,这是一个改变不了的事实;同时,京津沪和东部沿海 5 省 4 亿多人口的发达地区人均 GDP 很可能达到和美国同一水平,其生产力、产业和技术水平也将和美国处于同一水平,美国对我国将不再拥有卡脖子的技术优势;并且美国从和我国贸易中得到的好处大于我国,美国为了自己的发展和就业需要和中国保持友好的关系。到那时世界就很可能走出百年变局,进入一个新的稳定的格局。[①]

现在世界上进入高收入水平的经济体有 70 个,其中有 28 个属于人均 GDP 达到美国的 50％或更高的先进国家。这 28 个国家中除了一些小的石油生产国和像摩纳哥那样以博彩业或金融业为主的小国家之外,还包括了欧美老牌的工业化国家,以及日本、韩国、新加坡和以色列等亚洲的新兴工业化国家。预计到 2049 年,中国的人均 GDP 若能达到美国的一半,中国也将成为一个先进的工业化国家,实现民族复兴的目标。

五、 结语

最后,在祝贺张军教授从教 35 周年和明年 60 华诞的同时也对在座的各位同仁和我国的经济学界谈点寄望。从亚当·斯密以来,世界经济中心就是世界经济学的研究中心和引领世界经济学理论思潮的大师辈出的中心。新的理论来自新的现象,中国经济历经百年衰弱后的强势崛起是一个新的经济现象,中国的未来也将在与现有

---

① 林毅夫,《百年未有之大变局下的中国新发展格局与未来经济发展的展望》,《北京大学学报(哲学社会科学版)》2021 年第 5 期。

发达国家的理论所依据的经验有所不同旳条件下发展,中国的经验将会是一个理论创新的富矿。当中国实现民族复兴,继工业革命以后的英国和美国成为世界最大最重要的经济体时,中国应该也有可能和过去的英国、现在的美国一样成为世界经济学理论研究的中心、创新的中心和大师辈出的中心。要让这个愿望成为现实,经济学界的同仁需要以规范的方法,研究中国本土的经验现象,提出创新理论,那么,随着中国经济的地位在世界上越来越高,中国的经验现象在世界上越来越重要,来自中国的经济学的理论创新也会在国际上越来越有影响,提出这样的理论的中国经济学家,也就会引领世界经济学理论的新思潮。[1] 我预祝参加此次"中国经济崛起之模式"高端学术论坛的学界同仁,尤其是年轻的朋友,抓住这个时代机遇。

---

[1] 林毅夫,《本土化、规范化、国际化:祝贺创刊 4〇 周年》,《经济研究》1995 年第 10 期。

中国特色的市场经济：
产业发展的视角

瞿宛文

    中国在新世纪迅速崛起后，人们对其全球影响进行了大量讨论。美国和中国之间的关系经常被描述为大国博弈或修昔底德陷阱，以及其他各种使用相对实力、增长前景或各自战略等准则的方式。然而，单纯从大国博弈的角度来看待中美关系，使其具有很大的不确定性，不容易进行具体分析，因此对我们理解现实可能没有太多帮助。

    中国相对于美国的经济实力在大国整体竞争中无疑是非常重要的。我们应该如何评价中国在世界上的经济地位？本文提出了一个特定的角度，即把焦点缩小到产业发展的状况。此外，本文不会将中国目前的产业状况与美国目前的产业状况做比较。相反，本文将把中国目前的工业条件与美国在 19 世纪末的工业条件进行比较，后者是美国开始在经济方面超过英国的时候。也就是说，那是美国取代英国成为世界新霸主的漫长过程的开始。因为中国现在被认为是未来取代美国的唯一可能的挑战者，所以选择上面提出的时间框架，而不是进行同时期的比较是合适的。

一、 霸权的变化

在这个新世纪，我们看到中国在全球 GDP 中的份额迅速上升（以当期美元计算），从 2001 年的 4％上一到 2020 年的 17％。而中国的 GDP（当期美元）相对于美国的比例从 2001 年的 13％急剧上升到 2020 年的 70％。变化的速度是惊人的，它清楚地表明，中国正在经历一场复兴。虽然中国在 GDP 规模上三在追赶美国，但这并不意味着中国将在未来挑战甚至取代美国的霸权地位。

如果从工业竞争力的整体水平来看，中国显然落后于西方国家的领导者，并且仍在努力追赶。一些中国企业在某些领域可能已经接近甚至达到了世界前沿水平，但中国工业总体上仍未达到。不过，本文不会在此深入探讨这种评估。相反，本文将把中国目前的工业条件与 19 世纪末的美国进行比较。在这里采用这种方法受到了杰奥瓦尼·阿瑞基著作的启发。

阿瑞基在他的重要著作《漫长的二十世纪：金钱、权力和我们时代的起源》中，建立了世界资本主义的霸权周期理论。阿瑞基不认为世界资本主义最近的从 1970 年代开始的"金融化"趋势是一个新的发展；相反，他认为这是一个历史上反复出现的现象。世界资本主义发展有周期，当竞争加剧时，利润低于正常水平，越来越多的资本会转移到金融领域。资本主义的每个周期都以金融化和霸权的换手而告终。他还认为资本主义起源于国家和资本的融合，并确定了四个霸权或积累的系统周期，即热那亚、荷兰、英国和美国。每个新的霸权都会在其组织和全球制度结构方面模仿前驱者但也进行创新。每一个霸权的成功也包含着其消亡的萌芽，因为它总是会激发出模仿和挑战。① 热

---

① Ingham（1996，1473）.

那亚和荷兰建立了远程贸易和金融制度；英国则将其与工业化相结合；美国的霸权由军事和政治统治组成，跨国公司是其组织上的创新。从历史上看，伴随着这些霸权的更替，显示出的发展趋势是霸权的涵盖范围越来越大，组织与制度越来越复杂，而持续的时间却越来越短。

霸权的更替是一个复杂的过程，会经历漫长的时间。到 19 世纪末，英国达到了金融化阶段，这标志着其霸权开始衰退，而德国和美国的崛起对它带来了挑战。尽管如此，英国在 19 世纪为美国的工业化提供了大量的资金，就像荷兰资本在 18 世纪曾帮助英国崛起一样。德国缺乏接替英国的必要条件，但其以两次世界大战的形式进行的军事挑战足以消磨掉英国的实力。通过在战争期间向英国提供资本和物资，美国逐渐取代了英国的位置。应该指出的是，虽然霸权的更替会与战争有关，但战争不一定是在新旧霸权之间，它们之间未必有所谓不可避免的"修昔底德陷阱"。

美国的霸权在 20 世纪 70 年代开始衰落，这也是其金融化阶段开始的时间。同时，从 1970 年代开始，东亚成为全球经济增长的动力来源。首先出现的是日本，然后是东亚四小龙这些国家和地区，最后是中国大陆。这一发展的不寻常之处在于军事和经济力量的分化。美国仍然保持着最高的军事优势，而新的经济力量在兴起过程中，并不主要由旧的霸主提供资金，甚至在兴起后开始提供资金资助美国的过度消费行为。阿瑞基在他后来的作品《亚当·斯密在北京：二十一世纪的脉络》中研究了这一新的发展。这里就不予讨论了。

让我们看看美国在 19 世纪末的经济地位。根据 Maddison (2010)，美国的 GDP 水平在 1872 年超过了英国，然而当时其人均 GDP 只有英国的 77%。尽管如此，美国经济发展迅速，到了 1901 年，其 GDP 比英国已高出 88%，同时，它在人均 GDP 和制造业生产力方面已经赶上了英国①。阿瑞基认为英国在 1870 年左右其霸权开始衰落，在 19 世纪最后这关键的 30 年里，美国不仅增长速度超过了领导者，而且在全球工业竞争中逐渐超过英国。

美国在内战结束后，不仅大大扩展了其领土，而且迅速整合了涵盖整个大陆的国内市场。美国的产业出现了一波又一波的兼并、收购和合理化改革。通过整合庞大的国内市场，实现规模经济和范围经济，以及迅速全球化，一种新的工业企业应运而生。为了因应由此产生的大型企业集团，美国出现了反托拉斯运动，这导致了 1890 年《谢尔曼反托拉斯法》、1914 年《克莱顿法》和 1914 年《联邦贸易委员会法》的通过。这些法案主要是为了促进竞争和禁止垄断，而且大多聚焦于横向市场。因此，大公司转向进行纵向的整合。在这种环境下，一种新型的多单位垂直整合的企业发展起来。它将市场内部化，Chandler（1990）称之为"看得见的手"，其积累了技术、生产和营销方面的组织能力，也几乎立即成为跨国企业。尽管美国成为全球工业领域的领导者，但当时它还没有准备好挑战英国的霸权，因为它在军事、金融和意识形态领域仍然远远落后。直到第二次世界大战结束，霸权才完成了换防。

二、 产业条件的比较：当时的美国和现在的中国

中国现在被认为是唯一可能挑战美国霸权的候选国。美国在 19 世纪末开始挑战英国，但是如上所述，当时美国已经建立了先进的产业，这些产业由先进的企业所主导。领先的公司是寡头垄断和跨国的，而且许多公司至今仍然存在。

———————————

① Maddison（2010）。所有这些都是以实质的 1990 年国际 G - K 美元来衡量。据他估计，中国的 GDP 水平在 1870 年几乎是美国的两倍，而其人均 GDP 只有美国的 22%。

另一方面,在目前,中国的工业生产力仍然远远落后于美国。作为整体生产力的代表,中国的人均 GDP 在 2001 年仅为美国的 3%。虽然它在 2020 年迅速上升到美国的 17%,但仍然略低于世界平均水平。[①] 实际上,就 GDP 和人均 GDP 而言,中国目前相对于美国的经济地位与 1900 年的情况相似。[②] 换言之,在这两种情况下,中国庞大的 GDP 主要是由其庞大的人口和相对较低的人均 GDP 水平所组成的。不同的是,当时的中国正处于衰退期,而经过一百多年的发展,现在正处于上升期。显然,发展势头和前景最为关键,一个相对落后但清楚上升中的中国,足够引发西方的警惕。

中国的经济正在快速增长。那么,探讨其未来可能的发展道路就很重要了。如上所述,中国工业仍处于追赶阶段,尽管各部门的差异较大。本文并不研究当今中国和西方国家之间生产力差距的大小,而是要研究中国目前的产业结构与状态,并将其与美国 1900 年的产业结构进行比较。以美国 19 世纪末的产业转型为参照,本文将探讨中国的国内市场是否会进一步整合,其产业发展是否会表现出同样的集中趋势,以及先进企业是否会在市场整合的过程中出现。

从美国的例子来看,一般认为领先者的制造业是通过整合庞大的国内市场,实现规模经济和范围经济,并迅速全球化而出现的。因此主要产业为寡头垄断,由少数先进企业主导。一般认为,一个一体化的国内市场是发展的自然结果,也是进步的必要条件。由于美国的历史较短,它相对容易实现一体化。同样的逻辑是否适用于中国?

[①] 在 2020 年,中国的人均 GDP 为 10,434.8 美元(当期美元),而世界平均水平为 10,910 美元(世界银行数据库)。

[②] 根据 Maddison(2010),以实际国际 K-P 美元计算,1900 年中国的 GDP 总额是美国的 70%,其人均 GDP 为 13%。由于后发经济体的价格水平相对较低,这些经价格平减后的指标数值,通常比基于现值的指标数值要高。

也就是说，一体化会不会导致随后的集中化和先进企业的出现？

　　在此，我们不可能对中国的产业结构进行全面评估。因此，我们将讨论一些重要产业的案例。

案例 1：钢铁业

　　当中国开始改革开放时，其钢铁产业规模相对较小，1980 年其在全球粗钢产量中的份额约为 5%。40 年后，经过一轮轮热火朝天的建设，2020 年其在全球粗钢产量中的份额达到 56.7%。[1] 私有化导致国有企业的产出份额下降，1998 年时，国有企业的产出份额大于 80%，现在则不到 40%。新世纪头 20 年，中国的钢铁业无疑变得非常活跃，企业进入和退出率平均每年约为 20%—30%，远高于其他国家的水平（5%—10%）。这意味着该产业一直处于高度竞争状态，但产能过剩依然存在。2019 年，前四大企业（CR4）的集中率为 22%，而前十大企业（CR10）的集中率为 37%。[2] 此外，集中度水平保持相对稳定，没有呈现出上升趋势。

　　另一方面，美国钢铁业的发展道路是很不相同的。它在 19 世纪末经历了激烈的价格竞争，但在一轮又一轮的合并之后，很快由寡头垄断。当领先的公司——美国钢铁公司——在 1901 年通过兼并形成时，它控制了 65% 的市场。因比，在 1904 年，美国钢铁业前四大企业的集中度（CR4）为 74%。这一比例在后来的几十年里有所下降，但在 1950 年仍达到 64%，1984 年为 47%。[3]

案例 2：汽车工业

　　中国政府主要是在 1970 年代末改革开放之后，开始推动汽车工

---

[1] World Steel Association，2021，*2021 World Steel in Figures*.
[2] 江飞涛等（2021）。
[3] Adams（1986：74-80）.

业的发展。它采取了依靠合资企业的战略，从那时起，该产业成为一个以与外国汽车公司合资的企业为主的部门。然而，自 21 世纪以来，中国汽车业的市场结构发生了重大变化。Chu（2011）讨论了政府对汽车产业的政策，是如何从只允许成立合资企业，转变为在 2004 年允许甚至促进自主开发。大约在那个时候，一些中国本地汽车公司在地方政府的帮助下成立了，并且是违背了当时中央政府只容许合资的规定。它们通过销售廉价的、模仿性的小型汽车成功地获得了市场份额，它们的成功促使了汽车产业政策的改变。[①]

从那时起，中国的汽车市场一直在蓬勃发展。汽车年产量从 2000 年的 200 万辆增加到 2020 年的近 3,000 万辆。尽管如此，本土品牌在中国市场的份额在 21 世纪初激增之后，已经稳定在 40％左右。此外，本土企业发现很难在轿车领域获得市场份额，因此转而专注于多功能车的领域。2018 年，本土企业在轿车领域拥有 18％的市场份额，在多功能车领域拥有 63％的市场份额，在整个汽车市场拥有 41％的市场份额。[②] 在高度的竞争压力下，本土汽车企业一直在努力维持其有限的市场份额。新能源汽车的市场仍在发展，许多新的本土公司进入该产业，未来发展尚待观察。迄今为止，本土企业的市占率以及集中度皆不高。

美国的汽车工业在 19 世纪 90 年代开始发展，并很快超过了欧洲，成为世界的领导者。到 1913 年，美国有 31 家汽车公司，前两家公司，福特和通用，已经拥有 52％的市场。亨利-福特开创了大规模生产的技术，并在 1910 年代大大扩展了该产业。到 1937 年，美国汽车公司的数量减少到 12 家，前三名公司，当时包括克莱斯勒，拥有

---

① Chu（2011）称其为"追赶共识下的中国产业政策模式"，并认为这是一个成功的产业政策案例。
② 瞿宛文（2020：75）；原引自 Fourin China（2019）。

89%的市场。1970 年代，公司的数量进一步下降到 4 家。① 换言之，美国汽车工业的集中度在开始时迅速上升，很快就达到了一个很高的水平，并大致停留在那里。

中国汽车工业的结构仍在演变，不确定它将如何发展。尽管如此，它的发展道路看起来肯定与美国有很大不同。

其他产业

中国的大多数制造业都表现出低集中度的情况吗？由于缺乏相关研究，我们很难知道答案。从有限的观察中可以看出，一些重要的中等技术产业，如钢铁，比较有可能呈现这种模式。这些产业面临着不断增长的需求，并且技术成熟，没有太高的进入壁垒。此外，一些新的如互联网相关产业，则产业特性显然不同，同时行政边界已经变得不那么重要，地方政府的作用也可能因而降低，市场整合的可能性较高。

在许多发展中国家，一些部门，如公用事业和重化工业，往往政府在政策上给予垄断或寡头垄断的特权。中国的公用事业和战略部门也由国有企业所垄断。然而，中国产业发展的独特性，在于它的一些中等技术产业并没有显示出明显的集中趋势。在未来，我们将看到中国是否真的有不同的工业化模式。

案例 3：缺乏市场力量？

现在让我们以铁矿石为例，讨论另一个问题。即使中国是全球铁矿石最大的买家，它是否仍缺乏市场力量？如上所述，自新世纪开始以来，中国的钢铁业一直在快速增长，2020 年达到了全球钢铁产量的 56%左右。由于中国自己生产的铁矿石不多，其进口依赖率目

---

① Adams（1986：126 – 128）．

前已达到 80％。近年来,它每年进口世界铁矿石的 65％左右,现在是全球市场上最主要的买家。然而,人们普遍认为中国缺乏定价权。

为什么中国在铁矿石方面缺乏定价权? 一方面,80％的进口来自巴西和澳大利亚的几个大型矿业公司,而只有不到 10％来自中国公司拥有的海外矿场。另一方面,中国有非常多的钢铁公司,无论大小,都需要进口铁矿石。

铁矿石的情况是否独特? 可能不是。在 2001 年之前,在中国这大型的后发国买家出现之前,因为西方的产业结构中寡占的情况甚为普遍,因此先进企业行使垄断权以及独买权来制定商品的价格是很常见的现象,这导致了大宗商品价格的下降趋势。然而,在世纪之交,中国对包括铁矿石在内的各种大宗商品的需求快速上升,扭转了这种趋势,大宗商品的价格在 2001 年至 2011 年期间持续上升。中国之缺乏大宗商品的定价权,是否有助于提高大宗商品价格和分散增长的收益,因而有助于后发国家?

根据世界银行的大宗商品价格数据,非能源大宗商品的年度价格指数(将 2010 年的价格设定为 100,以 2010 年的实际美元计算)在 1960 年开始为 96.7,随后持续下降,并在 2001 年达到 55.7 的低点。然后指数开始上升,在 2011 年达到了 107.7 的高点,除了在 2009 年危机时出现了下滑。而 2011 年后,因为中国的经济增长开始放缓,该指数再次开始下降。

应该指出的是,实际大宗商品价格的下降趋势可以追溯到更早,并持续了很长一段时间。根据一项研究,从 1862 年到 1999 年,实质大宗商品价格每年下降 1.3％。[①] 这与 Prebisch-Singer 假说是一致的。

---

① Cashin and McDermott (2002).

中国缺乏市场力量的原因，无疑是因为大多数产业部门都有着大量的中小企业。然而，当中国经济变得更加"成熟"时，大多数市场的集中度是否会逐渐提高？这种现象是否会结束？还是说这会是中国的常态？

三、 18 世纪的中国

Arrighi（2007）认为中国的传统经济非常符合亚当·斯密的"自然"市场经济。换言之，它是内向的、高度商业化的，国内市场是高度一体化的，而且劳动力的流动性很高。相较之下，"非自然"的欧洲道路的特点包括外向、嵌入全球市场，以及资本主义、工业主义和军国主义之间的协同作用，这些都是由历史上欧洲国家间长期的竞争所推动的。

皮凯蒂（2020）也认为传统中国很符合亚当·斯密的理想，有正确的制度：低税赋、平衡预算，因此公共债务很少，尊重产权，只有在被迫向西方国家支付赔款时国家才开始举债。清朝中国的税收负担只占 GDP 的 1％—2％左右，而同期欧洲的税收负担平均占 GDP 的 6％—8％。欧洲在过去几个世纪中也有很高的政府债务率。

未来会不会呈现历史的延续性？Arrighi（2007）确实是采取如此的看法，他认为并进而期待，中国将取代美国成为霸主，但带领世界走上一条不同的、混合性的、非资本主义的、基于市场的发展道路。

2016 年 12 月中国加入世界贸易组织 15 周年之际，发生了一场关于中国"市场经济"地位的辩论。西方国家否认在中国入世时有一个隐含的承诺，即在中国入世 15 年后，自动将中国的地位从非市场经济变为市场经济。美国认为，中国仍然不是一个市场经济，其标准涉及货币可兑换性、自由劳动力、资本自由化和政府干预的程度；国有企业相对较高的份额和政府干预的程度是特别引起争议的。然而，什么标准是合适的？如上所述，一般认为，中国的市场是高度竞争的，尽管同时存在着产能过剩的问题。所有权类型确实是多样化的，包括公私混合类型。中央和地方政府的干预方式并不相同。中国整个模式可能并不接近西方的道路，但是否适合用美国的市场经济定义来评价中国的地位，应该是值得商榷的。这不仅是一个规范性的问题，也关系到我们如何理解中国的经济、中国的过去和中国的前景，也涉及后发国家经济发展方式的问题。这是一个巨大的知识上的挑战。

四、 具有中国特色的产业政策

Chu（2011，2017）对中国一些产业的产能过剩问题提出了另一种解释，认为中国的产业政策是在一个多层次的框架中运作的。主要是由于中国巨大的规模，中央和地方政府之间一直存在着分工。中央政府制定政策，由地方政府来执行。地方政府有促进产业发展和支持地方企业的责任与动力，发展会增加地方的税收、就业和提高干部的绩效。缺点是，地方政府可能也想保护地方企业，即使它们效率低下，处于亏损状态。中央和地方在国家层面的整体长期产业发展上，可能会有不一致之处，淘汰效率低下的企业可能会有困难。[①] 此外，中央政府也会希望区域发展更加平衡。

这方面所需要的"改革"似乎在设计上就是有困难的。地方政府负责促进产业发展，因此可能会试图保护当地企业不破产。产业政策的效果不可避免地具有不确定性。因此，要找到一种方法来激励地方政府允许失败的企业倒下，而又不剥夺其促进工业发展的责任，这在政策设计上具有高度挑战性。

---

① Sun（2007）.

五、 前景

中国现在被认为是美国霸权的唯一可能挑战者。为了评估这一霸权变化的前景，本文从产业发展的角度将今天的中国与 1900 年左右的美国进行了简单的比较。那时候英国的霸权开始衰落，而美国的工业实力开始超过英国。然而，中国现在仍仅是在规模上赶上了美国，但在工业竞争力方面却还没有。虽然中国正在迅速缩小生产力方面的差距，但差距仍然显著。但这种追赶的速度已足够让西方感到震惊。

中国的工业总体上仍处于追赶阶段，当然远未达到美国在 1900 年左右已取得的领先地位。美国的霸权显然已经开始下降，尽管如此，与 1900 年前后新旧霸权发生的相对实力变化相比较，类似的工业实力方面的霸权变化尚未发生。

此外，上述讨论显示，美国的工业发展模式可能不是合适的指引。中国有着悠久的历史政治传统，在各方面都与 1900 年左右的新兴美国不同。在中国漫长的历史中，市场经济长期存在，尽管其环境与西方不同。中国多层次的产业政策框架可能意味着，国内市场的整合可能是一个复杂而漫长的过程。中国的经济增长肯定会继续下去，但应不会依据西方过去的霸权主义的变革模式来演变。我们需要新的工具和理论来理解中国和世界。我们无疑需要更多的理解。同时，中国在建立有竞争力和可持续发展的产业和企业方面仍面临着许多挑战。

参考文献

江飞涛等. 2021. 理解中国产业政策. 北京：中信出版集团.

瞿宛文. 2020. 中国产业的发展模式：探索产业政策的角色. 台北：台社丛刊- 21.

Braudel, Fernand. 1985 – 1986. *Civilisation matérielle, économie et capitalisme*. English: *Civilization and Capitalism, 15th – 18th Century*. New York: Harper & Row.

Adams, Walter (ed.),1986. *The Structure of American Industry*, 7th edition, New York: MacMillan.

Arrighi, Giovanni, 1994/2010. *The Long Twentieth Century: Money, Power and the Origins of our Times*, London: Verso.

Arrighi, Giovanni, 2007. *Adam Smith in Beijing: Lineages of the Twenty-first Century*, London: Verso.

Arrighi, Giovanni, 2009. The Winding Paths of Capital, Interview by David Harvey, *New Left Review*, #56,61 – 94.

Cashin, P. and C. J. McDermott, 2002. The Long-Run Behavior of Commodity Prices: Small Trends and Big Variability. *IMF Staff Papers* 49(2):175 – 199.

Chandler, Alfred D., Jr., 1990. *Scale and Scope: The Dynamics of Industrial Capitalism*. Cambridge: Belknap Press.

Chu, Wan-wen. 2011. How the Chinese Government Promoted a Global Automobile Industry. *Industrial and Corporate Change*, 20 (5): 1235 – 1276.

Chu, Wan-wen. 2017. Industry Policy with Chinese Characteristics: A Multi-Layered Model, *China Economic Journal*, October 2017, 10 (3):305 – 318.

Fourin China, various issues. *Beijing Fourin's Monthly Report on the Chinese Automobile Industry*, Beijing: Fourin China.

Ingham, Geoffrey, 1996. Review of *The Long Twentieth Century*, *American Journal of Sociology*, 101(5),1472 – 1474.

Maddison, Angus. 2001. *The World Economy: A Millennial Perspective*. Paris: OECD Development Center.

Maddison, Angus. 2010. "Historical Statistics of the World Economy: 1 – 2008 AD," https://www. rug. nl/ggdc/historicaldevelopment/maddison/?lang=en.

Piketty, Thomas. 2020, *Capital and Ideology*. Translated by Arthur Goldhammer. Cambridge, Mass.: The Belknap Press of Harvard University Press.

Sun, Pei. 2007. Is the State-Led Industrial Restructuring Effective in Transition China? Evidence from the Steel Sector. *Cambridge Journal of Economics*. 2007, 31, 601－624.

World Steel Association, 2021, *2021 World Steel in Figures*. World Steel Association.

中国道路及其世界意义

姚　洋

　　站在中国共产党成立百年的当口，如何理解党与中国现代化的关系，仍然是当代中国知识界的一个重要课题。本文在后发国家现代化这个框架里考察中国共产党的百年历史，探讨党所开辟的中国现代化的道路以及这条道路对于世界，特别是后发国家的意义。

　　在所有国家，现代化都包含转型和发展两个维度的内容。在转型方面，现代化意味着摒弃古代社会僵化和压迫性的社会、政治和经济制度，代之以现代社会开放和自由的社会、政治和经济制度；在发展方面，现代化意味着民众收入水平和国力的不断提高。两者并不总是同步的，而且可能相互牵制。对于后发国家而言，两者的挑战更大，因为它们要在更短的时间里完成转型和发展，目的一方面是要尽早赶上先发国家的社会、经济和政治发展水平，另一方面是不得不时常面对先发国家带来的冲击，甚至侵略。

　　中国共产党是中国知识分子在寻找转型和追赶的"整体"解决方案过程中诞生的，初衷是以阶级斗争的方式改变中国的政治、社会和经济结构，造就一个平等的新社会。新中国成立之后的前三十年，党领导全国人民开展了社会主义革命和社会主义建设的双重奏，推动了中国转型和追赶的步伐。改革开放之后,党在实践方面与中国传统和解,汲取传统中的优秀成分,为我国的经济腾飞提供了重要的哲学和制度保障。由此,党领导中国走出了一条独特且具有世界意义的现代化道路。具体而言,这条道路的世界意义在于四个方面:其一,在一个后发大国实现和平转型和追赶,开创了世界范围内现代化的先河;其二,重视人的发展,提升普通民众的教育和健康水平;其三,实践务实主义,脚踏实地从事经济建设和制度建设;其四,执政党具有广泛的代表性,相对于社会保持中性,关注国家整体的长期发展。

一、 中国共产党的诞生

如果从英国革命算起,世界范围内的现代化历程已经经历了300多年的时间;如果把第二次世界大战之后作为西方现代化的终点,西方现代化也花费了200多年的时间。但是,后发国家的现代化不能再经历那么长的时间,因为它们已经看到了现代化的成果。在经济发展方面,就是要实现赶超。先发国家发展经济基本上是按部就班,用市场的办法来搞经济建设,但后发国家想赶上发达国家的生活水平,恐怕就要采取一些超常规的手段。然而,赶超是一件非常艰难的事情。第二次世界大战之后的70年里,能够从中等收入或低收入状态发展到发达国家生活水平的经济体只有11个,这其中包括了日本和南欧的一些国家,真正从一个贫穷的经济体变成一个发达的经济体的,只有亚洲四小龙这几个国家和地区。所以,经济追赶是个极其艰难的过程,是个小概率事件。和经济发展挑战平行的,是社会和政治变革的挑战。这个挑战更大。古代社会是一个等级社会,高等级阶层不会轻易放弃自己的特权。古代社会还是一个思想僵化的社会,那些在思想上占据统治地位的阶层也不会轻易放弃自己的地位。

中国古代社会虽然具有较高的流动性，但制度和思想仍然是僵化的。而现代社会最重要的特征就是开放的制度和自由的思想，因而必定和古代社会产生冲突。从古代社会到现代社会的转型，必定是一个非常痛苦的过程。在欧洲历史上，大型的原发性国家，如英国和法国，都经历过革命才开始现代化历程，而没有经历过革命的国家，就要经历别的痛苦。譬如德国是19世纪经济追赶最成功的国家，但没有发生过社会革命，它最终演化出军国主义，与此大有关系。① 20世纪经济追赶最成功的国家——日本，也有同样的情况。

中国从1860年之后开始现代化历程。按照李鸿章当年的说法，19世纪末中国正在经历三千年未有之大变局。中华文明有文字记载的历史大体是三千余年，但从来没有遇到西方文明这样巨大的冲击。上一次外来的大冲击是佛教的引入，我们花费了一千余年时间才彻底消化；西方文明的冲击比佛教冲击更壮阔、更深入，是否要花费更长的时间才能彻底消化？这是当时中国士大夫所恐惧的地方。

从1860年到1919年，中国的现代化走过了三个阶段。第一个阶段是洋务运动。它取得了一定的成就，一个标志是，到甲午战争之前，中国已经拥有了亚洲最大规模的舰队——北洋水师。甲午战争的失败让有识之士认识到，光有技术是不行的，还要改变制度。由此现代化进入第二阶段。此时产生了革命和变法两股力量，前者以孙中山先生领导的兴会会为核心，后者是康有为领导的戊戌变法。变法以失败告终，革命最终以建立民国结束。然而，革命的胜利并未取得预期的效果，随后袁世凯复辟、军阀割据，列强的欺压也依然存在。戊戌变法前后，社会达尔文主义在中国兴起，经由严复译编的《天演论》以及梁启超在日本通过《清议报》和《新民报》的传播，成为主导中

---

① 参见芭芭拉·塔奇曼：《八月炮火》，张岱云等译，上海三联书店，2018年。

国知识分子十几年的思潮之一。[①] 革命既然没有能够让中国堂堂正正地屹立于世界民族之林,知识分子就要想别的办法。这就是新文化运动的背景。既然发展技术、改变制度都不行,那一定是我们的文化出问题了,发起新文化运动的知识分子因此开始关注民心和文化的改造,其中一个主题是反传统,打出了"打倒孔家店"的口号。五四运动让新文化运动进一步发展,以陈独秀、李大钊为代表的先进知识分子开始引进马克思主义。俄国十月革命的胜利让他们意识到,社会主义革命可以为建立强大的中国提供一个整体性的解决方案。经历第一次世界大战,西方知识分子对西方文化开始有悲观的看法,这些看法也影响到中国知识分子。马克思主义是以西方主流文化对立面的姿态出现的,符合中国先进知识分子对西方的批判态度,而国内正在进行的文化革命也需要一种更先进的学说来统领,马克思主义的引入恰逢其时。自此,马克思主义的中国化就开始了,中国共产党接受马克思主义,既有理想的成分,也有工具的成分,后者在实践过程中显得更为重要。从现代化的角度来看,当时的阶级斗争是现代化转型的手段。阶级斗争的对象是代表古代社会政治、社会和经济秩序的有产者和当权者,阶级斗争的成果是建立现代的新秩序。

国民党为什么没有肩负起中国现代化转型的责任？因为国民党从一开始就不具备这样的特质和能力。孙中山搞的革命,一开始是民族主义的,后来他提出三民主义来统合同盟会和后来的国民党的目标。国共合作期间,他认为他的民生主义和共产主义是一致的,两者都是要把老百姓的生活搞上去,因此,三民主义可以包容共产主义。他是用这样的解释来说服国民党里的右派和共产党合作。但是

---

① 自明治维新之后,社会达尔文主义就是日本的主导政治思潮之一。梁启超深受这一思潮的影响。参见狭间直树(主编):《梁启超·明治日本·西方》,社会科学文献出版社,2012年。

孙中山一直坚决反对在中国搞阶级斗争，因为他相信中国没有阶级
差别。从这里可以看出，孙中山缺乏一种历史的高度，没有意识到，
中国共产党提阶级斗争实际上是把阶级斗争作为推翻旧制度的武
器。蒋介石一开始是支持"联共"的，对俄国革命抱有同情的态度，曾
经率队去俄国考察。他的转变是一个复杂的过程。一是因为"中山
舰事件"与中国共产党产生间隙；二是随着北伐的节节胜利，他的权
力欲膨胀；三是共产党在农村的土改和在城市的斗争触动了他的保
守的底线。"四一二"政变让蒋介石最终控制了国民党，清洗共产党，
但长期来看，也使得国民党反革命化，失去了进步青年的向往。所
以，到了延安时期，热血青年不是去投奔重庆，而是去投奔延安。去
重庆是为了躲避战乱，投奔延安是要投奔一个光明的新中国。在进
步青年的眼中，国民党已经腐朽了。事实上，国民党已经失去了领导
中国革命、推动中国现代化的特征。

李泽厚认为，1919 年到 1949 年是启蒙与救亡的双重变奏，但救
亡压倒了启蒙。但是，用启蒙来概括这段历史是不完整的，应该从现
代化的角度来概括。启蒙只是现代化的一部分，旨在发动社会转型
的革命是更为重要的部分。所以，救亡不仅压倒了启蒙，而且也压倒
了革命。后者要等到新中国成立之后才能够完成。

二、 社会主义革命及其意义

在建立政权之后，中国共产党就开始践行成立之初的理想，进行
社会主义革命，内容包括土地改革（以及随后的人民公社化）、工商业
的社会主义改造、妇女解放以及构建社会主义新文化。除此之外，党
还致力于普及教育和改善公共卫生条件。这些变革都大大推进了中
国现代化的进程。

（一）土地改革

一些人用局部地区的数据说明，旧中国的土地关系没有那么紧张。[1] 然而，根据国民政府资源委员会在 20 世纪 30 年代初期的调查，全国自耕农的比例只有 41.7%，南方地区更少，只有 27.2%；在非自耕农当中，北方地区的雇农较多，南方地区的佃农较多。[2] 由此可见，旧中国的土地关系是非常紧张的。打破这样的旧有的土地关系有两方面的意义。

第一个方面是解放生产力。两个原因导致旧有的土地关系束缚生产力。其一，农民不掌握土地，也就不掌握自己所有的劳动果实，因而生产积极性下降。雇农完全没有土地，靠地主给的少得可怜的工钱生活，自然生产积极性不高；佃农一般要把 50% 的收成交给地主，生产积极性也受影响。其二，佃农拥有很少的财富，抵御风险的能力很低，但却不得不承担天灾的风险，特别是在固定租赁合同下，他们要承担所有粮食减产的风险，这会打击他们的生产积极性。实现耕者有其田，就可以完全消除第一个原因造成的效率损失，也可以大大降低第二个原因造成的效率损失。

第二方面，旧有的土地关系造就一种人身依附关系。无论是雇农还是佃农，他们和地主之间都存在人身依附关系，《白鹿原》里的白嘉轩和他的长工鹿三之间就是这种关系。现代化的对立面之一就是各种政治、社会和经济的人身依附关系。在农业社会里，土地是最基本的生产要素，土地关系决定了社会的其他关系，因此，打破旧的土地关系，是一个农业社会走向现代化的关键性一步。

研究表明，土地改革是决定一个国家（地区）长期经济增长的一

---

[1] 例如秦晖和金雁以关中地区为例，提出关中无地主的判断。参见秦晖、金雁：《田园诗与狂想曲》，江苏凤凰文艺出版社，1996 年。
[2] 姚洋：《发展经济学》，北京大学出版社，2018 年。

个显著因素。[1] 拉美国家的土地分配极其不均，农业以大种植园为主，这些国家早期的政治被大庄园主所控制，严重阻碍了这些国家的发展。相反，韩国和我国的台湾地区都进行了较为彻底的土地改革，极大地促进了这两个地方的工业发展。中国大陆的土地改革更加深入和广阔，对于提高粮食产量、推动农村地区的现代化转型起到了至关重要的作用。

（二）妇女解放

在几乎所有古代社会，妇女地位都十分低下。先发国家的妇女解放走过了漫长的道路，多数国家直到第一次世界大战之后才赋予女性选举权。后发国家需要在更短的时间里实现妇女解放。中国共产党在成立之初就重视妇女解放。在苏区时期，党动员妇女参与劳动，以弥补因为男性参战造成的劳动力短缺；在延安时期，妇女解放以妇女识字和参政为主。研究表明，这些措施具有长期影响，在当代，苏区县比周边其他县的性别比更加平衡，女性劳动力参与率更高[2]，而陕甘宁边区比周边地区的女性教育水平相对于男性更高[3]。新中国成立之后，党以革命的方式推进妇女解放事业。在宪法颁布之前，我国就颁布了《婚姻法》，废除了过去束缚妇女地位的陋习，如缠足、包办婚姻、一夫多妻等，以法律的形式确定了家庭内部的男女平权。另一方面，女性被动员起来参与地方政治活动，大大提高了女性的社会地位，并产生了长期影响，在 1950 年女性党员占比高的县，到 20 世纪 80 年代，女性相对于男性的教育水平较高、性别比更

---

[1] Deininger, Klaus; and Lyn Squire. "New Ways Looking at Old Issues: Inequality and Growth," *Journal of Development Economics*, Vol. 57(1998):259 - 287.

[2] 何二龙、姚洋：《中央苏区对女性劳动参与率及出生性别比的长期影响》，CCER Working Paper C2022001。

[3] 何二龙：《陕甘宁边区对女性教育的长期影响》，北京大学马克思主义学院。

加平衡。① 在公社制度下，女性劳动参与率大幅度提高，即使是在家庭联产承包责任制实施之后，这一传统也保留下来。尽管过去二十多年女性劳动参与率有所下降，但当今仍然保持在60％以上，远高于50％的世界平均水平。

（三）构建社会主义新文化

中国古代社会是一个地缘和血缘社会，除士大夫之外，绝大多数人们的交往范围在地缘和血缘所及的范围之内。如费孝通所指出的，中国人的社会关系就如一颗石子丢进池塘泛起的涟漪，个人在中间，其他人依照地缘和血缘关系的远近像涟漪一样向周边泛开。中国人的社会关系是以个人为中心的，超出地缘和血缘纽带，中国古代社会很少有能够运转的社会组织。这与西方有很大的不同。在西方，宗教在人们的生活中占据核心地位，宗教团体的作用非常明显，人们因为宗教信仰而连接起来。相比于血缘和地缘，宗教信仰所触及的人群范围更大，因而更可能形成陌生人状态下的共同体意识。中国则不同。对于绝大多数人来说，"中国"只有文化的意义，而没有政治的意义。在基层，社会治理可以完全依靠地缘和血缘关系，国家的作用只是抵御外敌入侵以及维护国内的安宁。中国的"集体主义"因此是霍布斯意义上的集体主义——国家是保护民众安宁的利维坦，民众认可国家的所作所为。普通百姓不是把国家看作内生于社会的有机部分，而是必须服从的外部权威。

现代社会和中国古代社会恰好相反——一个国家里可能存在多种文化，人们连接在一起是因为存在相同的政治认同以及在这个认

---

① Yao，Yang，and Wuyue You. "Women's Political Participation and Gender Gaps of Education in China：1950-1990，" *World Development*，2018，106：220-237. 游五岳、姚洋：《女性的政治地位与出生人口性别比——基于1950—2000年县级数据的实证研究》，《中国社会科学》2020年第4期。

同之下的统一的政府。中国现代化的一大任务是建立中国人民的政治认同，把国家建立在民众统一的关于政治和政府的理念之下。中国共产党完成这个任务的途径是构建社会主义新文化，在社会主义的框架下构建中国人的国家认同。社会主义革命所带来的制度变化本身就是这个过程的一部分。在中国历史上，从来没有出现过像社会主义革命这样彻底的社会改造。党通过严密的组织把触角伸入社会的每一个角落，把每一个中国人带入现代化的进程之中。黄仁宇在对比国民党和共产党时深刻地指出，国民党治理国家的方式是自上而下的，而共产党的方式是自下而上的。[①] 党领导的社会主义革命把中国社会由下而上地深翻了一遍，彻底地改变了中国基层社会的结构和运行方式，极大地推进了中国普通民众对国家的政治认同。在此基础之上，党通过宣传体系、教育体系和文艺创作等多种形式进一步加强民众的国家政治认同。下面仅以《五朵金花》这部电影为例讨论党是如何通过文艺作品构建民众的认同的。

《五朵金花》是 1959 年拍摄的一部彩色电影，讲的是一个白族小伙子阿鹏寻找心爱的姑娘金花的故事。一年，阿鹏参加三月街盛会，在蝴蝶泉边认识了美丽的金花。第二年阿鹏带着金花送他的定情之物再次来到蝴蝶泉，走遍苍山洱海寻找金花。在路上，他遇到四位叫金花的姑娘，每一位都是公社的积极分子，最后才找到自己的金花，她是公社的副社长。有情人终成眷属，影片美满结束。电影的画面非常唯美，里面的一些歌曲至今有人传唱。对于本文而言，影片所传达的政治信息是最重要的。

首先，影片的两位主角都是白族，影片宣传中华民族大家庭的含义显而易见。西南地区长期处于土司的统治之下，对国家的认同非常弱。影片中的大理风光、坚强的白族小伙子和美丽白族姑娘给观

---

① 黄仁宇：《黄河青山》，九州出版社，2019 年。

众留下了对少数民族地区美好的印象,自然而然地激发了人们民族团结的热情。其次,在阿鹏寻找金花的过程中,影片呈现了公社给民众生活带来的喜气洋洋的变化。这样的呈现潜移默化地把观众带入对国家的认同当中。第三,阿鹏遇到的五朵金花都是公社的积极分子,突出地表现了少数民族地区妇女解放的深度和广度。少数民族地区对女性的束缚没有汉族地区严重,影片中的五朵金花每一个都开朗活泼,远比汉族女性大胆、开放。这对于宣传妇女解放起到了积极的作用。妇女解放是社会主义文化价值的重要组成部分,影片以一种浪漫的形式宣传妇女解放的理念,其意义已经超出妇女解放本身,对国家的政治认同也具有促进作用。

在社会主义革命和建设过程中,人际关系发生了显著的变化。这种变化表现在陌生人之间的称谓上,就是"同志"成为标准称谓。"同志"的意思是志同道合,以前只有党内使用,陌生人之间使用"同志"的称谓,意味着陌生人之间拥有一个共同的理想或目标,我们的新中国,就是建设社会主义的中国。"同志"因此成为国家认同落实到个人层面的一个重要表征。

三、 社会主义建设

新中国成立之后,党在进行社会主义革命的同时也开展了轰轰烈烈的社会主义建设,确立了以重工业为先导的工业化道路。当时选择这条道路有多方面的原因。一是历史教训。从洋务运动开始,中国几代知识分子和领导人都秉持一个信念,即落后就要挨打,而要避免挨打,就必须建立自己的工业。毛泽东也不例外。二是当时的国际环境不利于我国参与世界范围内的劳动分工。西方对华实施封锁,我国经济基本上和西方隔绝。另一方面,苏联试图把中国定位为社会主义阵营里的农业国,毛泽东坚决反对,并说服苏联为我国的工业化提供援助。三是当时国际学术界和政策界流行的给发展中国家的建议也是实施进口替代政策，发展自己的产业。发展经济学刚刚兴起，其核心议题之一是工业发展的规模经济。在规模经济条件下，企业必须达到最小生产规模才可能存活下来，这就产生了所谓的"保护幼稚产业"的政策。与此同时，普雷比什的中心—外围假说强调了以制造业为主的中心国家和以原材料生产为主的外围国家之间的差别。按照一般原理，中心国家在制造业方面的技术进步应该可以改善外围国家的贸易条件，从而使外围国家受益，但普雷比什没有发现这种情况。[1]（这个假说后来发展成为依附理论，即外围国家陷入原材料生产的陷阱，久而久之形成对中心国家的依附关系。）

苏联的对华援助对我国 20 世纪 50 年代的工业化起到了重要作用，156 项民用项目奠定了中国重工业的基础，其中一些企业至今仍然在发挥重要作用。但国内的资本积累更为重要。苏联的援助多是以贷款形式给我国的，我国自己必须积累工业化所需要的资本。在当时的情况下，唯一可能汲取资本的地方是农村地区。和苏联的方法一样，我国采取的是压低农产品价格的方式。这是公社化和统购统销的一个重要背景。[2] 在分散的农户经营的情况下，国家很难控制农业的生产和价格；公社化统一农业生产，统购统销统一农产品收购和销售，控制价格。有了资本之后，还要集中使用到国家认可的战略部门去，工商业的社会主义改造就是要服务于这个目的。

总体而言，中国的工业化采取了一种超常的赶超战略。如何评价这个战略？笔者和郑东雅提供了一个数量模拟研究。[3] 这个研究的出发点是，重工业对其他行业具有技术外部性，重工业的技术进步

[1] Prebisch, Raúl. *The Economic Development of Latin America and Its Principal Problems*. New York: United Nations Press, 1950.
[2] 薄一波：《若干重大决策与事件的回顾》，中央党校出版社，2008 年。
[3] 姚洋、郑东雅：《重工业和经济发展：计划经济时代再考察》，《经济研究》2008 年第 4 期。

可以降低其他行业的生产成本。由于存在这样的外部性，政府应该对重工业进行补贴。我们计算了最优补贴率和最优补贴时间，发现最优补贴率是 33%，而由我们模型测算出的实际发生的补贴率是36.7%，两者相差不大；但是，我们计算的最优补贴时间是 12 年，而实际发生的是 25 年，相差还是很大。所以，赶超战略本身没有问题，问题出在时间持续太长上面。另外，在执行赶超战略的过程中，党也犯过像"大跃进"这样的冒进错误，值得后人汲取教训。

在推动经济建设的同时，党还注重教育的普及和公共卫生的改善。研究表明，20 世纪 40 年代末和 50 年代出生的人的教育水平与他们的父辈的教育水平之间的相关关系最弱[1]，说明新中国头三十年关注的重点是把教育普及到一般民众当中，增强了代际教育流动性。在公共卫生方面，以公社为单位的基础医疗体系让普通百姓能够享受到基础医疗，降低了婴儿死亡率，爱国卫生运动和疫苗接种消灭了多种传染病，国人的预期寿命稳步提高。

表 1 给出了中国和印度之间在 1978 年前后的对比，很好地显示了中国在推动现代化方面的成绩。中印两国在很多方面都是可比的。印度 1947 年获得独立，而新中国 1949 年成立，两国的人口也几乎一样多。特别是印度也和中国一样实施进口替代政策，发展本国工业。然而，表 1 告诉我们，除人均收入和高等教育入学率之外，印度在识字率、婴儿死亡率、预期寿命和工业发展方面大幅度落后于我国。印度的人均收入高于我国，和我国较低的起点和把大部分积累用到重工业上有关，而且，到 1992 年我国的人均收入就超过印度。印度的高等教育入学率大大高于我国，和我国当时高考刚恢复有关，但也显示印度更加关注高等教育，而我国更加关注基础教育。在当

---

[1] Hu，Zhi-An, and Yang Yao. "The Great U Curve — Education Mobility in China in the Period 1930 - 1985," China Center for Economic Research，Peking University. 2017.

时两国收入水平都很低、文盲率都很高的情况下,基础教育显然应该是国家优先考虑的事情,而事后也证明,我国发展基础教育对于我国在改革开放之后发展外向型经济起到了重要作用,而印度较低的教育水平是制约它的工业发展的一个因素。

表 1   中国和印度的对比（1978 年）[①]

	中国	印度
人均 GDP（2000 年不变美元）	155	206
成年人识字率(%)	65.5	40.8
高等教育粗入学率(%)	0.7	4.9
预期寿命(岁)	66	54
婴儿死亡率(‰)	54.2	106.4
制造业增加值占 GDP 比例(%)	40.0	17.0
制造业就业比例(%)	17.3	13.0

四、 改革开放时期：与中国传统和解

社会主义革命以疾风骤雨的方式改变了中国,把中国带入现代化的门槛。革命的目的是为了更好地建设,革命为建设准备了条件——中国社会的等级结构被打破,社会和政治平等达到很高的高度,民众的国家认同得到提高;另一方面,社会主义建设打下了工业基础,提高了民众的教育和健康水平。改革开放开始之后,党将工作

[①] 数据来源：Yao, Yang. "The Chinese Growth Miracle," *Handbook of Economic Growth*. Chapter 7, Vol. 2B: 943 - 1032. Amsterdam: North Holland, 2014。其中,中国的成年人识字率为 1982 年数据,印度的为 1981 年数据。

重心转移到经济建设上，此时，党也开始重新审视自己与传统的关系。两方面的因素值得关注。其一，社会主义革命主要是在政治、社会和经济层面发挥作用，而没有触及家庭及其相关的私人领域。① 在农村地区，家庭拥有自留地，饲养家禽和牲畜；在城市地区，家庭虽然没有自己的产业，但与农村地区一样，家庭仍然是一个完整的社会单位。中国的传统文化经由家庭延续下来。搞经济建设需要调动个人的积极性；尊重传统文化以及由此而衍生的个体行为模式，是调动个人积极性的必要条件。其二，党需要寻找新的思想资源和实践模式，以锚定党的行动。作为中国人，选择中国传统中的优秀部分是自然的事情。党在三个方面回归中国优秀的传统，即务实主义、贤能主义和市场经济。党将这些传统与长期形成的马克思主义政党的理论和实践相结合，为改革开放之后的经济腾飞奠定了哲学和政治基础。

（一）务实主义

在落地的层面上，中国文化最显著的特点是务实主义；从民众的日常生活到政治实践，务实主义都是中国古代最为显著的特征。中国产生务实主义，最为重要的原因是我们没有本土宗教，我们的祖先从一开始就关注现世的生活。《诗经》产生于西周初期，那时我们的先祖已经开始歌颂爱情，而同时代的希腊还处在所谓的神话时代，特洛伊之战是为一位被诱拐的女人而打的。我们的先祖已经建立了一种和平生活的模式，在同一片土地上，他们歌颂爱情，歌颂现世的生活。这是中华文明的特性。

在哲学层面，务实主义意味着两个基本原则。第一，目的的合意

① Friedman，Edward. *Chinese Village*，*Socialist State*. New Heaven：Yale University Press，1993.

性可以合理地推断手段的正当性。务实主义从目的出发，只要能够实现目的，手段就可能是正当的。"猫论"就是这个原则的形象描述。这里的"合理地推断"很重要。一个人在推断手段的正当性的时候，要用自己的知识体系、道德标准和逻辑进行思考，否则就会出现不择手段的事情。第二，不存在永恒的真理，实践是检验真理的唯一标准。中国人不相信永恒的存在，中国传统哲学里一个非常重要的思想就是，宇宙中唯一不变的规律是一切都在变动之中。中国人相信实践出真知，也只有实践才可以检验一种知识是否是真知。"实践"在英文里一般翻译成"practice"，但不准确。"practice"的意思是已经有了一个模式，按照这个模式去练习，熟能生巧。实践不一样，它包含了"探索—构建理论—应用—探索"的循环，英语里没有对应的词。

务实主义打开了改革的大门并推动了改革进程。试想一下，如果我们还陷在"主义"之争、"真理"之争之中，我们哪一项改革能够启动？无论是农村改革，还是国有企业改革，抑或是价格改革，都与过去所秉持的理论真理相左。邓小平的"不争论"带领党走向一种结果导向的行动哲学，在这种哲学的指引下，一种制度是否是正当的，不再是看它的属性，而是看它能否促进生产力的发展、能否促进中华民族的伟大复兴。由此，体制改革才可能发生。

（二）贤能主义

中国有悠久的贤能主义传统。在西周的时候，我们就已经有了太学，目的是培养人才。汉武帝之后，选贤任能变得制度化；隋代发明科举制度，给平民子弟提供了上升通道。贤能主义的哲学基础是先秦儒家的人性观。与西方单一和固化的人性观不同，先秦儒家认为人性是多样的、流变的和可塑的，一个人所能达到的贤能高度，取决于他后天的努力和环境。① 由于政治职位是有限的,而经济发展需要激励人们的付出,因此,社会的政治结构必须采纳选贤任能的原则,而社会的经济结构必须奖励贤能。在实践层面,墨家对贤能主义的贡献更大。到西汉儒家独大的时期,儒家吸收了墨家的思想,最终,通过董仲舒的学说,选贤任能变成中国官僚制度的一个原则。② 以今天的眼光观之,这个原则可以作为在选举民主下票决制的一个替代,足以纠正票决制的问题,特别是它的民粹主义倾向以及别有用心者利用它对民众进行煽动和蛊惑的问题。

党在改革开放时期继承了选贤任能的传统。从 20 世纪 80 年代初提出干部四化开始,党就重视干部的培养和选拔工作。许多研究表明,党的干部选拔制度符合选贤任能的原则。能力较强的官员更可能获得升迁,而且,他们的终身成就也较高;党还重视干部的培养,一个方式是把官员放到不同的岗位上去锻炼,提高他们的能力。③

选贤任能在今天也有重大的理论和现实意义。中国共产党由公民中的优秀分子组成,其背后的原则就是选贤任能。党提出大政方针和立法思想,人民代表大会是党凝聚共识的场所,人民代表大会的主权作用体现在审议和票决党的人事提名和大政方针以及在党的立法思路基础上完成立法上面。

（三）回归市场经济

邓小平说过,市场经济不是资本主义所特有的。事实上,市场经济也不是西方所特有的。中国最迟到北宋的时候已经完成了市场经济的建构。北宋时期的中国市场经济已经比较完备,私人土地所有

① 姚洋、秦子忠:《人性的差异性和儒家政治结构》,《开放时代》2017 年第 6 期。
② 苏力:《大国宪制》,北京大学出版社,2013 年。
③ 姚洋、席天扬、李力行等:《选拔、培养和激励——来自 CCER 官员数据库的证据》,《经济学季刊》2020 年第 19 卷第 3 期。

制确立，工商业和商品经济高度发展，甚至发明了纸币和证券交易，有了金融的雏形。[①] 西方资本主义的主要特征不是市场经济，而是机器化大生产以及由此而引发的资本的几乎无节制的积累。我国在改革开放之后搞市场经济，在当时似乎是向西方学习，实际上是回归中国传统。在很大程度上，我国的市场经济带有鲜明的中国特色，与我国的发展阶段以及民众的文化心理高度相关；党带领全国人民走出了一条自己的市场经济之路。

市场经济实施按要素分配，奖勤罚懒，优胜劣汰，这是保证市场经济效率的必要原则。这一点也与我国的贤能主义传统一致，同时也不违背按劳分配原则。一方面，按要素分配包括按劳分配；另一方面，按要素分配说到底是按劳分配，因为资本在源头上也是劳动的产物。

（四）再论革命的意义

未来的历史学家在书写邓小平的历史功绩的时候，自然会提到改革开放，但是，有历史纵深感的历史学家一定会强调，他的主要贡献是把党"带回"中国。党的诞生是西风东渐的产物，是五四时期激进的中国知识分子选择西方激进思想而构建的政党；如前文所展示的，党自觉地成为中国现代化的工具，以疾风暴雨的方式把中国带入现代社会。这里就涉及中国文化对西方文化的吸收和融合这个宏大的课题。党在革命时期很大程度上是在实践一个西方的革命理论，但作为扎根中国的一个政党，党最终必须面对中西融合这个宏大课题。目前，这个课题是在马克思主义的中国化的框架下展开的，但对于未来的历史学家而言，更为重要的是邓小平带领党回归中国，启动了中国摆脱百年文化引进的进程。从"术"的层面看，改革开放是向

---

① 吴钩：《宋：现代的拂晓时辰》，广西师范大学出版社，2019 年。

西方学习,但从"道"的层面看,改革开放开启了回归中国传统的进程。不能忘记的是,计划经济也是从西方学来的东西,改革开放只不过是从学一种西方的东西到学另外一种西方的东西,但是在这后一种学习过程中,党的指导思想和行为准则完全是中国式的。从这个意义上讲,我们重新回归"中体西用"。对于一个有着三千年文字记载的文明而言,坚持自己的"体"是完全可以理解且是必然的选择。但是,现在的"中体"与一百多年前的"中本"是不同的,它已经存其精华、去其糟粕,上升为与时代相适应的价值体系和行动逻辑;而在引进"西用"的过程中,中国也不可能回避它所带来的价值观和行为准则,因此,改革开放以来的"中体西用"一定是中国传统与现代西方价值体系的融合,而不是像洋务运动那样两张皮。

这就引出一个问题:既然最终要回归中国,20 世纪的革命是不是一条弯路? 答案是否定的。首先,革命加速了中国现代化的进程,在比较短的时间里把中国从一个顽固的古代社会带入现代社会的大门。其次,今天对中国传统的回归是在更高层次上的回归。革命荡涤了中国传统中腐朽的部分,让今天的回归能够轻装上阵,挑选传统中优秀的部分加以继承和发扬光大。第三,通过国际比较可以发现,那些没有发生过革命的后发国家,其现代化转型非常艰辛,迟滞了它们的经济赶超。

菲律宾是这方面的一个典型例子。1980 年菲律宾的人均 GDP 是中国的五倍以上,到了 2020 年,中国的人均 GDP 几乎是菲律宾的四倍,四十年间,两个国家反转了 20 倍。菲律宾是如何失败的呢? 自 1986 年马科斯独裁体制倒台之后,菲律宾的美式民主制度没有中断过,而且似乎也具有纠错能力,如对埃斯特拉达总统的弹劾,但是,菲律宾的所谓民主是在一个从来没有改变的社会结构基础上进行的,如几位菲律宾学者所言:"由此产生了巨大的菲律宾之谜:在亘古未变的、亚洲最坏的一个阶级结构之上,却展现了极其生

动的选举政治。"①菲律宾阶级结构的基础是西班牙殖民者留下来的
种植园经济，大种植园主是菲律宾经济和政治的主导力量，时至今
日，菲律宾的政治仍然带有强烈的家族政治的痕迹，党派不重要，对
政治强人的忠诚才是最重要的。自 1988 年之后，除被弹劾的埃斯
特拉达（当选之前为著名演员）和另外一位总统（前国防部长）之外，
其他几位总统都有很深的家族背景，刚当选的总统更是老马科斯的
儿子，副总统是刚卸任的杜特尔特的女儿。这样的政治正是福山认
为的导致民主政治衰败的依附主义政治②，后者又是阻碍经济增长
的主要原因之一，因为它导致经济中的裙带关系，让少数人垄断经济
机会和资源。

　　革命是痛苦的，但可以用短期的痛苦换取长期的长治久安。绝
大多数后发国家都有被殖民的历史，殖民者离开的时候给它们留下
选举政治，从此它们就不得不在所谓民主的框架下进行社会改造，而
结果总是各种势力的妥协，但社会改造意味着剥夺某些强势集团的
权力和利益，两者是冲突的，因而，后殖民地国家的社会改造异常艰
难和漫长。例如，菲律宾的土地改革从美国占领时期就开始启动，但
直到 20 世纪头十年才完成，而且还是把土地卖给无地农民，而不是
无偿给他们。印度的土地改革更是艰难。独立之初印度就制定了
《土地改革法》，但七十年间几乎没有执行，即使是在印共（马）执政几
十年的西孟加拉邦，仍然有 30％多的农民没有土地。③ 现代化转型
的一个大悖论是：一个好的社会转型必须经由暴力才可能在短期内
完成。中国是成功的例子，而许多后殖民地国家是失败的例子。

① Bello，Walden，Marissa de Guzman，Mary Lou Malig，and Herbert Docena. *The Anti-Development State: The Political Economy of Permanent Crisis in the Philippines*. p. xvi. Manila：Zed Books，2005.
② 福山：《政治秩序和政治衰败》，毛俊杰译，广西师范大学出版社，2021 年。
③ 参见姚洋：《发展经济学》，北京大学出版社，2018 年，第十九章以及该章的参考文献。

五、 中国道路的世界意义

回到本文开篇提出来的转型与追赶难题，我们会发现，中国道路为解决这个难题提供了一个答案。从转型和追赶的互动角度来看，过去二百年存在三类国家：第一类是转型慢于追赶；第二类是转型与追赶同时发生；第三类是转型和追赶都没有发生。

第二次世界大战之前的德国和日本是第一类国家的典型例子。德国是 19 世纪追赶最成功的国家，日本是 20 世纪追赶最成功的国家，但两个国家最终都走向军国主义，原因是没有成功实现转型。事实上，它们在经济上的成功是导致它们没有实现政治和社会转型的重要原因。德国在经济上以及军事上的成功，点燃了德国人的民族自豪感。对于德国人来说，俄国文化是卑劣的，法国文化是腐朽的，而英国文化充满狡黠，只有德国文化代表崇高和伟大，因此德国应该成为欧洲的主宰。德国人对欧洲人对德国的"不敬"感到愤怒，德皇威廉二世尤其如此。他一方面觊觎巴黎的繁荣，另一方面痛恨他的母亲的国度英国对他的蔑视，希望用战争的胜利夺取巴黎、赢得他"应得"的尊重。① 在本质上，日本完全重复了德国走过的路。明治维新之后，日本国力急剧提高，在甲午战争中轻而易举地击败从前的老师——中国，在日俄战争中又击败"欧洲的轧路机"俄国，自认为可以代表黄种人与白种人进行对抗，更进一步自封为中华文化的正朔。最终，两个国家都在战争中走向万劫不复的毁灭。究其原因，是因为它们在经济上已经进入现代社会前列，但在思想、政治和社会层面仍然处在古代与现代之间；以前现代的思维和行为逻辑驾驭最为先进的技术，其结果一定是反现代的。

---

① 芭芭拉·塔奇曼：《八月炮火》，张岱云等译，上海三联书店，2018 年。

亚洲四小龙特别是韩国和中国的台湾地区是第二类国家（地区）的代表。日本在殖民时期有意压制韩国和台湾地区的工商业精英，而两地在第二次世界大战之后又都实施了土改，社会因此变得非常平均，消除了阻碍变革的强势集团，为政府启动经济增长提供了政治和社会条件。新加坡是一个城市国家，加之李光耀理性和聪明的治理能力，社会结构快速实现现代化转型，极大地促进了经济增长。它们的共性是社会转型在先，为政府中性地行使权力创造了基础。

多数发展中国家属于第三类国家。在这些国家，缓慢的政治和社会转型是它们无法快速追赶的主要原因。多数发展中国家都曾是欧美列强的殖民地，而在成为殖民地之前，它们还处在古代甚或原始社会。殖民者非但没有改变它们的古代或原始社会结构，反而充分利用之，从而固化了这些国家的社会和政治结构。殖民者离开的时候，又给这些国家留下了一套所谓的现代选举民主制度，极大地压缩了它们进行社会变革的空间。它们只能在发展过程中希冀通过市场的力量推进社会和政治变革，但这样一来，这些国家就进入一个死循环：政治和社会转型不到位制约经济发展，而经济不发展又反过来制约政治和社会转型。

但是，德国和日本似乎是两个反例。原因可能在于德国和日本都存在一个强有力的国家（state），能够集聚资源完成短期内的经济赶超，而多数发展中国家没有生发出这样的国家。发展中国家的转型和经济赶超都必须内生于社会发展的过程之中，两者都将经历漫长的历史过程。

中国更像亚洲四小龙这类国家（地区），转型与赶超同时发生。但中国是一个大国，中国的现代化道路更具有世界意义。具体而言，中国道路具有下面四个方面的意义。

第一，以较短的时间跨越从古代到现代的峡谷。英国革命持续了半个世纪，法国大革命以及后续的震荡持续了一百多年。如果不算日本入侵的时期,20 世纪的中国革命(包括社会主义革命)也是持续了半个世纪,相较而言并不算长。正如英国革命和法国大革命把英国和法国带入现代社会一样,中国革命也把中国带入现代社会。从经济追赶的角度来看,革命让中国建立起无阶级差别的平等社会,为中国实现经济腾飞提供了一个必要保证。尽管我们不期待其他发展中国家以革命的形式完成政治和社会的转型,但是,它们必须把促进平等作为政治改革的核心任务,否则的话,它们很难实现长期和稳定的经济增长。

第二,重视人的发展。如表1的总结所示,在社会主义革命和建设时期,党注重提高普通人的教育水平,提高全体人民的健康水平。印度著名经济学家阿玛蒂亚·森在对比中国和印度不同的经济表现的时候,特别强调中国在人的发展方面比印度准备得更好。① 人是第一生产力,而教育和健康是人作为生产力的主要衡量指标,提升教育和健康水平,就是提升人的生产力。相较于其他发展中国家,中国更加重视普通人的教育和健康水平,这既体现了中国共产党的平等主义理念,也符合经济发展的一般逻辑——在经济发展的早期,提高多数人的能力比提高少数人的能力更可能促进经济增长。

第三,把务实主义作为行动哲学。民族自豪感是凝聚一个国家的重要思想源泉,但是,许多发展中国家把它推向极致,拒绝有损民族"颜面"的行动。在经济发展方面,这表现在拒绝发展劳动力密集型产业,一味追求高大上产业.因为发展中国家的精英们认为,劳动力密集型产业不体面,受人剥削,发展高大上的产业才能够让自己的国家与发达国家平起平坐。在制度建设方面,他们不愿意与国情妥协,一味坚持所谓的"最佳"制度,尽管这些制度并不能发挥作用。中国则不同。在经济腾飞的早期阶段,我国欣然接受发达经济体转移

---

① 阿玛蒂亚·森:《以自由看待发展》,任颐、于真译,中国人民大学出版社,2002 年。

过来的劳动力密集型产业,积累资本和技术,厚积薄发,最终建成了世界上最为庞大和坚韧的制造业体系,并在多个技术领域进入世界前列。在制度建设方面,我们不追求完美的制度,而是采取渐进方法,先建立"有用"的制度,然后在实践中不断加以完善。由此,我国的制度转型避免了苏东国家制度转型的阵痛,为经济的平稳发展提供了条件。中国的务实主义态度和成功经验因而具有强烈的世界意义。

第四,执政党发挥社会中坚力量的作用。中国共产党具有广泛的代表性,现在 9,000 万的党员来自各行各业、各个阶层,党成为凝聚社会共识的地方。在民主集中制原则的指导下,党把不同阶层、不同代表性人群的意见集中起来,形成国家的大政方针。由此,党和政府可以超然于社会集团利益之上,在可能的社会利益冲突面前保持中性,不偏不倚,致力于中国整体的长期发展。[①] 在其他发展中国家,政府往往是有偏向的政府,不是被利益集团所左右,就是被民粹主义所裹挟,资源因而无法配置到最有效的地方去。虽然多数国家没有像中国共产党这样强大的执政党,但这不意味着它们不能借鉴中国中性政府的经验,通过合理的制度安排,即使是在选举民主下也可能构建中性政府。国家的中性,是亚当·斯密在《国富论》里就开始强调的,中国的国家就是斯密意义上的国家,这就是阿瑞吉给他的世界体系鸿篇巨著起"亚当·斯密在北京"这个书名的原因。[②]

中国仍然行进在现代化的道路上,未来三十年将是中国现代化的冲刺阶段。如果到 2049 年新中国成立 100 周年的时候,我们能够完成政治和社会转型并赶上发达国家的收入水平,我们就不仅将完成中华民族的伟大复兴,而且也将创造一条属于中国但又具有世界

---

① 姚洋:《中性政府:对转型期中国经济成功的一个解释》,《经济评论》2009 年第 3 期。贺大兴、姚洋:《社会平等、中性政府与中国经济增长》,《经济研究》2011 年第 1 期。
② 阿瑞吉:《亚当·斯密在北京》,路爱国、黄平、许安结译,社会科学文献出版社,2004 年。

意义的现代化道路。到目前为止,中国是唯一一个在现代化的高潮时期没有对外扩张的大国,未来的历史学家注定要对此大书特书。在未来,中国也会坚持和平发展的道路,继续为世界做出更大的贡献。

"特事特办"

——中国经济增长的非正式制度基础[①]

白重恩、谢长泰、宋铮、王鑫

一、 引言

中国经济在过去四十多年经历了超常增长,其中民营企业的发展起到了举足轻重的作用。但一些数据显示,中国正式的经济制度仍然不甚完善。比如 2015 年以前的世界银行《营商环境报告》(*Doing Business*)中,中国的整体营商环境排名在全球近 190 个经济体中始终位于 90 位左右。其中的第一个子项"开办企业"(Starting a business)的排名,更在 150 位左右。

中国是如何在正式经济制度并不健全、相距华盛顿共识甚远的情况下实现快速经济增长的呢? 我们认为,答案在于萌芽于 20 世纪 90 年代初的一系列非正式制度——我们称之为"特事特办"制度。它的主要特征是:地方政府帮助一部分民营企业突破正式制度中的一些不利规则,从而帮助这些企业进入、生存并成长。要论证这一观

[①] 本文改写自作者的两篇英文论文(Bai, Hsieh 和 Song, 2020;Bai, Hsieh, Song 和 Wang, 2020)。

点,需要着重回答两个问题:

第一,类似的非正式制度在正式制度不健全的国家普遍存在,且有大量证据表明,在许多情况下,那些因此获益的企业,其获益基本上都被其他企业所承担的成本抵消了。① 全社会福利并没有增加,经济增长也没有起色。中国为什么是一个特例?

第二,非正式制度往往具有很强的局部性,不像正式制度那样具有普惠性。对于中国"特事特办"制度的另一个怀疑是政府往往只能为数量有限的企业提供帮助(比如一个市委书记可能最多支持几十个企业,但一个地级市平均有十万家企业),这一理论如何解释中国如此大规模的民营企业的成长?

关于第一个问题,有三点原因可以解释为什么"特事特办"制度在中国带来的好处很可能超过其成本。首先,中国的地方政府有强大的行政能力,可以用来为其选定的企业提供"援助之手"。其次,出于发展地方经济的责任感,或是希望借此获得政绩和晋升机会,地方官员具有支持"特事特办"的强大激励。② 第三,地方政府之间就招商引资展开激烈竞争,可以有效限制因地方政府对部分企业进行保护而造成的对其他企业的损害。在文章的第二节,我们详细讨论了这三个因素的影响,并提供了一些支持性证据。③

—————————

① Hallward-Driemeir 和 Pritchett (2015)记录了正式制度较弱的国家广泛使用类似非正式制度安排的情况。
② 已有大量文献提供了经验证据显示中国地方官员的晋升和地区经济成长有着显著的关联,比如:Li 和 Zhou (2005);Jia, Kudamatsu 和 Seim (2015)。
③ 已有的研究中也有相关的讨论。Xu (2011)认为经济上的地方分权给了地方政府巨大的激励推动民营企业的发展,而干部制度的相对集权则有利于促进地方竞争和缓解分权可能带来的问题。姚洋(2018)认为中性的中央政府、地方分权和选贤任能的官员选拔体制是中国经济成就的政治经济学原因。周黎安的"晋升锦标赛模式"以及在此基础上发展而来的"官场+市场"理论(周黎安,2018)则描述了地方官员和辖区（转下页）

关于第二个问题，通过研究全国范围内所有国有和民营企业之间以及民营企业相互之间成立合资企业的情况，我们发现：（1）最大的民营出资人往往都和国有出资人有合资企业，这可能是他们获得"特事特办"待遇的主要模式或前提条件；（2）更重要的是，这些民营出资人可以通过成立合资企业的方式，一定程度上将"特事特办"的好处传递给更多的民营出资人，从而也改善了后者的经营环境。这一机制可以不断地传递到更多、规模相对更小的民营企业。通过类似的层级结构，"特事特办"制度惠及的企业范围大大扩展了。

图 1 显示了 2000 年至 2019 年通过上述层级结构直接获得"特事特办"待遇的民营出资人（$d=1$），以及间接受益的民营出资人（$d \geqslant 2$）数量的增长情况。直接受益的民营出资人数量增长了约 5.5 倍，而间接受益的民营出资人则增长了近 60 倍。以注册资本来衡量，2000 年受益于"特事特办"制度的民营企业占整个经济的 16%，2019 年这一比例上升至了 35%。文章的第三节详细介绍了相关工作。[①]

理解"特事特办"制度，也有助于厘清中国当下和未来发展所面临的挑战。比如，这一制度可能带来的要素分配扭曲、金融风险、贸易争端等问题在近年来都变得愈发突出。我们将在文章的最后一节讨论这些问题。

（接上页）内企业的互动模式。聂辉华（2020）则从政企关系入手解释中国经济的快速成长以及同时出现的各类问题。与这些研究相似的是，我们都强调了地方政府在推动经济增长中起到的巨大作用。而本文的特别之处在于，我们观察并强调了地方政府对民营企业的支持几乎总是采取"特事特办"的形式，这会给一部分得到帮助的企业带来好处，同时也给其他企业造成损失。我们指出，在中国过去三十年特定的发展阶段和制度环境下，"特事特办"带来的好处很可能超过成本，从而推动了整体经济的快速成长。

① 关于"出资人"的定义，也将在第三节中进行解释。

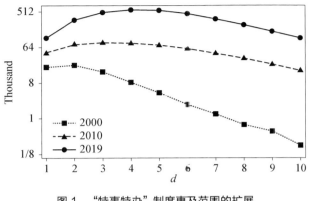

图 1　"特事特办"制度惠及范围的扩展

二、"特事特办"为什么在中国可以奏效?

类似"特事特办"的非正式制度在正式制度不健全的国家普遍存在。这类制度的本质是,一部分企业能够获得政府的帮助和保护并因此受益,而另一部分企业则往往因为政府对前者的保护而受损。在很多例子中,前者的收益基本上都被后者承担的成本抵消了,因而全社会福利并没有改善。

然而,我们认为有三个原因可以解释为什么"特事特办"制度在中国带来的好处可能会超过其成本。

首先,相比于大多数正式制度不完善的国家,中国的地方政府有强大的行政能力,可用来为选定的企业提供"援助之手"。这些帮助包括突破已有不利规则的限制(这正是"特事特办"这个词的本意)、改善当地的基础设施、提高办事效率、以优惠价格提供土地、放松信贷约束、阻止竞争者进入等。除了类似阻止竞争对手进入的措施会降低社会福利,其他很多措施都是有利于提高生产率并促进经济增长的——比如地方政府在帮助企业进入一些传统上由央企主导的行业时曾发挥过积极作用。①

其次，地方官员具有支持"特事特办"制度的强大激励。据我们的观察，地方政府对吸引和支持民营企业的重视程度往往令人印象深刻，地方主要官员的大部分时间也都花在这项工作上。地方官员对民营企业的支持或是出于发展地方经济的责任感和成就感，也可能是希望借此获得政绩和晋升机会。② 因而，在时间和资源有限的前提下，如果为每一个企业提供"特事特办"待遇的成本大致相同，地方官员往往会倾向选择生产率更高、规模更大、更具发展前景的企业给予支持。

再次，大量地方政府之间就招商引资展开激烈竞争，可以有效限制因保护部分企业而对其他企业造成的损害。在"特事特办"制度下，地方政府只可能在当地保护其选定的企业免于竞争，而无法将这种保护拓展到其他地区。因此，即便有些效率不高的企业因为受到保护的缘故得以存续，也只能占据某个地区的市场，更有效率的企业可以在其他的地区生存并发展。地方政府之间的竞争也给了企业更多的选择，尤其是当它们面对不能解决问题或存在腐败行为的地方官员时。

我们认为，在上述三个因素的共同作用下，"特事特办"制度是过去四十年中国经济成长的主要驱动力。下面我们提供了几组与这一解释一致的支持性证据。

（一）生产率更高的企业更容易获得帮助

前文中我们提到，在时间和资源有限的情况下，地方政府更愿意

_____

① 比如铝、汽车行业等。
② 当然也可能存在一些腐败现象，地方官员从中获得经济利益。

向生产率更高(规模更大)的企业提供"特事特办"待遇。因此,我们观察了大企业重要性的变化。表1显示了就业规模处于前1%的工业企业产出份额的变化。左栏使用的是规模以上工业企业数据,前1%的企业销售份额在1998年至2007年间从25.2%增加到了33.3%;右栏使用经济普查数据中全部工业企业的数据,观察到了类似的上升趋势,前1%的企业销售份额在1995年至2008年间从31.6%增加到了45.1%。

表1　前1%企业的销售份额

规模以上工业企业		全部工业企业	
1998	25.2%	1995	31.6%
2002	28.9%	2004	37.5%
2007	33.3%	2008	45.1%

资料来源:中国工业企业数据库、经济普查数据。

类似的,我们可以从城市层面提供相关证据。具体来说,如果一个城市生产率高的民营企业比例较高,那么在"特事特办"制度下,受到地方政府帮助的企业也就比较多,从而该城市的经济增长速度就比较快。

(二)土地供给

地方政府还可能以低于市场成本的价格向获得"特事特办"待遇的企业提供土地。我们从国土资源部获得了2000年至2014年土地销售数据。① 每笔交易都提供了地块面积、地理位置、销售价格以及

———————

① 具体到每块土地的交易信息,共计979,206条记录。

土地用途（住宅用地、商业用地或工业用地）等信息。[①]

　　表2展示了在控制一系列区位因素后不同用途的土地价格差距。第1列没有控制任何区位因素，工业用地平均价格仅为住宅用地的18%。[②] 第2列回归控制了所在区县的固定效应，价格差距有所下降。这说明，土地较便宜的区县将更多的土地分配给工业用地，但在同一区县内，工业用地仍然比住宅用地便宜。第3列控制了区县固定效应，并控制了地块与县中心的距离，但这对价格差距几乎没有影响。最后，第4列在更窄的社区层面考察价格差距，比较了同一社区内不同用途的土地价格。[③] 结果仍显示，工业用地的平均价格仅为住宅用地的四分之一左右。较低的工业用地价格实际上是对这类土地使用者的一种补贴。

表2　相对住宅用地的工商业用地价格

	（1）	（2）	（3）	（4）
商业用地	-0.37 (0.00)	-0.25 (0.00)	-0.24 (0.00)	-0.20 (0.00)
工业用地	-1.72 (0.00)	-1.51 (0.00)	-1.47 (0.00)	-1.46 (0.00)
控制变量：				
县固定效应	否	是	是	否
离县中心的距离	否	否	是	否
社区固定效应	否	否	否	是

注：样本个体是地方政府出售的地块（国土资源部的土地销售数据，样本量：979,206）。表内数字是每公顷销售价格的对数值对商业用地和工业用地虚拟变量（相对于住宅用地）回归的系数（和标准误）。所有回归都控制了年度固定效应。

---

① 其中，大约50%至60%的新土地被用于工业用途。
② 自然常数 e 的 -1.72 次方约为 0.18。
③ 社区被定义为 9 平方公里的正方形街区。

（三）地方保护和企业出口行为

前文提到,在"特事特办"制度下,一些效率不高的企业可能因为受到地方政府的保护得以存续并占据某个地区的市场,更有效率的企业只能在其他的地区生存并发展。匢而,地方保护打破了企业生产率和国内市场销售额之间的关系——那些更有效率的企业本应占据更大的国内市场份额。但是在开放经济中考虑企业的出口时,由于地方政府并不能将类似保护行为扩展到国际市场上,所以那些效率相对较高的企业只能进行出口,它们在国内市场的销售比例不高。

图 2(a)利用 2007 年规模以上工业企业数据显示了制造业企业出口的概率和国内销售额（对数值,且减去了平均值）之间的关系。[①] 可以看到,一个显著且符合上述预测的特征是,有一群国内销售额很低的企业同时在出口国外市场。这些企业里有一半以上的出口份额超过一半。为了进行比较,图 2(b)展示了美国制造业企业的数据,并没有类似的特征。[②] 美国企业的出口比例与企业规模单调正相关,而且出口企业的国内市场销售比例不高,大致在 20％左右。

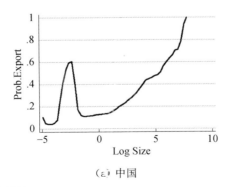

（a）中国

---

① 我们在样本中剔除了出口加工企业。其他年份的数据也可看到同样的特征。
② 数据来自 1987 年美国制造业普查。

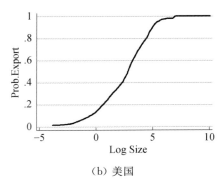

（b）美国

图2   按规模分出口企业比例

三、"特事特办"是如何惠及大量民营企业的？

上一节中，我们分析了"特事特办"这种非正式制度能在中国的环境中奏效的原因。但仍待回答的一个问题是，地方政府、地方官员的资源和时间有限，只能为数量有限的民营企业提供帮助，这一理论如何解释中国如此大规模的民营企业的成长？

我们的答案是，上一节中描述的"特事特办"机制，不仅存在于地方政府和选定的民营企业之间，从地方政府那里获得"特事特办"待遇的企业，也可以以类似的机制将"特事特办"的好处传递给更多的企业。这种如上文所述的层级结构，使得"特事特办"制度可以惠及范围更广的民营企业。

（一）以国有出资人为核心的股权联系网络

上述发现得益于对若干"特事特办"案例的观察。我们注意到，当某个民营企业试图进入一个被垄断的市场时，常采取的策略或是寻求与掌握关键资源的地方政府成立合资企业，或是尝试与拥有生产许可或一定垄断力量的大型国有企业成立合资企业。类似的故事更是在各类讲述企业史的财经类文章或书籍中频繁出现,有的民营企业为了获得上市配额和国有企业或单位成立合资企业,更多的民营企业为了更便利的融资而采取类似的策略……

这些观察启发了我们的思考,和国有部门成立合资企业(建立股权联系)或是实现"特事特办"安排的前提条件,或是实现这种安排的主要模式。这为我们研究"特事特办"制度提供了一个新的视角。

来自国家市场监督管理总局的企业登记注册数据为我们更广泛地研究民营部门和国有部门之间的股权联系提供了条件。这一数据提供了在中国注册的每一个企业(包括那些已经注销的企业)的成立日期、注销日期、地理位置、行业、注册资本、直接股东和股东的出资比例等信息。① 由于这一数据包括了整个经济中所有企业的信息,所以当一个企业的股东是另一个企业时——这种情况在企业集团中广泛存在,我们可以穿透这个股权结构,从这一层股东找到更上一层的股东。从而,对于每一个企业,我们都可以采用这种方式直至找到它的最终股东。②

我们将最终股东分成两类:国有出资人和民营出资人。国有出资人可以是某一级政府(中央、省、市、县),我们将同一个地方政府的不同部门视为同一出资人。③ 此外,考虑到某些大型国有企业可能有不亚于地方政府的影响力,我们将由某一级政府直接且完全控股的国有企业视为一个独立的国有出资人。民营出资人在绝大多数情况下是自然人,但同时也包括了在海外注册的企业、在国内注册的非企

---

① 我们使用的数据排除了个体工商户。
② 部分企业的股权结构可能非常复杂,需要穿透 20 层以上的股东才能识别出其最终股东。
③ 比如:某省财政厅和某省国资委就被视为同一个国有出资人——某省政府。但某省政府和某省省会所在的市政府仍是两个不同的国有出资人。

业机构等。利用 2019 年的企业登记注册数据，我们共识别出了约 4 万个国有出资人和 6,300 万个民营出资人，分别拥有全国 21％和 79％的注册资本。本文报告的使用企业登记注册数据得出的结果，如无特别说明，都是基于 2019 年数据的结果。

接下来我们以最终股东为对象研究他们之间的股权联系，这一定程度上可以理解为从企业集团的层面（而非企业层面）研究"特事特办"制度。① 相比于以企业为对象，以最终股东为对象有两个好处：首先，单个企业的股权层级可能非常多，这其中许多结构安排很可能与我们关注的"特事特办"制度无关，以最终股东为对象可以帮助我们排除这些繁杂的股权结构的干扰。其次，考虑到资源可以较为容易地在属于同一个最终股东的企业之间调配，以最终股东为对象研究"特事特办"制度给民营企业带来的好处，也更有合理性。

我们是这样定义最终股东之间的股权联系的。如果两个最终股东有共同的合资企业——可以是直接投资，也可以是通过若干层其他企业进行的间接投资，那么我们就认为两个最终股东之间存在股权联系。② 比如，一个民营出资人拥有的企业集团和一个地方大型国有企业合资成立了一个新的企业，这个民营出资人就和该国有企业建立了股权联系。

在构造完所有最终股东之间的股权联系后，我们发现了一个清晰的层级结构。在这个层级结构最上端的是国有出资人，尤其是那些规模最大的国有出资人。每个国有出资人都与多个民营出资人有股权联系，在下文中我们会提供证据显示，这些是规模最大的民营出资人——我们称其为与国有出资人直接相连的民营出资人，并将其与国有出资人的距离 d 定义为 1。进一步地，我们发现有一些其他

① 仍存在的差异是一个企业集团可能对应多个最终股东，未来的研究可以考虑如何将属于同一个企业集团的最终股东进行识别和合并。
② 我们进一步要求两个最终股东分别持有该合资企业 10％以上的股份。

的民营出资人,虽然并没有与国有出资人有股权联系,却与 $d=1$ 的民营出资人有股权联系,我们将其距离 d 定义为2。进一步地,我们可以找到 $d \geqslant 3$ 的民营出资人,并将其与 $d=2$ 的民营出资人统称为与国有出资人间接相连的民营出资人。

（二）与国有出资人的距离和民营出资人的特征

表3显示了最大的出资人之间普遍存在股权联系。在最大的100个出资人中,有63个国有出资人,它们都有至少一个民营出资人与其存在股权联系;剩余的37个民营出资人中,有31个与国有出资人直接相连,另有3个与国有出资人间接相连。随着出资人规模的下降,存在股权联系的比例也相应下降。在最大的10万个出资人中,有约9.3万是民营出资人,其中1.7万与国有出资人直接相连,另有3.7万与国有出资人间接相连。

表3　规模最大的出资人的股权联系

	出资人按规模排序			
	前 100	前 1,000	前 10,000	前 100,000
国有出资人	63	458	2,438	6,826
与民营出资人有股权联系	63	452	2,305	5,243
民营出资人	37	542	7,562	93,174
直接相连	31	358	3,466	17,236
间接相连	3	73	1,953	37,360

注:出资人的规模以该出资人拥有的所有企业的注册资本之和(以该出资人在相应企业的出资比例为权重)来衡量。

如果观察与国有出资人的距离 d 和民营出资人一些主要特征的关系(如图3所示),将更直观地理解图1所显示的层级结构的含义。

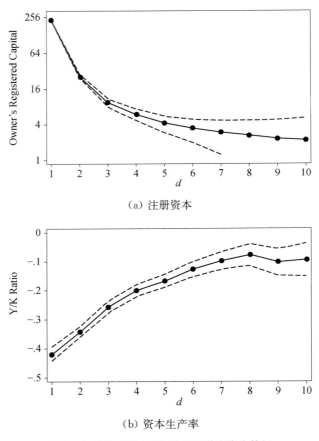

（a）注册资本

（b）资本生产率

图 3   与国有出资人的距离和民营出资人特征

图 3(a)展示了民营出资人的规模(以其拥有的注册资本衡量)与距离 d 的关系。[1] 可以看到,与国有出资人直接相连的($d=1$)是规模最大的民营出资人,他们平均拥有的注册资本,大约是与国有出资

---

[1] 以与国有出资人没有直接或间接股权联系的民营出资人平均拥有的注册资本作为基准,被标准化为 1。

人没有直接或间接股权联系的民营出资人的 200 倍——这与上一节提到的,地方政府更愿意向生产率更高(规模更大)的民营企业提供"特事特办"待遇是一致的。随着与国有出资人距离 d 的增大,民营出资人的平均规模也相应减小,但可以看到所有与国有出资人有直接或间接股权联系的民营出资人,其规模平均而言都比没有股权联系的民营出资人更大(大于 1)。

图 3(b)则展示了民营出资人所拥有的企业的资本生产率与距离 d 的关系。[①] 与国有出资人直接相连的民营出资人($d=1$),他们的企业的资本生产率平均比行业中位数低 40%左右——这说明这些企业能够以比中位数企业更低的成本获得融资。随着距离 d 的增大,相应民营出资人拥有的企业的资本生产率逐步提高,但所有与国有出资人有直接或间接股权联系的民营出资人,其拥有的企业的资本生产率都低于行业中位数。图中并没有显示,国有出资人拥有的企业的资本生产率平均比行业中位数低 50%左右。

图 3 向我们传达了这样一个信息,即"特事特办"的机制并不局限于地方政府和获得"特事特办"待遇的民营企业($d=1$)之间,类似的机制还广泛存在于获得"特事特办"待遇的民营企业和其他与其有股权联系的民营企业之间($d \geqslant 2$)之间,前者可以将一部分"特事特办"的好处传递给后者。换句话说,通过图 1 所示的层级结构,"特事特办"制度有差别地惠及了更大范围的民营企业。

图 4 从另一个角度为上述观点提供了佐证。在上一节中,我们提到由于时间和资源的限制,每个地方政府只能为有限的民营企业提供"特事特办"待遇——在 2019 年的数据中,所有和民营出资人有

---

① 资本生产率用企业的销售额与固定资产净值的比来衡量,除以了四位数行业中位数并取对数。由于企业登记注册数据并没有提供销售额、固定资产等信息,我们使用了 2013 年的中国工业企业数据,并将其与 2013 年版本的企业登记注册数据进行匹配,得到了图 4 的结果。

股权联系的国有出资人，平均与 15 个左右的民营出资人相连。若如前文所述，"特事特办"的好处在通过相关层级结构由上至下传递的过程中逐渐减弱，同时我们假设这种机制的成本在不同层级之间大致相同，那么我们应该观察到每一层出资人平均向下一层提供的连接数不断减少——正如图 4 所示的结果。

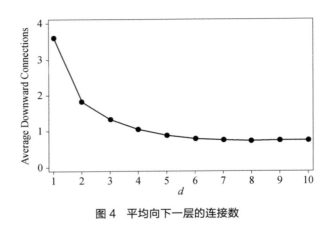

图 4   平均向下一层的连接数

图 3 和图 4 的另一层含义是，在"特事特办"制度下，国有、民营的界限并不是那么的清晰。民营企业之间的差异（比如 $d=1$ 的民营出资人和没有股权联系的民营出资人的差异）甚至远远大于部分民营企业（$d=1$）与国有企业之间的差异。未来的学术研究和政策讨论，有必要对这一情况进行深入分析，避免国有和民营经济的简单二元化。

（三）股权联系网络的扩张

前文指出，"特事特办"制度可以通过相关层级结构惠及更大范围的民营企业，我们进而关心的问题是，这个范围在"特事特办"制度萌生以来发生了什么样的变化？利用 2013 年版本的企业登记注册数据,我们追溯了 2010 年和 2000 年国有、民营出资人之间的股权联系情况①,并在此基础上,观察了 2000 年至 2019 年国有、民营出资人之间的股权联系网络的扩张情况,以此来观察"特事特办"制度惠及企业范围的变化。

图 5(a)显示了国有出资人中与民营出资人有股权联系的比例不断上升,从 2000 年的 12％左右上升至 2019 年的 25％。同时,如图 5(b)所示,在有这种股权联系的国有出资人中,平均每个国有出资人与民营出资人的连接数量也在不断上升,从 2000 年的不足 6 个,增长到了 2019 年的约 15 个民营出资人。② 上述两个因素共同作用的结果,是与国有出资人有直接股权联系的民营出资人数量的上升,如图 5(d)横轴 $d=1$ 的情况所示,从 2000 年至 2019 年,这类民营出资人的数量增长了约 5.5 倍。

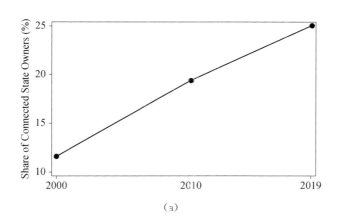

(a)

---

① 开展这种追溯工作需要假设企业的直接股东不发生变化。实际上,企业的直接股东是可能发生变更的,企业登记注册数据显示的是相应时点(比如 2013 年末、2019 年末)企业的直接股东情况。为此,我们开展了一些稳健性检验,结果显示正文中的结论大致都保持不变。

② 国有出资人的数量在 2000 年至 2019 变化不大,2000 年、2010 年、2019 年我们分别识别出约 3.5 万、3.2 万、4.1 万个国有出资人。

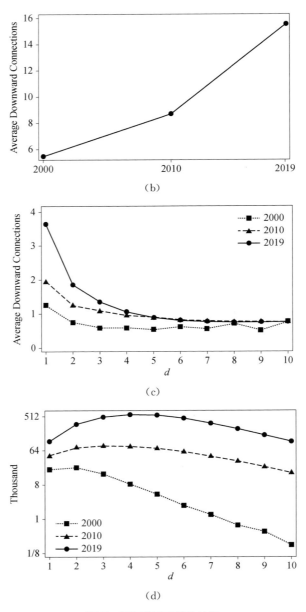

图 5　股权联系网络的扩张

同时如图 5(c)所示,每个与国有出资人直接相连的民营出资人 $(d=1)$ 都与更多的规模更小的民营出资人 $(d=2)$ 有股权联系,从而进一步帮助数量更为庞大的民营出资人与国有出资人间接相连。如图 5(d)所示,从 2000 年至 2019 年,与国有出资人间接相连的民营出资人的数量增长了近 60 倍。

表 4 则总结了与国有出资人直接、间接相连的民营出资人注册资本比重在 2000 年至 2019 年间的变化情况。2000 年,直接相连的民营出资人注册资本占整个经济的比重为 10.3％,2019 年上升到了16.7％;间接相连的民营出资人注册资本占整个经济的比重则从2000 年的 5.6％上升至了 2019 年 18.7％。可以看到,与国有出资人直接、间接相连的民营出资人的增长是整个民营经济成长的主要推动力量。2019 年,"特事特办"制度惠及的民营企业注册资本已占到了整个经济的 35％、全部民营经济的 45％。而相应的,虽然国有部门在这期间也在成长,就比例而言却是在不断下降的。

表 4　有股权联系的出资人注册资本比重（2000—2019）

	与民营出资人有股权联系的国有出资人	民营出资人		
		全部	直接相连	间接相连
2000	33.0％	64.2％	10.3％	5.6％
2010	28.0％	70.6％	13.6％	11.3％
2019	20.8％	73.6％	16.7％	18.7％

注:出资人的规模以该出资人拥有的所有企业的注册资本之和(以该出资人在相应企业的出资比例为权重)来衡量。

我们建立了一个模型来更好地理解 2000 年至 2019 年间股权联系网络的扩张对经济增长的影响。在模型中,民营出资人可以选择与国有出资人的距离 d,其获得的好处(生产率的提高) γd、需要为股权联系付出的成本、可以为下一层民营出资人提供的连接数都由 d 决定。利用 2000 年、2010 年、2019 年的数据，我们对模型进行了结构估计，结果显示 γd 的提高是这一时期股权联系网络扩张的决定性因素。

进一步地，我们开展了一些反事实分析——假设某一时期其他参数不变，只有 γd 发生变化，来观察 γd 的提高对经济增长的影响。表 5 的第一行显示了实际数据中民营经济 GDP 的年均增长率，第二行显示了 γd 的提高（对于所有的 d）带来的股权联系网络的扩张对总产出的影响。2000 年至 2019 年，股权联系网络的扩张推动民营经济总产出年均增长了 4.2%，几乎是当期民营经济 GDP 增长率的一半。在 2000 年至 2010 年以及 2010 年至 2019 年，股权联系网络扩张的贡献分别是 3.4% 和 5.1%。

表 5　股权联系网络的扩张对经济增长的影响（2000—2019）

	2000—2019	2000—2010	2010—2019
民营经济 GDP 年均增长率（实际数据，%）	10.2%	11.6%	8.6%
总产出年均增长率（模型，%）：			
$\Delta \gamma d$，$d \geqslant 1$	4.2%	3.4%	5.1%
$\Delta \gamma d$，$d = 1$	2.4%	2.4%	2.3%
$\Delta \gamma d$，$d \geqslant 2$	1.9%	1.1%	2.8%
总产出年均增长率（模型，%）：			
直接相连的民营出资人	2.5%	2.4%	2.5%
间接相连的民营出资人	2.4%	1.5%	3.4%

注：实际数据中民营经济 GDP 年均增长率是根据 2019 年《中国统计年鉴》和 2019 年《国民经济和社会发展统计公报》中实际 GDP 增长速度以及我们计算的相应年份民营经济比重计算得到的。

第三、四行我们将上述影响分解为与国有出资人直接相连的好处($\gamma 1$)的提高和间接相连的好处（γd，$d \geqslant 2$）的提高对总产出的影响。$\gamma 1$ 的提高对总产出增长的贡献在 2000 年至 2010 年占到了三分之二，而在 2010 年至 2019 年也占到了几乎一半。这期间 $\gamma 1$ 的提高幅度实际是小于其他的 γd 的，之所以能够有如此大的贡献，是因为 $\gamma 1$ 的提高增加了与国有出资人直接相连的民营出资人数量，这会进一步增加间接相连的民营出资人（$d \geqslant 2$）的数量——我们称之为股权联系网络的"乘数效应"。表 5 的最后两行则将总产出的增长分解为直接相连、间接相连的民营出资人产出的增长。2000 年至 2019 年间，两者约各占 50%，但是 2010 年之后，间接相连的民营出资人产出增长的贡献要更大一些。

本节中，我们从国有、民营出资人以及民营出资人之间股权联系的视角，提供了一些证据显示，"特事特办"机制不仅存在于地方政府和直接获得"特事特办"待遇的民营企业之间，这些获得帮助的企业，还可以通过股权联系一定程度上将"特事特办"的好处传递给更多的民营企业。从而，"特事特办"制度惠及的民营企业的范围大大扩展了——当然，这个范围中民营企业得到的好处是有差别的。我们还提供了一些证据显示，在 2000 年至 2019 年间，通过股权联系获得"特事特办"制度好处的企业范围，有显著的扩大。利用一个模型我们指出，建立股权联系带来的好处的提高，是这一现象的主要原因。反事实分析的结果显示，2000 年至 2019 年，获得"特事特办"制度好处的企业范围的扩张，推动民营经济年均增长了 4.2%，约占这一时期民营经济增长的一半左右。

四、 风险和挑战

本文提出了这样一个观点，即中国自 20 世纪 90 年代初以来经济的超常增长、民营经济的快速发展，主要是由一种我们称之为"特事特办"的非正式制度推动的。它的主要特征是：在正式制度尚不完善的情况下，地方政府帮助一部分民营企业突破正式制度中约束企业发展的一些不利规则，从而帮助这些企业进入、生存并成长。

我们进一步回答了两个问题。首先，由于中国政府有强大的行政能力，官员有支持这一制度的强大激励，以及众多地方政府之间的竞争降低了这一制度可能产生的不利影响，"特事特办"制度在中国带来的好处可以超过其给部分企业造成的损失，从而推动整体经济的增长——而在其他正式制度不健全的国家，类似的制度安排就可能无法奏效。其次，直接从政府的帮助中受益的企业，可以通过股权联系网络将"特事特办"的一部分好处传递给更多的民营企业，从而使得"特事特办"制度可以有差别地惠及范围更广的企业。

然而，这并不意味着"特事特办"制度对中国经济增长的推动作用是可持续的。完善的正式制度的形成是一个非常艰难且耗时日久的过程，而"特事特办"制度是在正式制度完善之前的一个"次优解"。在本文所提及的一些前提条件下，"特事特办"制度确实能推动经济增长，但随着中国经济的发展和各方面条件的变化，其所带来的各种问题在近年来都变得愈发突出。

比如，在 2008 年之前，地方政府为企业提供帮助，主要是助其降低制度成本，这是有利于经济增长的。然而从 2009 年开始，地方政府通过融资平台获得了大量资金，从而可以向获得"特事特办"待遇的企业直接提供更多资源，这就可能对经济中的要素分配造成更大的扭曲，阻碍经济增长（Bai，Hsieh 和 Song，2016）。

此外，个别投机者窥见了"特事特办"制度下和国有企业建立股权联系可能带来的好处，将所属企业的部分股份交由地方国企代持，从而以国企子公司的名义获得大量贷款并违规将资金转移至关

联企业。① 更有甚者，凭借挂靠边缘事业单位，或与国有企业的股权
联系，将自己的企业伪装成国有企业，为关联企业发行的私募基金产
品提供担保，而这些基金产品近期出现了逾期的情况。② 这些行为给
相关国有企业、投资者造成了巨额损失，且可能给并不成熟的中国金
融市场带来重大风险。

　　第三，"特事特办"制度也可能造成中国和贸易伙伴之间的一些
摩擦。在中国进行投资的外国企业如果不能获得"特事特办"待遇，
就会发现在与获得类似待遇的中国企业竞争时处于不利地位，其知
识产权和合同在正式制度下不能得到很好的保护。

　　或许正是因为意识到了"特事特办"制度的弊端，近年来，中国政
府做出了多项努力以建设一个更为公平、透明、普惠的正式经济制
度。2013 年 11 月，中国共产党的十八届三中全会通过了《关于全面
深化改革若干重大问题的决定》，提出"使市场在资源配置中起决定
性作用"，"保证各种所有制经济依法平等使用生产要素、公开公平公
正参与市场竞争、同等受到法律保护"，"严禁和惩处各类违法实行优
惠政策行为，反对地方保护，反对垄断和不正当竞争"。2016 年以来，
中国整体营商环境的排名不断上升，根据 2020 年的《营商环境报
告》，整体排名已经上升至第 31 位，其中"开办企业"的排名跃升至
27 位。

　　但是，在"特事特办"制度行之有年的背景下，实现这一雄心勃勃
的目标是一项艰巨而复杂的任务，面临诸多挑战。以税收领域的优
惠政策为例——提供税收优惠是地方政府常见的"特事特办"措施，
国务院在 2014 年 11 月发布的一份文件中关于税收优惠政策利弊的

---

① 见《财新周刊》2019 年 8 月 9 日文章《陕西金控代持民企坐收管理费，骗子卷款跑了》，
　链接：http://weekly.caixin.com/2019-08-09/101449156.html？p0#page2。
② 见《财新周刊》2020 年 6 月 19 日文章《中铁系假国资募资 40 亿涉非集，10 人被拘留》，
　链接：http://finance.caixin.com/2020-06-19/101570036.html？utm_source＝。

描述与本文对"特事特办"制度的分析有异曲同工之处。该文件指出"一些地区和部门对特定企业及其投资者（或管理者）等，在税收、非税等收入和财政支出等方面实施了优惠政策，一定程度上促进了投资增长和产业集聚"，但是，"一些税收等优惠政策扰乱了市场秩序……甚至可能违反我国对外承诺，引发国际贸易摩擦"。因此，要求各地"开展一次专项清理，认真排查本地区、本部门制定出台的税收等优惠政策，特别要对与企业签订的合同、协议、备忘录、会议或会谈纪要以及'一事一议'形式的请示、报告和批复等进行全面梳理……违反国家法律法规的优惠政策一律停止执行"[①]。然而，2015年5月，国务院发布了一个新的文件暂停了这项激进的专项清理工作，"已经出台的优惠政策，有规定期限的，按规定期限执行；没有规定期限又确需调整的……设立过渡期，在过渡期内继续执行"[②]。至本文完稿时，尚没有关于是否继续这项清理工作的新的政策颁布。

　　清理税收优惠的措施难以推行，原因可能是多方面的。首先，"特事特办"制度已经运行了近三十年，产生的利益影响根深蒂固，骤然取消势必会损害从"特事特办"制度中获得好处的各方，从而遇到阻碍。其次，在正式经济制度完善之前，骤然停止"特事特办"制度，可能对短期经济增长产生不利影响，因而改革的推进也会面临更大阻力。第三，从技术层面上，部分"特事特办"安排已经以地方政府和企业签订协议的方式确定下来，贸然取消也牵涉政府信誉和法律方面的问题。由此可见，改革"特事特办"制度，真正建立一个公平、透明、普惠的正式经济制度仍然任重而道远。

---

① 见 2014 年 11 月 27 日发布的《国务院关于清理规范税收等优惠政策的通知》（国发［2014］62 号）。
② 见 2015 年 5 月 10 日发布的《国务院关于税收等优惠政策相关事项的通知》（国发［2015］25 号）。

参考文献

聂辉华.2020.从政企合谋到政企合作——一个初步的动态政企关系分析框架.学术月刊(6):1—14.

姚洋.2018.中国经济成就的政治经济学原因.经济与管理研究(39):3—12.

周黎安.2018."官场＋市场"与中国增长故事.社会(2):1—45.

Bai, Chong-En, Chang-Tai Hsieh, and Zheng Michael Song. 2016. "The Long Shadow of China's Fiscal Expansion," *Brookings Papers on Economic Activity* 47(2):129 - 81.

Bai, Chong-En, Chang-Tai Hsieh, and Zheng Michael Song. 2020. "Special Deals with Chinese Characteristics," *NBER Macroeconomics Annual* 34(1):341 - 379.

Bai, Chong-En, Chang-Tai Hsieh, Zheng Michael Song, and Xin Wang. 2020. "Special Deals from Special Investors: The Rise of State-Connected Private Owners in China," *NBER Working Paper* w28170.

Hallward-Driemeir, Mary, and Lant Pritchett. 2015. "How Business Is Done in the Developing World: Deals versus Rules." *Journal of Economic Perspective* 29(3):121 - 40.

Jia, Ruixue, Masayuki Kudamatsu, and David Seim. 2015. "Political Selection in China: The Complementary Roles of Connections and Performance," *Journal of the European Economic Association* 13 (4):631 - 668.

Li, Hongbin, and Li-An Zhou. 2005. "Political Turnover and Economic Performance: The Incentive Role of Personnel Control in China," *Journal of Public Economics* 89(9 - 10):1743 - 1762.

Xu, Chenggang. 2011. "The Fundamental Institutions of China's Reforms and Development," *Journal of Economic Literature* 49(4): 1076 - 151.

三部门二元制下的中国经济转型

关 锋

一、 刘易斯-费-拉尼斯二元论

刘易斯 - 费 - 拉尼斯框架主要是刘易斯(1954)、拉尼斯和费(1961)的综合版本。[①] 简而言之,一个发展中的经济体可以大致上共存于两个部分,一个是传统部分[②],具有相当大的劳动力剩余,其边际生产力对于生存消费来说非常低;另一个是现代部分[③],具有资本积累以实现利润最大化。假设所有的利润都被再投资,企业将需要吸收传统部分的劳动力来满足其扩大的生产。这个劳动力吸收过程以所有剩余劳动力的耗尽而结束。然后,两个部分之间的劳动力和资本的竞争导致了从二元经济结构向传统的新古典主义经济的收敛。因此,刘易斯转折点是大多数发展经济学家对这种转变的关键评估

[①] 后来还有 Lewis (1972)、Fei & Ranis (1997)和 Ranis (2012)的补充。通常,文献中将使用"刘易斯模型"一词来涵盖任何二元经济模型的主要思想。

[②] 实际上,它指的是使用非熟练劳动力的农业,尽管一些小规模的加工业(尤其是由家庭经营的)是传统部分的一部分。

[③] 主要是制造业,但也包括那些以利润为导向的服务业,雇用了大量的非技术工人。

标准。

　　更准确地说，这一点是刘易斯－费－拉尼斯框架中的第二个转折点，被称为"完全商业化"，标志着传统部分的工资和劳动边际生产力的大致均衡化。[1] 为了实证地衡量这个转折点[2]，我们估计了农业剩余劳动力的数量，并采用了 Minami（1968）提出的比较农业工资和其边际劳动产品的标准[3]。

二、 剩余的农业劳动力

　　"剩余劳动力""低效劳动力"和"多余劳动力"的概念经常被交替使用。准确估计中国农村剩余劳动力的范围在经验上是困难的，原因有很多。首先，也是最重要的一点是，不同的从业者得出这种剩余劳动力的量化方法各不相同。Kwan（2009）总结了衡量中国剩余劳动力的主要经济和非经济技术，发现估计的数字可能非常不同，在全国范围内，从 1980 年到 2005 年的 7,500 万到 13,500 万。第二个原因主要是概念上的，指的是剩余劳动力是农村地区的劳动力（同时从事农业和非农业活动）还是只从事农业生产的劳动力（包括农业和非农业）。从经验上看，剩余劳动力的主要来源是种植业，因为这种活动的劳动边际生产力很低。第三个原因是数据的限制。中国国家统计局（NBS）根据户口登记单位提供劳动力统计数据，这可能会多报数字，因为相当多的人并不完全从事农业生产。如果没有农民生产活动的精确细节，剩余劳动力的估计可能会产生误导。一种替代方法基于不同产品的成本和收入信息的农业劳动衡量标准，见附

---

① 过了这个转折点，均衡工资就由劳动的边际产品决定。
② 本文中的"转折点"指的是"完全商业化"点。
③ 其他四个标准是：自给部门的实际工资和劳动边际生产力之间的相关性，自给部门实际工资的变化，两个部分之间工资差异的变化，以及自给部门的劳动力供应弹性。

录 1。

我们运用生产效率的方法来估计在给定的技术和产出水平下不同农产品的理论劳动需求，并从我们交替估计的农业劳动中减去，以获得中国农村地区的剩余劳动。由于我们估计的投入前沿可以被看作是在预设技术下生产产出所需的最佳假设劳动，这个标准满足了转折点的条件，即工资等于自给部门的劳动边际产品。事实上，估计的劳动力需求和我们交替估计的农业劳动力之间的差异，被视为劳动力的边际生产力在零和均衡工资之间的剩余。换句话说，在我们的衡量中，剩余劳动力的数量能够涵盖所有边际产品低于工资的人。

理论上，劳动力被认为是生产不同产出的要素投入的一部分。传统的生产函数隐含着一个新古典主义的假设，即任何一个决策单位(DMU)都是在技术有效水平上运行的。许多发展中经济体的经验表明，农业生产可能是在满负荷工作。为了包括潜在的无效率(这种无效率是不可观察的，要么是随时间变化的，要么是不变的)，可以通过经验来估计一个额外的参数来反映技术无效率被纳入生产函数中。直观地说，对生产前沿的偏离可以被看作是由于要素投入利用效率低下而导致的产出不足。这种以产出为导向的技术效率衡量方法可以转化为以投入为导向的衡量方法，即询问在不改变产出数量的情况下可以减少多少投入数量。特别是在生产技术面临规模收益不变的情况下，以投入为导向和以产出为导向的前沿分析都会产生相同的结果。[1]

我们的劳动力使用模型起源于 Diewert (1974)和 Aigner 等人(1977)，以及最近的 Kumbhakar & Hjalmarsson (1995)。[2] 本文主

----

① 这两种措施也可以适用于增加或减少规模回报的技术，并有进一步的表达。见 Coelli *et al*.(2005)，pp. 52 - 57。

② Bhattacharyya 和 Parker (1999)使用了这个模型，并进行了修改。

要是基于对 Battese & Coelli (1995)开发的随机前沿模型的修改,其规格为 Cobb-Douglas。

$$L = f(Y)e^{v+u} \qquad \cdots(1)$$

其中 $f(\cdot)$ 是劳动力需求函数,Y 是农业产出,v 是标准白噪声,以反映诸如天气和其他不可控因素,u 是与技术无效率有关的非负随机项。L 这里是生产不同农产品的最低要求。

如果劳动力在生产过程中是完全有效的,即技术无效率 u 为零,那么劳动力需求函数 L^*,写为

$$L^* = f(Y)\epsilon^v \qquad \cdots(2)$$

其中,L^* 表示生产 Y 的最佳劳动水平。无效率劳动或剩余劳动,L^{SS},被定义为观察到的劳动投入与最佳劳动投入之间的差额。

$$L^{S} = L - L^* \qquad \cdots(3)$$

最佳劳动力投入 L^* 的经验估计见附录 2。利用公式(3),计算出农牧业各产品的年度剩余劳动力规模。所有单个剩余劳动力的总和就是全国剩余劳动力总量。我们用计算上的剩余劳动力除以我们估计的农业劳动力,得到跨年度的劳动力剩余比率,同时假设渔业和林业的剩余劳动力可以忽略不计。

我们估计的全国农业剩余劳动力的规模及其比率见表1。样本期间的平均剩余劳动力为 2,970 万,2001 年为 4,000 万左右,2013年为 2,500 万左右。来自农业的低效劳动力占总剩余劳动力的72%。2001 年该比例为 82%,但在 2005 年下降到 58%。然而,这一比例在 2013 年又上升到最高,占总数的 84%。虽然我们估计的无效率分数与其他许多人,如 Kwan 等人(2013 年)和 Guo(2007 年)相似,但在我们的样本期间,剩余劳动力的绝对规模较小,因为我们交替得出的农业劳动力比国家统计局的数字小。

表 1   2001—2013 年中国全国农业剩余劳动力的估计值

	畜牧业	耕作	盈余总额	估计的劳动力	盈余比率
2001	725.5	3,309.5	4,035.0	22,741.5	17.7
2002	747.7	3,014.9	3,762.6	22,204.5	16.9
2003	799.9	2,540.8	3,340.8	22,619.9	14.8
2004	1,172.8	2,198.1	3,370.9	22,730.6	14.8
2005	1,259.3	1,760.5	3,019.8	23,455.6	12.9
2006	1,130.1	1,775.0	2,905.2	22,494.0	12.9
2007	985.6	1,608.4	2,593.9	21,371.5	12.1
2008	847.5	1,767.8	2,615.3	22,148.8	11.8
2009	779.8	1,729.4	2,509.2	19,936.8	12.6
2010	614.0	1,827.9	2,441.8	19,630.7	12.4
2011	601.5	2,082.8	2,684.3	18,722.6	14.3
2012	596.9	2,156.0	2,752.8	18,509.2	14.9
2013	399.0	2,183.3	2,582.3	18,486.0	14.0
平均值	820.0	2,150.3	2,970.3	21,157.8	14.0

注：以万人为单位，"剩余比率"除外，单位为％。
资料来源：作者的计算。

三、 中国的转折点

中国的转折点是通过农业剩余劳动力的趋势，以及农业工资与其劳动生产率的实证比较来评估的。关于农业剩余劳动力的规模，上述估计表明，它在全国范围内一直在稳步下降。这与迈向转折点的标准是一致的。

我们现在研究农业实际工资（LW 和 HW）与劳动边际产品

(MPL)之间的关系,这是 Minami(1968)提出的一个标准。附录 3 和附录 4 分别详细说明了我们利用现有的官方统计数据对工资和边际生产力的计算。我们认为,当农业 MPL 上升到 LW 以上时,经济已经起飞,或者至少,已经进入转折点的窗口时期。如果农业 MPL 超过了 HW,那么我们就认为经济已经过了转折点(窗口期),经济进入了自我维持的增长轨道。我们的分析从国家层面开始,然后到四个宏观经济区域,以及它们所包括的省份。

　　如图 1 所示,在全国范围内,1996 年中国的农业 MPL 约为1,700 元。20 世纪 90 年代末,当剩余劳动力开始从农业转移到现代

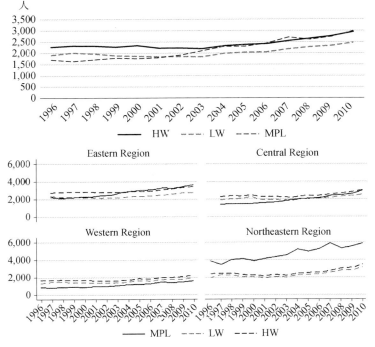

图 1　1996—2010 年中国国家和地区层面的农业工资与 MPL 的对比

资料来源:作者的计算。

部门时，它开始上升。2002 年，农业 MPL 超过了 LW，为 1,850 元人民币，然后在 2004 年至 2009 年期间在 HW 附近波动。到调查期结束时，农业 MPL 与 HW 趋于同一水平，为 2,950 元。这似乎表明，中国已经过了转折点。然而，这种解释被证明是一种假象，正如接下来的区域分析所揭示的那样。

长期以来，中国东部地区一直受益于其临近的海上贸易和各种优惠的政府政策。它的城市化和工业化程度远远高于全国平均水平。除海南外，东部其他省份的 MPL 超过了农业工资的下限。山东、广东和河北的 MPL 甚至高于上限值。相应地，东部地区已经过了转折点。在中部地区，只有湖南的农业劳动生产率在 2003 年超过了 HW，而河南和湖北在 2002 年超过了 LW。作为一个重要的粮食生产区域，安徽是一个神秘的案例，在我们的样本期间，它的边际劳动生产率远远低于 HW 和 LW，尽管它紧邻浙江和江苏。总的来说，这个地区略微进入了转折点的下限。作为最贫穷的地区，我们的结果发现，中国西部的六个省都没有通过转折点，这表明该地区仍然处于劳动力无限供应的阶段。在中国东北地区，农业劳动生产率不仅大大高于其他地区，而且即使在调查期间开始之前，仍然高于两种工资率。从历史上看，劳动力的外迁是很惊人的。这个地区可能已经过了转折点。表 2 列出了各省劳动生产率和工资的比较。

表2　1996—2010 年中国宏观经济区域和省份的农业边际劳动产品（MPLs）与工资的关系

地区	省份	到哪一年，MPL> LW	到哪一年，MPL> HW
东部	山东	1998	1999
	广东	1997	2002
	海南	暂未	暂未
	河北	2003	2006

续　表

地区	省份	到哪一年，MPL＞LW	到哪一年，MPL＞HW
	江苏	2003—2010 年,波动	暂未
	浙江	2002—2010 年,波动	暂未
中央	江西	暂未	暂未
	河南	2002	暂未
	湖北	临近 2010 年	暂未
	湖南	2002	2003
	安徽	暂未	暂未
西方	四川	2007—2010 年,波动	暂未
	贵州	暂未	暂未
	云南	暂未	暂未
	陕西	2010	暂未
	广西	暂未	暂未
	甘肃	暂未	暂未
东北地区	吉林	1996 年以前	1996 年以前
	辽宁	1996 年以前	1996 年以前

注:各省关于 MPL 和实际工资趋势的数字可应要求提供。

中国接近刘易斯-费-拉尼斯提出的转折点的时间框架问题在目前的文献中仍有争议。这个转折点与劳动边际产品和生计活动的工资相等,标志着在这样一个人口众多的经济体中,从传统的二元论过渡到标准的新古典主义发展道路。这也会对中国持续的经济转型产生重大的宏观经济影响(Garnaut 2010 和 Song & Zhang 2010)。概括地说,传统部门的工资和劳动生产率的变化是辩论的核心。

根据 Lewis (1954)的观点,在传统部门,收入是为了生存。如果家庭经营的农业在传统部门中占主导地位,那么产出主要是在家庭成员之间分享，用于生存消费；因此，工资等于劳动的平均产品（而不是边际生产力）。工资的持续增长可能表明，生产已经脱离了维持生计的目的，从而走向了转折点。根据这一标准，许多人试图研究中国农村的工资是否有持续和可观的增长。Cai & Du (2011)，Golley & Meng (2011) 和 Zhang 等人（2011）是支持这种说法的例子，他们的结果表明，城市工资和农民工工资的连续增长在 2010 年代得到了证实。尽管这些非农业工资的增长可能与农业工资的相应增长有间接关系，但制造业生产中的劳动力供求状况以及技术工人和非技术工人之间的差异等因素可能会交替影响中国的非农业工资。更重要的是，最低工资政策的逐步实施给城市工资带来了重要负担：名义最低工资从 2000 年的 299 元增加到 2010 年的 848 元（Kwan & Zhou，2013）。

极低的边际劳动生产率的存在反映了刘易斯模型中传统部门的主要特征。边际生产力为零、可忽略不计或远低于生存工资，主要是由于传统部门相对于土地和其他固定资本而言，劳动力供应过剩。人口转型最终会改变劳动力的供给，从而改变其边际生产力。Cai (2010) 和 Li 等人（2013）研究了整体的人口趋势，认为中国已经达到了转折点。然而，传统部门人口的减少可以推动劳动生产率的提高，但不一定能达到维持生计的工资水平。Minami (1968) 测试了自给自足部门的劳动边际生产力和工资之间的关系，以接近转折点的到来。因此，包括 Erolani & Wei (2011)、Islam & Yokota (2008) 和 Minami & Ma (2011) 在内的研究试图找出中国农业的实际工资是否由劳动的边际生产力决定。他们的实证结果还不能确认中国的转折点时间段。

所有现有的研究都提供了一些证据来支持或反对中国达到其转折点。虽然许多研究集中在工资和劳动生产率上，但我们通过衡量 2001—2013 年期间传统农业部门的低效劳动力规模，为当前的辩论提供了另一种情况,这段时间人们对中国转折点的出现给予了高度关注。

　　以下是我们的论点。如果中国已经到了刘易斯意义上的转折点,那么它在自给自足生产中的剩余劳动力就会下降,变得不重要。

　　人们认为,劳动的边际生产力和维持生计的工资很好地纳入了剩余劳动力的概念中。如果衡量的剩余程度相对于传统部门的劳动力供应来说仍然比较大,其边际产品必须非常低,仍然远远低于生存工资。相应地,在刘易斯-费-拉尼斯的框架中,经济处于转型的第一个阶段。如果盈余的规模相对于前一阶段越来越小,劳动生产率和工资之间的差距也越来越小,经济在短缺点之后进入了转型的第二个阶段。最后,如果经济正在走向商业化,边际生产力几乎与工资相同,那么所有的剩余劳动力将被耗尽。

　　我们估计 2001—2013 年期间剩余劳动力的规模平均为 2,970 万(占农业劳动力的 14.0%),并逐年稳步下降。由于我们交替测量的农业劳动力比国家统计局的要小,所以我们量化的剩余劳动力规模比其他 80 年代和 90 年代的估计数要小。观察到的农业劳动力减少可能是由于测量误差和 2010 年代的基本人口变化造成的。

　　在过去的几十年里,农村的人口变化尤其惊人。农村人口迅速减少,因此劳动力供应从 1990 年代末的 4.9 亿人减少到 2010 年代中期的 3.8 亿人左右(下降了 22%),而劳动力就业总量增加了 8%。主要是由于总生育率的下降,中国的农村劳动力份额在 2014 年首次低于其城市同行。[①] 联合国甚至预测中国的人口将在 2030 年达到顶峰,劳动人口甚至可能在 2020 年之前达到最大值(联合国,2009,2015)。

　　一个同样重要的辩论是关于中国的剩余劳动力和工资增长的共

---

① 2014 年为 3.794 亿城镇劳动力(国家统计局,2015a)。

存。许多人认为这是刘易斯模型的反直觉。通过使用 2002 年和 2007 年的家庭数据，Knight 等人（2011）估计了迁移函数来研究农村地区那些非移民的概率。通过对潜在移民的不同测量，他们证实中国农村仍有相当多的移民供应。我们的研究结果与他们的研究结果一致，即衡量剩余劳动力，并显示其在 2001—2013 年期间的规模不断下降。

同样重要的是要注意到，我们的论文中所测量的剩余程度是中国农村的自给农业。随着户籍制度的不断放宽，允许更多的农民进城务工，我们可以预计，其中一些农民工可能由于技术和培训水平的原因，特别是在非正式的生产活动中，只能赚取维持生计的工资。

总而言之，我们的分析表明，中国可能在 2000 年代中后期达到了转折点时期，农业中的剩余劳动力约为 2,000 万，占我们替代性估计的农业劳动力的 13%。

四、 三部门二元论的出现

中国工业化的一个特点是农村非农业生产的迅速扩张，这一点在文献中还没有涉及。如表 3 所示，自 1980 年代以来，中国农村的生产变得更加多样化，农业和农村不再是同义词。这表明农村非农业部门在不断增长，而且很重要，需要在劳动力重新分配模式中加以考虑，并有以下关注。

首先，中国农业部门的劳动生产率在 20 世纪 70 年代末农业改革后，非种植业的农业活动迅速发展，发生了很大变化。渔业、林业和畜牧业的劳动生产率增长比种植业高。其次，自 1980 年代以来，中国农村有相当数量的农民被不同的非农业部门雇用，最初是由乡镇企业（主要是 TVE）雇用，后来是由农村的正规和非正规生产雇用。不可否认的是，自 1990 年代末以来，更多的乡镇企业已经私有化。① 由于部门的差异,农业的劳动边际产品可能与农村非农业的劳动边际产品有明显的不同。第三,由于户籍制度(HRS,户口)的存在,从事城市正规和非正规生产的劳动力包括大量在城市具有临时移民身份的农村工人。② 他们在城市就业市场上有更多的选择,特别是在 2001 年中国的 WTO 成员资格被重新确认后。

表 3　中国 GDP 的部门构成(1980—2014 年,选定年份)

	农村农业	农村工业	农村服务	城市工业	城市服务
1980	29.1	4.5	3.3	42.4	20.7
1985	28.4	8.6	6.7	34.5	21.8
1990	27.1	11.3	9.7	30.4	21.6
1995	20.5	20.7	10.4	28.1	20.3
2000	15.1	21.1	12.2	24.8	26.8
2005	12.1	21.6	12.2	25.8	28.3
2010	10.1	21.2	12.6	25.5	30.7
2011	10.0	21.1	12.2	25.5	31.1
2014	9.2	19.1	13.0	23.5	35.2

注:所有数字都是以百分比表示的。城市农业占总产出的比例不到 1%。
资料来源:中国社会科学院和国家统计局,各期。

我们建立了一个三部门模型,以纳入劳动力从农村农业到农村非农业以及从农村农业到城市部门的再分配。从概念上讲,我们的部门划分比 Brandt 等人(2008)和 Wu(1995)的划分更适合捕捉中国

① 从那时起,地方政府对技术教育机构的直接资本捐助已变得微不足道,某些技术教育机构现在可以从股票市场筹集资金,一些职业教育机构通过外国投资获得资本。
② 胡口的做法不允许永久地移民到城市(除非可以改变他/她的身份)。城市非农业生产中存在着来自城市和农村地区的工人。换句话说,城市劳动力应该比仅仅来自城市的劳动力更大。传统的两部门模型将城市农民工与城市工人集中在一起,因此不能正确地说明这个群体。

的现实。如附录 5 所示，与其他学者的比较，我们更关注由于产出和生产力的差异而导致的劳动力在不同地理区域的重新分配，而不是所有权结构的变化。在我们的模型中，劳动力在生产实体间流动，而不考虑所有权，不同的地理区域分类可能对全要素生产率的增长产生不同的影响。

因此，中国的二元经济框架的特点是三部门二元化。传统部门由农村农业（可能还有非正式的城市生产）组成，主要是为了生存，而现代部门由农村非农业和城市非农业组成，纯粹是为了实现利润最大化。中国的三部门二元制使其现代部门能够通过优化吸收农业剩余劳动力而持续增长，而现代部门的扩张则是由农村非农业生产因 HRS 的实践而驱动。

我们的三部门模型的正式推导是 Temple & Wößmann（2006）的延伸，Kwan 等人（2011，2018）有全部细节。我们推导出一个与 Kwan 等人（2018）的方程一致的实证模型，采用以下总生产函数。

$$Y_t = K^\alpha H^\rho (A_t L_t)^{1-\alpha-\rho} \qquad \cdots (4)$$

其中 α 和 ρ 分别为物质资本和人力资本的要素份额。这个由劳动力增强的生产函数受制于柯布-道格拉斯规范。根据 Mankiw 等人（1992）的研究，我们可以通过对每个工人产出的对数变化得出以下公式。

$$\ln\frac{Y_t}{L_t} - \ln\frac{Y(0)}{L(0)} = \theta\ln A(0) + \lg t + \frac{\theta\alpha}{1-\alpha}\ln s - \frac{\theta\alpha}{1-\alpha}\ln(n+g+\delta) +$$

$$\frac{\theta\rho}{1-\alpha}\ln H - \theta\ln\frac{Y(0)}{L(0)} \qquad \cdots (5)$$

其中，所有（0）代表初始值，g 是技术增长率，n 是人口增长率，δ 是折旧率，s 是储蓄率，t 是时间，θ 是一个反映收敛速度的参数。在实证估计中，$g+\delta$ 被设定为 5%，正如 Mankiw 等人（1992）所建议的。方

程式(5)意味着经济将在最初一年收敛到稳定状态。当没有结构性变化时,索洛模型中的全要素生产率增长表示为:

$$\frac{\dot{Z}}{Z} = \frac{\dot{A}}{A} = (1 - S_b - S_m)\frac{\dot{A}_a}{A_a} + S_b\frac{\dot{A}_b}{A_b} + S_m\frac{\dot{A}_m}{A_m} = g \quad \cdots(6)$$

在 Mankiw 等人(1992)的模型中,全要素生产率增长率 g 被假定为常数。在引入结构变化条款后,全要素生产率的增长率包括了额外的变量。假设 $\ln A(0)$ 和 $\ln s$ 在各省之间是恒定的,我们的横截面回归经验模型为:

$$\ln\frac{Y_t}{L_t} - \ln\frac{Y(0)}{L(0)} = \text{constant} + \frac{\theta\alpha}{1-\alpha}\ln s - \frac{\theta\alpha}{1-\alpha}\ln(n+g+\delta) +$$

$$\frac{\theta\rho}{1-\alpha}\ln H - \theta\ln\frac{Y(0)}{L(0)} + \frac{t\phi(\kappa_1-1)}{1-\alpha}GROWTH_b +$$

$$\frac{t\phi(\kappa_2-1)}{1-\alpha}GROWTH_m + \frac{t\phi\kappa_1}{\varphi_1(1-\alpha)}DISEQ_b +$$

$$\frac{t\phi\kappa_2}{\varphi_2(1-\alpha)}DISEQ_m$$

$$\cdots(7)$$

为了将方程(5)转化为我们的经验性动态面板数据结构,我们主要遵循 Bond 等人(2001)的做法。

$$y_{it} = \alpha y_{it-1} + \beta X_{it} + \gamma_i + \delta_t + v_{it} \quad \cdots(8)$$

其中 X_{it} 是一组自变量,包括储蓄率、人口增长、$GROWTH_b$、$GROWTH_m$、$DISEQ_b$、$DISEQ_m$ 和人力资本;y_{it-1} 是之前的人均产出;γ_i 是截面不可观察效应;δ_t 是时间不可观察效应;v_{it} 是随机误差项。关于估计技术的更多细节,见附录6。

我们的结果显示,劳动力从农村农业向农村非农业的重新分配和从农村农业向城市非农业的重新分配都是显著的。通过进一步检查两个结构变化项的大小，劳动力重新配置对经济增长的影响似乎比对劳动力从农业到农村非农业部门的情况更强——4.384：2.790。通过进一步将柯布-道格拉斯假设强加于 $MGROWTH$ 和 $DISEQ$，劳动力再分配的效果显示出对经济增长更强的影响。例如，系数 $MGROWTH_b$ 还有 $MGROWTH_m$，在表 A6.2 中为 11.080 和 5.114，但在表 A6.1 中只有 4.384 和 2.790。

我们的结果还表明，区域变化很重要。我们将总的观察结果汇集成沿海和非沿海的子样本。[1] 表 A6.3 的估计结果显示，沿海地区较发达的省份享有劳动力重新分配到农村非农业和城市部门对经济增长的更大影响，这表现在系数值较大（沿海省份的系数为 5.260 和 3.658）和意义较高（1％水平）。

五、 中国的经验及其对发展中经济体的启示

以传统部门和现代部门并存为特征的二元论，仍然是理解许多最不发达国家经济发展的根本。部门间的资源从低生产率活动向高生产率活动转移，特别是劳动力的重新分配，是经济增长的重要动力。事实上，每个部门的不同部分在方法上并不令人不安，在分析上也很方便（Basu，1997），因为工资和边际生产力的差异对于在每个部门的不同部分和不同部门之间重新分配劳动力至关重要。

我们的三部门框架是对正统的两部门二元论的补充。对于人口与可用土地比例较高、人力资本不足的经济体来说，农村的非农业生产似乎是工业化的替代战略，是对普遍提倡的农村向城市迁移的补充。中国在 HRS 下的移民限制政策是造成其人地比高的真正原因。

---

① 沿海省份包括北京、福建、广东、广西、河北、江苏、辽宁、山东、上海、天津、浙江；而非沿海省份包括安徽、甘肃、贵州、黑龙江、河南、湖北、湖南、江西、吉林、宁夏、青海、陕西、山西、四川、新疆、西藏、云南。

除了"文革"等政治运动外（Kwan & Zhou，2011），在这种背景下，我们的新模型成功地捕捉到了自1980年代户口制度仍然存在的农村非农业劳动力的快速增长。我们的模型反映了农村劳动力离开农场工作而留在农村从事非农业活动的现实。近年来，农村—城市边缘地区不断扩大，为农村和城市地区提供了非正式的工作机会，但由于引入了土地控股，使劳动力迁移问题进一步复杂化。①

人地比高的国家，如印度和孟加拉国（表4），可以考虑中国的工业化模式，由劳动力重新分配到农村非农业和城市非农业来推动。通过促进农村的非农业活动，非熟练劳动力的就业和产出的扩大有可能在长期内使这些最不发达国家工业化。

表4　人口最多的经济体的人地比率

国家	2010	2000	1990	1980	1970
巴西	11.2	12.5	15.2	18.7	21.7
中国	130.9	154.2	165.1	184.7	180.0
印度	470.5	417.5	359.3	298.5	249.6
印度尼西亚	220.0	271.0	283.8	309.2	255.6
孟加拉国	1160.2	1053.4	812.7	687.4	637.3
巴基斯坦	421.6	358.6	299.3	228.9	183.5
尼日利亚	106.0	99.2	87.6	76.7	63.4

注：人地比是以每平方公里农业用地的农村人口数来衡量。
资料来源：世界银行，不同年份。

我们认为，我们的结果也阐明了最不发达国家的其他方面。首先，那些缺乏足够先进的机构来优化资源配置的国家仍然可以通过

_____

① 复杂的问题包括：农业和非农业户口的管理，土地管理和开发，农村和城市之间的行政区域，以及对农民身份的未来安排。

农村工业化来提高效率。这种工业化最好通过私营部门、市场化和
国家政策的共同努力来实现。在地方政府的支持和鼓励下,中国农
村最初的非农业企业在没有广泛的自由市场机制的情况下生产了产
品。这些努力大大增加了消费品的供应,扩大了城市和农村个人的
消费范围,同时使地方政府获得了企业的税收。

　　其次,对比较优势的利用对于将资源引向其最有价值的就业是
至关重要的。在中国,劳动密集型的工业化与中国农村的要素禀赋
相一致。在 20 世纪 90 年代末,中国凭借其比较优势,生产并向全球
市场出口了大量的制成品。因此,确定不同发展中经济体的资源禀
赋的比较优势对于重新分配以产生产出增长非常重要。

　　第三,即使没有一个完全自由的市场,政府也可以通过允许一
些人离开,将有限的资源引向生产部门,从而培育一个有利于市场
的环境。中国已逐步将非农业生产从技术教育机构转移到农村地
区的私营企业。为了控制向城市移民的压力,中国至今没有废除
HRS。农村地区非农业的发展增加了农民的收入,最大限度地减少
了农村劳动力从农业向城市部门的流动。同时,城市中为农民工提
供的社会福利的不断改善,使得农村和城市之间的过渡更加稳定和
顺利。这样一个过程在理论上和经验上都得到了我们三部门设置的
支持。

六、 结论

　　本文意在补充现有的解释中国自 1978 年以来的结构性变化的
工作,通过研究过剩劳动力在不同部门的重新分配对福利的影响。
主要的政策含义是,在有限的市场力量和政府主导的动态政策的约
束下,那些人口众多的国家如何采取合适的工业化战略。

参考文献

Aigner, D. , C. Lovell & Schmidt, P. (1977). Formulation and Estimation of Stochastic Frontier Production Function Models. *Journal of Econometrics*, 6, 21 – 37.

Anderson, G. and Ge, Y. (2009). Intercity Income Inequality, Growth and Convergence in China, *Journal of Income Distribution*, 18(1), 70 – 89.

Arellano, Y. and Bond, S. (1991). Some Tests of Specification for Panel Data: Monte Carlo Evidence and an Application to Employment Equations, *Review of Economic Statistics*, 58(2), 277 – 297.

Basu, K. (1997). The Structure of a Dual Economy. in *Analytical Development Economics: The Less Developed Economy Revisited*, Cambridge, Massachusetts: MIT Press, pp. 151 – 161.

Battese, G. & Coelli, C. (1995). A Model for Technical Inefficiency Effects in a Stochastic Frontier. *Empirical Economics*, 20, 325 – 332.

Bhattacharyya, A. & Parker, E. (1999). Labor Productivity and Migration in Chinese Agriculture — a Stochastic Frontier Approach. *China Economic Review*, 10, 59 – 74.

Bond, S. , Hoeffler, A. and Temple, J. (2001). GMM Estimation of Empirical Growth Models. CEPR Discussion Paper 3048.

Bosworth, B. and Collins, S. M. (2008). Accounting for Growth: Comparing China and India, *Journal of Economic Perspectives*, 22 (1), 45 – 66.

Brandt, L. , Hsieh, C. and Zhu, Z. (2008). Growth and Structural Transformation in China. in Brandt, L. and T. Rawski (eds.), *China's Great Economic Transformation*, New York: Cambridge University Press, pp. 683 – 728.

Cai, F. (2010). Demographic Transition, Demographic Dividend, and Lewis Turning Point in China. *China Economic Journal*, 3(2), 107 – 119.

Cai, F. & Du, Y. (2011). Wage Increases, Wage Convergence, and the Lewis Turning Point in China, *China Economic Review*, 22, 601 – 610.

Caselli, F., Esquivel, G. and Lefort, F. (1996). Reopening the Convergence Debate: A New Look at Cross-Country Growth Empirics, *Journal of Economic Growth* 1(3), 363 – 389.

Coelli, T., P. Rao, C. O'Donnell, & Battese, G. (2005). *An Introduction to Efficiency and Productivity Analysis*, 2nd ed. New York: Springer.

Diewert, W. E. (1974). Functional Forms for Revenue and Factor Requirements Functions. *International Economic Review* 15 (1), 119 – 130.

Ding, S. and Knight, J. (2009). Can the Augmented Solow Model Explain China's Remarkable Economic Growth? A Cross-Country Panel Data Analysis, *Journal of Comparative Economics*, 37, 432 – 452.

Easterly, W., Loayza, N. and Montiel, P. (1997). Has Latin America's Post-Reform Growth Been Disappointing? *Journal of International Economics*, 4(3 – 4), 287 – 311.

Ercolani, M.G. & Wei, Z. (2011). An Empirical Analysis of China's Dualistic Economic Development: 1965 – 2009. *Asian Economic Paper*, 10(3), 1 – 29.

Fei, J.C.H. & G. Ranis (1997). Growth and Development from an Evolutionary Perspective. Blackwell, Malden MA & Oxford England.

Garnaut, R. (2010). Macro-economic Implications of the Turning Point. *China Economic Journal*, 3(2), 181 – 190.

Golley, J. & Meng, X. (2011). Has China Run Out of Surplus Labour? *China Economic Review*, 22, 555 – 572.

Guo, J. X. (2007). The Estimation of Surplus Labour in Chinese Agriculture in 1996 – 2005: a Stochastic Frontier Approach. *Nankai Economic Studies*, 4, 72 – 81 (in Chinese).

Herrerias, M.J. (2012). Weighted Convergence and Regional Growth in China: An Alternative Approach (1952 - 2008), *Annul Regional Science*, 49, 685 - 718.

Islam, N. and Yokota, K. (2008). Lewis growth model and China's industrialization. *Asian Economic Journal*, 22(4), pp.359 - 96.

Kumbhakar, S. & Hjalmarsson, L. (1995). Labour-use Efficiency in Swedish Social Insurance Offices. *Journal of Applied Econometrics*, 10(1), 33 - 47.

Knight, J., Deng, Q., & Li, S. (2011). The Puzzle of Migrant labour Shortage and Rural Labour Surplus in China. *China Economic Review*, 22, 585 - 600.

Kwan, F. (2009). Agricultural Labour and the Indicence of Surplus Labour: Experience from China During Reform. *Journal of Chinese Economic and Business Studies*, 7(3), 341 - 361.

Kwan, F., Zhang, Y. and Zhuo, S. H. (2011). Rural Labour Reallocation and Productivity Growth in China, *International Journal of Business Studies*, 19(1), 109 - 124.

Kwan, F., Wu, Y.R. & Zhuo, S.F. (2013). Re-examination of the Surplus Agricultural Labour in China. *China Agricultural Economic Review*, 5(2), 197 - 213.

Kwan, F., Zhang, Y. & Zhuo, S.H. (2018). Labour reallocation, productivity growth and dualism: The case of China. International Review of Economics and Finance, 57: 198 - 210.

Lau, C.K. (2010). New Evidence About Regional Income Divergence in China, *China Economic Review*, 21, 293 - 309.

Lewis, A. W. (1954). Economic Development with unlimited supplies of labor. Manchester School, 22, pp.139 - 91.

Lewis, A. W. (1972). Reflections on unlimited labor. In: International Economics and Development (ed. Di Marco L.), pp. 75 - 96. Academic Press, New York.

Li, H., Huang, J., Luo, R., & Liu, C. (2013). China's Labour Transition and the Future of China's Rural Wages and Employment. *China and World Economy*, 21(3), 4 - 24.

McMillan, J. & B. Naughton (1992). "How to Reform a Planned

Economy: Lessons from China" Oxford Review of Economic Policy, 8(1): 130 – 143.

Mankiw, N. G. and Romer, D. , Weil, D. N. (1992). A Contribution to the Empirics of Economic Growth, *The Quarterly Journal of Economics, 107*, 407 – 437.

Minami, R. (1968). The turning point in the Japanese economy. The Quarterly Journal of Economics, 82, pp. 380 – 402.

Minami, R. and Ma, X. (2011), The Lewis turning point of Chinese economy: Comparison with Japanese experience. *China Economic Journal*, 3(2), pp. 163 – 79.

Ministry of Agriculture. (2009). *New China's Agricultural Statistics for 60 Years*, China Agricultural Press.

National Bureau of Statistics. China Statistical Yearbook. (NBSa) National Bureau of Statistics. China Rural Statistical Yearbook (NBSb) National Bureau of Statistics NBS (2015a). *China Statistical Yearbook 2015*.

National Bureau of Statistics NBS (various years). *Quanguo Nonchanpin Chengben Shouyi Ziliao Huibian (Compilation of National Cost and Revenue of Agricultural Products)*.

Naughton, B. (2015). "Inside and outside: The modernized hierarchy that runs China" *Journal of Comparative Economics*, 44: 404 – 415.

Nee, V. (1989). "A Theory of Market Transition: From Redistribution to Markets in State Socialism" *American Sociological Review*, 54(5): 663 – 681.

Nee, V. (2000). "The Role of the State in Making a Market Economy" *Journal of Institutional and Theoretical Economics*, 156(1): 64 – 88.

Oi, J. (1995). "The Role of the Local State in China's Transitional Economy" *The China Quarterly*, 144 : 1132 – 1149.

Pedroni, P. and Yao, J. Y. (2006). Regional Income Divergence in China, *Journal of Asian Economics, 17*, 294 – 315.

Qian, Y. Y. &. B. Weingast (1997). "Federalism as a Commitment to Preserving Market Incentives" *Journal of Economic Perspectives*, 11

(4): 83 - 92.

Ranis, G., 2012. Labor Surplus Revisited. Center Discussion Paper No 1016, Economic Growth Center, Yale University.

Ranis, G. and J. C. H. Fei, 1961, A theory of economic development. *American Economic Review*, 51, pp.533 - 65.

Song, L. G. & Zhang, Y. S. (2010). Will Chinese Growth Slow After the Lewis Turning Point? *China Economic Journal*, 3(2), 209 - 219.

Temple, J. and Wößmann, L. (2006). Dualism and Cross-Country Growth Regressions, *Journal of Economic Growth*, 11, 187 - 228.

United Nations UN (2009). *World Population Prospects The 2008 Revision*

United Nations UN (2015). *World Population Prospects The 2015 Revision*

Wu, Y. R. (1995). Productivity Growth, Technological Progress, and Technical Efficiency Change in China: A Three-Sector Analysis, *Journal of Comparative Economics*, 21, 207 - 229.

Xu, C. G. (2011). "The Fundamental Institutions of China's Reform and Development" Journal of Economic Literature, 49(4):1076 - 1151.

Zhang, X. B., Yang, J. & Wang, S. L. (2011). China Has Reached the Lewis Turning Point. *China Economic Review*, 22, 542 - 554.

附录 1　中国农业劳动力的其他衡量标准

我们试图通过使用农牧业的生产成本和收入(NBS)信息,得出中国农业劳动力的另一个衡量标准。具体来说,我们首先确定每个农牧业产品的"单位工作日要求"[1][2]。然后我们找出不同农产品的播种面积和不同畜牧业产品的头数。假设每个农民每年参加 180 个

---

[1] 由于林业和渔业的数据不可用,而且这两个部门在农业总产出和就业中的比例相对较小,因此将只关注农业和畜牧业。

[2] "单位"是指农场的亩数或畜牧业的头数。"工作日"是指中国农村一个中年农民每天 8 小时的生产劳动。中年农民(包括家庭成员和就业人员)是指 18—50 岁(男性)或 18—45 岁(女性)的农民。在计算单位工作日需求时,所有其他类型的工作个体将被转换为中年当量。

工作日的农业劳动。[1] 这一假设与几个主要资料来源报告的统计数字一致。[2] 最后，第 i 省第 m 种农产品[3]或第 n 种畜牧业产品[4]的农牧业劳动量按以下公式计算。

$$L_F = \sum_i \sum_m \frac{U_{im} SA_{im}}{D} \quad \cdots(A1.1)$$

$$L_A = \sum_i \sum_n \frac{U_{in} H_{in}}{D} \quad \cdots(A1.2)$$

其中 D 是每年的标准工作日，U_{im} 和 U_{in} 是每亩或每头的标准工作日，SA_{im} 和 H_{in} 是播种面积或屠宰数。L_F 和 L_A 是估计的农场劳动力总量和畜牧业劳动力总量。

　　根据我们新得出的中国农业劳动力序列，有几个结论，见表A1.1。首先，根据官方统计，劳动力就业总量从 2001 年的 7.28 亿增加到 2013 年的 7.7 亿，增长了 5.6%（5.6 个百分点或 4,200 万增量），而农业就业数字则减少了 33.6 个百分点或 1.22 亿减量。我们的替代措施显示，同一时期的减少速度较慢，从 2.27 亿减少到 1.85 亿，减少了 4,300 万或 18.7 个百分点。

　　第二，发现我们的估计和官方数字之间的差距随着时间的推移而缩小，在 2001—2013 年期间，从 1.36 亿到 5,700 万（或 37.5% 到

---

[1] 以 180 个工作日为基准，附录表 A1 提供了不同工作日假设下的全国农业年度劳动力和剩余劳动力的估计。200 个工作日、160 个工作日和 120 个工作日供读者参考。

[2] 例如，Knight 等人（2011）分析了 2008 年 CHIP 数据，估计农民的平均工作日为 183 天。RUMiCI 调查（农村家庭调查部分）将那些工作 9 个月或以上的人定义为有农业工作（Golley & Meng, 2011）。这个定义给出了 190 个工作日的估计值（＝270－72－8 是以 9 个月（270 天），72 个星期六和星期日以及 8 个公共假期为基础计算的）。

[3] 农业包括水稻（早籼稻、中籼稻、晚籼稻和坑稻）、小麦、玉米、花生、油菜籽、棉花、笛子烟、番茄（露地、温室）、黄瓜（露地、温室）、白菜（露地、露地芹菜）和苹果。

[4] 畜牧业包括猪（散养、小规模、中规模、大规模）、肉牛、奶牛（散养、小规模、中规模和大规模奶牛）、羊和鸡（小规模、中规模和大规模鸡和肉鸡）。

表 A1.1　2001—2013 年中国农业劳动力的估计值

	[1] 估计的 农场	[2] 估计的 畜牧业	[3] 估计的 其他	[4] 估计的 农业	[5] 国家统计局 农业	[6] 国家统计局 共计	[7] [4]/[6]	[8] [5]/[6]
2001	20,020.1	2,253.7	467.7	22,741.5	36,398.5	72,797.0	31.2	50.0
2002	19,376.4	2,371.4	456.7	22,204.5	36,640.0	73,280.0	30.3	50.0
2003	19,228.1	2,926.5	465.2	22,619.9	36,204.4	73,736.0	30.7	49.1
2004	18,456.1	3,806.9	467.5	22,730.6	34,829.8	74,264.0	30.6	46.9
2005	18,269.2	4,703.9	482.4	23,455.6	33,441.9	74,647.0	31.1	44.8
2006	17,853.2	4,178.1	462.7	22,494.0	31,940.6	74,978.0	30.0	42.6
2007	17,399.0	3,532.9	439.6	21,371.5	30,731.0	75,321.0	28.4	40.8
2008	16,759.0	4,934.2	455.6	22,148.8	29,923.3	75,564.0	29.3	39.6
2009	16,468.5	3,058.2	410.1	19,936.8	28,890.5	75,828.0	26.3	38.1
2010	16,138.0	3,089.0	403.8	19,630.7	27,930.5	76,105.0	25.8	36.7
2011	15,339.7	2,997.8	385.1	18,722.6	26,594.0	76,420.0	24.5	34.8
2012	15,102.7	3,025.8	380.7	18,509.2	25,773.0	76,704.0	24.1	33.6
2013	15,120.3	2,985.4	380.2	18,486.0	24,171.0	76,977.0	24.0	31.4

注：除第[7]和[8]栏的百分比外，其余均以 10,000 人为单位。假设为每年 180 个工作日。
资料来源：[1]—[4]是作者的计算，[5]—[6]来自 NBS (2015a)。

23.5％）。目前还不能确定差距的缩小是否是由于两波农业普查和经济普查后的各种调整所致。

第三，我们的替代估计进一步降低了 21 世纪头十年农业就业在总就业中的份额。2001 年，31％的劳动力从事初级生产，而官方数字为 50％。2013 年，农业就业占总数的 24％，而官方数字是 31％。换句话说，我们的估计反映了农业就业的平稳下降，平均每年 −1.6％的变化，而国家统计局的数字显示了更快的变化，每年 −3.3％。

第四，农业就业的国际比较将中国置于中低收入国家和中高收入国家之间。根据官方数据，中国的农业就业在 2006 年前后明显与中低收入国家相当。根据我们的数据，在 2001 年和 2002 年，中国的农业劳动份额已经与中上收入国家非常相似。然而，在 2010 年，中国的份额越来越接近世界的平均水平：26％对 19.8％。

附录 2　中国农业剩余劳动力的估计值

在经验上，我们对 2001—2013 年期间的 17 种农产品和 13 种畜牧业产品分别进行了以下劳动力需求前沿的估计。

$$\ln L_{it} = \alpha_0 + \alpha_1 \ln Y_{it} + \alpha_2 t + \alpha_3 t^2 + \sum \partial_i D_i + v_{it} + u_{it}$$
$$\cdots (A2.1)$$

u_{it} 是一个时变函数，用于反映劳动力的无效率使用。

$$u_{it\_} = \lambda z_{it\_} + \varepsilon_{it} \qquad \cdots (A2.2)$$

其中，z_{it} 是特定省份的外生变量，随着时间的推移而变化，对低效率产生影响。具体来说。

$$u_{it} = \beta_0 + \beta_1 t + \beta_2 t^2 + \sum \mu_i D_i + \varepsilon_{it} \qquad \cdots (A2.3)$$

　　分布假设如下：$v_{it} \sim$ iid $N(0, \sigma_v^2)$，$u_i \sim$ iid $N^+(z_i\lambda, \sigma_u^2)$，其中 $\varepsilon_{it} \sim$ iid $N(0, \sigma_u^2)$，$\varepsilon_{it} \geqslant -\lambda z_{it}$。

　　省级虚拟变量包括在 $f(\cdot)$ 和 $u(\cdot)$ 中。每个劳动力需求函数都是用 Frontier 4.1 的最大似然法估计的。

　　与 Kumbhakar & Hjalmarsson（1993）不同，在 $f(\cdot)$ 中使用多个产出，我们对所有农牧业产品的劳动力使用方程进行了单独估计。单独的估计使我们能够得到每种产品的技术无效率分数。此外，我们有相对较大的样本，每个产品都有跨越 13 年的省级数据，这使我们有可能产生渐进的稳健结果。共有 17 个和 13 个农牧业劳动力使用方程，其回归结果见表 A2.1 和 A2.2。

　　总的来说，17 个单独的农业劳动力使用方程的估计值（占总数的 94%）具有高度显著的 γ，定义为 $\lceil \sigma_u^2/(\sigma_u^2 + \sigma_v^2)\rceil$，表示方程（10）中大多数复合变化的误差是由于技术无效率而不是测量误差或随机噪音造成的。不同农场产出的一半以上的估计系数在统计学上是显著的。14 种产品的 $f(\cdot)$ 的负值和显著的时间趋势表明劳动生产率随着时间的推移而增加。无效率规格的时间趋势表明，劳动力在十种产品中得到了更有效的利用，而且几乎所有的产品都能保持这种效率的提高，正如其二次项的正号所表明的那样。特别是水稻、玉米、棉花和苹果强烈显示了这种模式。除了小规模的猪，所有其他畜牧业劳动使用方程（占总数的 92%）也有高度显著的 γ。三分之二以上的畜牧业产出的估计系数在统计上是显著的。十种产品的 $f(\cdot)$ 的负值和显著的时间趋势表明在整个样本期间劳动生产率的提高。散养猪、大型猪、散养羊、中小规模肉鸡和中规模奶牛的生产都证实了劳动力使用效率的提高。

表 A2.1　中国农业生产的劳动力使用模式，2001—2013 年

产品	常数	γ	t	t²	u[常数]	u[t]	u[t²]	σ²	γ	观察
早籼稻	3.524***	-0.246	-0.116***	0.010***	-0.083	-0.113***	0.021***	0.013***	0.988***	112
中籼稻	3.294***	-0.138***	-0.121***	0.011***	0.204***	-0.106***	0.018***	0.013***	0.999***	135
晚籼稻	1.646***	0.119*	-0.140***	0.012***	0.234***	-0.130***	0.018***	0.015***	0.999***	115
粳氏大米	2.629***	0.025	-0.098***	0.009***	0.199***	-0.063***	0.013***	0.018***	0.997***	185
小麦	1.420***	0.060	-0.050***	0.002*	-0.131	0.006	0.016**	0.058***	0.967***	235
玉米	1.108***	0.110***	-0.059***	0.004***	0.248***	-0.033***	0.007***	0.015***	0.997***	262
花生	1.734***	0.146***	-0.035***	0.003***	-51.405	0.081**	-0.010	0.047***	0.946***	159
油菜籽	1.723***	0.103**	-0.054***	0.003***	0.737***	-0.035	-0.002	0.035***	0.879***	200
棉花	2.671***	0.098***	-0.040***	0.004***	0.058	-0.059***	0.015***	0.016***	0.999***	167
烟道固化的烟草	2.875***	0.225***	-0.053***	0.002***	0.864***	-0.066***	0.006**	0.021***	0.999***	246
露地西红柿	2.213***	0.270***	-0.091***	0.012***	0.564**	-0.106	0.018	0.050***	0.998***	261

续　表

产品	常数	Y	t	t²	u[常数]	u[t]	u[t²]	σ²	γ	观察
温室西红柿	0.085	0.512***	-0.046**	0.003	0.131	-0.053	0.009	0.162***	0.999***	203
露地黄瓜	3.762***	0.070	-0.057***	0.003	0.474**	-0.056	-0.004	0.062***	0.998***	255
温室黄瓜	-0.192	0.527***	-0.037	0.002	-0.035	-0.075*	0.016	0.086***	0.998***	179
露地卷心菜	3.738***	0.035	0.003	-0.002	0.141	0.028	0.006	0.063***	0.944***	234
露地芹菜白菜	1.434	0.150	-0.093	0.016	0.054	-0.122	0.029	0.059	0.850	280
苹果公司	3.274***	0.099*	-0.012	0.000	0.291*	-0.088***	0.015***	0.030***	0.996***	108

注：***，**，* 为 1%，5% 和 10% 的显著性水平。Y：产出；t：时间；σ^2：v 和 u 的方差之和；v：双侧随机误差；u：技术无效率；$\gamma: \dfrac{\sigma_\mu^2}{\sigma_\mu^2 + \sigma_v^2}$；obs：观察数省级虚拟变量被省略了。

表A2.2 2001—2013年中国畜牧业生产的劳动力使用模式

产品	常数	γ	t	t²	u[常数]	u[t]	u[t²]	σ²	γ	观察
散养的猪	1.676	0.513**	-0.320***	0.022***	1.808***	-0.241***	0.016**	0.020***	0.999***	238
小规模的猪	-0.482	0.404*	-0.043	0.000	0.182	-0.078	0.010	0.090	0.827	344
中等规模的猪	-2.661***	0.895***	-0.127***	0.007	1.101***	-0.204*	0.015	0.096***	0.999***	364
大规模的猪	1.937**	-0.096	-0.101***	0.005*	1.089***	-0.128***	0.008	0.059***	0.999***	362
散养牛肉	8.418***	-0.439**	-0.309	0.042	1.871*	-0.410	0.054	0.168***	0.999***	67
自由放养的绵羊	0.093	0.560***	-0.048***	0.002*	0.959***	-0.280***	0.029***	0.061***	0.999***	93
小规模的肉鸡	-2.012**	0.664***	-0.107**	0.010	0.374	-0.484***	0.062**	0.167***	0.998***	119
中等规模的肉鸡	2.450***	-0.083	-0.176***	0.013***	1.774***	-0.335***	0.026***	0.077***	0.999***	204
大型肉鸡	-1.088	0.695***	-0.273***	0.016***	2.237***	-0.243**	0.006	0.159***	0.997***	128

续　表

产品	常数	Y	t	t^2	u[常数]	u[t]	u[t^2]	σ^2	γ	观察
自由放养的乳牛	-4.589***	1.069***	-0.123***	0.009***	-0.752	-0.251**	0.020*	0.047***	0.999***	135
小规模的乳牛	2.490**	0.205*	-0.186***	0.012	0.884	-0.190	0.014	0.081***	0.987***	199
中等规模的乳牛	4.042***	0.044	-0.206***	0.018***	1.789***	-0.354***	0.038***	0.087***	0.999***	194
大规模的乳牛	1.647*	0.291**	-0.110	0.005	0.677	-0.065	0.002	0.157***	0.999***	254

注：***、**、* 为 1%，5% 和 10% 的显著性水平。Y：产出；t：时间；σ^2：v 和 u 的方差之和；u：技术无效率；v：双侧随机误差；γ，$\dfrac{\sigma_\mu^2}{\sigma_\mu^2 + \sigma_v^0}$；obs：观察数省级虚拟变量被省略了。

附录 3　中国的农业工资

　　我们回顾了 1996—2010 年期间农村住户调查（RHS）[①]中关于实际农业工资的省级数据。在中国，农村家庭的净收入[②]依赖于四个可能的来源：家庭经营的初级生产和其他商业活动的收入、工资和薪金、财产收入和转移性收入（包括公共和私人转移，例如，汇款）。家庭经营活动净收入现在是而且一直是中国农村家庭收入的主要来源，尽管其份额在逐渐下降，因为更多的农民参与当地村庄的利润驱动的生产活动，从而获得工资和薪金。如图 A3.1 所示，1995 年至 2012 年期间，FAM 净收入占家庭净收入的一半以上。在此期间，家庭收入的其他来源在增加，特别是工资和薪金，但所占比例相对较小。这些来源的收入可能会因经济条件或政府政策的不同而有明显的差异。因此，FAM 净收入是指支持农村家庭生存的收入，特别是当其他收入来源不存在时，或者它们所占的比例过小。此外，FAM 收入通常是在家庭内部分享的——这是传统分享规则的典型应用，刘易斯在确定传统部门的工资时假定了这一点。因此，与以前的文献所使用的相比，FAM 净收入是我们分析中定义的农业实际工资率的一个更好代表。

　　值得注意的是，FAM 的收入主要来自初级生产，指的是种植业、渔业、林业和畜牧业。如图 A3.2 所示，当农村家庭参与一些家

---

① 我们的数据来自 1996—2010 年期间的年度 RHS。自 2011 年起，农村和城市住户调查被合并为《中国住户调查年鉴》。RHS 是由中国国家统计局的家庭调查办公室进行的。总共有 74,000 个家庭被选自中国 31 个省份农村地区 896 个县的 7,000 个村庄。住户样本的选取是采用概率与规模成正比的两阶段抽样方法。在第一阶段，从每个省抽出县，然后从这些县中选出村庄。在第二阶段，通过多阶段、多方位、分层的系统抽样方法来选择家庭。

② RHS 同时报告了农村家庭的总收入和净收入。净收入是总收入减去 FAM、纳税、固定资产折旧和内部转移的费用。

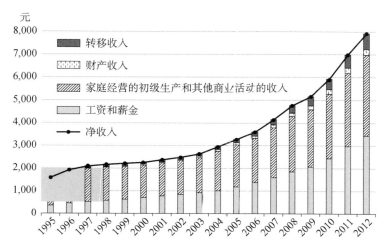

图 A3.1　1995—2012 年中国农村家庭的净收入及其构成

注：所有金额均为人均名义人民币。
资料来源：国家统计局。国家统计局（2013）。

庭经营活动时，如食品加工、生态旅游、餐馆、酒店和小买卖等，也可能由第二和第三产业生产活动产生。虽然来自第二和第三产业的 FAM 收入所占比例很小，但仍能增加农民的收入。我们用初级生产的 FAM 净收入[①]来捕捉实际农业工资率的最低水平（LW），而总生产的 FAM 净收入则捕捉最高水平（HW）。这两种工资衡量标准都是由农村消费价格指数（CPI）平减的[②]，换算成 2000 年的价格，并以每个工人为单位表示[③]，以配合每个工人所衡量的农

---

① 由于 RHS 只报告了每个省的初级生产的 FAM 总收入，我们计算初级生产的 FAM 净收入的方法是用总生产的 FAM 净收入乘以初级生产的 FAM 总收入在总生产的 FAM 总收入中的份额。

② 这个平减指数比 Islam & Yokota（2003）使用的整体 CPI 或 Minami & Ma（2011）使用的第一产业名义 GDP 与实际 GDP 的比率更能反映农村家庭的支出模式。

③ 在 RHS 中，FAM 收入是以人均为单位报告的。我们用以下公式将其转换为每个工人的条件，$W_i = \dfrac{G_i N}{L}$，其中 W_i 表示家庭 i 每个工人的收入，G_i 标志着家庭的人均收入，N 和 L 分别指家庭的平均人数和工人数。

业生产力。LW 和 HW 有助于确定农业工资的真实价值可能属于的范围。

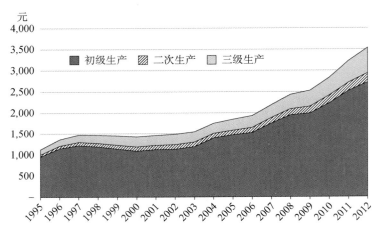

图 A3.2　1995—2012 年农村家庭收入的部门构成，来自 FAM 的收入

注：所有金额均为人均名义人民币。
资料来源：国家统计局。国家统计局（2013）。

　　四个宏观经济区域的农业工资是以省级农业工资的算术平均数[1]得出的，如图 A3.3 所示。

　　农业工资的增长表明，中国农民的最低生活标准已经普遍提高。这可能是农业技术进步的结果，因为温室、生物技术和肥料的应用可能更广泛。这也可能是由于在剩余劳动力移民和农业生产力提高的情况下，对工业的贸易条件的提高（Lewis，1972）。然而，这并不一定意味着农业工资率已经开始由劳动力的边际生产力决定。

─────────────

① 另外，我们可以用一个省的农业工人数量占该地区农业工人总数的比例来加权省级农业工资，以计算每个地区的 LW 和 HW。我们发现，其结果与按算术平均数计算的结果相似。为简单起见，本文报告的全国或地区平均数都是用省级的算术平均数来计算。

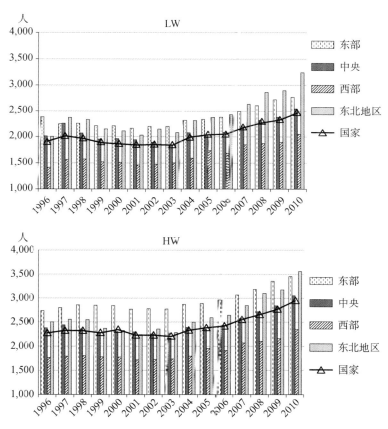

图 A3.3　1996—2010 年中国各宏观经济区域的农业工资情况

注:LW 和 HW 的数据分别是在总体层面和四个宏观经济区域汇编的。
资料来源:国家统计局(1996—2010)。

附录 4　中国的农业劳动生产率

　　农业劳动的边际生产力是劳动的平均产出与劳动的产出弹性的乘积,由超越对数生产函数估计。

$$\ln Y_{it} = A + \sum_{i=1}^{n} \alpha_i \ln x_{it} + \frac{1}{2} \sum_{i=1}^{n} \sum_{j=1}^{n} \beta_{ij} \ln x_{it} \ln x_{jt} + T$$
$$+ \sum_{k=1}^{n-1} \gamma_k D_k + \varepsilon_{it} \qquad \cdots (A4.1)$$

其中，Y_{it} 代表 i 县在 t 时间的农业总产值，用 2000 年价格的农村 CPI 进行平减。A 为常数，ε_{it} 为误差项。输入项 x_{it} 和 x_{jt} 包括劳动力、资本、土地和化肥。劳动是对初级生产中工人的直接衡量。资本是由机器产生的动力来衡量的，而化肥是由其净含量来衡量的，被视为中间投入。一个时间趋势 T，以反映随时间推移的技术变化。公式 A4.1[1] 是通过 OLS (Cobb-Douglas 和 translog)和 GLS (translog FE 和 translog RE)对 1996 年至 2010 年[2]的县级数据进行估计。

表 A4.1 显示了生产函数的不同估计。由于随机效应模型在容纳农业生产的时间不变的省级异质性方面更为有效[3]，第（3）栏的结果被用来计算产出弹性。

$$\frac{\partial Y_{it}}{\partial x_{it}} = \left[\frac{\partial \ln Y_{it}}{\partial \ln x_{it}}\right]\left[\frac{Y_{it}}{x_{it}}\right] = \left[\alpha_i + \sum_{j=1}^{n} \beta_{ij} \ln x_{jt}\right]\left[\frac{Y_{it}}{x_{it}}\right]$$
$$\cdots (A4.2)$$

表 A4.2 列出了弹性值，通过对一个省内各县的估计弹性值取平均值来获得省级弹性值。在全国范围内，1996—2010 年期间中国的劳动力产出弹性约为 0.21，这与其他研究（如 Islam & Yokota，2008；Minami & Ma，2011）一致。我们观察到弹性的下降趋势，表明中国农业劳动力的使用具有边际收益递减的特点。

---

[1] 我们通过使用对数似然比检验(466.63，5%水平)和 F 检验(9.48，5%水平)来区分生产函数的两种规格，表明转折形式是首选。
[2] 我们的数据集涵盖了 19 个省的 232 个地级市，占中国地级市总数的 74%。这些数据来自国家统计局的省级统计年鉴。
[3] Breusch & Pagan 拉格朗日乘数检验，遵循秩和分布，其统计量为 10,045.70，在 1%的水平上显著。

通过将省级的劳动产出弹性乘以某省的平均劳动产品，我们得到了各省的 MPL。同样，我们取各省 MPL 的平均值来获得地区和全国的数值。如表 A4.3 所示，在全国范围内，农业 MPL 在 2002 年之前保持相对稳定，然后开始以每年 5.6% 的速度增长。2010 年，中国的农业生产力是 1996 年的实际水平的 175%。这种上升趋势也体现在四个地区。中部地区的 MPL 经历了快速的增长，在 2003—2010 年期间每年 6.95%。其中在四个地区中，中国东北和华东地区的 MPL 较高，而中国西部地区则低得多。

表 A4.1 中国的农业生产功能，1996—2010 年

Y	（1）	（2）	（3）	（4）
	CD OLS	Translog OLS	Translog RE	Translog FE
L	0.209 ***	0.629 ***	0.393 ***	1.217 ***
	(0.014)	(0.064)	(0.083)	(0.080)
N	0.271 ***	− 0.574 ***	0.103	− 1.052 ***
	(0.015)	(0.074)	(0.111)	(0.094)
F	0.222 ***	0.140 ***	0.226 ***	0.253 ***
	(0.011)	(0.041)	(0.047)	(0.048)
M	0.198 ***	0.582 ***	0.191 ***	0.488 ***
	(0.012)	(0.053)	(0.057)	(0.061)
T	0.026 ***	0.004	0.027 ***	− 0.006
	(0.001)	(0.009)	(0.006)	(0.012)
L * L		0.000	0.000 *	0.001 *
		(0.000)	(0.000)	(0.000)

Y	（1）	（2）	（3）	（4）
	CD OLS	Translog OLS	Translog RE	Translog FE
N * N		0.089 * * *	0.045 * * *	0.045 * *
		(0.014)	(0.011)	(0.017)
F * F		0.186 * * *	0.097 * * *	0.193 * * *
		(0.013)	(0.014)	(0.016)
M * M		0.090 * * *	0.024 * * *	0.080 * * *
		(0.007)	(0.007)	(0.009)
T * T		− 0.001	− 0.024 * * *	− 0.044 * * *
		(0.005)	(0.004)	(0.005)
L * N		− 0.139 * * *	− 0.153 * * *	− 0.225 * * *
		(0.018)	(0.020)	(0.024)
L * M		− 0.007	0.083 * * *	0.105 * * *
		(0.013)	(0.014)	(0.016)
L * F		− 0.052 * * *	0.002	− 0.067 * * *
		(0.013)	(0.011)	(0.016)
L * T		− 0.004	− 0.008 * * *	− 0.009 * *
		(0.002)	(0.001)	(0.003)
L * M		− 0.219 * * *	− 0.134 * * *	− 0.280 * * *
		(0.019)	(0.017)	(0.024)
N * F		0.026	0.036 * *	0.139 * * *
		(0.016)	(0.014)	(0.019)

续　表

Y	(1)	(2)	(3)	(4)
	CD OLS	Translog OLS	Translog RE	Translog FE
N * T		0.014 ***	0.008 ***	0.019 ***
		(0.003)	(0.002)	(0.004)
M * F		0.041 ***	0.023 **	0.041 **
		(0.011)	(0.009)	(0.013)
M * T		− 0.011 ***	− 0.002 *	− 0.014 ***
		(0.002)	(0.001)	(0.003)
F * T		− 0.000	− 0.000	0.001
		(0.001)	(0.001)	(0.002)
Constant	− 1.570 ***	− 0.898 ***	− 0.849 **	0.095
	(0.103)	(0.179)	(0.306)	(0.173)
Provincial dummies	Yes	Yes	Yes	N/A
R squares	0.915	0.925	0.638	0.844
Observations	3480	3480	3480	3480

注：因变量为 Y，即农业总产值。L：劳动力。N：调整后的土地。F：化学肥料。M：农业机械。

　　*、** 和 *** 分别代表在 10%、5% 和 1% 水平上的显著性。

　　CD 和 Translog 是 Cobb-Douglas 和 Translog 规格。OLS、FE 和 RE 是普通最小二乘法、固定效应和随机效应模型。

表 A4.2　1996—2010 年中国农业产出相对于劳动力的弹性情况

年份	国家	东部	中央	西部	东北地区
1996	0.224	0.232	0.215	0.211	0.311
1997	0.225	0.227	0.215	0.220	0.307

年份	国家	东部	中央	西部	东北地区
1998	0.223	0.221	0.210	0.223	0.303
1999	0.221	0.218	0.210	0.219	0.299
2000	0.214	0.213	0.207	0.210	0.291
2001	0.205	0.214	0.179	0.208	0.284
2002	0.206	0.208	0.197	0.202	0.279
2003	0.207	0.210	0.199	0.202	0.273
2004	0.204	0.207	0.197	0.195	0.285
2005	0.201	0.204	0.194	0.194	0.269
2006	0.198	0.197	0.196	0.191	0.265
2007	0.196	0.196	0.191	0.189	0.262
2008	0.193	0.190	0.191	0.186	0.259
2009	0.191	0.191	0.185	0.185	0.254
2010	0.186	0.182	0.179	0.184	0.250
平均值	0.206	0.207	0.198	0.201	0.279

注:本表所报告的弹性是根据表 A4.1 第(3)栏所报告的省级弹性的算术平均值。

表 A4.3　中国农业边际劳动产品（MPLs），1996—2010 年

年份	农业 MPL				
	国家	东部	中央	西部	东北地区
1996	1,701.31	2,257.24	1,492.68	945.29	3,937.07
1997	1,633.53	2,131.40	1,500.21	925.76	3,545.41
1998	1,706.89	2,176.82	1,495.91	960.73	4,090.65
1999	1,778.43	2,291.15	1,572.57	993.91	4,182.99
2000	1,757.03	2,295.67	1,622.70	981.02	3,945.33

续　表

年份	农业 MPL				
	国家	东部	中央	西部	东北地区
2001	1,794.57	2,432.31	1,435.61	1,040.18	4,218.96
2002	1,906.97	2,466.42	1,730.64	1,054.98	4,380.02
2003	2,104.78	2,789.53	1,919.03	1,168.82	4,624.02
2004	2,300.28	2,951.66	2,126.64	1,268.82	5,272.49
2005	2,304.66	3,060.53	2,058.51	1,298.33	5,018.75
2006	2,442.91	3,073.50	2,191.23	1,375.66	5,332.28
2007	2,708.08	3,306.52	2,450.47	1,554.31	5,957.02
2008	2,609.66	3,244.15	2,510.69	1,530.12	5,341.01
2009	2,740.15	3,432.56	2,523.68	1,567.89	5,611.90
2010	2,985.91	3,649.92	3,016.81	1,746.24	5,962.78
平均数	2,165.01	2,770.63	1,981.83	1,227.47	4,761.38
MPLs 的年平均增长率(%)					
1996—2010	4.02	3.43	5.03	4.38	2.97
1996—2002	1.90	1.48	2.47	1.83	1.78
2003—2010	5.60	4.90	6.95	6.30	3.86

注:本表中报告的农业 MPL 是省级 MPL 的算术平均数,根据公式(3)计算。

附录 5　部分三部门模式下劳动力流动的比较

Kwan 等人(2018)	从农村农业到农村非农业 从农村农业到城市非农业
Wu (1995)	从农村农业到农村工业 从农村农业到城市国有企业(工业)的发展

续　表

Brandt 等人（2008 年）	从农村农业到非国有企业 从农村农业到国有企业
刘易斯－费－拉尼斯 （1954，1961）	从传统部门到现代部门

注：Wu（1995）：三个部门包括总产出的 80% 左右，不包括农村和城市地区的服务部门。

附录6　三部门模式

　　我们实证分析的所有数据都是省级的，主要来自中国国家统计局出版的《中国统计年鉴》和《中国农村统计年鉴》（NBSa 和 NBSb），农业统计数据来自农业部（2009）。样本期从最早的数据年开始，到 2010 年结束，有足够长的时间来反映中国改革期间的经济变化。[①]

　　使用 OLS 估计方程（8）可能会导致有偏差和不一致的估计，因为地理、人口和其他未观察到的时间不变的个人特定效应可能与回归因子相关。此外，滞后因变量 $y_{yyytt} - 1$ 可能通过 v_{vyytt} 对误差项具有内生性，从而使 OLS 技术的使用失效。$\beta\beta_{yytt}$ 的内生性问题可能很严重，原因有二。经济增长可能会与教育水平和其他要素投入产生双向互动。此外，如果经济出现强劲的产出扩张，劳动力可能会转移到农村非农业部门或城市部门。为了获得方程右边的潜在内生性和测量误差的一致参数估计，我们遵循 Arellano 和 Bond（1991）建议的程序。这一方法被 Caselli 等人（1996）进一步完善，并在研究经济增长中越来越受欢迎（如 Easterly 等人，1997）。

[①] 该部分数据的更多细节可以在 Kwan 等人（2018）上找到。

简而言之，方程（8）首先进行差分，然后将右侧的变量的滞后水平作为第一差分方程的工具。我们使用单步系统 GMM 技术来估计我们的动态面板数据模型。[①]

表 A6.1 是三部门模型的初步结果。传统的投入变量（除了人口）在统计上都是显著的，尽管初始人均收入的符号并不像预期的那样。两个新引入的结构变化项是共同显著的（如联合 F 检验所示，如系统 GMM 模型的 38.141），尽管两个非线性项并不单独显著。包括更多的独立变量可能会使任何动态面板数据模型过度规范化；然而，Sargan 检验表明，没有过度识别的证据。[②]

根据 Temple 和 Wößmann（2006）的研究，经历较大结构变化的国家会对其产出增长产生较大的影响。这可以通过产出增长和结构变化程度之间的凸关系来体现。在中国，工资差异较大的省份预计会观察到劳动力转移到农村非农业或城市非农业的更大影响，正如方程中规定的两个非线性结构变化项所示。我们的实证结果显示，$DISEQ_b$ 项为负数，但在 10% 的水平上没有统计学意义。

在经济学上，除了单个参数的统计意义外，高的联合 F 值为我们测试的模型的整体稳定性提供了支持。对 AR1 和 AR2 的 Arellano-Bond 检验的 P 值证实了各模型不存在一阶序列相关，表明我们模型中的工具在系统 GMM 估计下是有效的。

除了劳动力再分配对增长的影响外，本研究还提供了使用常规变量解释二元制中国经济增长的经验证据。储蓄被认为是调动资源用于生产活动的必要条件，我们的结果显示，在我们估计的每个模型中，储蓄率都在 1% 的水平上具有统计学意义（不包括非沿海地区的

---

① 虽然两步系统 GMM 估计值更有效，但其渐进标准误差可能会偏向于向下，从而发出不可靠的参考信号（Bond 等人，2001）。此外，蒙特卡洛研究和 Ding 和 Knight（2009）表明，一步法和两步法的估计结果非常接近。

② P 值为 0.409，表明工具的有效性没有系列问题。

回归）。现代经济增长的另一个重要变量是人力资本的存量。我们修改后的人力资本数据与两部门和三部门的框架都很吻合，在三部门的科布-道格拉斯设置中为 0.031，在两部门框架中为 0.036。值得注意的是，在科布-道格拉斯三部门模型中同时包括储蓄率和人力资本，增强了这两个结构项的解释能力。

索洛式的新古典主义模型预测，在适当的市场运作下，贫穷的经济体可以通过更快的经济增长来追赶。许多研究探讨了改革后的中国省际增长收敛的速度，一些研究指出近年来区域差异越来越大。Bosworth 和 Collins（2008）发现，中国各省在长期内可能会趋同，但在短期内会有分歧。在控制了个别省份的人口和经济规模后，Herrerias（2012）发现中国各地区的增长速度不同。Anderson 和 Ge（2009）的结论是，关于经济收敛的证据是混合的，在分布的中心区域有收敛，但在极端区域有分歧。与 Pedroni 和 Yao（2006）以及 Lau（2010）类似，我们对人均收入正增长的实证研究结果表明，1980 年至 2010 年间，中国各省之间的差距加大，而不是趋同。

表 A6.1　三部门模式

	OLS	固定效应	系统 GMM
$\ln(y_{i,\,t-1})$	0.047 ***	0.054 ***	0.059 ***
	(0.009)	(0.015)	(0.016)
$\ln(s_{it})$	0.251 ***	0.364 ***	0.417 ***
	(0.052)	(0.073)	(0.094)
$\ln(n_{it}+g+\delta)$	− 0.091 **	− 0.040	− 0.035
	(0.032)	(0.035)	(0.027)

续　表

	OLS	固定效应	系统 GMM
$\ln(h_{it})$	0.004	0.012	0.022 *
	(0.008)	(0.008)	(0.010)
$GROWTH_b$	5.373 ***	4.459 ***	4.384 ***
	(0.623)	(0.666)	(1.092)
$GROWTH_m$	1.742 **	1.984 **	2.790 ***
	(0.580)	(0.594)	(0.648)
$DISEQ_b$	− 5.009 *	− 1.317	− 1.691
	(2.160)	(2.207)	(1.123)
$DISEQ_m$	12.523 *	5.972	6.637
	(5.225)	(5.345)	(5.850)
Constant	− 0.497 ***	− 0.455 ***	− 0.508 ***
	(0.103)	(0.126)	(0.112)
Sargan			171.587
Sargan p			0.409
AR1 p			0.006
AR2 p			0.682
Joint F	27 998	31.989	38.141

注：模型以方程(16)为基础。采用间隔三年的省级面板数据进行估计。
$y_{i,t-1}$：滞后的人均产出；s_{it}：储蓄率；n_{it}：人口增长率；h_{it}：人力资本；g：生产力增长；δ：折旧；括号内为异方差一致的标准误差；AR1 P 和 AR2 P 表示一阶和二阶序列相关的 P 值；Joint F 是整体意义的检验；Sargan 和 Sargan P 是过度识别的检验和其 P 值。
***、**、* 为 1%、5% 和 10% 的显著性水平；$y_{i,t-1}$、h_{it} 被视为预设的变量。
S_{it}、n_{it}、MGROWTH 和 DISEQ 被视为内生变量；$g+\delta$ 假设为 5%。

表 A6.2　柯布-道格拉斯技术的三部门模型

	OLS	固定效应	系统 GMM
$\ln(y_{i,\,t-1})$	0.058 ***	0.075 ***	0.071 ***
	(0.009)	(0.015)	(0.018)
$\ln(S_{it})$	0.290 ***	0.364 ***	0.455 ***
	(0.052)	(0.071)	(0.088)
$\ln(n_{it}+g+\delta)$	−0.097 **	−0.044	−0.036
	(0.031)	(0.034)	(0.026)
$\ln(h_{it})$	0.010	0.020 *	0.031 **
	(0.008)	(0.008)	(0.009)
$GROWTH2_b$	12.622 ***	10.636 ***	11.080 **
	(1.492)	(1.589)	(3.154)
$GROWTH2_m$	2.748	3.350 *	5.114 **
	(1.500)	(1.507)	(1.706)
$DISEQ2_b$	−25.711 *	−7.305	−8.567
	(10.275)	(10.452)	(5.197)
$DISEQ2_m$	33.022 *	17.654	21.808
	(13.933)	(13.966)	(14.252)
Constant	−0.612 ***	−0.627 ***	−0.631 ***
	(0.105)	(0.129)	(0.130)
Sargan			177.750
Sargan p			0.288
Hansen			21.542
Hansen p			1.000

续　表

	OLS	固定效应	系统 GMM
AR1 P			0.004
AR2 P			0.645
Joint F	28.269	33.539	38.578

注：模型以方程(16)为基础。采用间隔三年的省级面板数据进行估计。

$y_{i,t-1}$：滞后的人均产出；S_{it}：储蓄率；n_{it}：人口增长率；h_{it}：人力资本；g：生产力增长；δ：折旧；括号内为异方差一致的标准误差；AR1 和 AR2 P 表示一阶和二阶序列相关的 P 值；Joint F 是整体意义的检验；Sargan 和 Sargan P 是过度识别的检验和其 P 值。

***、**、* 为 1%、5%和 10%的显著性水平；$y_{i,t-1}$、h_{it} 被视为预设的变量。

S_{it} n_{it}、MGROWTH 和 DISEQ 被视为内生变量；$g+\delta$ 假设为 5%。

表 A6.3　两个地区的三部门模式

	沿海地区	非沿海地区
$\ln(y_{i,t-1})$	0.044	0.084**
	(0.024)	(0.029)
$\ln(S_{it})$	0.449***	0.264
	(0.073)	(0.128)
$\ln(n_{it}+g+\delta)$	−0.070*	−0.037
	(0.024)	(0.050)
$\ln(h_{it})$	0.012	0.019
	(0.012)	(0.013)
$GROWTH_b$	5.260***	3.995
	(0.906)	(1.895)
$GROWTH_m$	3.658***	1.870*
	(0.323)	(0.745)
$DISEQ_b$	−1.264	−9.964
	(0.774)	(33.590)

续　表

	沿海地区	非沿海地区
$DISEQ_m$	− 0.594	19.170 *
	(2.997)	(6.789)
Constant	− 0.502 *	− 0.614 * * *
	(0.185)	(0.146)
Sargan	95.751	157.390
Sargan p	0.904	0.228
AR1 p	0.085	0.033
AR2 p	0.935	0.903
Joint F	18.394	43.030

注：模型以方程(16)为基础。采用间隔三年的省级面板数据进行估计。

$y_{i,t-1}$：滞后的人均产出；S_{it}：储蓄率；n_{it}：人口增长率；h_{it}：人力资本；g：生产力增长；δ：折旧；括号内为异方差一致的标准误差；AR1 P 和 AR2 P 表示一阶和二阶序列相关的 P 值；Joint F 是整体意义的检验；Sargan 和 Sargan P 是过度识别的检验和其 P 值。

* * *、* *、* 为 1%，5% 和 10% 的显著性水平；$y_{i,t-1}$、h_{it} 被视为预设的变量。

S_{it}、n_{it}、$MGROWTH$ 和 $DISEQ$ 被视为内生变量；$g+\delta$ 假设为 5%。

从东亚模式看中国经济的发展

刘德强

一、 前言

    1978 年改革开放以来,中国的经济发展取得了举世瞩目的成就。人均 GDP 从 1978 年的 200 美元增加到 2021 年的 12,300 美元,即将跨入高收入国家行列。中国的经济规模也在 2010 年超过日本,成为世界第二大经济体。有研究显示,中国经济有望在 2030 年前超过美国,成为世界第一(日本经济新闻 2020)。

    究竟是什么原因带来了中国经济的快速增长?[①] 这个问题一直是国内外经济学家讨论的话题。通常的观点认为,中国经济的快速增长得益于:(1)1978 年开始的改革开放,(2)全球化的历史机遇,(3)市场激励机制的有效发挥,(4)适度的政府干预,(5)有序可控的渐进式改革,等等(刘鹤 2012)。这一总结比较全面地反映了影响中

[①] 严格地讲,经济发展和经济增长是不同的概念。经济增长是指一国 GDP 数量的增加,而经济发展则包含了经济增长以及伴随经济增长而产生的产业结构的变化、教育水平的提高、收入分配、工业化等问题。本文除特引说明之处以外,对这两个概念不作严格的区分。

国经济增长的重要因素。但是，它并没有阐明中国经济高速增长的具体机制是什么。

一个更有说服力的观点是，改革前的中国经济是在重工业优先发展战略下进行的，这样的发展战略违背了中国的比较优势，阻碍了中国的经济发展。改革开放以后，中国实行了符合本国要素禀赋的比较优势战略，充分发挥了廉价劳动力的优势和后发优势，加快了经济的发展（林毅夫 2012,2019）。这个理论很好地说明了改革开放前中国为什么没有发展起来的原因，但是，无法说明为什么许多没有实行重工业优先发展战略的国家也没有发展起来。

还有的观点认为，中国作为一个发展中国家，发挥后发优势的一个直接途径就是从发达国家引进先进技术。由于这些先进技术往往体现在机器设备上，因此，从国外进口机器设备就变成引进技术的重要途径。自改革开放以来，中国进口产品中的机器设备在数量和比重上大幅增加，提高了中国制造业的技术水平，加速了经济的发展（张军 2013）。这个观点更具体、更直接地解释了中国经济快速发展的源泉，但是，没有说明怎样才能从国外进口大量的先进技术和设备。[1]

斯蒂格利茨（2013）认为在中国经济的发展过程中，出口发挥了重要作用。中国经济前三十年的快速增长是出口拉动型增长。和其他东亚国家一样，出口在提供创新基础、强化竞争、消除过剩产能方面发挥着重要作用。同时，他也注意到了外汇在防范金融危机方面的作用。不过，斯蒂格利茨讨论的还是出口在宏观层面的贡献，没有考察出口以及出口创汇推动中国经济增长的机制。

关于中国经济快速增长的原因，还有一些拥有独到视角的学说，如张五常（2009）提出的县级政府竞争说，路风（2022）的大国基础结

---

[1] 张军（2013）认为对中国的经济增长而言，进口比出口更为重要。这是因为进口意味着引进先进技术。但是，不可否认，出口创汇是进口的前提。正如本文将要讨论的，恰恰是这一点决定了一个国家经济增长的成败，特别是在经济增长前期。

构说,朱天(2016)的儒家思想说,等等。

上述研究,都很好地解释了中国经济快速发展的一个或几个方面,为解开中国经济高速增长之谜提供了非常富有洞察力的视角。但是,笔者认为,中国经济快速增长之谜依然没有彻底解开。理由就在于,现有的研究似乎还没有回答这样一个问题:如何解决发展中国家通常面临的外汇不足问题? 一个落后国家要发挥后发优势就意味着要从发达国家引进先进的技术、机器设备和其他一些有助于经济增长的要素。所有这些都是要花费外汇的。政府追求的发展目标越高,需要的外汇就越多,受外汇的制约就越大。因此,是否采取快速增加外汇收入的发展政策和战略就成为落后国家经济发展成功与否的关键所在。

本文通过考察东亚国家和地区的经济发展过程得出以下结论:(1)中国经济快速增长的原因是中国采用了出口导向工业化战略,这一战略使中国扩大了出口,增加了外汇,消除了引进外国技术所面临的外汇瓶颈;(2)出口导向工业化在中国之所以能够顺利实施,是因为中国实行了市场化和混和所有制改革;(3)中国经济的发展模式和东亚模式是一脉相承的。

本文由以下内容构成:第二节讨论发展中国家通常采用的几种发展战略,为后面的讨论提供基本的概念和框架;第三节讨论东亚各经济体的发展战略及其采用该战略的原因和条件;第四节讨论中国实行出口导向工业化战略的过程及成果;第五节简略讨论中国特有的有利于经济发展的几个因素;第六节是本文的结论和启示。

二、 三种工业化战略

(一) 影响经济增长的要素

对于一个传统的农业国来说,经济发展通常意味着工业化。与传统的农业生产不同，工业生产不仅需要原始的投入要素土地和劳动，还需要投入资本、原材料和能源等其他生产资料。考虑到低发展中国家的经济增长过程实际上就是不断采用各种先进技术和先进制度的过程，技术和制度也是不可缺少的投入要素。除此之外，一个国家的市场规模也会成为制约这个国家经济增长的因素。如下式所示，在考虑一个低发展中国家的经济发展的时候，需要把更多要素考虑进去：

Y＝F（土地、劳动、资本、能源、原材料、技术、制度、市场规模……）

进一步的观察还会发现，一个国家的工业化所需要的劳动，不仅包括在现场进行操作的简单体力劳动，还包括大量的技术和管理方面的智能劳动。同样，企业生产所需要的资金或资本中，不仅包括用于修建厂房、购买国内生产的各种原材料和机器设备的一般资本，还包括用于从国外购买这些投入要素的外汇资本。对于一个落后的农业国来说，这个国家的工业化所需要的先进技术和机器设备等几乎所有的要素都可以在国际上获得。所谓工业化过程，也就是不断引进国外先进技术并加以消化吸收的过程。[1] 这个过程通常需要消耗大量的外汇。

一个国家的工业化需要上述生产要素，换个表述方式来说，就是一个国家的经济发展要受到这些要素的制约。发展中国家的要素禀赋状况通常是：缺少资本，更缺外汇；缺少技术，更缺人才；制度落后，基础设施也不足；市场不发达，政府也低效率。相对丰富的资源只有土地和简单劳动力。在这样一种要素禀赋状况下推进工业化，将会受到来自各个方面的制约。其中，外汇的制约通常最为严峻。正如水桶定律所显示的那样，一个水桶能盛的水的量，不是取决于那些长

---

① 不可否认，在工业化过程中，国外先进的制度也是需要引进和吸收的。

板,而是取决于短板。同样,一个国家的经济发展速度,往往也是由这个国家投入要素中最欠缺的部分决定的。外汇往往就是发展中国家所面临的短板。因此,增加外汇收入就成了加快这个国家经济发展的关键因素。

(二) 外汇的重要作用

对于一个发展中国家而言,资金不足自然是一个很大的制约。但是,比资金不足更严峻的是外汇不足。这是因为,资金的不足可以通过国内的一些政策进行缓解,例如:提高利率、奖励储蓄、发行国债,甚至实行通货膨胀等等。而缓解外汇的制约则是需要外国的机构配合的,是一种更硬的预算约束。

一般来讲,发展中国家工业化的最主要的途径是从发达国家引进先进技术。而先进技术通常都体现在先进设备上。因此,引进先进技术往往就意味着从发达国家进口先进设备。从某种意义上讲,经济发展的速度就取决于进口先进技术和设备的速度,而进口先进技术和设备的速度又要取决于这个国家获取外汇的速度。[①]

发展中国家获得外汇的途径通常有以下几种:第一种是争取外国政府和国际机构的援助;第二种是向外国金融机构贷款;第三种是引进外国直接投资;第四种是出口创汇。第一种方式最为有利,但是,通常金额不会太大,难以满足工业化的需要。第二种方式受制于该国的偿还能力,如果没有其他获取外汇的方式,一般是难以做到的。即使能做到,其代价和风险也是非常大的。第三种方式最为直接,也最安全。但是,这取决于该国的国际信誉和政府的政策,通常

---

① 发展中国家在引进国外先进技术的时候,可以将昂贵的外国技术改良成廉价的适用技术,并在国内生产,以减少进口。这可以在一定程度上减少对外汇的需求,但是,改变不了工业化初期外汇的重要性。

需要一个漫长的过程。这是因为发展中国家所具备的基础设施条件和制度环境往往很差，难以满足跨国企业的要求。在这四种方式里面，最根本的方式还是通过自身的努力出口创汇。一个国家只有拥有了出口创汇的能力，对外贷款和直接投资也才更容易获得。农业国的主要出口产品通常是初级产品，除非这个国家的矿产资源十分丰富，否则，单靠出口农产品是难以获取支撑工业化所需要的外汇的。

反过来看，如果一个国家能够靠自身的力量获取足够的外汇，那么，这个国家的工业化所需要的各种资源都可以从国际市场上获得，工业化面临的各种约束也更容易消除。资本积累自不必说，先进技术、高端的技术和管理人才、重要的能源和原材料等制约也会迎刃而解。一个刚开始工业化的国家，没有外汇时只能利用国内的低质量资源，有了外汇就可以直接利用全世界的高质量资源，这对处在工业化过程中的发展中国家来讲，其效果有天壤之别。因此，在工业化初期和前期阶段，如何尽快增加外汇收入，对一个国家的经济增长来说具有决定性意义。

（三）三种工业化战略

第二次世界大战以后，许多原来的殖民地国家获得了政治上的独立，开启了工业化进程。但是，七十多年过去了，真正从落后的农业国走向发达的工业国的案例屈指可数。绝大部分发展中国家尚未实现工业化、摆脱贫困。究其原因就不难看到，不同的国家采用了不同的发展战略或发展模式。① 总的来说，大致有三种（表1）。

① 本文使用的发展模式和发展战略都是指为达到不同的发展目标而采取的政策组合。除特别说明之处外，两者在意思上是一样的。

表 1 三种发展战略的比较

发展战略	优先产业	需要的要素	短板要素
进口替代工业化 Ⅰ	重工业产品	资本、外汇、技术、管理、劳动、原材料和零部件、市场……	资本、外汇、技术、管理、原材料和零部件……
进口替代工业化 Ⅱ	轻工业产品	资本、外汇、技术、管理、劳动、原材料和零部件、市场……	外汇、市场……
出口导向工业化	轻工业产品	资本、外汇、技术、管理、劳动、原材料和零部件、市场……	

　　进口替代工业化战略是发展中国家经常采用的发展战略。这是国家通过采取高关税、进口数量限制和外汇管制等措施,严格限制某些重要工业品的进口,扶植和保护本国相关工业部门发展的一种战略。这种战略的目的就是用国内生产的工业品代替进口产品,以减少本国对外国产品的依赖,也减少稀缺的外汇支出,平衡国际收支,促进民族工业的发展。根据进口替代产品的不同,这一战略又可以分为以重工业产品为对象的进口替代工业化战略 Ⅰ 和以轻工业产品为对象的进口替代工业化战略 Ⅱ。另外一种是出口导向工业化战略。所谓出口导向就是将经济发展的重点放在扩大出口贸易上,通过出口的增长推动整个国民经济的增长。

　　1. 进口替代工业化战略 Ⅰ

　　进口替代工业化战略 Ⅰ 是通常所说的重工业优先发展战略。以钢铁、汽车、机械设备为代表的重工业是典型的资本密集型或技术密集型的,需要投入大量的资本、高端的技术以及大量的技术人才和管理人才,也需要有高质量的原材料和零部件等。由于这些处在工业化起步阶段的国家通常没有任何的工业基础来制造相关的机器设备、原材料和零部件，这就需要花费大量的外汇从国外进口。如前所述，低发展中国家几乎缺少工业化所需要的所有要素，特别是外汇。① 因此，低发展中国家通常是没有任何优势来推行这种工业化战略的。由于这种发展战略严重违背了该国的比较优势，要发展这些行业首先就必须通过高关税等措施限制外国产品的进口，并通过低息贷款、财政补贴和扭曲国内要素价格等方式实行保护，或者由国家出资建立国有企业来发展（林毅夫 2012）。即使这样，这些被保护的行业也是难以发展起来的。并且，由于这些国家都强行把农业和轻工业的生产剩余转移到重工业，农业和轻工业也难以发展。结果是，采用这种工业化战略的国家，其工业化基本上都以失败告终。

2. 进口替代工业化战略Ⅱ

进口替代工业化战略Ⅱ是将进口的轻工业产品转为国内生产以满足国内消费的工业化战略。以纺织品和日用杂货为代表的轻工业产品都是劳动密集型、资本节约型的工业品，符合低发展中国家的要素禀赋状况。并且，对技术和管理水平的要求也不高，比较容易消化和吸收。这类行业的发展对于增加就业、积累资本、提高工业化水平、改善人民生活都是非常有益的。

但是，这种发展战略也容易出现以下问题。第一，外汇的制约。由于受保护的轻工业产品是以满足国内市场为前提的，而生产过程所需要的机器设备和原材料零部件往往也需要进口，这就出现生产越多，需要的外汇越多的情况，导致外汇不足。第二，企业努力的不足。一方面是这些行业的产品受到高关税的保护，缺乏与国外同类产品的竞争，产品质量难以达到国际水平；另一方面，受保护的企业还会倾向于通过加强和政府的关系来获得有利的外汇和税金减免等

---

① 即使这个国家有丰富的矿产资源可以出口，其开发和利用也同样需要大量的资本、技术和外汇。

优惠政策,而不是通过自身的创新获利,这也不利于企业国际竞争力的提高。第三,国内市场规模的制约。由于产品主要依赖国内市场,而国内市场的扩大有赖于国民收入的增长。在低发展中国家,这通常是一个缓慢的过程,难以支撑该行业的快速发展。第四,无法充分享受国际分工的利益。在这种发展战略下,国内经济需要自给自足,每个行业都要重复同样的发展路径,面临上面同样的问题。因此,这种发展战略,虽然比进口替代工业化战略Ⅰ更容易促进经济的发展,但是,和出口导向工业化战略相比,发展的速度更慢,代价也更高。

3. 出口导向工业化战略

出口导向工业化战略又称外向型工业化战略。它是通过扩大工业品向国际市场的出口来实现工业化的一种战略。在工业化初期,通常是选择少数几个最有竞争优势的轻工业品(如纺织品),以出口为前提进行生产。国家为这些产品的生产和出口提供一定的资金、税收和信息方面的支援,帮助该行业开拓国际市场,并实行有利于出口的汇率政策。由于低发展中国家拥有大量的廉价劳动力,在劳动密集型产品的生产方面具有天然的优势,并且对资本和技术的要求不高,即使是使用落后的技术和设备也可以进行生产和出口。重要的是,换取外汇以后,又可以引进国外更先进的技术和设备,从国际市场采购物美价廉的原材料和其他中间投入品,这样又可以进一步提高这些产品的国际竞争力,进一步扩大出口。这样循环往复地发展下去,这个产品就会变成这个国家的一个主导产品。只要国际市场能够承受,这个产品或行业就可以继续发展下去,直到国际市场饱和或国内工资上涨,致使该产业失去竞争优势为止。而到这时,这个国家的工业化就已经有了很大的发展了。

和以重工业产品为对象的进口替代工业化战略Ⅰ相比自不待言,即使和同样是以轻工业品为对象的进口替代工业化战略Ⅱ相比,出口导向工业化战略的优势也是十分明显的。第一,可以摆脱外汇的制约，以更快的速度从国外引进先进的技术和机器设备，以及其他一些生产所需要的要素，最大限度地发挥后发优势。第二，它可以充分享受国际分工的利益，专注于最具优势的一部分产品和行业，在某个地区或全国多个地区形成产业集群，进一步提高分工与合作的效率。这样，又会进一步提高产品的国际竞争力，扩大出口，增加外汇。第三，可以吸引更多的外国直接投资。这是因为，发达国家劳动密集型行业的企业通常还是以它们熟悉的发达国家的市场为对象进行生产的，而不是发展中国家的市场。因此，只有在发展中国家生产的产品能够以有利的条件出口到发达国家，才能实现它们的利益。这个目的只有在出口导向工业化战略下才有可能实现。从以上这些情况来看，出口导向工业化战略对于发展中国家来讲是一种低成本高效率的发展战略。采用这种发展战略的国家更容易实现经济的快速增长。

三、 东亚模式的特点

为了探讨中国经济快速发展的原因和特点，我们有必要看一下中国周边的东亚各经济体成功发展的经验。中国在改革开放初期，曾经专门派出政府高级代表团到日本和新加坡等东亚国家考察和学习。中国的发展模式与东亚模式有着很深的历史渊源。

在东亚国家和地区中，人均 GDP 达到发达国家水平的经济体有日本、韩国、新加坡和中国的香港地区与台湾地区，它们是当之无愧的成功案例。其中新加坡的领土面积和人口规模非常小，又是城市经济，和中国的条件差距太大，香港地区的情况也类似。因此，本文只重点考察日本、韩国和中国的台湾地区。其中，日本从 1867 年明治维新以后就开始了工业化进程，它的经济发展跨越了战前和战后两个完全不同的历史时期。而韩国则是在战后发展起来的，对中国更具有参考价值，台湾地区的情况也类似，对大陆也具有参考价值。图1显示了这几个经济体按购买力平价估计的人均 GDP 的变化。从中可以看到，日本在 20 世纪 70 年代高速增长结束以后，人均 GDP 就接近美国，成为发达国家。中国的台湾地区在 2008 年金融危机以后超越日本，韩国也紧随其后，进入了发达国家和地区的行列。

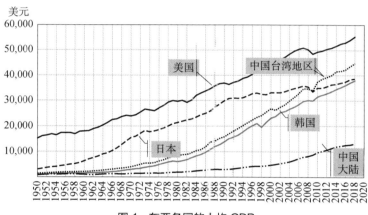

图 1　东亚各国的人均 GDP

所谓东亚模式，就是以日本为首的东亚地区的一些经济体成功实现工业化和现代化、走入发达国家行列的发展模式。关于这一模式的特点，世界银行（1993）归纳出了八项，具体如下：（1）快速的经济增长；（2）分配不平等的降低；（3）农业生产及其生产率的快速提高；（4）工业品出口的快速增长；（5）出生率的快速下降；（6）高储蓄率支撑的高资本增长率；（7）初期阶段人力资本的高水平和快速增长；（8）生产效率的快速提高。其中，世界银行特别称赏的是快速的经济增长和公平的收入分配的同时实现，将其称为"东亚的奇迹"（世界银行 1993）。众所周知，现代经济学的一个核心问题是效率和公平，通常认为两者不可兼得。要获得更高的经济增长，往往要牺牲分配的公平。反之亦然。从这个意义上讲，兼顾效率和公平的东亚模式是值得效仿的。

但是，仔细观察这八个特点就不难看出，世界银行给出的大部分指标都是东亚经济增长的结果，而不是原因。有可能被全部或部分地解释为工业化或经济增长原因的是：(3)农业生产及其生产率的快速提高；(4)工业品出口的快速增长；(6)高储蓄率支撑的高资本增长率；(7)初期阶段人力资本的高水平和快速增长。这四条中，工业品出口的快速增加是最为核心的因素，对其他特点会产生一定的直接或间接影响。因此，东亚模式的最核心的特点是实施了出口导向工业化战略。

（一）出口导向工业化战略

如上一节所述，出口导向工业化战略是一个更适合于发展中国家经济发展的战略。通过这个战略，发展中国家可以解决工业化过程中最突出的外汇短缺问题。特别是在经济发展的初期阶段，这一问题往往更为严峻。首先，我们通过贸易依存度这一指标来观察日本、韩国和中国的台湾地区的对外贸易在经济发展中所占的重要位置。

贸易依存度就是一个国家的贸易总额占该国 GDP 的比重。一般来说，这个比重越高，该国的经济对于国际贸易或其他国家经济的依赖程度就越大、参与国际分工的程度也就越高。相关的概念还有出口依存度和进口依存度。前者是指该国的出口总额占该国 GDP 的比重，表示该国生产的最终产品对国际市场的依赖程度。相反，后者是指该国的进口总额占 GDP 的比重，表示国内消费资料和生产资料对国际市场的依赖程度。

图 2 显示了韩国的贸易依存度的变化。在韩国的工业化开始起步的 1962 年，贸易依存度仅为 15%，出口依存度更低，仅为 2%。这

意味着当时的韩国经济是以国内市场为对象的。[①] 但是,随着韩国政府推行的第一个五年计划的实施,特别是韩国在 1964 年实施了出口导向工业化战略以后,韩国的贸易依存度迅速提高,短短的五年之内,就从 1964 年的 12％提高到了 1968 年的 31％。在此之后,韩国的贸易依存度又进一步提高,1974 年达到 58％,1981 年达到 65％。在此过程中,韩国的出口依存度也持续上升,1973 年达到 23％,1987 年进一步提高到 32％。当然,伴随着出口依存度的提高,韩国的进口依存度也不断提高,在 1981 年达到 36％。[②]

图 2　韩国贸易依存度的变化（1960—2020 年）

资料来源:根据世界银行 database,https://data.wordbank.org/indicator。

　　图 3 显示了中国台湾地区 1951 年以后的出口依存度的变化趋势。从图中可以看到,20 世纪 50 年代末,台湾地区和韩国一样,出口依存度也很低,接近世界平均水平。但是,1962 年以后,这个指标迅

---

① 进口大于出口的部分主要是由美国的援助带来的。

② 1985 年以前,韩国的进口依存度高于出口依存度。除了来自外国的经济援助外,劳务输出和外国金融机构的贷款,也提高了韩国的进口依存度。

速上升，1973 年达到 45％左右，之后又持续上升到 1986 年的 57％。这一指标后来有所降低，但是，1991 年以后，又开始上升，2010 年达到 70％的水平。从这个图可以看到，台湾地区的出口依存度远远高于世界平均水平，和韩国一样，出口导向工业化特征十分明显。

图 3　中国台湾地区出口依存度的变化（1951—2011 年）

资料来源：Wu，Tsong-Min（2016）。

　　图 3 也显示了战后日本出口依存度的变化。令人意外的是，1960 年以后的日本的出口依存度不仅水平很低，而且在之后的漫长岁月中也没有明显的上升，甚至 1985 年以后的一段时间里还有一定幅度的下降。日本战后的出口依存度一直低于世界平均水平，是否意味着出口导向工业化战略对日本的工业化不重要呢？答案是否定的。图 4 显示了明治维新以后日本贸易依存度的变化状况。从中可以看出以下两个特点。

　　第一，从明治维新后的 1886 年到第二次世界大战开始的 1937 年，日本的贸易依存度从 10％持续上升到 50％以上。这一结果充分说明，在战前日本的工业化过程中，对外贸易同样发挥了主导作用。从这一点来讲，日本的工业化战略和韩国与中国的台湾地区是一致的，都应该被看作出口导向工业化战略。东亚发展模式中非常有代

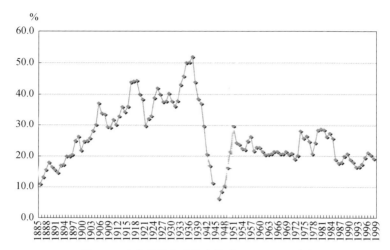

图4　日本贸易依存度的变化（1886—2000年）

资料来源：小浜裕久（2007），https：//www.ide.go.jp/library/Japanese/Publish/Reports/InterimReport/pdf/2006_04_24_02.pdf。

表性的"雁型发展形态"这一概念，就是著名的经济学家赤松教授根据战前日本的工业化过程提出的（Akamatsu 1962）。第二，在战后的恢复时期，日本经济也经历了贸易依存度迅速上升的过程，从1946年的5％迅速上升到1951年的30％。这个时期贸易依存度的急速上升，也显示了贸易对于日本经济发展的主导作用。[①]

从以上的观察可以看出，日本、韩国和中国的台湾地区在其工业化过程中，都实行了出口导向工业化战略。由于日本战前所处的国际环境与战后大不相同，我们在这里重点考察韩国和中国的台湾地

[①] 对于日本这样一个缺乏资源的国家来说，贸易依存度为什么在战后没有持续上升是一个有趣的问题。一个可能的解释是，第二次世界大战以前，日本的工业化就已经达到了很高的水平，二战期间日本与国际市场脱钩，不得不在全行业实行进口替代，自给自足，在日本国内形成了一套相对完整的工业体系。即使到了战后和平时期，日本也不再需要像战前那样，高度依赖特定的几个行业的出口来带动整个国民经济的发展，而是形成了多数行业齐头并进的局面。

区是如何实施出口导向工业化战略的。

（二）实施出口导向工业化战略的契机

第二次世界大战以后，和其他许多获得政治上独立的发展中国家一样，韩国也在寻求一种独立自主的经济发展道路。由于面临着严峻的国防安全问题，因此，严重依赖国际市场的工业化战略并不是它的首选，而是不得已而为之。首先看一下韩国的具体情况。

1. 韩国的案例

日本统治时期对朝鲜半岛的投资大多集中在今天的朝鲜民主主义人民共和国境内，韩国的工业基础十分薄弱。朝鲜战争结束后，韩国和其他发展中国家一样，实行了进口替代工业化战略。棉纺织工业和制粉工业是进口替代的两个重点，此外还有化肥和制糖业等。从 1954 年开始，政府通过提高进口关税和审批等方式限制这些产品的进口。同时对这些行业通过外汇优先分配、贷款优惠等方式进行扶持。在这种政策下，虽然这些行业有了一定的发展，但是，韩国的出口一直没有增加。[①] 当时的李承晚政权深感外汇不足的压力，也采取了一些措施，但是，在以初级产品为主的出口结构下收效甚微，外汇收入只能依赖美国的援助。1957 年美国的援助是 3.8 亿美元，到 1961 年减少到 2 亿美元（李相哲 2013）。并且还要进一步减少。这迫使韩国必须自谋出路。1960 年，韩国的人均国民收入只有 80 美元。[②] 国民收入 GNP 中，制造业的比重只有 14%，农业占 37%，是一个典型的农业经济（金光锡 2009）。

1961 年军事政权建立以后，政府把发展经济当作政府工作的最优先目标，并实施了以"实现经济自立"为目标的第一个五年计划

[①] 1961 年韩国的出口额是 3,865 万美元，还少于 1953 年的 3,959 万美元（李相哲 2013）。
[②] 这个收入水平甚至低于当时非洲的一些贫困国家。

（1962—1966 年）。这也是一个进口替代工业化方案。它不仅包括劳动密集型的传统工业，也包括钢铁、汽车、电视机、手表等资本密集型、技术密集型的行业。

为了推进这个发展计划，韩国政府一方面积极引进国外资金，另一方面于 1962 年 6 月实施紧急货币措施，动员国内资金，实施了大规模的投资计划。但是，这个计划里的一些重点项目，如钢铁、国产车、电视机、手表等项目的建设，需要从国外进口大量的先进设备和技术，以及数目众多的原材料和零部件，这些都需要消耗大量的外汇。最终，这些投资项目都因外汇不足等原因而放弃或缩小。第一个五年计划面临失败的危险。在这样严峻的现实面前，韩国政府于 1964 年对五年计划进行了调整，终止了动员国内资本的通胀政策，放弃了很多严重依赖外汇的项目。与此同时，实施了金融安定化政策，并采取了鼓励出口的一系列政策。

首先，实行外汇市场化改革。1964 年 5 月，韩国政府将过高评价的官方汇率从原来的 1 美元换 130 韩元下调至 256 韩元，并实行变动汇率，以反映外汇的市场价格。1965 年 3 月起又实行单一变动汇率，同年 8 月以后，韩元对美元的汇率基本上稳定在 1 美元对 270 韩元。统一汇率并将其调整到符合市场价格的水平，为韩国出口导向工业化战略奠定了基础。其次，实行优惠政策，鼓励出口。韩国商工部于 1965 年实施了出口振兴综合计划。其中包括以下激励措施：（1）优惠的出口信贷；（2）对用于出口生产和出口销售的中间产品免征国内间接税；（3）减免出口和外汇收入的直接税等。这些措施的实施，促进了韩国出口的急剧增加。原计划在第一个五年计划最后一年的 1966 年达到出口 1.37 亿美元，实际达到了 2.5 亿美元。对外出口的超出预想的增加，保障了韩国经济增长目标的实现。韩国第一个五年计划期间的平均经济增长率目标是 7.1％，实际达到了 7.8％。第一个五年计划的圆满成功，确立了韩国后来几十年经济发展的基本战略(赵 2005)。韩国的对外贸易的增长状况如图 5 所示。快速的贸易增长，支撑了韩国经济的高速发展。

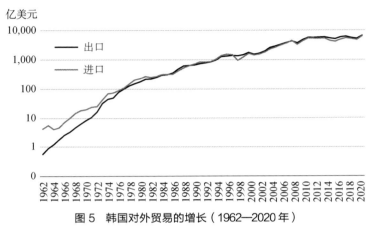

图 5　韩国对外贸易的增长（1962—2020 年）

资料来源：世界银行 Database，https://data.worldbank.org/indicator。

2. 中国台湾地区的案例

20 世纪 50 年代初，当时的中国台湾地区也是一个典型的农业经济地区。主要的出口产品是白糖等农产品，可以获得的外汇十分有限。1950 年，朝鲜战争爆发以后，美国恢复了经济援助，这成了当年台湾地区主要的外汇来源。[①] 1953 年，台湾地区实施了第一个四年计划，重点发展电力和化肥生产，同时，保护和培育原有的纺织、食品、造纸、化学等轻工业。这是一个符合其比较优势的发展战略，也是一个进口替代工业化战略Ⅱ。为了发展台湾地区的工业，当局通过高估台币汇率、提高关税、实行进口配额等方式限制这些产品的进口，鼓励岛内生产这些产品。对这些产品的生产厂家实行资金、外汇的优先分配，并为此实施了有利于进口替代的多重汇率制度（朝元

_____

[①] 援助金额大致是每年 1 亿美元。

2007)。但是,这一发展战略的实施并不顺利,存在着许多问题。

第一,这些政策不仅不利于出口,反而鼓励进口,加剧了外汇不足。无论是电力工业和化肥工业的发展,还是其他轻工业产品的生产,都需要从国外进口大量的机器设备和原材料,这使得台湾地区的国际收支难以改善,也使得这些行业的发展受到限制。第二,由于这些行业受到政策保护,缺少来自外国产品的竞争,企业经营者不是热心于提高质量降低成本,而是将更多的时间和精力放在从当局获得优惠条件上,使得这些轻工产品的生产效率难以提高。第三,即使这些产业能够顺利发展,也会受到岛内市场的制约,难以实现快速的增长,更无法带动整个经济的发展。当时台湾地区的人均 GNP 只有100 美元,岛内人口也只有 1,200 万,一旦岛内市场饱和,经济就难以继续增长(朝元 2007)。

促使台湾地区转变政策的一个重要因素是美国要停止对其援助。这实质上还是一个外汇问题。从 1951 年到 1960 年,美国累计援助 9亿美元。到了 50 年代中期,美国就告知要停止援助。[①] 这迫使其要靠自身的努力去赚取外汇。在这样的情况下,开始了一系列政策调整。

首先是调整外汇政策。1958 年 4 月,台湾地区取消了对出口,特别是轻工产品出口不利的多重汇率制度,简化为双重汇率。1963 年9 月,又进一步实施单一汇率,并将汇率从 1 美元对 24.78 新台币下调到 1 美元对 40 新台币。与此同时,其又实施了 19 项财政经济改革措施,推动出口导向工业化战略。这些措施包括 1958 年实施的外汇贸易改革,1959 年实施的当局的预算均衡化、经济管制的放宽、税制整理、出口促进、个人储蓄和投资的奖励,以及 1960 年实施的投资奖励条例,等等。这些政策大大推动了台湾地区出口贸易的发展。

更有创意的是,为了吸引外资、扩大出口,台湾地区于 1966 年在

[①] 实际上,美国最终在 1965 年中断了经济援助。

高雄建立了出口加工区，为包括外资在内的所有投资企业提供更为有利的生产和出口环境。这个出口加工区大获成功，当局又于1971年在南梓和台中设立了两个出口加工区，使其出口贸易进一步扩大。出口加工区是其首创，这一制度后来影响到了新加坡、菲律宾等国家和中国的香港地区，最终也影响到了中国大陆。

还需要强调的一点是，对于缺少资金的发展中经济体来讲，引进外资是缓解资金不足，特别是外汇不足的一个非常重要的举措。为此，台湾地区早在1952年就制定了引进外资的政策，但是，收效不大。原因就在于进口替代工业化战略不利于出口，因此，不受外资欢迎。但是，在其工业化战略转换为出口导向工业化战略以后，外资就大规模进入了。1951—1960年间，台湾地区累计引进外资只有86件，3,600万美元，而实行政策转换后的1961—1970年，引进外资猛增到5.23亿美元，1971—1980年，又进一步增加到21.6亿美元（顾、陈2003）。外资的进入，不仅带来了稀缺的外汇，还带来了企业发展所需要的其他多种资源。因此，出口导向工业化战略不仅能促进本地企业的快速发展，还能够吸引外来资金和外汇，帮助经济体加快发展的步伐。这一点是不容忽视的。

从韩国和中国台湾地区的经验可以看到，和当时的其他发展中经济体一样，双方在战后谋求经济发展的时候，都不约而同地首先选择了进口替代工业化战略。但是，这一战略带来的外汇不足问题严重影响了工业化进程，双方又都转向了出口导向工业化战略。[1] 在这种战略下，出口创汇是第一要务，只要能够挣到外汇，制约经济发展

---

① 同样的情况也发生在泰国和马来西亚等其他东南亚国家。例如，泰国在20世纪50年代末开始工业化，当初，泰国政府实行的也是进口替代工业化战略。为了鼓励企业的发展，泰国政府于1960年制定了《产业投资奖励法》。为了解决国内资金不足的问题，又在1962年修改了《产业投资奖励法》，鼓励外资的直接投资。为了增加国内生产，实现进口替代，泰国政府从国外进口大量的先进技术和机器设备，这带来了外汇不足的问题。在此情况下，泰国政府也不得不在70年代转向了出口导向工业化。

的很多问题都可以迎刃而解。这正是这一发展战略的要害所在。也正因为这样,在 20 世纪 60 年代,韩国曾经喊出"一切为了出口"的口号,同样,中国台湾地区也喊出了"出口第一"的口号。这些口号足以证明对于工业化起步阶段的韩国和中国台湾地区,出口创汇在经济发展中的显著地位。

(三) 出口导向工业化战略的制度基础

战前的日本和战后的韩国、中国台湾地区,都成功地实施了出口导向工业化战略,使得这三个经济体实现了快速的经济发展。那么,这几个经济体实行的出口导向工业化战略成功的制度基础是什么呢? 一个合乎逻辑的答案是私有企业制度和市场经济体制。

在关于东亚各国的经济发展的研究中,关于国家和市场的关系讨论得很多,但是,关于市场经济和私有企业制度在实施出口导向工业化战略过程中的作用的讨论略显不足(世界银行 1993)。这是因为,东亚各国大多是以市场经济和私有企业制度为基础发展起来的。在东亚各国经济发展经验的讨论中,人们更多地是关注政府干预的多和少,公有企业的有和没有,而不是倒过来,即市场经济的有和没有,私有企业有和没有的问题。前者的视角更容易关注政府的作用,而后者的视角则更容易关注市场经济和私有企业制度的作用。

从这个角度来看三个经济体的发展,我们就会注意到,它们都是以市场经济和私有企业制度为前提发展起来的。无论是战前还是战后,日本经济制度的基础都是私有制和市场经济。私有财产一直得到严格的保护(第二次世界大战期间除外)。明治维新以后,为了加速日本的工业化进程,日本政府曾出资建立了一些国营企业,但是,后来都因为经营不善和财政原因而卖给了民间。[①]

———————————

[①] 这其中最著名的一个例子就是富冈制丝厂。

在战后的韩国,虽然朴正熙政权曾经在一些重工业领域采取了非常强势的干预政策,但是,他并没有推行国有化,也没有建立大量的国有企业,而是以私有企业制度为前提来发展经济。根据赵淳(2005)的介绍,韩国在经济发展的过程中,遵循了以下的五项原则:

(1)通过工业化实现经济发展。初期重点发展轻工业,随着工业化的深入,开始发展重化学工业。

(2)经济发展在政府的统制和指挥下进行。政府根据经济发展计划确定政策方向,发展目标的一部分通过市场,另一部分通过政府的投融资进行。政府可以通过市场外手段培育重点产业。

(3)原则上,企业由民间所有,民间经营。对于重要投资,政府可以补充或代替民间决策。

(4)引进外国资本,用作经济发展所需要的投资来源。为扩大就业和偿还外债,将增加出口作为最重要的经济课题。

(5)将经济增长作为经济发展的最优先事项。通过经济增长消除收入差距和区域发展的不均衡。容忍高速增长带来的通货膨胀。

这五项原则,贯穿于韩国 20 世纪 60 年代和 70 年代的发展过程(赵淳 2005)。虽然从文字上看,第二条和第三条强调了政府的作用,但是,仔细分析就不难看出,韩国基本的经济制度依然是市场经济和私有企业制度。政府只是在此基础上做一些干预,甚至是强有力的干预而已。

和韩国不同,中国台湾地区曾面临一次制度选择的困扰。20 世纪 50 年代初,当局在意识形态上更倾向于实行国家资本主义的管制经济,而非自由的市场经济。一个理由是孙中山提倡的三民主义的民生主义中,有"节制资本"(即发展国家资本,限制民间资本)的思想。以三民主义为立党之本的国民党当局,自然要把这一思想落实到具体的经济制度和政策上。另外一个理由是,当时的主流经济学是凯恩斯经济学,强调对经济的干预。再加上当时其加强军备是头等大事。这也要求台湾地区的经济制度不能是自由放任的。在这样的情况下,50 年代初期,其实行的还是一种计划经济。

在这一时期,随国民党来台岛的自由派学者开始反思国民党对大陆的统治,哈耶克的《通往奴役之路》在台湾地区引起很大反响。以胡适为代表的自由派知识分子呼吁实行市场经济。西方经济学的市场经济思想影响到了当局的一批技术官僚,如尹仲容等,给台湾地区的经济政策带来了重大转机。对于外汇的市场化改革,出口导向工业化政策的实施,企业的民营化,鼓励民间创业等一系列的市场化政策,都是他和他的团队在这一时期推行的。根据长期追随尹仲容参与经济政策制定的李国鼎的总结,尹仲容的发展思路如下:

（1）政府有必要参与经济发展,但是,没有必要直接掌握生产企业;

（2）只有恢复市场机制,经济才可能正常运转和快速发展;

（3）以经济的整体发展为目标,灵活决定经济发展方式和发展顺序;

（4）以经济发展为目的的投资顺序,要严格按经济效果的优劣来决定。

第一条指出了官方在经济发展中的不可或缺的作用,但是,同时又认定私有企业才是经济活动的主体。第二条明确强调了市场经济体制的决定性作用。因此,对于台湾地区战后的经济发展来说,私有企业和市场经济是其基本经济制度,各种战略和政策都是在此基础上才得以实行的。

（四）出口导向工业化战略的内在逻辑

日本、韩国和中国台湾地区之所以能够相对顺利地实行出口导向工业化战略,正是因为实行的是市场经济和私有企业制度。离开了这一经济制度，一个国家或地区是无法有效实行出口导向工业化战略的，而只能实行进口替代工业化。这是因为，在自由市场和私有企业制度下，企业的经营者会出于利润动机，最大限度地整合各种资源，并以最有效率的方式将其利用起来，包括积极引进国外的各种先进产品、先进技术、先进知识，以及新的更有效率的经营管理方式，将产品的质量最大限度地提高，将产品的成本最大限度地降低，以提高产品的国际竞争力。对一个国家或地区而言，和狭小的内部市场相比，巨大的国际市场将会带来更大的利益。只要有利可图，私有企业就会不断地扩大生产，创造就业。其结果就是带动了当地的经济发展。

试想一下，计划经济和公有企业制度下，一个国家有没有可能实施出口导向工业化战略？答案是否定的。这是因为，计划经济体制下，国家垄断了所有的资源，生产要素的价格（包括外汇）无法合理确定，政府低效率的资源分配将扼杀企业的国际竞争力。更为重要的是，实行计划经济的国家，政府为了保证经济计划的顺利实施，都会尽可能地排除不可控因素。① 对于计划部门来讲，企业的原材料和产品依赖国际市场就是一个不可控因素。即使是在和平时期，国外市场的任何变化都有可能打乱本国的经济计划，这是计划部门所不能接受的。因此，计划经济必然是自给自足的内循环经济，适合这种体制的工业化战略是进口替代工业化。这样的国家不会以国际市场为前提制定计划，而是以满足国内市场为前提来安排全国的生产。②

另一方面，市场经济体制下的公有制企业有没有可能成为出口

---

① 在计划经济体制下，建立完全封闭的"出口加工区"赚取外汇也是有可能的。但是，因为没有劳动力市场，用工的灵活性难以保障，因此难以有效运转。

② 原社会主义阵营的经互会各成员国之间虽然有产业的分工，但是，那不是基于彼此利益的合作，而是扩大了的计划经济。

导向工业化的主体呢？答案也是否定的。这是因为，公有制企业难以改掉无人负责的痼疾。无论是企业的劳动者、管理者，还是国有企业的上级主管部门，都不会也无法对企业的经营结果负责。这就使得公有制企业成本高效率低，难以具有国际竞争力。①

从这个角度来看，出口导向工业化必然要求国内的经济体制是以私有制为基础的市场经济。缺少了这一制度条件，这种工业化战略是难以推行的。

（五）出口导向工业化的国际环境

出口导向工业化还有一个必不可少的条件，那就是和平稳定的国际关系。长期以来，欧美发达国家都构成了世界经济的领导力量。这些发达国家不仅在 GDP 规模上是具有压倒性优势的，在知识、技术、管理和理念上也是遥遥领先的。因此，一个发展中国家要想实现出口导向工业化，参与国际分工，就必须与这些发达国家建立稳定的互信互惠关系。第二次世界大战以前的日本，基于与西方各国的良好关系，实现了出口导向工业化发展。但是，到了第二次世界大战期间，日本与欧美主要国家变成敌对关系，最终被驱逐出国际市场。在这样的情况下，日本不得不在全行业实行进口替代工业化。战后，随着日本回归国际社会，出口导向工业化战略再次成为可能。在战后的高速增长时期，虽然日本的贸易依存度远远低于东亚其他国家，但是，外汇不足并没有成为制约日本经济增长的主要因素。因为，日本的大多数行业都有能力通过引进国外的先进技术特别是专利生产出

---

① 在改革开放后的中国，农村出现了大量的乡镇企业。这些企业虽然属于乡镇集体企业，但是，由于它们具备了更多的私有企业的特点，因此，其行为方式完全不同于国有企业和城市集体企业。根据笔者的调查，外国的买家往往更乐意向这些乡镇企业订货。因为当年的乡镇企业和同行业的国有企业以及城市集体企业相比，生产成本更低，交货期更短，更能够灵活地应对买家的要求。

高质量的产品，这样，就不像处在工业化初级阶段的发展中国家那样需要从国外进口大量的机器设备。

战后的韩国和中国台湾地区，依附以美国为首的西方阵营，它们的工业化战略，没有面临来自国际关系方面的制约，而是一种自我选择的结果。正因为如此，人们在考察韩国和中国台湾地区的经济发展战略的时候，似乎并没有太多地关注来自国际环境的影响。但是，在我们考察中国大陆的发展战略的时候，这一点却是不可忽视的重要前提。

四、 中国的工业化战略

回顾中国四十年的发展路程，我们不难看出，中国的发展路径虽然出发点和日本、韩国等国家（地区）不同，但是，最终都走到了一起，即出口导向工业化道路。中国在改革开放以前实行的是一种和国际主流经济体不同的以公有制为基础的计划经济体制，在走了很多弯路以后，才最终走上出口导向工业化这条快车道。

（一）进口替代工业化战略

1949 年以后，中国效仿苏联推行了一个优先发展重工业的发展战略。这是一种以重工业产品为对象的进口替代工业化战略（即进口替代工业化战略 I）。在资本稀缺、劳动力富裕的中国优先发展资本密集型的重工业，被认为违背了中国的比较优势，阻碍了中国的工业化进程。

即使这样，中国也没有马上转向出口导向工业化。改革开放初期，中国实行的还是进口替代工业化战略。这包括两个方面。第一个方面，优先发展重工业的政策（即进口替代工业化战略 I）依然存在。事实上，中国政府从来没有正式宣布放弃重工业优先发展战略。

这是因为计划经济自身的逻辑,使得中国不会主动放弃这种发展战略。"文革"结束后的 1977 年,为了加快实现四个现代化的目标,中国政府重新启动了早在 1975 年制定的《十年规划纲要(1976—1985年)》。根据这一规划,中国要在钢铁、石油化工、化纤、化肥等多个重工业领域从欧美日等发达国家引进 22 个大型投资项目,引进总额高达 78 亿美元。并且,在 1978 年 12 月的最后 10 天里就签署了 31 亿美元的合同。从这里可以看到,即使进入改革开放时期,中国政府也没有放弃优先发展重工业的意图。以举国之力兴建的宝山钢铁厂就是一个最具代表性的例子。

第二个方面,改革开放以后,中国不自觉地又同时实行了一种以轻工产品为主要内容的进口替代工业化战略(即进口替代工业化战略 II)。20 世纪 70 年代末,农村开始推行包产到户,允许农民分田单干,在城市则允许国营企业拥有一定的经营自主权。正是这些改革措施,给中国经济带来了一个历史性的转机。

中国农村在分田单干后,出现了大量的剩余劳动力。由于农民进城务工,当时还受到限制,相应地,农村社队企业的经营活动得到了一定的放开①,这样,中国农村就出现了大量乡镇企业。这些企业虽然多冠以集体企业的称号,但是,它们的利益结构更接近于私有企业,是处于国营和私营之间的一种企业形态。即使是这样一种产权尚不明确的企业制度,因为其中参入了私营企业的成分,在计划经济体制下还是显示出了巨大的制度优势,其产品快速占领了中国农村市场,也逐步占领了城市的消费品市场。乡镇企业的发展成为 20 世纪 80 年代中国经济增长的重要源泉,也构成了中国市场经济的主要部分。虽然乡镇企业在这一时期对中国的出口也做出了一定贡献,

---

① 在此以前,政府将农村社队企业的经营范围限定在"三服务"上,即服务于农业生产、农民生活和城市大工业。

但是，它们实际发挥的作用还是一种进口替代。计划经济下国营企业供应不足的各种消费品和一部分生产资料（如钢铁、水泥、农机等）都是由乡镇企业提供的。

这期间，国营企业的改革也为农村乡镇企业的发展创造了良好的条件。从 1978 年开始，国营企业经历了一系列扩大自主权和承包制改革，国家允许国营企业在国家计划之外自主生产和销售部分产品。这些措施将市场机制部分地引入了国营企业。这种改革，从微观层面上来看，在一定程度上提高了国营企业自身的生产经营效率。但是，从宏观层面上看，它带来了更大的效果。那就是它为农村乡镇企业和其他非公有制企业的发展提供了必要的条件。计划经济下农村企业无法得到的钢材、煤炭、机器设备等重要生产资料从此都可以从市场获得。随着国营企业计划外生产的不断扩大，乡镇企业得到了更大的发展空间，对实施出口导向工业化战略提出了要求，同时也为之准备了条件。

（二）出口导向工业化战略的实施

由于意识形态因素的影响，改革开放初期的中国对西方世界还是有很强的戒心的。[①] 一方面想得到国外的资金和先进技术，另一方面又担心受制于人。在这样一种充满矛盾的状态下实行出口导向工业化战略也是不得已而为之。一个重要的原因就是外汇的短缺。这一点和当年的韩国、中国台湾地区都一样。

如上所述，改革开放前的 1977 年，中国政府计划从国外大规模引进先进技术和设备。但是，从表 2 可以看到，1978 年中国的出口总额只有不到 98 亿美元，外汇储备几乎为零。这个进口计划严重超出了中国的财力，更超出了中国的外汇支付能力。因此，在施行后不久

---

① 有关深圳特区的争议就是一个很好的佐证。

的 1979 年 4 月就不得不放弃，并开始对国民经济进行调整和整顿。① 即使这样，1978 年到 1980 年间，还是出现了在当时看来是巨额的贸易逆差，特别是 1980 年，中国的外汇储备居然降到了令人难以置信的 - 13 亿美元。

表 2　中国改革开放前后的对外贸易和外汇储备（1970—1990 年，亿美元）

年份	贸易总额	出口总额	进口总额	贸易收支	贸易收支占出口比重（%）	外汇储备
1970	45.8	23.1	22.7	2.4	1.6	0.9
1971	49.1	27.8	21.3	6.5	23.5	0.4
1972	65.4	36.9	28.5	3.4	22.8	2.46
1973	110.8	58.8	52.1	6.7	11.4	- 0.8
1974	149.0	71.1	77.9	- 6.8	- 9.6	0
1975	156.2	76.9	79.3	- 2.4	- 3.1	1.8
1976	136.0	69.4	66.6	2.8	4.1	5.8
1977	146.6	75.1	71.5	3.6	4.8	9.5
1978	206.4	97.5	108.9	- 11.4	- 11.7	1.6
1979	292.4	136.1	156.2	- 20.1	- 14.7	8.4
1980	381.4	181.2	200.2	- 19.0	- 10.5	- 13.0
1981	440.2	220.1	220.2	- 0.1	0.0	27.1
1982	416.1	223.2	192.9	30.4	13.6	70.0
1983	436.2	222.3	213.9	8.4	3.8	89.0
1984	535.5	261.4	274.1	- 12.7	- 4.9	82.2
1985	696.0	273.5	422.5	- 149.0	- 54.5	26.4

① 依靠大规模从国外进口机器设备发展中国经济的这场运动被称为"洋跃进"或"洋冒进"。

年份	贸易总额	出口总额	进口总额	贸易收支	贸易收支占出口比重（%）	外汇储备
1986	738.5	309.4	429.0	-119.6	-38.7	20.7
1987	826.5	394.4	432.2	-37.8	-9.6	29.2
1988	1027.9	475.2	552.8	-77.6	-16.3	33.7
1989	1116.8	525.4	591.4	-66.0	-12.6	55.5
1990	1154.4	620.9	533.5	87.4	14.1	110.9

宝山钢铁厂是这一计划中最受关注的代表性项目。邓小平1978年访日期间，请求日方帮助中国建设一个和当时世界上最先进的新日铁公司君津制铁所同样先进的钢铁厂。在订货合同都已经签订以后，中方单方面终止合同，造成了不良的国际影响。这个项目后来使用日本提供的商业贷款得以继续，并于1985年建成投产。但是，因此也带来了更大的贸易赤字。如表2所示，1985年，中国的贸易赤字高达149亿美元，超过了当年中国出口总额的一半以上。接下来的几年也一直是贸易赤字，直到1990年的经济调整才告一段落。从这里可以看到，外汇不足一直是困扰中国引进国外先进技术、发挥后发优势的一个关键因素。

根据当时的国务院副总理田纪云回忆，1986年6月，邓小平和国务院负责人谈话时讲到了对中国的发展有重大意义的三个战略性问题。和农业问题、政治体制改革问题一起，谈到了"外汇问题"。他是这样说的：

> 二是外汇问题。外汇短缺，外贸发生逆差，会不会拖我们的后腿？中国有很多东西可以出口。要研究多方面打开国际市场……

　　要打开出口市场,关键是提高产品质量。质量不高,就没有竞争力。逐年减少外贸逆差是战略性问题。否则,经济持续稳定发展就不可能,总有一天要萎缩下去。(田 2008)

　　除了巨额贸易赤字,当时中国面临的国内发展问题也很严峻。随着中国国营企业的改革和乡镇企业的迅猛发展,中国以国内资源和国内市场为前提的发展战略受到了制约,出现了以下问题:(1)内陆地区大量的剩余劳动力无法充分就业;(2)沿海地区大量的企业面临着原材料和能源供应的不足;(3)一些中国拥有比较优势的轻纺产品又受到国内市场的制约,出现产能过剩;等等。

　　为了解决这一系列难题,1987 年,中国政府提出了发展出口导向经济的战略。这一战略也被称为“国际经济大循环”,或“大进大出”,即借鉴新加坡和中国台湾、香港地区的经验,在沿海地区大力发展出口加工型产业。产品设计和原料来自国外,利用中国的廉价劳动力加工后,返销国际市场。借用当时具体实施该计划的国务院副总理田纪云的说法,这一战略的特点是,“两头在外、大进大出、以出养进、以进养出、进出结合”。这种描述,非常恰当地把这一战略的特点展示了出来。“两头在外、大进大出”是手段,“以出养进、以进养出”是目的。通过大量的出口,换取进口外国先进技术、设备以及原材料和零部件等所需要的外汇,又用这些外汇进口国外先进的机器设备和原材料、零部件,进一步提高出口竞争力,增加更多的出口和外汇。这一战略的提出和实施,不仅为国内大量的农村劳动力找到了出路,对于消除当时及以后中国经济发展所面临的技术瓶颈、资金瓶颈、资源瓶颈、国内市场瓶颈,特别是外汇瓶颈,都具有十分深远的意义。从某种意义上讲,20 世纪 80 年代推动的市场化改革、非国有企业的发展、出口导向型发展战略的实施,为中国经济后来的快速发展奠定了坚实的制度和战略基础。

　　1992 年邓小平的南巡讲话发表后，中国兴起了新一轮改革开放浪潮。包括钢铁煤炭等在内的重要生产资料价格几乎全部放开，市场化改革迈出了决定性的一步。国营企业的改革也从扩大自主权的承包制改革转向所有权改革，一大批中小型国有企业陆续以各种方式转换成民营企业。农村乡镇企业更是加快了所有权改革的步伐。在这样的大背景下，外资企业更是大举进入中国（图 6）。

图 6　外商直接投资的变化（1983—2020 年）

资料来源：CEIC China Premium Database。

　　对中国出口导向工业化起到更直接影响的是 1994 年实施的一系列财政金融外汇制度改革。财税制度改革将原来的财税承包改成了分税制，引进了高达 17% 的增值税，强化了中央政府的财政税收。但是，对于出口企业则实行出口退税。这极大地鼓励了企业的出口。另一项重要的改革是大幅度下调人民币对美元汇率，将原来的官方汇率统一到市场汇率，人民币兑换美元的汇率从原来的 1 美元兑换 5.7 元人民币下调到 8.7 元人民币。和韩国、中国台湾地区一样，汇率的市场化改革，意味着取消了扩大出口的障碍，中国经济正式走上了出口导向工业化的道路。1994 年以后，中国的对外贸易不再出现赤字。因外汇不足制约中国经济增长的时代宣告结束。

　　但是,制约中国出口的国际市场因素依然存在。由于中国不是国际贸易组织(WTO)的成员国,在对外出口方面不能享受 WTO 成员国的待遇,以美国为代表的发达国家依然可以根据国内相关法律对中国的出口进行限制。美国是中国最大的出口市场,美国国会对于是否给予中国最惠国待遇每年都要审议。这就增加了中国出口的不确定性,制约了中国出口的增长。不过,随着中国在 2001 年底正式加入了 WTO,美国市场向中国全面开放,制约中国对外贸易增长的国际市场因素也随之消失。与此同时,对中国市场充满期待的国际资本再度大规模进入中国(图 6),带来了中国经济发展的黄金时代。从 2001 年到 2011 年期间,中国出口的年平均增长率高达22%,这在世界贸易史上都是极为罕见的现象(图 7)。这样的出口增长速度,是进口替代工业化战略所无法企及的。从这个意义上讲,中国经济的快速增长,是出口导向工业化战略的又一个成功案例。

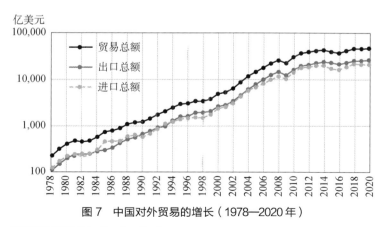

图 7　中国对外贸易的增长（1978—2020 年）

资料来源:CEIC China Premium Database。

（三）贸易结构和贸易依存度

　　在出口导向工业化战略下，中国对外贸易的成就是如何取得的呢？图 8 显示了中国贸易结构的变化。1993 年，中国全部出口中，一般贸易和来料加工贸易几乎各占一半。考虑到中国在改革开放初期的 1978 年还没有加工贸易，这一部分无疑是在 1993 年以前的这 14 年间发展起来的。出口加工贸易是出口导向工业化战略中最具代表性的贸易形式，也是增加国内就业、赚取外汇收入的一种有效方式。这一出口形式在全部出口中占比的增加显示中国出口导向工业化在 1993 年时达到了很高的程度。这一比率后来又有了进一步增加，1996 年达到 55％，并一直持续到中国加入 WTO 以后的 2005 年。随着中国国内制造业的迅猛发展，来料加工所占比重开始下降。与此同时，中国国内产品的出口，即一般贸易开始上升，到 2021 年该比重已经超过 60％。

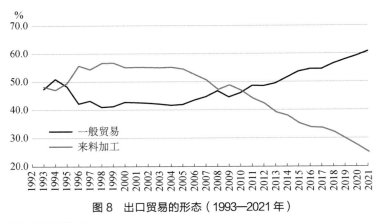

图 8　出口贸易的形态（1993—2021 年）

资料来源：CEIC China Premium Database。

　　贸易形态的变化在很大程度上反映了贸易主体的变化。图 9 显示,1995年,中国出口贸易中,国有企业占44%,和外资企业的比重几乎一致。由于改革开放初期,外资企业的比重几乎为零,因此,不难推测,改革开放后,国有企业的出口比重大幅度下降,而外资企业则持续上升,并在2004年达到最高值54.7%。中国出口导向工业化战略,有赖于包括港澳台企业在内的外资企业的支撑。到这一时点为止的中国的出口导向工业化可以称作外资主导的出口导向工业化。这和东南亚的一些国家,如马来西亚相似。但是,值得关注的是,2005年以后,外资企业的比重开始下降,取而代之的是外资企业和国有企业以外的其他企业,可以理解为广义的民营企业。这些企业的出口比重从2004年的15%增加到2021年的50%以上,成了推动中国出口的领头羊。

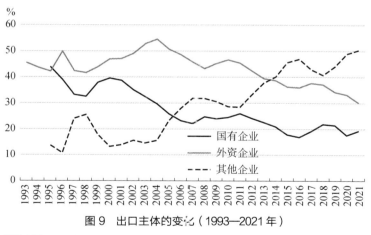

图9　出口主体的变化（1993—2021年）

资料来源:CEIC China Premium Database。

出口导向工业化战略的一个直接结果就是贸易依存度的提高。第二次世界大战以前的日本和战后的韩国、中国台湾地区都经历了这样一个贸易依存度不断上升的过程,中国大陆也不例外。从图10

可以看到，计划经济时代的中国大陆，贸易依存度只有 10% 左右。20世纪 50 年代和苏联东欧国家贸易往来比较多的时期略有上升，但是，到了强调自力更生的"文革"前期，这一比重下降到了 6%。与美日等西方主要国家改善关系后，这一比重又恢复到了 10% 左右，一直持续到 1978 年。改革开放以后，贸易依存度从 10% 上升到 1992 年的 33%，之后到 90 年代末基本维持在 30%—40% 之间。2001 年加入 WTO 以后，外贸依存度再一次迅速上升，2006 年达到 64.2%。在此之后，随着房地产业和第三产业等非贸易部门的扩大，中国的贸易依存度也呈下降趋势，2021 年降至 33%。即使如此，中国的贸易依存度也大大高于日本等发达国家。出口导向工业化在中国依然发挥着不可或缺的作用。

图 10　中国贸易依存度的变化（1952—2020 年）

资料来源：CEIC China Premium Database。

　　从本节的分析可以得到三点发现。第一，中国经济高速增长的原因在于中国实行了一种出口导向工业化战略。这一战略在 20 世纪 80 年代后期开始实行，90 年代中期得到进一步落实，21 世纪初全面展开。第二，外资企业在中国的出口导向工业化战略中发挥了主导作用。第三,这一战略之所以能够实施并卓有成效,一方面得益于良好的国际环境和对外开放政策,另一方面也得益于私有化和市场化改革。其中,起决定性作用的是后者。正式因为有了这些改革,中国才更顺利地融入了国际社会。

五、 对中国经济增长的评价

中国经济取得的成就被很多人称为"奇迹"。通过和东亚各经济体的比较就会发现,中国在发展战略和发展结果方面和东亚各经济体之间都有很强的相似之处,那么如何来评价中国经济过去四十年的发展呢? 在作评价以前,先来看一下中国特有的、对中国的经济发展有促进作用的几个因素。

(一) 中国特有的有利因素

1. 计划生育政策。为了减少人口的增长对经济增长带来的压力,中国政府于 1979 年开始实施严格的独生子女政策。这一政策降低了人口的出生率,提高了生产性人口占总人口的比率。这对于提高人口素质、提高储蓄、增加投资都会有一定的有利影响。根据官方估计,独生子女政策的实施,使中国少增加了四亿人口(卫生计生委2013)。虽然这种极端的人口政策会给中国将来的发展带来诸多弊病,但是,在经济发展的初期阶段,这无疑是一个有利的因素。

2. 土地公有制。土地是一种最基本的生产要素,除了农业生产需要大量的土地以外,铁路、道路等基础设施和工厂,住宅等生产生活设施的建设都需要大量的土地。在实行土地私有制的国家,从土地所有者手中征收土地,不仅需要按照市场价格支付高昂的代价,还需要花费漫长的时间征得土地所有者的同意。这无疑增加了建设成本,延长了建设周期,降低了增长速度。但是,在中国,由于土地事实上是国家所有，个人没有土地的所有权，所以，政府可以以大大低于市场价格的代价，在很短的时间内征收到需要的土地。这就大大加快了公共设施和企业的建设速度，其结果也加快了经济的发展。在土地价格很低的 20 世纪 80 年代和 90 年代，许多地方政府通过低价或免费出让土地招商引资，发展当地经济。在土地价格上涨以后，地方政府又通过"土地经济"的运作维持行政开支，兴建当地需要的公共设施。

3. 户籍制度。计划经济时期实行的户籍制度，在改革开放以后虽然有了很大的改善，但是，直到今天也没有彻底废除。户籍制度的存在，在一定程度上造就了中国特有的劳动力群体"农民工"。数以亿计的农民工的存在，不仅降低了中国各种建设项目的成本，也在一定程度上支撑了中国出口产品的国际竞争力，促进了中国经济的快速增长。同时，在经济危机到来之际，还可以通过让农民工返乡的方式，减轻政府的压力。

4. 港澳台地区和华侨的存在。在改革开放前期的 80 年代和 90 年代，国际社会对于中国的制度和政策还缺乏了解和信赖。这时到中国大陆投资建厂的主要是港澳台地区的居民和海外华侨。特别是香港地区在这个过程中发挥了不可替代的作用。香港地区利用它作为国际金融中心以及联系中国大陆和世界的桥梁的地位，率先与中国大陆开展经济合作，并在此基础上，联合世界其他国家的商人一起来投资。深圳的成功，就得益于香港的存在。在中国加入 WTO 以前，香港地区不仅是中国最大的出口目的地，也是其最大的投资方[①]。中国出口导向工业化战略的顺利展开，和香港地区的贡献是密不可分的。

---

① 当然，不可否认，进入 21 世纪以来，来自香港地区的外商投资中有不少是中国大陆企业的迂回投资。

　　5. 巨大的人口规模。一个国家钓人口规模,在经济发展的初期阶段通常是一个负担。因为在土地和其他资源一定的情况下,人口规模越大,人均资源越少,资本积累就越难以实现。这也是为什么中国要在改革开放初期实行严格的计划生育政策的一个理由。[①] 但是,一旦经济起飞以后,特别是在出口导向工业化战略下,巨大的人口规模就可能变成巨大的生产能力和巨大的市场。中国之所以能成为"世界工厂",拥有全世界最完整的产业链,与中国的人口规模是有很大关系的。

　　不可否认,每个国家都会有那个国家所特有的一些有利或不利因素,中国也不例外。但是,上述这些因素都是其他国家难以拥有的因素。在中国过去四十多年的发展过程中,这些因素都在一定的时期,在一定程度上发挥了促进作用。

（二）是"奇迹"还是"常规"

　　中国改革开放后的经济发展通常被拿来和苏联以及东欧各国相比较。一些学者认为,苏联和东欧许多国家因为按照 IMF 等一些国际组织的建议,实行了一套激进的市场化改革措施,导致了经济的崩溃。而在中国,政府在保持社会稳定的前提下,对经济发展过程中遇到的具体问题灵活解决,既维持了国内政治和社会的稳定,又获得了经济的高速增长。这种改革方式被称为"渐进式改革",中国经济的高速增长也被称为"中国奇迹"。

---

① 这个理由也反映了中国当时的决策者考虑的还是进口替代工业化战略,特别是优先发展重工业的传统战略。如本文所述,在出口导向工业化战略下,人口的增加意味着未来劳动力的增加,也意味着低工资优势可以持续更长时间。在这一战略下,包括妇女在内的大量劳动力都可以被吸收到劳动密集型的出口行业。这一方面提高了家庭的收入和妇女养育子女的机会成本,另一方面,也通过参加社会生产劳动,改变了妇女的意识,最终导致了出生率的下降。虽然没有像中国那样采取强制性的计划生育政策,伴随着经济的增长,日本、韩国等国家的人口出生率都大幅降了下来。

　　不可否认，中国能够相对顺利地从以公有制为基础的计划经济转变为以公有制为基础，混合所有制的市场经济，并在这个过程中实现快速的经济增长，的确是一项不起的工程。但是，如果将经济高速增长的原因归结为"渐进式改革"，或者说归结为国家对经济的有效管控，就没有找到中国经济发展的真实原因。实际上，中国渐进式改革之所以有效，是因为被原来的公有制和计划经济体制长期压抑的增长动力得到了有序的释放，而不是一次性爆发。但是，即使按照这种渐进的改革方式顺利完成了市场化改革，只要中国还在实行进口替代工业化战略（Ⅰ或Ⅱ），中国经济也不可能实现高速增长。因为依靠国内的资本积累需要一个漫长的过程，外汇瓶颈将会始终制约国外先进技术和设备的引进。只有实行了出口导向工业化战略，这些增长瓶颈才会消失，高速增长才有可能。东亚各经济体，特别是韩国和中国台湾地区都是在出口导向工业化战略下实现了高速增长就是一个很好的证明。

　　如图11所示，战后的日本经济，在1955年恢复到了战前的水平后，开始了高速增长。从1955年到爆发第一次石油危机的1973年，日本GDP的年平均增长率高达9.4%。经过长达18年的高速增长，日本的人均GDP达到了当时的发达国家水平，日本的GDP规模也达到了世界第二大经济体。

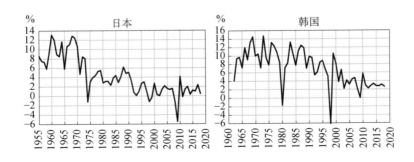

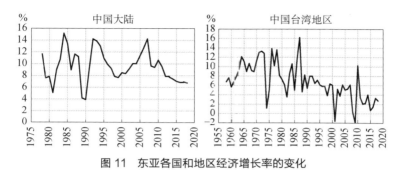

图 11　东亚各国和地区经济增长率的变化

资料来源：日本、韩国和中国台湾地区根据 Madd.son P-oject Database 2020，中国大陆使用国家统计局数据。前者是 2011 年价格的购买力评价 GDP，后者是实际 GDP。

　　韩国自 1962 年开始第一个五年计划以来，到 1996 年的亚洲金融危机为止，经历了长达 34 年的高速经济增长，期间的增长率也高达 9.4％。特别是在朴正熙政权期间，韩国几乎是从一无所有的状态发展到了重工业化时代，这一时期的经济增长被称为"汉江的奇迹"。[①] 经过长达 60 年的经济增长，韩国的人均 GDP 赶上了日本，成了一个名副其实的发达国家。中国台湾地区战后的经济发展和韩国几乎同步。从 1958 年到 1994 年，经济增长率平均维持在 8.9％。[②] 和韩国一样，其经过漫长的经济发展，今天的人均 GDP 也达到了发达经济体水平。

　　再来看一下中国大陆的经济增长。按照中国官方统计，自 1978 年到 2012 年，平均增长速度高达 9.8％，和其他几个经济体相差无

[①] 傅高义先生认为，韩国是在没有任何产业技术的情况下实现工业化国家建设的。从手工业到重工业，从贫困到繁荣，从没有任何经验的领导人到现代经济计划的制定者、管理者和工程师，在如此短的时间内完成这一转换的没有其他国家，包括日本（Yergin and Stanislaw 1998）。

[②] 中国台湾地区高速经济增长期的起止时间不像日本和韩国那样有明确的标志性事件，在这里选择了和韩国大致相当长度的区间≒为其高速增长期。

几。[①] 2013 年以后,增长率下降到 6% 左右,进入稳定增长阶段。和日本、韩国等国不同,中国的人均 GDP 和发达国家还有很大的差距,如果中国面临的国际国内环境不发生大的变化,今后还会有较高的增长潜力。

从以上几个案例可以看到,采取出口导向工业化战略的国家和地区,其经济更容易实现高速增长。根据后发优势理论,后来者的经济增长速度通常会高过先行者。中国的经济增长速度维持了一个和日本、韩国等国相近的水平。特别是,中国是在拥有其他经济体不可能拥有的各种不利条件下,实现了与之相近的经济增长。

六、 结论和启示

本文通过和日本、韩国等国家(地区)的比较,分析探讨了中国经济崛起的原因,得出了以下的结论和启示。

第一,中国经济的快速增长,主要是因为中国采用了出口导向工业化战略。和计划经济时期的重工业化战略,以及改革开放初期的以轻工业品为对象的进口替代工业化战略不同,这一战略能够最大限度地发挥本国廉价劳动力的优势,采用劳动密集型生产技术,以国际市场为对象进行生产和销售。这一战略可以更好地解决外汇不足、资金不足、人才不足、管理落后等制约经济发展的各种问题,以一种低成本的方式把经济发展起来。中国经济在计划经济时期推行的重工业化战略,受到了资金、技术、人才、管理以及原材料等几乎所有要素的制约,更受到了外汇的制约。在这种发展战略下,不仅没有能够把重工业发展起来,反而拖垮了整个国民经济。

---

① 根据 Maddison Project Database2020 的数据,按购买力平价计算的中国大陆 1978—2012 年 GDP 平均增长率仅为 6.5%。

而以轻工业产品为对象的进口替代工业化战略，虽然在一定程度上减轻了各类生产要素的制约，带来了经济的相对快速的发展，但是，依然受到外汇和国内市场的制约，难以把国内的优势（廉价劳动力）充分利用起来，也难以使国外的优质资源为我所用，以实现经济的高速增长。只有出口导向工业化战略，能够最大限度地摆脱各种约束，实现国内和国外两种资源的高效利用，实现经济的高速增长。

第二，实施出口导向工业化战略的前提条件是国内的所有制、市场化改革和对外开放政策。首先，这一战略要求必须和主流国际社会维持一种良好的互信互利关系，没有这种关系，没有国际社会的接纳，单方面进行对外开放的效果也是非常有限的。同时，它又要求在国内实行市场经济制度。没有多元所有制和市场经济，引领经济增长的真正意义上的企业家难以产生，给社会带来颠覆性创新的企业家精神也难以出现，提高企业国际竞争力的企业间分工合作关系（特别是产业集群）也难以形成，其结果，出口难以快速增长，也难以进行快速的资本积累和生产扩张。中国的出口导向工业化战略，是在多元所有制企业制度和市场经济体系有了一定发展以后才逐步得以实行的，并随着市场化的不断深入得到了全面实施，把这一战略的优势最大限度地发挥了出来。

第三，经济发展的中国模式尚未形成。促进中国经济快速发展的具有普遍意义的因素中，扩大出口、引进外资、民营化、市场化、基础设施建设、宏观经济制度的建立、适度的产业政策等等，基本上都被日本、韩国与中国台湾地区的发展经验所涵盖。中国的经济发展模式还不具备其独特的要素，属于东亚模式的一个典型案例。如果要根据中国过去四十多年，或者说过去七十多年的发展经验总结出具有普遍意义的内容的话，那就是，中国的发展经验再次证明了出口导向工业化战略是发展中国家成功走向工业化的最佳途径。这种模式不仅在韩国等小规模经济体有效，在中国这样拥有世界上最大人口规模的国家也一样有效。这一点对其他人口大国会有一定的启示。而在中国经济发展过程中起到一定促进作用的中国特有的因素，如土地公有制、计划生育、户籍制度、低劳动力成本等因素，都是中国特定政治和历史条件下出现的有利条件。

第四，政府在经济发展中的作用在于制定正确的发展战略，选择正确的发展模式，打造公平竞争的市场环境，而不是具体的产业政策。从东亚各国各地区和中国的发展经验来看，带来经济发展的最关键的因素在于这些国家和地区选择了正确的发展战略，即出口导向工业化战略。以推动这个发展战略为目的的产业政策和政府干预，会在一定程度上加快该国该地区的经济发展。但是，背离这一发展战略的产业政策和政府干预，却反过来会阻碍经济的发展。同样，有利于市场公平竞争，有利于企业家和企业家精神产生的政策和干预也会促进经济的发展。因此，对于政府制定和执行政策的能力应该有客观冷静的认识，应该将更多的事情交给企业和市场来做，真正让市场在资源分配中发挥决定性作用。

经过四十多年的快速增长，中国经济已经今非昔比。国内的经济结构和中国在国际经济中的地位都发生了深刻的变化，这在某些方面为中国带来了前所未有的有利条件，同时，也给中国经济带来了国内和国外的多方挑战。在这样的情况下，中国的发展战略和模式也应该与时俱进，做出相应的调整。但是，发展思路应该是一样的。那就是，消除现在和将来面临的发展瓶颈，在竞争的国际市场上求发展。考虑到中国和西方发达国家之间依然存在着巨大的人均收入差距，在今后相当长的一段时间里，引进和吸收国外的先进技术和先进制度依然是一个重要课题。因此，维护良好的国际环境、深化改革、扩大开放依然是未来中国的不二选择。

参考文献

张五常(2009),《中国的经济制度》,中信出版社。

刘鹤(2012),《中国发展成功的原因及未来发展趋势》,《中国经贸》2012
年第 4 期。

张军(2013),《中国经济还能再增长多久?》,https://www. aisixiang.
com/data/64820. html。

朱天(2016),《中国经济高速增长之谜,答案在哪里?》,2016 年 9 月 21
日,https://www. sohu. com/a/114733914_498258。

林毅夫(2019),《中国经济与中美关系的过去、现在和未来》,中宏国研,
2019 年 11 月 24 日。

林毅夫(2012),《新结构经济学:反思经济发展于政策的理论框架》,北京
大学出版社。

斯蒂格利茨(2013),《中国新发展模式的核心》,《国外理论动态》2013 年
1 期。

路风(2022),《中国经济为什么能够增》,《中国社会科学》2022 年第
1 期。

日本经济新闻(2020),《中国 GDP、2028 年超越美国日经　中心预测》,
2020 年 12 月 10 日(日文)。

李相哲(2013),《产业育成政策》,原朗·宣在源编著《韩国走向经济发展
的路径:解放、战争、复兴》,日本经济评论社,第二章(日文)。

金光锡(2009),《产业政策的动态》,赵利济、渡边利夫、Carter Eckert
(2009)编,《朴正熙的时代:韩国的近代化和经济发展》,东京大学出版
会,第三章(日文)。

渡边利夫、朝元照雄(2007),《台湾经济入门》,劲草书房(日文)。

朝元照雄(2007),《经济开发政策和经济发展》渡边利夫、朝元照雄
(2007)《台湾经济入门》,劲草书房,第二章(日文)。

刘进庆、朝元照雄(2003),《台湾的产业政策》,劲草书房(日文)。

顾莹华、陈添枝(2003),《海外直接投资和外资导入政策》,刘进庆、朝元
照雄(2003),《台湾的产业政策》,劲草书房,第五章(日文)。

田纪云(2008),《近距离感受邓小平》,凤凰资讯,2008 年 1 月 3 日,
https://news. ifeng. com/history/1/200801/0103_335_351133_1.

shtml。

小浜裕久（2007），《IMF 的政治经济学》，国宗浩三编《"IMF 和发展中国家"调查研究报告书》，亚洲经济研究所，第 2 章（日文）。

Kaname Akamatsu (1962), "A Historical Pattern of Economic Growth in Developing Countries", The Institute of Asian Economic Affairs, *The Developing Economies*, Preliminary Issue No. 1, March-August 1962, pp.3 – 25.

The World Bank (1993), *The East Asian Miracle*, Oxford University Press.

Wu, Tsong-Min (2016), "From Economic Controls to Export Expansion in Postwar Taiwan: 1946 – 1960", RIETI Discussion Paper Series 16 – E – 028.

Yergin, Daniel and Joseph Stanislaw (1998), *The Commanding Heights: The Battle Between Government and the Marketplace That is Remaking the Modern World*, Simon & Schuster.

中国经济增长和发展的下一阶段

宋立刚、周伊晓

一、 引言

自 1978 年改革开放以来,中国在 1978 年至 2021 年期间实现了 9.3% 的年均高增长。经济由计划经济向市场经济转变,经济活动和民生发生重大变化。在此期间,城市化率从 19.4% 上升到了 64.7%。第一产业对中国 GDP 的贡献率从 1978 年的 27.7% 下降到 2021 年的 7.3%;第三产业 2021 年时占比 53.3%,比 1978 年时提高了 29%,第二产业的贡献率从 1978 年的 48% 下降到 2021 年的 39.4%。在 1978 年到 2021 年间,人均实际 GDP 增长了 29 倍,平均预期寿命增加了 12 岁,到 2021 年达到 77 岁。中国日收入低于 1.90 美元(世界银行为追踪全球极端贫困而定义的国际贫困线)的人数减少了近 8 亿,为全球极端贫困人口减少的近四分之三做出了贡献。

中国的经济增长主要受到体制改革和技术进步带来的生产力增长的推动。经济受到三种"红利"的驱动,在改革的大部分时间里推动了生产率的快速增长。其一是市场化、分权化、私有化、城镇化、教育普及化、制度建设带来的改革红利(Zhang,2018)。其二是人口红利、高劳动年龄人口占总人口的比例带来的更高储蓄（Cai，2018）。第三个全球化红利来自全球规模的资源配置、技术溢出，以及中国融入全球贸易和投资体系后的贸易和技术进步带来的收益（Song，1996；Drysdale & Song，eds. 2000）。近年来，在部分领域改革进展缓慢、人口老龄化和去全球化的背景下，这三种红利都在减弱。经济面临的种种不利因素，中国不得不调整战略，迎接新的增长和发展阶段的挑战。

　　由于上述三个因素，自 2007—2009 年全球金融危机（GFC）以来，中国的实际 GDP 增长放缓（图 1）。将实际 GDP 增长率分解为劳动力（以就业衡量）、劳动力质量（以人均人力资本衡量）、资本密集度（人均实物资本）和全要素生产率（TFP）四个影响因素时，我们可以看出，全要素生产率增长和就业增长的下降是经济增长放缓的主要驱动因素，而人均物质资本增长较快是一个抵消因素，人均人力资本增长相对稳定（图 2）。尽管中国的全要素生产率增长疲软与最近世界生产率增长的下降同时发生并可能受到影响，但中国的减速更为剧烈（Brandt et al.，2020）。

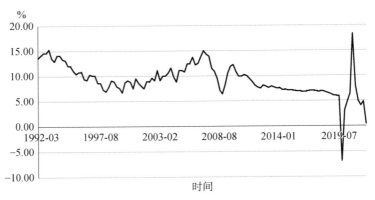

图 1　1992Q1—2022Q2 中国季度实际 GDP 同比增长率

资料来源：作者使用 CEIC 数据库数据构建。

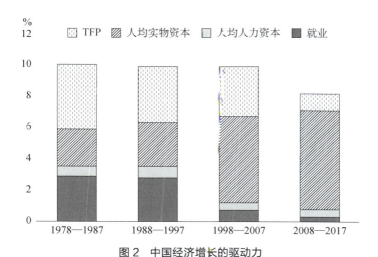

图2 中国经济增长的驱动力

资料来源：世界银行（2019），Raiser & Son（2019）。

　　上述四个贡献因素的变化对应着中国经济增长的主要阻力：一是在劳动力增长方面，极低的生育率造成了人口老龄化和劳动力萎缩的问题（图3）。其次，在 TFP 增长方面，以下不利因素正在对技术

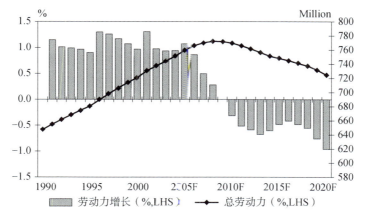

图3 1990—2020年劳动力总供给及其趋势（刘易斯转折点）

资料来源：作者使用 CEIC 数据库数据构建。

追赶和经济活力施加下行压力，从而拖累 TFP 增长；自全球金融危机以来，不利的全球宏观经济环境和金融条件，以及如今的新冠肺炎因素；由于部分家庭、公司和地方政府的高杠杆率导致金融风险增加；去全球化与保护主义抬头以及经济和技术脱钩阻碍了全球和区域一体化的努力（图 4）；采用低碳发展战略的挑战；以及不断升级的地缘政治紧张局势。

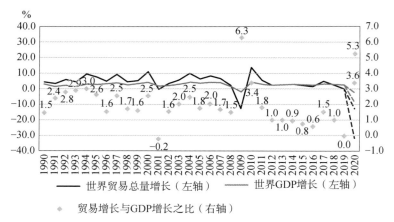

图 4　贸易增长与全球 GDP 增长的比率：1990—2020

资料来源：WTO。

二、 中国经济发展下一阶段的新增长点——增长核算视角

展望未来，作为新进入高收入经济体的中国，下一阶段经济发展的新增长点是什么？我们将沿着四个促进增长的因素详细探讨。

首先，增长理论已经明确全要素生产率增长是长期经济增长的最终动力，随着经济结构的演变，调整政策和制度以适应和培育全要素生产率的增长,排除国内因素和政策是至关重要的。通过深化以国有企业、金融业、要素市场和企业家精神为重点的供给侧改革,有助于减缓全要素生产率增长的选择。政府应继续发挥关键作用,引领国家提高创新能力,尤其是在不确定性可能阻碍私营部门投资创新的领域。

其次,近年来中国的生育率持续下降。中国已进入老龄化社会,老年人口(65 岁及以上)占比已超过 14%。老龄化的快速步伐促使中国政府采取了包括二孩政策在内的一系列政策,希望从长远上来提高生育率和增加劳动力。政府已经取消计划生育政策,完全放开生育政策,以期长期恢复其人口结构的某种平衡。然而,仅仅放宽生育政策可能还不够,还需要改变其他条件以激励更高的生育率,包括对生育更多孩子的家庭提供财政补贴。然而,对此类激励措施的一个担忧是,尽管日本和韩国的经验也显示了此类补贴,但年轻一代的生育倾向较低。

第三,虽然中国在提高教育准入和教育质量方面取得了显著成就,但在追赶发达经济体教育水平方面仍有很大空间。在自 2012 年以来劳动力下降的背景下(以及从 2023 年开始的总人口),政策应该更多地关注质量而不是劳动力数量。除了增加政府教育培训支出外,还需要改革教育体制,包括各级教育的课程改革,促进职业教育的发展。前者将通过解决学校和大学所学知识与工作场所所需知识不匹配的问题,帮助提高毕业生的就业能力。后者不仅将填补教育提供方面的空白,还为年轻人提供必要的技能,使他们在工作场所更容易就业。根据中国教育部公布的数据(人民网,2022 年 8 月 19日),中国目前已建成世界最大的职业教育体系,职业学校总数达到 1.12 万所,2021 年在校学生 2,915 万人。

就教育政策而言,有两个重要领域。一是中国劳动力规模庞大(总计约 8 亿)。提升现有劳动力的技能对于应对提高企业生产力、进行经济数字化转型和实现绿色增长的挑战至关重要。企业应承担更多的责任，为此类培训做出贡献，并从中获得回报，从而提高所用劳动力的素质。二是通过增加农村和内地教育投资资金，解决教育供给和教育质量的城乡差距。改革中国的财政体制是从地方公共财政中获得此类资金的关键。私营部门参与教育投资也是填补中国教育投资缺口的一种选择。

第四，自全球金融危机以来，中国经济增长的主要驱动力一直是资本深化，如图 2 中资本密集度增长对实际 GDP 增长的贡献。虽然资本深化会提高劳动生产率和技术进步，因为新投资中有新的技术附着，但当全要素生产率增长放缓和劳动力扩张受到限制时，持续的资本深化将遇到收益递减，因此在维持和促进经济增长方面的效果会减弱。

另一个主要问题是资源是否被分配到最有效的使用方式，从而产生最大的回报。在中国的背景下，比较国有经济的投资回报率和民营经济的投资回报率是很重要的。虽然国有经济承担着维持就业稳定、降低收入不平等、投资基础设施和研发（R&D）项目等重要功能，具有很强的正溢出效应，但为了形成国有部门和私营部门之间的最佳资源分配，国有部门与私营部门的相对生产力也是一个重要考虑因素。因此，展望未来，为推动和维持经济增长，资本深化需要与促进全要素生产率增长和资源配置效率的政策和改革齐头并进。鉴于劳动力的持续下降和人口老龄化，储蓄将变得非常必要。

下面我们将进一步讨论与上述四个促成因素相关的新增长来源。

在全要素生产率增长方面，通过产品、生产过程、组织和治理方面的更快创新，以及通过培育企业家精神进一步扩大充满活力的私营部门，全要素生产率增长潜力巨大。随着劳动力在 2011 年达到顶峰和老龄化社会的到来，劳动力成本、护理责任和对医疗资源的需求增加了经济运营成本。反作用力包括持续的技术进步和劳动力替代或自动化进步。人工智能（AI）和数字化转型的新技术发展是中国TFP增长的重要新来源，中国正在加快对自动化技术的投资（图5）。麦肯锡在其关于人工智能对中国的影响的报告中估计，中国的人工智能技术可以为中国的年GDP增长（2022年目标为5％）增加贡献0.8至1.4个百分点，具体取决于采用的速度。此外，中国现在占全球电子商务的42％，拥有世界上最成功的科技初创企业的三分之一，每年进行的移动支付数量是美国的11倍。

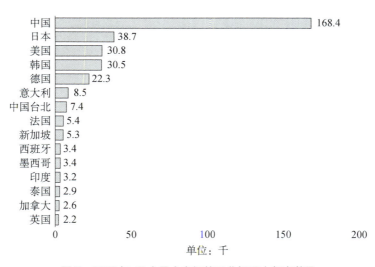

图5　2020年15个最大市场的工业机器人年安装量

资料来源：国际机器人联合会。

　　中国在创新投入（图6和图7）和创新绩效（图8和图9）方面都取得了显著进步。中国与发达经济体在创新绩效的关键决定因素方面仍存在显著差距。缩小这些差距将进一步推动中国的创新活动，从长远来看将提高TFP增长和经济增长。这些未来努力的领域包括：随着中国走向世界技术前沿，需要更多的基础研究（研究活动可分为

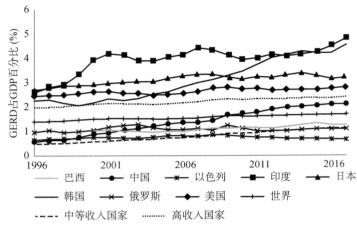

图6   各个经济体的研发强度

资料来源：作者根据 OECD 统计数据构建。

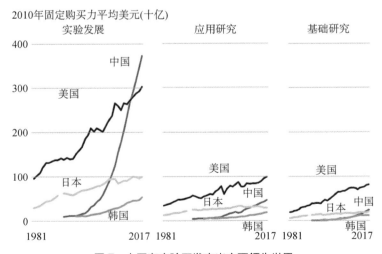

图7   中国在实验开发支出方面领先世界

资料来源：NSF 基于 OECD 数据构建。

专利申请总量
哪些知识产权局收到的专利申请最多?

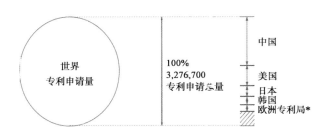

2020年超过85%的专利申请发生在中国、美国、日本、韩国和欧洲专利局的
知识产权局,中国占全球的45.7%

图 8   2020 年专利申请主要国家

资料来源:WIPO 统计数据库。

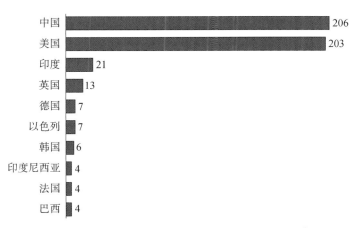

图 9   2019 年独角兽公司数量排名前 10 的国家

注:独角兽初创公司或独角兽公司是估值超过 10 亿美元的私营公司。截至 2020 年 8 月,全球
有 400 多家独角兽公司。
资料来源:胡润研究院。

基础研究、应用研究和实验开发研究三种类型)以保持创新和技术进步；国有企业(SOEs)和私营企业之间以及企业、高等教育机构和研究机构之间需要更有效地分配创新资金。需要通过供给侧改革进一步提高制度质量，以培育更多的研发(R&D)投资和创新活动。改进领域包括加强知识产权保护、改善营商环境和公平竞争，有利于增强企业家精神和市场驱动创新。最后，国家创新体系设计的改进，例如科技工作者的激励和工资结构，也将激励更多的创新活动。

中国承诺到 2030 年实现碳排放峰值并到 2060 年实现碳中和，这需要在产出结构、能源结构、区域和产业布局以及生产技术方面发生巨大变化。沿着脱碳之路走，代表着中国传统工业化方式衰落的开始，传统工业化方式在过去以高投资、资源和能源密集度以及高污染为工业化提供动力。这也为中国提供了一个机会，可以进行其经济向更高效和可持续发展的历史性转变。结构改革、能源转型、新技术和国际贸易新模式以及更广泛的合作等措施相结合，为经济持续增长提供了希望，并带来更大的环境舒适度和更高的生产力(宋2022)。

在劳动力质量增长方面，2000 年至 2018 年间，中国大学的总入学人数从 740 万攀升至超过 4,400 万。相比之下，美国高等教育总入学人数在 2011 年达到顶峰，刚刚超过 2,100 万学生，此后一直小幅下降。教育回报不断增加。与受教育程度较低的人(初中及以下)相比，高中、技校和大学毕业生的收入在 1998 年分别高出 4％、7％和 14％。到 2009 年，这些数字有所增加分别为 18％、32％和 61％(Meng et al.，2013)。然而，中国与美国、日本和澳大利亚等发达经济体的教育水平仍有很大的追赶空间。图 10 显示了在全球范围内以平均受教育年限衡量的人均收入水平与教育水平之间的关系。基于 2020 年跨国数据的拟合多项式曲线表明，在相对低收入水平时，教育水平随着收入水平的提高而快速上升，但在收入达到一定门槛后,随着收入水平的上升,教育水平趋于平稳,不再进一步增长。中国目前在图中的位置仍远离门槛,表明中国教育水平仍有上升空间,才能赶超发达经济体。

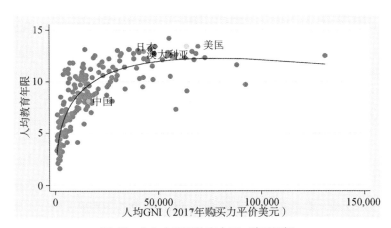

图 10　收入水平和教育水平,跨国证据

资料来源:作者使用联合国数据自行构建。

据 OECD 称,中国的九年免费义务教育针对 6 至 15 岁的儿童,包括小学和初中教育。2013 年,在中国平均每个班级有 38 名小学儿童和 50 名初中儿童,而 OECD 的平均数分别为 19 人和 21 人。在过去的几十年里,高等教育一直在扩大。在中国,2019 年 28% 的 18 岁儿童、39% 的 19 岁儿童和 40% 的 20 岁儿童接受了高等教育,而 OECD 国家的平均比例分别为 18%、34% 和 39%。

城乡儿童接受教育的数量和质量存在很大差距。农民工子女和城镇居民子女的受教育程度也存在差距(Golley and Kong,2013)。教育从一代传导到另一代是改革开放时期中国的一个强大现象,并且近年来变得更加强烈。它往往会在几代人之间重现教育不平等,从而导致收入不平等(Knight et al.,2013)。

要改变劳动力下降的长期趋势，需要采取的措施还包括推迟退休年龄、提高劳动参与率，以减缓劳动力下降的速度。通过适当的托儿系统为分娩的妇女提供支持也很重要，从而使得她们对重返工作岗位充满信心。住房也需要重新设计以适应大家庭。鉴于养老基金的短缺和政府预算的限制，照顾老年人对中国来说将是一个巨大的挑战。一种选择是引入强制储蓄制度（类似于澳大利亚的养老金制度），逐步将赡养老人的负担从政府转移到个人身上，让更多的政府资金用于提供公共产品。中国经济未来的增长需要考虑到人口结构的显著变化，以实现更加平衡和可持续的增长。

另外，让我们把注意力转向资本投资作为经济增长的驱动力。中国经济增长目前面临低回报资产过度投资的挑战，导致部分行业产能过剩。一个例子是低等级的基础设施。Shi 和 Huang（2014）基于 1995—2011 年的中国省级数据发现，2008 年中国西部大部分省份在基础设施方面过度投资，而全球金融危机后政府制定的全国性大规模基础设施投资不是社会最优的。Xu 和 Wang（2014）发现，自 2009 年以来，政府刺激措施和基础设施投资造成了 6.8 万亿美元的投资浪费，约占总投资的 37%。

然而，与低等级基础设施投资相比，资本投资回报率下降是一个更广泛的问题。图 11 显示了投资与 GDP 的比率，图 12 显示了增量资本产出比（ICOR）。ICOR 衡量一个经济体中每增加一个产出单位需要多少投资，投资是分子，额外的 GDP 是分母。我们可以看到，中国的投资与 GDP 的比率高于日本和韩国，这两个经济体的制造业活动密集（图 11）。中国的投资回报率随着时间的推移而变化（图 12），这可以解释为相对高回报的私有资产在总投资中的份额下降（图 13）和私有资产回报率的下降（图 14）。

2016 年以来，民营资产投资比重呈下降趋势，国有资产投资比重上升。民营资产收益率和国有资产收益率均下降，但民营资产收

图 11　投资与 GDP 的比率（INV/GDP）

资料来源：国际货币基金组织 IFS 数据库。

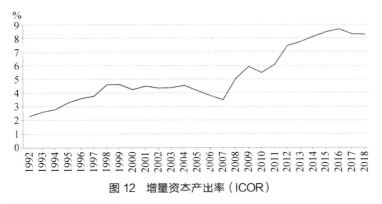

图 12　增量资本产出率（ICOR）

资料来源：中国国家统计局。

益率仍高于国有资产。布兰特等人（2020）发现，早期的改革导致国有企业在制造业的生产率水平赶上私营部门，但在 2007 年之后趋同并停滞。有限的市场进入和退出以及缺乏对生产率更高的公司的资源配置与制造业全要素放缓有关生产力增长。此外，将更大份额的信贷和投资分配给基础设施和住房导致资本回报率降低、债务迅速增加和增长放缓。

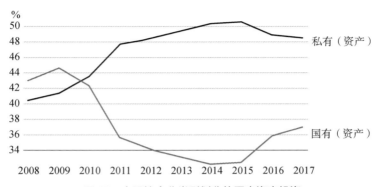

图 13   中国按企业类型划分的固定资产投资

资料来源：Huang（2021）。

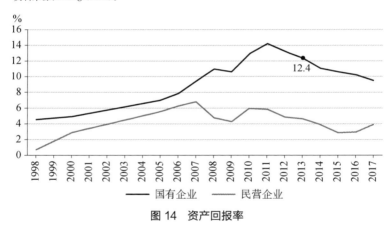

图 14   资产回报率

资料来源：中国统计年鉴。

三、 下一阶段发展需要解决的结构性问题

我们希望指出三个需要解决的结构性问题，以降低增长风险。一是结构性问题，高负债及相关金融风险；二是收入不平等程度高；三是国际市场一体化程度加深。中国国家金融与发展研究院

(NFID)估计,截至 2020 年底,中国的总债务为国内生产总值(GDP)的 270.1%,高于 2019 年底的 246.5%。尽管低于美国,在 2008 年全球金融危机之后的十年中,中国的债务与 GDP 之比几乎翻了一番。根据 NIFD 的数据,当前的去杠杆化主要集中在非金融企业部门,预计将下降 6.5 个百分点。减少股票债务只是创建更可持续的债务模型的第一步。另一个重要步骤是取消对大型机构的隐性政府担保,并允许发生创造性破坏,将资源从非生产性企业重新分配给生产性更高的企业,从而提高投资回报和经济增长以及偿还债务负担的能力。这种变化可以从最近 2021 年开始的恒大债务危机中看出。

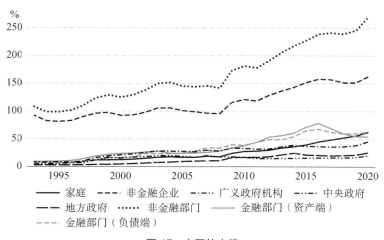

图 15　中国的内债

资料来源:作者根据 CEIC 数据库数据构建。

　　第二个结构性问题是高收入不平等(图 16)。皮凯蒂等(2019)发现,中国的不平等水平曾经低于 1970 年代后期的欧洲,接近最平等的北欧国家,而现在正在接近美国的水平。收入不平等的迅速加剧使中国跻身亚洲乃至世界最不平等的国家之列。中国现在是全球最不公平的 25% 的国家之一，而亚洲国家属于这个群体。中国的基尼系数为 0.47，收入不平等水平与几个高度不平等的拉丁美洲国家相似(Sicular，2013)并接近美国(Piketty et al.，2019)。收入不平等确实成为中国的经济、政治和社会问题。

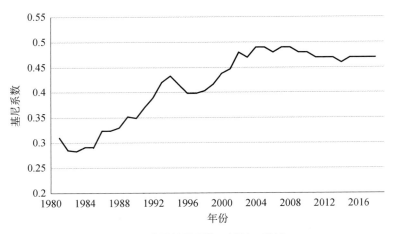

图 16　中国基尼系数，1981—2018

资料来源：周 & 宋(2016)。1981—2001 年的基尼系数来自 Ravallion & Chen (2007)，2002 来自 WIID，2003—2018 来自中国国家统计局。

收入不平等随着人均收入的增加而增加，并在一个国家达到一定的人均收入水平后可能会缩小。这种与收入变化相关的不平等变化模式通常被称为倒库兹涅茨 U 型曲线(Kuznets，1955)。这意味着从经济或收入增长到收入不平等的因果关系。然而，实际上，收入不平等的潜在原因可能非常复杂，涉及技术变革和结构变革、政治和经济制度、社会规范、文化因素和地理等因素。对中国来说更是如此，因为中国不仅是一个发展中经济体，也是一个转型经济体。转型经济强调经济激励，但仍在培育市场配置资源的手段，以及政府政策的再分配功能。

正如 Piketty 引用 Charles Dunoyer《1845》的话说："将一切归于平等，你就会使一切陷入停顿。"（Piketty，2014）然而，有证据表明，以牺牲激励和效率为代价过分强调收入平等可能会损害增长。因此，在效率和公平之间找到适当的平衡点是中国经济改革和公共政策面临的最具挑战性的任务之一。

为了制定可以缓解收入不平等的合理政策，重要的是确定收入不平等的各种驱动因素的作用和演变，例如城乡收入差距、城市和农村内部收入差距、由于收入差距导致的收入差距。经济改革不彻底，例如垄断行业和竞争性行业的工人之间的工资收入差距，中国各地区贸易自由化、财政分权和市场化程度不同导致的区域不平等，以及不同技能导致的工资收入差距和教育水平。

除了收入不平等加剧之外，中国的财富集中度在过去几十年中也急剧增加。前 10％的财富份额从 1995 年的 40％上升到 2015 年的 67％，而中间 40％和底层 50％的财富份额则崩溃了。因此，虽然在 1990 年代中期，中国的财富不平等曾经远低于西方世界，但现在处于欧美水平之间。中国前 10％的财富份额（2015 年为 67％）正在接近美国（72％），远高于法国等国家（50％）。现在，底层 50％的财富份额仅略高于富裕国家，后者通常在 0—5％左右。根据皮凯蒂等人的说法（2019），储蓄流动解释了自 1978 年以来财富收入比上升的 50％至 60％，而相对资产价格的上升则解释了剩余的 40％至 50％。也就是说，股票和房价的上涨超过了消费价格的上涨。这些导致不平等加剧的原因对中国推行"共同繁荣"政策以实现增长和发展更加平等的结果提出了巨大挑战。

第三个结构性问题是中国如何进一步融入国际市场。中国已成长为世界制造业强国，这得益于国际贸易体制壁垒的降低和技术变革，导致运输和通信成本下降，并促进了全球价值链。未来，中国可能会超越制造业强国，成为金融强国。经济基本面表明，发生这种情

况有经济原因，这种变化有利于中国的长期增长，但制度挑战仍然
不小。

经济基本面有利于投资组合调整以适应中国市场。首先，让我
们看一下经济基本面。保护主义抬头、贸易摩擦加剧、中国出口国际
市场前景不明朗，中国需要更多依靠国内投资和消费来拉动经济增
长。然而，这种 GDP 构成的转变面临着包括老龄化人口结构在内的
不利因素。人口老龄化导致中国国内储蓄率从 2010 年的峰值 50％
持续下降至 2019 年的 45％。这种下降导致全球金融危机后净出口
占 GDP 的比例下降，以及投资资金的紧缩和国内投资率的下降。如
第 2 节所述，为抵消这些投资下行压力，中国可能进行改革以提高资
金配置效率，从而提高投资回报。这些改革将超越金融市场改革，包
括增强竞争中性、平衡市场力量和政府对投资决策的干预。另一种
可能性是中国进一步开放金融并与世界资本市场接轨，这可能导致
全球投资组合向中国金融市场平衡，以及更多的外国资本流入中国
投资。

现在可能是中国将金融一体化作为一项长期增长战略实施的好
时机。得益于中国债券被纳入全球基准指数，以及中国债券通计划
允许外国基金经理在没有境内交易实体的情况下在中国债券市场进
行交易，外国购买中国债券的势头强劲，敞口增加最近几个月对中国
债务的影响。2020 年，外国投资者购买的中国政府债券和政策性银
行债券约占 12％。中国在岸固定收益市场位居世界第二，截至 2019
年 12 月，未偿债券总额为 13.7 万亿美元，政府是债券的主要发行人
（图 17 和 18）。

中国债券市场仍处于发展阶段，境外投资者仍面临挑战。首先，
在岸债券市场交易缺乏做市商来促进买卖，债券在银行间市场直接
交易。尽管与吸引外国投资者的传统安全资产相比，这有助于保持
较低的波动性，但与美国国债相比，这也意味着流动性较低，投资者

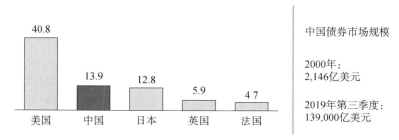

图 17　全球前 5 大债券市场（市场规模以万亿美元计）

资料来源：JPMorgan。

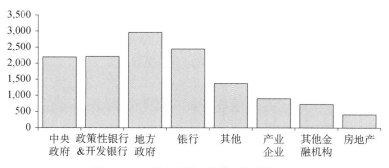

图 18　政府是中国最大的境内债券发行人

资料来源：JPMorgan。

快速进出市场的难度更大。其次，有猜测认为，加快金融开放的部分原因是中国考虑先发制人，防止美国可能的金融脱钩。随着更多地融入全球金融市场，金融脱钩可能更加困难，金融脱钩的杠杆率也会降低。

金融一体化的中国市场对全球经济意味着什么？Tyers 和周（2020）提出，以跨境流动和资产所有权衡量的中国金融开放度在 2000 年代增长激增期间达到顶峰，全球利率和价格水平的下行压力也达到了顶峰。在全球范围内，中国的增长飙升推高了资产价格、降低了收益率并加大了通缩压力，同时改善了总体经济福利。因此，中国与世界金融一体化程度的提高，将放大中国经济增长对全球经济的影响，同时缓和对中国国内经济的影响。

中国融入全球金融体系需要进一步的金融改革和开放，包括资本账户自由化、人民币完全可兑换。同时，金融开放也存在风险。中国可以通过允许人民币汇率更加灵活、建立更加稳健的银行体系和更加严格的审慎监管，通过更加严格的财政纪律减少各级政府债务以及保持国际收支平衡的方式来降低潜在风险。鉴于人口老龄化导致国内储蓄率下降，最后一项任务可能被证明是困难的。现在预测中国成为资本净进口国的情况可能还为时过早，但这种前景将对中国的长期增长和发展以及全球宏观经济在储蓄与投资之间的关系方面的平衡产生重大影响（并因此确定全球利率）。

四、政策制定者是否在寻找中国新的增长来源的正确方向？

中国政府为中国经济制定的战略目标包括：到 21 世纪中叶建成先进现代化经济体；建立一体化的国内市场（通过供给侧改革）；建设以经济数字化转型和新能源、可再生能源利用为核心的创新型经济；实现更公平的发展（共同富裕）；到 2030 年实现碳峰值，到 2060 年实现碳中和；通过巩固中国作为全球价值和供应链枢纽的地位（实施双循环战略），促进全球和区域经济再融合。

这些目标与我们在第 2 节和第 3 节中确定的挑战和结构性问题是一致的，但要实现这些战略目标，中国必须建立更有效的制度来应对企业倒闭、吸收损失、管理风险和不确定性。特别是，中国需要改进的破产程序、多层次的资本市场、有效的社会保障体系、可靠的公共住房以及旨在减少不平等的累进税制。同时，为打击市场滥用行为，中国应引入更健全的竞争法、反腐败机制和更严格的环境法规。中国将需要逐步取消户口制度，以促进全国范围内的人员和其他资源的流动。这凸显了政府最近呼吁建立一个全国性的综合国内市场的重要性，这将进一步提高生产率并为经济增长增添动力。

考虑到潜在的经济、政治、社会和环境影响，中国还需要制定更全面的战略来应对其重大人口变化带来的所有挑战。这一战略将使中国能够在不受干扰的情况下实现其长期发展目标。同样，对人力资本、提高生育能力和自动化的投资政策是关键。

作为世界第二大经济体和第一大贸易国，在后疫情时代继续倡导区域和全球经济融合，符合中国和其他国家的根本利益，这使得一些国家追求以保障供应安全为名的自给自足战略。在疫情经济复苏的过程中，抵制经济和技术脱钩的企图，对于帮助恢复全球贸易秩序至关重要（Song and Zhou，2020）。中国应积极参与区域经济合作和全球推动多边贸易体制变革的，以尽量减少去全球化带来的损害，最大限度地发挥国际贸易的优势，继续成为全球经济增长引擎的机会。

当这些政策成功实施后，我们可以预测，政策影响将有助于抵消本文确定的三大红利的减弱趋势。改革红利、以人力资本开发为核心的新人口红利、再全球化进程的红利，将推动中国经济进入下一阶段的增长和发展。

参考文献

Brandt, L., J. Litwack, E. Mileva, L. Wang, Y. Zhang and L. Zhao. (2020), "China's Productivity Slowdown and Future Growth Potential," *Policy Research Working Paper*, No. 9298. World Bank, Washington, DC.

Cai, F. (2018), "How has the Chinese economy capitalized on the demographic dividend during the reform period?" Chapter 13 in R.

Garnaut, L. Song and F. Cai (eds), *China's 40 Years of Reform and Development: 1978 - 2018*, Australian National University Press: Canberra, pp. 235 - 256.

Drysdale, P and L. Song (eds), (2000), *China's Entry to the WTO: Strategic Issues and Quantitative Assessments*, Routledge: London and New York.

Knight, J., T. Sicular, and X. Yue. (2013), "Educational Inequality in China: The Intergenerational Dimension," In *Rising Inequality in China: Challenges to the Harmonious Society*, edited by S. Li, H. Sato, and T. Sicular. Cambridge, UK: Cambridge University Press.

Kuznets, S. (1955), "Economic Growth and Income Inequality," *American Economic Review*, Vol. 65, No. 1, pp. 1 - 28.

Meng, X., K. Shen, and S. Xue. 2013. "Economic Reform, Education Expansion, and Earnings Inequality for Urban Males in China, 1988 - 2009," *Journal of Comparative Economics*, Vol. 41, Issue 1, pp. 227 - 244.

Piketty, T. (2014), "*Capital in the Twenty-First Century*," Cambridge, MA: The Belknap Press of Harvard University Press.

Piketty, T., Yang, L. and Zucman, G. (2019), "Capital Accumulation, Private Property, and Rising Inequality in China, 1978 - 2015," *American Economic Review*, Vol. 109, No. 7, pp. 2469 - 2496.

Raiser, M. and Soh, H. S. (2019), "To sustain growth, China can learn from previous transitions to high income," *Future Development*, The Brookings Institution.

Ravallion, M. and S. Chen. (2007), "China's Uneven Progress Against Poverty," *Journal of Development Economics*, Vol. 82, Issue 1, pp. 1 - 42.

Shi, H. and S. Huang, (2014), "How Much Infrastructure Is Too Much? A New Approach and Evidence from China," World Development, Vol. 56, pp. 272 - 286.

Sicular, T. (2013), "The Challenge of High Inequality in China," *Inequality in Focus* 2(2):1 - 5.

Song, L. (1996), "Institutional change, trade composition, and export supply potential in China," Chapter 12 in M. Guitian and R. Mundell (eds), *Inflation and Growth in China*, International Monetary Fund, Washington DC, pp. 190 – 228.

Song, L. (2022), "Decarbonizing China's steel industry," Chapter six in R. Garnaut (ed.), *The Superpower Transformation: Making Australia's Zero-Carbon Future*, La Trobe University Press: Melbourne, pp. 219 – 239.

Song, L. and Y. Zhou (2020), "The COVID – 19 pandemic and its impact on the global economy: what does it take to turn crisis into opportunity," *China & World Economy*, Vol. 28, No. 4, pp. 1 – 25.

United Nations (UN) (2015), *The Millennium Development Goals Report 2015*. New York.

World Bank (2009), *Innovative China: New Drivers of Growth*. Washington, DC: World Bank. https //openknowledge. worldbank. org/handle/10986/32351 License: CC BY 3.0 IGO.

Xu, C. and Y. Wang, (2014), "Prevent resource waste due to inefficient investment," *Shanghai Security Journal (Shanghai Zhengjuan Bao)*, November 20, 2014.

Yue, X., S. Li, and T. Sicular. (2011), "High Incomes in Monopoly Industries: A Discussion," *Social Sciences in China* XXXII (2):178 – 196.

Zhang, J. (2018), "China's price liberalization and market reform: a historical perspective," Chapter 12 in R. Garnaut, L. Song and F. Cai (eds), *China's 40 Years of Reform and Development: 1978 – 2018*, Australian National University Press: Canberra, pp. 215 – 234.

Zhang, X. (2006), "Fiscal Decentralization and Political Centralization in China: Implications for Growth and Inequality," *Journal of Comparative Economics* 34:713 – 726.

Zhou, Y., Gao, Y., Liu, Y., Wu, W. and Li. Y (2018), "Targeted poverty alleviation and land policy innovation: Some practice and policy implications from China," *Land Use Policy*, Vol. 74, pp. 53 – 65.

Zhou, Y. and Song, L. (2016), "Income inequality in China: causes and policy responses," *China Economic Journal*, Vol. 9, Issue 2, pp. 186 – 208.

Zhou, Y. and Tyers, R. (2019), "Automation an inequality in China," *China Economic Review*, Vol. 58.

从高速增长到优质增长：
中国经济的挑战与出路

何泺生、孔永乐

一、 序言

　　中国经济的高速崛起在西方社会吹响恐慌及忧虑的警号。美国有线电视新闻网(CNN)在其网站中写道:"中国高科技的快速增长对美国及其盟友造成战略威胁,其稳步发展正逐渐把竞争对手如美国从 5G 技术到人工智能等领域推离它们原来长期享有的领导地位。"[①]容不下后来者居上正是典型西方政客所宣传的所谓"中国威胁"的本质。文章续称"最近,个别经济学家还预测中国到 2030 年将取代美国成为世界最大经济体"[②]。显然,如果中国每年仍然继续平均以美国三倍的速度增长,不久的将来美国将被中国领先,最后甚至

经济总量远远落后于中国。恐惧更根本的原因，则是标榜为先进民主的西方治理模式存在明显缺陷造成国内问题丛生。既然具有超凡魅力的美国政客亦无法处理国内各种烂摊子，他们唯有把选民的不满转向国外，采取"分而治之"的策略：刻意将世界划分为"民主阵营"与"极权阵营"，为国内选民制造假想敌，营造一股外部敌人威胁本国人民基本价值的无形恐惧。这样政客自己的无能不再是舆论焦点：国内经济及社会发展的窘境纵然无法解决，始终比不上同仇敌忾对付外来威胁那么激励民心。

　　该 CNN 文章同时也点出了中国国内的一些根本问题。根据欧亚集团（Eurasia Group）中国及东北亚地区资深分析员 Neil Thomas 所言，中国的发展道路"已经到了效益显著递减的地步，经济的快速增长加剧了经济不平等，又造成了金融债务和环境破坏"①。这些问题确实存在，党的十八大以后，这些棘手的问题都开始得到了处理。在此之前，中国共产党已经提出"科学发展观"，正视可持续发展问题，提出符合自然规律和市场规律的均衡发展的需要，及以人为本的经济社会发展观和以生态为本的生态自然发展观。② 2011 年，中国宣布开展为期 10 年的脱贫攻坚行动。这次脱贫行动不仅仅为了把最贫困人口的收入提升至超越极端贫困的水平，更提出了两个重大目标："两不愁三保障"。即不愁吃、不愁穿，义务教育、基本医疗、住房安全皆有保障。当时提出了 2020 年之前就要做到为所有农村贫困人口达到"两不愁三保障"的基本要求和突破极端贫困的收入水平。2021 年 1 月，中国宣布，以上目标终于

---

① "Xi Dials Back China's Economic Overhaul as Masses Feel Pain," Bloomberg.com. Bloomberg, October 18, 2021. https://www.bloomberg.com/news/articles/2021-10-18/xi-dials-back-china-s-economic-overhaul-as-masses-feel-the-pain? leadSource＝uverify＋wall.
② 刘思华：《科学发展观视域中的绿色发展》，《当代经济研究》2011 年 5 期，第 65—70 页。

实现了。

诚然，改革开放后的前三十年中国力强劲的经济增长付出了巨大的环境及社会成本代价。根据北京清华大学环境学院鲁玺等人的研究观察，"中国在 2007 年经历了最高的二氧化硫（SO_2）年排放量"，中国 2012 年的氮氧化合物（NOx）和 2006 年的一次细颗粒物（PM2.5）分别是 1990 年对应值的 2.5、4.6 和 1.5 倍。[①] 2017 年，中国 338 个直辖市中大约 70％的地区仍未达到国家环境空气质量标准（NAAQS），当中主要是 PM2.5 水平达不到起码的空气质量标准。

图 1　中国大气污染控制的关键里程碑和政策演变，包括 SO_2 和 NOx 排放以及 PM2.5 环境浓度的变化

来源：Lu, Xi, Shaojun Zhang, Jia Xing, Yunjie Wang, Wenhui Chen, Dian Ding, Ye Wu, Shuxiao Wang, Lei Duan, and Jiming Hao. "Progress of Air Pollution Control in China and Its Challenges and Opportunities in the Ecologcal Cvilization Era," *Engineering* 6, No. 12 (2020)：1423 - 31. https://doi. org/10. 1016/j. eng. 2020. 03. 014。

---

① Lu, Xi, Shaojun Zhang, Jia Xing, Yunjie Wang, Wenhui Chen, Dian Ding, Ye Wu, Shuxiao Wang, Lei Duan, and Jiming Hao. "Progress of Air Pollution Control in China and Its Challenges and Opportunities in the Ecological Civilization Era," *Engineering* 6, No. 12(2020)：1423 - 31. https://doi. org/10. 1016/j. eng. 2020. 03. 014.

中国正面临着改善全国空气质量和全球减缓气候变化的双重压力。
2015 年,北京更首次宣布雾霾"红色预警"三天。[①]

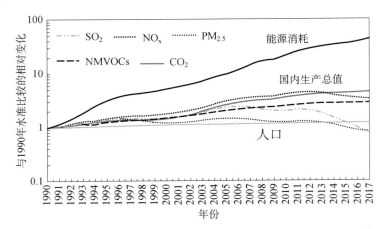

图 2　1990 年至 2017 年期间 GDP、能源消耗和人口以及 SO_2、NOx、初
　　　级 PM2.5、非甲烷挥发性有机化合物（NMVOC）和 CO_2 的排放
　　　趋势

来源：Lu, Xi, Shaojun Zhang, Jia Xing, Yunjie Wang, Wenhui Chen, Dian Ding, Ye Wu,
Shuxiao Wang, Lei Duan, and Jiming Hao. "Progress of Air Pollution Control in China and
Its Challenges and Opportunities in the Ecological Civilization Era," *Engineering* 6, No. 12
(2020):1423‑31. https://doi.org/10.1016/j.eng.2020.03.014。

　　根据中国环境规划与管理专家王金南院士于 2016 年的分析,从
2004 年到 2013 年,中国污染损害的成本大约翻了两倍,在过去十年
中更占了年度 GDP 的 3％。[②] 中国环境规划研究院于 2013 年在世
界著名医学期刊《柳叶刀》上撰文指出,估计有 350,000 至 500,000

① "Beijing Smog: Images before and After," BBC News. BBC, December 7, 2015.
　 https://www.bbc.com/news/world-asia-china-35028483.
② Wang, Jinnan. "Revive China's Green GDP Programme," *Nature* 534, No. 7605
　 (2016):37‑37. https://doi.org/10.1038/534037b.

人因过度吸取城市中的颗粒物而死亡。^① 无可否认的是，中国政府发起了一场大型的环境保护及改善运动，当中特别针对空气质量和水质。2022 年初，国际机构 Climate Home News 记者 Joe Lo 报导指出，气候倡导者称赞北京在防治空气污染方面取得了"非凡的进展"（extraordinary progress）。2021 年，北京首次全面实现空气质量目标，比专家预期的时间提前了近十年。^② 经济增长的急剧放缓是一个信号，让中国可以聚焦质量的提升，而并非单单数字上的增长。

二、 奋力共进引导经济实现优质增长

中国的领导者敏锐地意识到以上的种种挑战。优质增长需要牺牲。核心的问题是牺牲是否值得。无可置疑，中国过去在追求高速经济增长的奋斗过程中，有时难免跌跌撞撞并犯错误。从某种意义上说，犯错是无可避免的。然而，若然以谦虚的态度从错误中汲取教训，中国将纠正这些错误。错误是学习成本的一部分。最大的错误是拒绝承认错误，不愿意改正错误。过去，中国其中一个不足是过分强调 GDP 增长。经济学界对以 GDP 增长作为经济成功指标的局限性已经充分讨论及理解。^③ 一方面，GDP 增长完全忽略人的生命损

---

① Chen, Zhu, Jin-Nan Wang, Guo-Xia Ma, and Yan-Shen Zhang. "China Tackles the Health Effects of Air Pollution," *The Lancet* 382, No. 9909 (2013): 1959 - 60. https://doi. org/10. 1016/s0140-6736(13)62034-4.

② "'Extraordinary Progress'-Beijing Meets Air Pollution Goals after Coal Crackdown," Climate Home News. Climate Home, January 5,2022. https://www. climatechangenews. com/2022/01/04/extraordinary-progress-beijing-meets-air-pollution-goals-coal-crackdown.

③ Costanza, Robert, Ida Kubiszewski, Enrico Giovannini, Hunter Lovins, Jacqueline McGlade, Kate E. Pickett, Kristin Vala Ragnarsdóttir, Debra Roberts, Roberto De Vogli, and Richard Wilkinson. "Development: Time to Leave GDP Behind," *Nature* 505, No. 7483(2014):283 - 85. https://doi. org/10. 1038/505283a.

失,而单单专注于市场上的交易和赚取的收入。事实上,在数字上犯罪也可以提高 GDP 增长,因为在罪案增加的威胁下人们会在安全系统和保险方面花费更多以减少犯罪案造成的损失。但显然的是,犯罪会破坏国民福祉。有关于引入"绿色 GDP"概念的讨论很多,绿色 GDP 的计算会减去因环境破坏而造成的成本,并包括改善人们健康的好处等。与"绿色 GDP"相关的另一指标叫"真正进步指标"(Genuine Progress Indicator)。研究人员会从个人消费支出开始,加上义工服务、犯罪和污染等导致的积极因素并减去其他消极因素。[1] 根据已发表的指标,美国马里兰大学的学者发现,2012 至 2019 年间,美国的 GPI 下跌了 7%或 144.1 亿美元。[2]

进而在脱贫攻坚上,因中国幅员辽阔,各省、县与县之间的自然环境甚至风俗的差异,国家提出"精准扶贫"的办法,让国内农民摆脱极端贫困。精准扶贫政策的内容体系包括"精准识别、精准帮扶、精准管理和精准考核四项内容。精准识别是实施精准扶贫政策的基本前提,精准识别是指通过申请评议、公示公告、抽检核查、信息录入等步骤,将贫困户、贫困村有效识别出来,并建立贫困户和贫困人口档案卡,摸清致贫原因和帮扶需求"[3]。国家在基础设施上投入了大量资金,即使是最偏远的县也可以进入市场,使用电力和充足的供水。许多国有企业也纷纷出力。有时,甚至私营企业也会共同与地方政府合作以实现目标。2021 年 1 月,中国宣布,脱贫攻坚目标任务已提前实现。国际组织粮食及农业组织(Food and Agriculture

---

① "The Genuine Progress Indicator 2006 - Environmental-Expert. com," Accessed October 20, 2022. https://d3pcsg2wjq9izr. cloudfront. net/files/24200/articles/12128/GPI202006. pdf.

② Maryland Department of Natural Resources. Accessed October 23,2022. https://dnr. maryland. gov/mdgpi/Pages/default. aspx.

③ 王介勇、陈玉福、严茂超:《我国精准扶贫政策及其创新路径研究》,《中国科学院院刊》2016 年第 3 期,第 289—295 页。

Organization)的一份政策简报赞扬这种配对活动。[①] 政策简报上没有日期，但简报似乎是在 2011—2012 年左右发布。尽管简报注意到"中国在减贫方面取得的显著成就和东西方结合对合作提供的巨大发展潜力"，但它发现当时缺乏中央政府对资源配对的政策，缺乏制度和财政承诺，以及缺乏统一规范的国家合作安排指导文件。此后，以上不足之处都得到了正视及处理。

其中一个创业配对的典型例子，位于新疆维吾尔自治区西部的克孜勒苏柯尔克孜自治州，那里是新疆脱贫攻坚的主战场，也是中国脱贫攻坚最难破解的地区之一。据 CGTN 报道，在 2010 年开始的最新一轮配对援助中，"当中已涉及经济发达部委、19 个省市，帮助新疆 14 个地市"[②]。为此，中国做出了巨大的财务承诺。例如，自 2016 年以来，江苏省和江西省已启动 221 个项目，拨款 38.6 亿元人民币（5.45 亿美元）。2019 年底，在新疆西部地区的克孜勒苏柯尔克孜自治州已改善贫困户达 250,962 人，当中获得 110 个项目，8.02 亿元人民币（1.13 亿美元）。杭州是阿里巴巴和众多高科技公司的所在地，自 2021 年 4 月开始与甘孜藏族自治州的 12 个县和中国西部四川省广元市的 6 个县展开配对援助。[③] 这一推动发生于中国宣布在 2021 年初成功消除极端贫困之后，这表明消除贫困将会是一项持续不断的工作。

对观察分析员而言，近年来中国经济增长已明显放缓。1980 年

---

① "Home|Food and Agriculture Organization of the United Nations," Accessed October 20,2022. https://www. fao. org/3/cb7654en/cb7654en. pdf.

② "How Pairing Assistance Is Helping a Remote Part of China Shake off Poverty," CGTN. Accessed October 21, 2022. https://news. cgtn. com/news/2020-04-28/How-pairing-assistance-helps-a-remote-part-of-China-shake-off-poverty-Q1Pc1zjeo0/index. html.

③《易地搬迁"搬"出幸福新生活》中华人民共和国国家发展和改革委员会网站，2022 年 7 月 6 日，https://www. ndrc. gov. cn/fggz/fgzy/xmtjd/202207/t20220706_1330142. html? code= & state=123。

代、1990 年代和 2000 年代每个十年的平均增长率都接近，而在 2000 年代甚至每年超过 10%。2010 年至 2019 年 GDP 增长率的平均值已降至 7.7%。这就像失去了中国习以为常的高增长的三分之一。中国选择了有质量的增长：追求更平衡的增长、更平等、更清洁的水源、更好的空气质量、保护更多人的生命及保护濒危物种、更多的重新造林、将沙漠变成耕地、减少犯罪率，并提供更好的医疗保健及改善更多的基础设施。

　　然而，追求可持续发展需要成本，以换取生命、健康及保护濒临灭绝的动物。这种成本包括直接支出以改善环境和保护生物多样性、改善水资源管理、建设连接人们和扩大市场的基础设施、改善工作安全和医疗保健、改善小区设施等。所有这些都需要劳动力、资本和土地资源。然而，国内生产总值不一定有相应的增长。当研究人员根据汇总数据计算全要素生产力（Total factor productivity）增长时，这会导致方法论上的基本缺陷。因为全国性的劳动力投入和资本投入等并非都为了商业上的产出，诸如环境改善、文化保育、公共卫生等产出不会反映在 GDP 数字上，因此这样的 TFP 衡量指标极具误导性。世界银行最近的一篇论文指出，中国的全要素生产力从全球金融危机前十年的 2.8% 放缓至 2009—2018 年的 0.7%。[1] 一般来说，全素生产力 TFP 可以用以下公式推算：

$$\frac{\Delta Y}{Y} = \frac{\Delta A}{A} + \varepsilon 1 \frac{\Delta K}{K} + \varepsilon 2 \frac{\Delta L}{L}$$

当中 $\frac{\Delta A}{A}$ 是全要素生产力（Total factor productivity）的增长，

[1] Brandt，Loren，John Litwack，Elitza Mileva，Luhang Wang，Yifan Zhang，and Luan Zhao. "China's Productivity Slowdown and Future Growth Potential," Handle Proxy. World Bank，Washington，DC，June 1，2020. http://hdl. handle. net/10986/33993.

$\frac{\Delta K}{K}$ 是资本的增长，$\frac{\Delta L}{L}$ 是劳动力的增长，而 ε1 和 ε2 分别是产出增长相对于资本增长和劳动力增长的弹性。

但最关键的 $\frac{\Delta Y}{Y}$ 是投入要素所造成的产出。但 GDP 完全忽略了市场经济以外的产出。有鉴于 GDP 是一个有缺陷的指标，它只包括市场价值，但不包括对社会有价值但没有市场价值的东西，基于汇总数据估计全要素生产力将严重低估真实生产力，从 2009 年开始的十年间，大量要素投入改善环境和人民生计里。尽管这些努力已被证明取得了成果，正如空气质量和水质的改善所证明的那样，但这些积极的结果在依赖 GDP 作为产出指标的 TFP 估算中被忽略。从这个角度看，中国经济增长率自 1991 年以来首次跌破 7% 也就不足为奇了。这只是从快速增长转向高质量增长的自然结果。在此情况下，"国内因素和政策选择导致经济放缓"的结论是正确的。牺牲经济增长以换取经济增长质量确实是一种深思熟虑的政策选择。作者指出，企业层面对制造业生产率的研究清楚显示，"企业内部的 TFP 增长一直保持弹性"[①]。

最近，另一个以行业数据分析的研究进一步支持生产力增长明显放缓的说法。Li 和 Lv（2021）运用全国税收调查数据库估算了 2007 年至 2017 年中国工业企业的 TFP 增长。[②] 在使用企业级数据的方法下，所有投入都是生产市场商品的投入。因此，使用这些数据的 TFP 应该允许研究人员更好地计算全要素生产力。他们发现

---

① Brandt，Loren，John Litwack，Elitza Mileva，Luhang Wang，Yifan Zhang，and Luan Zhao. "China's Productivity Slowdown and Future Growth Potential," Handle Proxy. World Bank，Washington，DC，June 1，2020. http://hdl. handle. net/10986/33993.
② Li，Zhao，and Bingyang Lv. "Total Factor Productivity of Chinese Industrial Firms： Evidence from 2007 to 2017," *Applied Economics* 53，No. 60（2021）：6910 - 26. https://doi. org/10. 1080/00036846. 2021. 1954592.

"加权 TFP 从 2007 年的 3.65 上升到 2017 年的 4.69，平均增长率
为 2.58%"。此外，他们的研究发现，虽然不同企业规模、行业、所
有制类型、出口类型和地区之间的 TFP 存在差异，但全要素生产力
增长的趋势明显。重要的是，研究观察到国有企业有一个追赶私营
部门效率的倾向，但这个倾向最近似乎停滞不前，却正反映中国改变了
发展道路。众所周知，国有企业肩负着政策责任，而不仅仅是为了盈
利。鉴于发展路径的重新定位，追赶私营部门效率表面上出现"停
滞"显然反映了我国有意识地以牺牲市场价值产出换取非市场价值
的政策目标。

三、 现今中国面临的逆风

2022 年是艰辛的一年，中国面临不少多年以来未曾遇见的挑
战。今天，中国似乎处于有利地位，特别是它拥有令世界羡慕的现代
化基础设施。中国拥有世界上最大的高速铁路网络、出色的公路网
络、穿越险峻地形的优越桥梁和隧道，以及世界上最好的 5G 覆盖范
围和延伸到偏远地区的互联网网络。2020 年，中国的预期寿命已超
过美国(图 3)。中国的识字率、婴儿死亡率、住房拥有率、低犯罪率、
公共卫生都非常出色，不仅超过了大多数其他发展中国家，而且也超
过许多发达国家。然而中国同样面对严峻的困境。

国际上，中国正面临美国全面遏制对华发展的战略。美国不仅
继续特朗普以来发起的贸易战，还对中国实施极限打压，针对高技术
产业的先进企业已归入"实体列表"实行断供、断人才、断资金进入等
方式的制裁。这些围堵适用于世界各地的供货商，包括在半导体制
程中拥有全球垄断地位，以极紫外光微影(Extreme ultraviolet
lithography，EUV)而闻名的荷兰公司 ASML，逼使它停止将该等设
备出售予中国。美国的新限制措施亦阻止在中国从事芯片相关业务

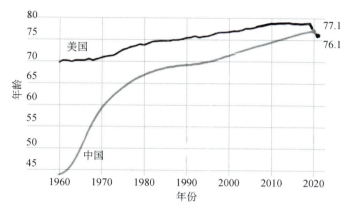

图 3　自 1960 年起中国与美国的人均预期寿命

数据来源：https://qz.com/china-life-expectancy-exceeds-us-1849483265。

的美国员工为其中国客户提供服务。由于这些限制，许多芯片制造商和 ASML 的股价暴跌。即便是市场份额最大的半导体代工厂台湾集成电路制造股份有限公司（台积电），今年以来股价也下跌了三分之一以上。作为美国头号打击公司，华为现正其创始人任正非所称"处于混乱的生存模式"为续命而奋斗，捱过他预测未来十年世界经济前景黯淡的时期。2022 年初，美国在俄乌战争爆发中发挥了重要作用。另一方面，美国与西方世界的一些国家和日本联合起来，利用某些子虚乌有、荒谬绝伦的捏造和诬蔑遏制中国的崛起。同时，以台海的紧张局势刺激中国，希望借此推动与盟国一起进一步制裁中国。

　　随着近数月美国联邦基金利率连续上调以对抗通胀，美元兑几乎所有货币（包括人民币）已飙升至新高。然而，人民币兑一篮子货币保持稳定。数据显示，自 2015 年至 2021 年初，人民币兑美元、欧元、人民币、英镑、日元、加元、澳元加人民币的"标准篮子货币"（standard currency basket 或 benchmark currency basket）下跌了约

5％①。然而与自 2015 年至 2022 年 10 月初人民币兑同一标准货币篮子相比，却只下跌了 4％。这意味着人民币在美元狂飙的 2021—2022 年间，不但没有下跌，反而轻微上涨了。

尽管中国继续吸引外国直接投资流入，但 2022 年前 8 个月以美元计，外国直接投资同比增长约 20％，达到 1,384 亿美元。② 与此同时，由于对全球经济前景越来越悲观，海外对中国商品的需求正在减弱。除了外商直接投资是一个重点外，政府在基础设施方面的支出依然强劲，为今年的经济增长提供稳固支持。不过，国内私人消费需求持续疲软，商业投资和家庭消费亦停滞不前，这部分是由于中国住建开发部门的重大调整。尽管政府出台了多项政策稳定市场，但债务违约数量却显著增加。据报道，示威者聚集在河南中国人民银行郑州支行前，要求帮助收回被冻结在农村银行的存款。③ 房地产和银行业的危机可以追溯到 2020 年宣布并于 2021 年初生效的"三条红线政策"。该政策旨在控制该行业的杠杆率，而该行业多年来一直蓬勃发展，债务积累的速度使监管机构担心其杠杆率过高。在此背景下，三个红线要求包括：（1）开发商扣除预收款项后的资产负债率不超过 70％；（2）净负债率不超过 100％；（3）现金与短期债务的比率不应大于 1。

这三个红线对市场冲击巨大，主要是它们完全出人意料，并构成游戏规则的巨大变化，很多大开发商资金流中断，无法完成已启动的

① 参考岭南大学世界货币单位网页。http://wcu. ln. edu. hk/en/quotation. php。
② "Foreign Investment in China — August 2022 Roundup and Policy Trajectory. " China Briefing News, October 9, 2022. https://www. china-briefing. com/news/foreign-investment-in-china-august-2022-round-up/#：～：text＝China％20FDI％20up％2020. 2％20percent，the％20same％20period％20in％202021。
③ "Protest in China over Frozen Bank Accounts Ends in Violence. " The Guardian，July 12,2022. https://www. theguardian. com/world/2022/jul/11/china-violent-clashes-at-protest-over-frozen-rural-bank-accounts.

项目,继而打击了买家和银行提供按揭的信心。对此情况,原购买公寓的买家没有兑换承诺而拒绝继续支付抵押贷款,这又进一步给银行带来严重问题。中央政府非常努力地控制危机的蔓延,向银行系统注入资金以重振停滞不前的发展项目。如今因政策改变陷入财困的恒大集团虽然非常努力地完成了自己的项目,但危机透过乘数效应已变得非常严重,危机能否成功化解仍是未知数。

诚然,改变法规并不罕见也不是问题。但是,如改变与长期以来对政策连续性的期望背道而驰,这些法规的变化便是一个问题。一般而言,监管机构应告知市场参与者游戏规则的基本原则,而法规的变化不应偏离这些基本原则。这是投资者信心的基础。如果企业经常面对无法预测的新法规,它们就会沉像是否要进行长期投资。尤其是对"巨变"式具有长期意义的初级研究开发(Research and Development),通常具有较长的回报期。自 2021 年初以来的近期政策变化,尽管出于善意,但严重动摇了商业信心。除了化解危机并希望在不久的将来复苏之外,政府还必须向所有市场参与者公开在中长期不变的监管原则。这样才可以恢复商业信心。

四、"一带一路"倡议与区域全面经济伙伴协议(RCEP)

此外,在现时中国经济下行的压力下,中国于 2013 年提出"一带一路"倡议明显有助稳定中国经济。2022 年初生效的区域全面经济伙伴协议 RCEP 协议同样扩大了我国对外合作互利共赢的空间,为低迷的国内经济起了提振作用。

由于中国产业结构及区域发展的差距逐渐拉大,"一带一路"倡议有助于沿海地区过剩产能向中西部地区乃至国外转移,除协助多个发展中国家发展基建项目外,亦同时有助于中国提升产业结构,扩大国际市场和缩小区域差距。从"一带一路"沿线国家发展区域来看，中国与东南亚国家的贸易联系最紧密。

2014年，东南亚十一国与中国的贸易总额占"一带一路"国家与中国贸易总额的43.9%。① 2022年中国已是连续十三年成为东盟十国的首位贸易伙伴。2022年头七个月中国和东盟之间的贸易额共达5,449亿美元，按年提升了13.7%。中国与东盟双方的贸易额占全国的对外贸易额的15%。东盟亦已成为中国最大的贸易伙伴，居次位和第三位的分别是欧盟和美国。②

东盟与中国贸易额比例持续上升与欧美的相对下滑明显有关。自2007年全球金融海啸与欧洲主权债务危机以来，美国及欧盟等国的消费持续疲软，这也促使中国的出口转向新兴市场国家地区。过去九年多，中国就"一带一路"倡议达成共识的国家及地区持续增加。二十国集团、亚太经合组织、上海合作组织等国际组织及机制都对"一带一路"倡议表示认同和支持。例如，2001年成立的上海合作组织对维护地区安全稳定、共同谋求经济繁荣发挥了稳定的作用，为中国推进"一带一路"倡议提供了安全保障平台。2021年底，中国已与145个国家和32个国际组织签署了200余份共建"一带一路"合作协议，当中涉及基础设施建设、经贸、产能合作、生态环保、人文交流、抗击疫情等多个领域。③ 据研究显示，截至2022年8月，中国与"一带

① 邹嘉龄、刘春腊、尹国庆、唐志鹏：《中国与"一带一路"沿线国家贸易格局及其经济贡献》，《地理科学进展》2015年5月，第598—605页。
② 参考www.fibre2fashion.com. "China-ASEAN Trade Touches ＄544.9 Bn during Jan-Jul 2022," Fibre2Fashion. Accessed October 24, 2022. https://www.fibre2fashion.com/news/textile-news/china-asean-trade-touches-544-9-bn-during-jan-jul-2022-282775-newsdetails.htm. 及"ASEAN Remains China's No.1 Trade Partner from Jan to APR, Accounting for 14.6% of Total Trade." Global Times, May 9, 2022. Accessed October 24, 2022. https://www.globaltimes.cn/page/202205/1265133.shtml.
③ 《"一带一路"朋友圈越扩越大，中国已与149国签共建文件》，《文汇报》2022年8月29日，https://www.wenweipo.com/a/202208/29/AP630c0e29e4b033218a5fadd4.html.

一路"沿线国家货物贸易额累计约 12 万亿美元,对沿线国家非金融类直接投资超过 1,400 亿美元。[①]

　　然而,在新冠肺炎疫情及逆全球化大趋势下,全球产业链受到一定冲击。地缘政治的考虑亦令国际资本流动受到诸多限制。未来"一带一路"建设将会面临更加复杂及严峻的国际形势。2022年,中国最大的国有航运企业"中远集团"(COSCO)收购德国汉堡港股权的项目引起德国舆论反弹。德国经济部正配合美国制华的政策考虑采取一系列措施降低与中国的业务往来,以图减少对华依赖。[②]

　　此外,西方媒体常称东南亚国家如斯里兰卡之所以债台高筑,与中国设的"债务陷阱"有关。然而美国约翰·霍普金斯大学(Johns Hopkins University)学者经研究印证,所谓"债务陷阱"只是无中生有的迷思(myth)[③]。不过,世界银行首席经济学家 Carmen M. Reinhart 担心中国对发展中国家提供大量贷款,其中不少贷款的数额和借贷方为谁并不透明。外间对数额可能存在很大的低估。[④] 中国不少有关"一带一路"的贷款或需要撇账,贷款方若有抵押亦可能蒙受损失。近年这些借贷有下跌迹象,或反映中国提供资金能力随经济放缓有关。此外,中国对"一带一路"的贷款亦容易为中低收入

① 贾璘:《9 年硕果累累"一带一路"建设展现强大韧性》,《中国经济周刊》2022 年第 19 期,第 76—78 页。

② Yang, Yuan, and Guy Chazan. "German Coalition Divided over Sale of Port Terminal Stake to China's Cosco," *Financial Times*, October 20, 2022. https://www.ft.com/content/82d49db2-d4e3-4c2a-90a5-f1ab4699dc81.

③ Brautigam, Deborah. "The Chinese 'Debt Trap' Is a Myth," The Atlantic. Atlantic Media Company, April 12, 2021. https://www.theatlantic.com/international/archive/2021/02/china-debt-trap-diplomacy/617953/.

④ Reinhart, Carmen, Friesen, Turgeon, Roberts, and Kamath. "Exposing China's Overseas Lending: By Carmen M. Reinhart," Project Syndicate, December 5, 2018. https://www.project-syndicate.org/commentary/china-opaque-foreign-development-loans-by-carmen-reinhart-2018-10.

国家（如非洲）带来严重的贪污问题。①

五、 未来出路

　　北京大学教授、中国经济学家姚洋教授早前谈及房地产行业时说其就像一个"金融加速器"，因为房地产可以抵押贷款，然后可以为商业活动提供资金。笔者曾指出，尤其是对于像香港地区这样的小型及开放式经济体而言，房地产行业可以称为"基础行业"和"非基础或衍生行业"之间的"桥梁"。基础领域是出口领域，外部需求支持以出口为导向的经济活动。当基础领域形成后，基础领域的工作人员需要住房、服务和其他类型的消费。这是衍生或非基础领域。住房是一个很大的支出项目。房地产开发本身就是当地经济的一大推动力。当基本领域的人在住房及消费时，房价便上涨，将推动其他领域。故此，房地产行业的稳定对于经济的稳定很重要。这并不是说控制过度杠杆是错误的做法。控制过度杠杆很重要。但杠杆在房地产中很常见，而购房者的首付通常低于40%。很多经济危机均与过度杠杆有关。投资银行雷曼2008年倒闭是典型的例子。同年的英国 Northern Rock 被英国政府接管，是另一例子。它允许购房者获得与房屋估值一样大甚至更大的贷款。在这种情况下，杠杆效应非常巨大。这当然是站不住脚的。随着美国次贷危机爆发及蔓延的金融风暴，该银行便随楼价下滑倒下。然而，虽然控制杠杆很重要，但规则仍应为开发商和购房者提供回旋余地。我们需要的是行业和部门的可持续性和平稳运行。

---

① Were，Anzetse，"DEBT TRAP？：CHINESE LOANS AND AFRICA'S DEVELOPMENT OPTIONS，" *South African Institute of International Affairs*，2018. http://www.jstor.org/stable/resrep25988.

另一方面，日后中国"一带一路"项目可集中于可持续发展领域，共同改善生态环境的系统，促进经济繁荣同时达致社会进步及环境优美。这有助改善"一带一路"倡议经常被理解为建设高铁和现代化港口等基础设施项目，以及只为少数政商界人士带来好处的负面观感。例如，中国"一带一路"可集中聚焦东南亚的农业领域。历史上，农业一直是东南亚国家的经济核心。除新加坡和文莱外，大多数东南亚的国家传统上都以农业产业为主。例如，缅甸有着悠久的稻米生产传统，其波山米的品种被誉为世界上最好的品种之一。菲律宾以出口香蕉和芒果而闻名，泰国和马来西亚以各种美味榴莲和其他热带水果而闻名，印度尼西亚则盛产香料和糖。① 据 2019 年联合国公布的一份文件显示，农业人口在老挝更占 61％。② 然而，过去五十年来，大多数东南亚国家的个人平均收入增长缓慢，不少家庭的生活仍没有得到重大改善。中国进行现代化及工业化经济改革的同时，政府特别在扶助贫困农民的政策上不断调整，鼓励农业的科研创新，深化产学研合作，推动农户、农业企业与高校、研究院开展深度研发，加快科研成果转化，以提升农作物的质量和外观，从而增加农产品的价格以改善农民收入。③ 另一方面，农民通常缺乏来自充足的市场信息，令农产品售出的价格偏低，最终生活仍未得到改善。为解决此问题，中国更有"县长"利用直播和社交电商这种新

---

① Hung，Wing Lok．"China's BRI and Sustainable Agricultural Development," DutchCham Magazine，October 2022．https://www. dutchchamber. hk/sites/default/files/2022-10/Dutch％20Chamber％20Magazine％20218％20-％20Sustainabilitypdf. pdf．

② 《联合国-东盟联合报告：东南亚未来更干旱》，联合国新闻，2019 年 4 月 24 日，https://news. un. org/zh/story/2019/04/1033031。

③ 《农业农村部关于促进农业产业化龙头企业做大做强的意见》，中华人民共和国农业农村部网站，2021 年 10 月 22 日，http://www. xccys. moa. gov. cn/nycyh/202110/t20211026_6380529. htm。

型的方式①，将村内农民的农产品和特产品直接推广出去。日后，除了继续现时在东南亚的高铁及大型项目外，中国还可以透过"一带一路"倡议向东南亚各国分享其农业改革及脱贫经验，令更多东南亚农民受惠。中国公司及农业技术也可以"走出去"，在欧美成熟经济体系仍然低迷时另寻出路。例如，在扶贫及农业现代化上，新德农场是杭州的配对扶贫项目之一。杭州配对的农场专注卫生和环境，新德农场则配备了通风系统，使农场的空气保持新鲜和清洁。② 这些经验对中国在"一带一路"地区发展及合作农业计划都值得借鉴。

此外，中国的创科公司可以到东南亚或其他"一带一路"地区建立高科技及环保的"科技生态园"。20 世纪的经济发展模式令全球温室气体排放量增加及环境恶化，21 世纪应在发展过程中着力减少温室气体排放，避免气候变化对人类发展带来的可怕恶果。"科技生态园"的项目应注重以创新方式发展未来的农业及工业，从而地球整体地减少温室气体排放。现时，中国科技公司巨头华为已制定发展"智能园区 1.0""智能园区 2.0"和"智能园区 3.0"的蓝图。③ 简而言之，这些智慧部件旨在与不同级别的人工智能相结合。智慧零碳园区建立在数码化全面赋能的先进管理体系之上，可以令人们的整体生活水平有所提升。这些蓝图都为中国未来经济出路定下了一些可行的方向。

最后，粤港澳大湾区是中国发展湾区经济的实验者，为中国未来推行湾区经济带来了新机遇及出路。在创新科技的配合下，中国可

---

① 《红了主播　火了农货　听听"网红县长"怎么说?》，新华社，2020 年 5 月 26 日，http://m. xinhuanet. com/sd/2020-05/26/c_1126033734. htm。

② "Pairing Assistance Drives Economic Development in Western China," SHINE, May 19, 2022. Accessed October 22, 2022. https://www. shine. cn/biz/economy/2205195802/。

③ 《华为未来智慧园区白皮书 2022》，2022 年 6 月，https://www. smartcity. team/reports/huaweismartpark2022/。

逐步推行使用数字人民币，并推动电子人民币迈向国际，成为具有竞争力的国际货币，同时促进电子人民币在东南亚、太平洋诸岛、拉丁美洲、中东地区等的流通。在贸易联动平台基础上，进一步深化与区域合作，推进以区块链技术发展贸易融资业务，甚至通过网上虚拟展览及网上深度游的形式，以民间交流来加强与东盟国家的经贸联系，在"逆全球化"及中美经贸摩擦的背景下寻找新的出路。

六、 总结

　　中国的经济发展无疑是相当成功的。但中国却的确没有一个既定的所谓"中国模式"。中国之所以成功，靠的是独立自主地探索适合国情和现实的发展方向和步伐。中国的成功靠的是虚心检讨，不妄信权威；靠的是务实求证，谨慎前行。我们由中央计划的经济走到社会主义市场经济，是因为我们认识到市场能配合人性，能提高国民的积极性。我们摸着石头过河，因为妄冲乱撞非常危险。我们倚靠市场，因为市场自动会使每个持份者找到最能发挥比较优势的位置。我们倚靠社会主义的民本价值，因此我们会矫正市场的失效。我们几十年来，从雾霾中找到蓝天；从失衡发展的状态寻回相对平衡的发展；我们从错误中吸取到经验，找到了出路，靠的是谦逊科学的精神。中国无惧于困难险阻，而必须妥善驾驭市场的规律、人性的规律，设计合适的政策，为广大的国民和世界走出一条光明的发展道路。

专

论

大国治理中的产业政策

陈　钊

一、 引言

　　为了让某些具有战略性意义的行业得到更快、更好的发展，中国实施了针对特定行业的产业政策。从最初主要依赖计划手段的重工业发展战略，到如今五年规划、产业发展战略等引导性的产业政策，产业政策的演变可谓是中国改革开放的一个缩影。虽然中国的产业政策仍然在不断地调整，但不可否认的是，从当初的"一穷二白"，到如今拥有门类齐全的现代工业体系，形成以企业为主体、市场为导向、产学研相结合的技术创新体系，这是新中国成立之后产业发展上所取得的伟大成就。在这一成就的背后，我们可以看到中国人民追求美好生活的努力，看到大国发展道路上独有的规模优势，以及政府在科技、教育、卫生等等方面的政策助力。

　　本文会讨论产业政策的作用及未来的调整方向。我将结合自己近年来的一些研究与思考，重点围绕产业政策的优化实施这个目标，讨论如何理解产业政策的合理性，产业政策应由谁来实施、怎样实施等问题。在学术界，关于产业政策，尤其是中国需不需要产业政策的争论至今仍然存在[①]，对产业政策的全景式分析也还在继续[②]，至于针对特定产业政策的研究文献就更多了。但本文并不打算讨论要不要产业政策这样的问题，而是将重点聚焦于分析产业政策如何优化实施。与现有研究相比，本文最大的不同在于突出了理解中国产业政策的两个独特视角。第一，大国治理背景下必不可少的中央—地方的视角。这将使我们理解中央与地方政府在产业政策目标上可能的偏差及其效率含义。第二，政策的一般均衡效应。这将使我们从溢出效应的角度认识到产业政策实施中可能存在的意外后果。这两个角度都有助于我们对产业政策效果有更全面的认识，尤其能够凸显出政策实施中可能存在的对全局与长期最优目标的偏离[③]。

　　接下来，我们将从产业政策的概念入手，先从理论上讨论产业政策的依据及可能的效率考虑，再围绕中国的产业政策实践分析政策的特征以及可能存在的对全局与长期发展目标的偏离。最后，我们会从信息不对称这一根本原因出发，探讨产业政策制订中的误区与经验，为今后更好地实施产业政策提供指引。

[①] 林毅夫与张维迎曾就产业政策的功过进行过公开辩论，2016 年第 44 期的《中国经济周刊》曾以《林毅夫 vs 张维迎：一场产业政策的"世纪之辩"》为题为此进行过报道。2016 年的《比较》杂志第 6 期，也集中刊登了相关的文章，包括：林毅夫：《产业政策与国家发展：新结构经济学视角》；张维迎：《我为什么反对产业政策——与林毅夫辩》；林毅夫：《对张维迎教授的若干回应》；田国强：《林毅夫、张维迎之争的对与错：兼谈有思想的学术和有学术的思想》。此后，王勇也进一步从新结构经济学的视角对产业政策作了进一步的说明（王勇：《论有效市场与有为政府：新结构经济学视角下的产业政策》，《学习与探索》2017 年第 4 期）。

[②] 最近，江飞涛等人的著作就中国的产业政策从多个角度进行了分析。详见江飞涛等：《理解中国的产业政策》，2021 年，北京：中信出版集团股份有限公司。

[③] 这两个视角并非只局限于特定类型的产业政策，本文也不单纯讨论个案的产业政策。因此，本文暂不涉及研究特定产业政策的大量文献。

二、 为什么要有产业政策?

（一）什么是产业政策?

对产业政策存在着不同的定义。在我看来,简单来说,以特定产业为对象而实施的政策都可以称之为产业政策,而这又进一步可以分成两大类型。

其一,产业扶持政策,该类政策以促进特定产业的发展为目标,因而往往包含一系列的扶持性措施。例如,2010 年 10 月 10 日国务院下发的《国务院关于加快培育和发展战略性新兴产业的决定》(国发〔2010〕32 号),希望通过产业政策支持使节能环保、新一代信息技术、生物、高端装备制造、新能源、新材料、新能源汽车七大产业用 20年达到世界先进水平。

其二,产业规制政策,顾名思义该类政策以面向特定行业的规制措施为手段,又可以分为竞争政策和环境规制政策。竞争政策的目的是维持市场的竞争格局,防止因企业垄断而导致社会福利的损失。例如,为预防和制止平台经济领域垄断行为,引导平台经济领域经营者依法合规经营,市场监管总局起草了《关于平台经济领域的反垄断指南(征求意见稿)》,这就意味着未来互联网平台企业将在《反垄断法》的框架下接受竞争政策的规制。环境规制政策则是为了减少企业生产活动造成的环境污染或破坏。近年来,中国政府对环境规制越来越为重视。例如,“十一五”以来,中国实施了重点流域水污染防治专项规划实施情况考核制度,并实行了严格的污染物总量减排核查制度。这就会对水污染相关的纺织印染、造纸等行业造成影响。

我们通常所说的产业政策往主都是指产业扶持政策,这也是本章讨论的重点。不过,需要指出的是,有时政策的边界也是模糊的。

比如，中国的创新激励政策以税收优惠的方式为企业的研发投入提供政策激励，只要是符合条件的高新技术企业都可以享受该政策优惠，但这样的政策客观上会使研发投入较为密集的一些行业更多受益。又如，中国也广泛实施了各类开发区政策，包括经济技术开发区、高新技术产业园区、出口加工区等等多种类型。这些政策通常被称为地区指向的政策（Place-based policies），因为该类政策首先是以特定的地理范围为实施对象的。但这类政策在实施中，往往也会指定优先发展或吸引的行业，因而也具有我们所说的扶持性产业政策的特征。

（二）产业政策的理论依据

产业政策的理论依据是什么？或者说，为什么某些领域的发展尤其需要产业政策的扶持？简单来说，这其中有两个最为基本的条件：必要性与可行性。这里，我们先说必要性，稍后再讨论可行性。

产业政策的必要性之一：市场协调存在不足。如果仅仅依靠市场协调就能够促成特定产业的发展，那产业政策就不应被实施，毕竟任何政策实施都是有成本的。让我们考虑现实中可能导致市场协调存在不足的两种情形。

第一，生产上的互补性。举个例子，如今为了成功招商引资，地方政府往往会努力将整个产业链中重要的企业一起打包引进。如果某个产业特别需要上下游企业的空间集聚，那么这样的做法就会对企业有较大的吸引力。此时，如果整个产业链尚未成型，那么仅仅依靠市场机制就可能需要众多的企业单独行动。这样既需要较高的沟通成本，也会由于企业之间缺乏该产业能否在当地成型的共识而协调困难。

上述互补性在现实中还可能以其他形式体现出来。例如，地方政府可能会在工业区、开发区的建设中提供基础设施等局部的公共品。这样做，能够更好地分摊固定成本，也使企业入驻投产的时间大大缩短。一个非常典型的现象是，为了更好地招商引资，地方政府往往会提供"一站式"服务，也就是将其中所涉及的不同职能部门集中到一起为企业服务，这就大大提高了政府的服务效率，降低了企业的成本。

第二，投资的正外部性。如果企业投资的一部分好处会被其他企业无偿地分享，那么就出现了企业投资的正外部性，这就会导致企业私人投资不足，需要政策激励企业进一步扩大投资。现实中，在一些前沿的技术领域往往需要企业花费较多的研发投入。例如，在新能源汽车产业发展中，存在着纯电池动力、油电混合动力、燃料电池动力等不同的潜在技术路径，但究竟哪种技术路径更为可行呢？这需要企业在持续的研发投入之后才能逐渐获悉。但第一个吃螃蟹的人，需要面对极大的风险。一方面，如果在花费巨大的代价之后，企业才发现某种技术路径是不可行的，那将对该企业的经营造成极大的挑战，而其他企业却没花费什么代价就因此知道这条技术路径走不通。另一方面，如果企业的研发获得成功，那么新的知识也会通过模仿学习等各种途径或多或少地让同行企业受益，这种知识的溢出效应成为企业创新投资正外部性的另一个重要来源。

正是由于存在这些正外部性，从全社会的角度来看，单个企业的创新投入很可能是不足的，这就需要有政策激励企业进行投资。在发展中国家，由于金融市场欠发达，企业间信用体系不健全，可能使政府的协调显得更有必要，产业政策因而也有了更多的用武之地。

产业政策的必要性之二：巨大的社会收益。仅仅因为市场协调不足，是否就必定要有产业政策扶持呢？这其实还并不必然。因为资源是有限的，政府在扶持某些领域的同时一定会影响到其他领域的发展环境。例如，当政府通过产业政策扶持新能源汽车的发展时，人才、资金等等资源会更多地流向新能源汽车企业，这必然导致传统汽车企业的发展受到不利影响。所以，即便存在市场协调不足，也只有当产业的发展存在巨大的社会收益时，政策扶持才是必需的。以研发激励为例，只有当企业研发投入的正外部性足够大时，借助产业政策激励企业的研发投入才能真正的做大蛋糕。现实中，至少存在以下两个视角有助于我们更好地理解产业发展的社会收益。

第一，具有较强关联效应的产业。所谓产业关联效应，是指一个产业的发展借助投入产出关系而对其上下游的相关产业形成的带动效应。汽车产业之所以曾备受产业政策偏爱，原因之一便是该产业具有较强的产业关联效应，能够对上游的钢铁、有色金属、橡胶、石油等原材料行业，以及仪器仪表、各类配件、车身车饰等零部件行业产出较强的带动效应。另一个典型是芯片行业，其特点是对下游行业有很强的关联效应，这是因为越来越多的制造业都需要用到芯片。也正因此，当我们自己无法掌握的高端芯片的提供主要受美国控制时，芯片就成了"卡脖子"行业，对我们下游的制造业产生较大的影响。

第二，前瞻性产业或新兴产业。所谓前瞻性产业，我们可以理解为那些目前处于市场萌芽期，但在未来具备巨大发展潜力的产业。前瞻性产业的出现，通常伴随着新技术的开发与应用，因而也往往属于新兴产业。这一类型的产业受产业政策所青睐不仅是因为其巨大的市场潜力，也是因为大家更可能处在同一起跑线上，前期的政策扶持更容易占得先机。中国在5G、物联网、工业互联网、人工智能、数据中心等新型基础设施上加大了建设力度，其背后便有类似的考虑。以5G技术为例，自从2017年《政府工作报告》首次提到"5G"之后，国家政策对5G的重视程度不断提升，而中国企业在5G领域并跑、领跑全球的事实，也的确为这类产业政策的合理性提供了支持。

市场协调存在不足，再加上又有着巨大的社会收益，产业政策的实施就显得必要了。接下来的问题是，政策扶持之下这样的产业能够真正成长起来吗？

（三）比较优势与产业政策

理论上来说，一国产业政策所扶持的产业既可能是在该国具备比较优势的，也可能是在该国不具备比较优势的。以 2021 年再次进入公众视野的美国《无尽前沿法案》为例，该法案如获通过，意味着美国将对关键科技产业的创新与发展加大政策扶持力度。正是出于自身科技领先地位可能受到挑战的担忧，该法案体现出美国的一种应对。可以想象，在该法案影响之下美国政府会更加重视产业政策对关键科技产业的扶持作用。而这些产业政策所指向的，往往是美国具备比较优势的产业。例如，《无尽前沿法案》中拟加大投入的几大领域便包括了半导体，而这恰恰是我们被美国"卡脖子"的领域。

相比之下，作为发展中国家我们所扶持的产业在全球范围来看却往往不是自身具备比较优势的。也就是说，发展中国家的产业政策通常含有追赶发达国家的特点。那么，一个自然而然的问题就是，为什么我们不完全遵循国与国的比较优势进行产业分工呢？比如，是不是可以把高科技领域的生产都交给美国等发达国家，我们自己则专注于生产更具有比较优势的劳动密集型产品，然而再借助国际贸易与发达国家互通有无呢？换一个角度提问就是，如果我们违背分工原则利用产业政策扶持原本并不具备比较优势的产业，这样对我们有利吗？

现实中，美国在高端芯片领域对中国的"卡脖子"就是对此最好的回答。对于芯片这类对下游行业有极大带动作用的产业领域，如果我们凭借自己可以调动的资源完全无法生产替代性的产品，那么我们在国际分工中就会陷入非常不利的谈判地位。所以，为了避免受制于人，在这样的关键领域，我们需要有能力整合产业链资源来生产替代性的产品。这并不是说我们必须掌握关键技术，而是指我们至少要有能力让掌握关键技术的外国企业以合理的价格向我们提供相关的产品。然而，当关键技术只是掌握在极少数的发达国家手中时，合理的价格很可能就难以实现了，甚至是出钱也买不到！正是出于这样的考虑，我们才自主研发大飞机，建造自己的空间站，力图在芯片领域有所突破。

这些看似有违比较优势的分工行为，体现了国与国之间的一种策略性竞争，也使产业政策有了更大的用武之地。而中国的大国特征则进一步强化了上述策略性竞争的合理性。这是因为：其一，大国才有实力集中资源对并不具备比较优势的产业进行政策扶持；其二，一旦关键领域受制于人，大国因其庞大的市场需求需要付出更大的代价①；其三，大国的规模经济或庞大的国内市场能够更好地发挥规模效应，更可能使本土企业逐渐培育出自身的比较优势。

在肯定了发展中大国产业政策合理性的同时，也引发了另一个值得深思的问题。以中国为例，大国内部各地区之间存在着较大的发展差异，那么违背比较优势所扶持的产业应当由大国内部的哪些地区来着手发展呢？这个时候，国与国之间策略性分工的思维能不能同样适用呢？这里，我们必须强调一点本质的区别。国与国之间的竞争背后体现的是各自国家的利益，不存在一个超越国家的组织能够真正对各国的利益进行协调或重新分配。但是，一国之内地区间的竞争虽然也体现了各地区的利益，但存在着国家这个凌驾于地方政府之上的权力主体能够对各地方的利益进行协调或重新分配。也就是说，在一国内部地区间的分工中，不应该有违背比较优势的策

---

① 需要指出的是，也恰恰因为中国的大国优势使其成为全球的制造业基地，产能的大量集中导致与芯片应用相关的产业大部分都位于中国，借助全球产业链的高度融合，这些产业又与其他国家的利益联系在一起。这就导致美国在芯片领域对我们实施"卡脖子"战略时将会波及包括美国自身在内的更多国家的企业。

略性分工的思维①。地方在选择产业分工时首先要考虑的是怎么把蛋糕做大,也就是追求全局的目标,这就需要按各自的比较优势来进行分工,而中央政府则可以通过转移支付等手段进行必要的协调,从而照顾到局部的利益。

但是,在产业政策的实践中,地方政府却可能违背当地的比较优势,这就导致产业政策最终会偏离长期、全局利益的最大化。所以,在讨论中国的产业政策时,我们需要特别强调区分中央—地方这样的视角。

三、 中国的产业政策

下面我们就从中央与地方这两个不同的角度来分析中国的产业政策。② 20 世纪五六十年代,日本在汽车、半导体等领域的产业政策看起来是较为成功的。自 20 世纪 80 年代中期,中国也正式引入了产业政策,并通常对需要发展或淘汰限制的目标产业以及政策工具都有明确而具体的规定。在中国产业政策制定过程中国务院有决定权,国家发展和改革委员会(前身是国家计划委员会和国家发展计划委员会,以下简称国家发改委)牵头各部委负责制定具体的产业政策。20 世纪 90 年代中期以后各类产业政策会以"产业目录"的形式单独颁布,"目录"将作为招商引资中的主要依据不定期进行修订。

1989 年中国颁布了《国务院关于当前产业政策要点的决定》,"产

① 关于地方政府层面的策略性分工及其后果的理论分析,可以参见:陆铭、陈钊、严冀:《收益递增、发展战略与区域经济的分割》,《经济研究》2004 年第 1 期;陆铭、陈钊、杨真真:《平等与增长携手并进——收益递增、策略性行为和分工的效率损失》,《经济学(季刊)》2007 年第 2 期。

② 这部分工作来自:赵婷、陈钊:《比较优势与中央、地方的产业政策》,《世界经济》2019 年第 10 期。

业政策"直接出现在该文件的标题之中。该决定明确了国民经济各个领域鼓励和淘汰限制的重点，此后也陆续出台了一部针对国民经济各个领域的产业结构调整政策。针对中国经济发展过程中出现的各种问题，中央还出台了各种类型对产业结构调整、补充的政策。例如，针对外商直接投资的产业政策明确了鼓励和限制外商在中国投资进入的领域；为了培育国民经济的支柱产业，追赶发达国家和抢占世界经济科技制高点，中央专门有鼓励基础行业或高技术行业发展的重点产业政策及主要针对平衡区域经济发展的地区指向型产业政策。此外，针对产能过剩，中央出台政策进行抑制。在 2009 年应对金融危机时，中央还出台了专门针对某类行业的产业政策。表 1 列出了主要的产业政策类型和对应的目录。

表 1　中央产业政策类型及其部分对应目录

政策类型	对应目录
产业结构调整政策	《产业结构调整指导目录》
针对外商直接投资（FDI）的产业政策	《外商投资产业指导目录》
重点产业政策	《国家支持发展的重大技术装备和产品目录》
	《重大技术装备进口关键零部件、原材料商品目录》
	《当前优先发展的高技术产业化重点领域指南》
	《战略性新兴产业重点产品和服务指导目录》
地区指向的产业政策	《产业转移指导目录（2012 年本）》
	《西部地区鼓励类产业目录》
抑制产能过剩的产业政策	《淘汰落后生产能力、工艺和产品的目录》
	《工商投资领域制止重复建设目录（第一批）》

中央出台的产业政策有两个值得一提的特点。第一，中央出台

的这些产业政策中,与重点产业相关的政策占比最高。从时间维度来看,每个五年(计划)规划时期中央都会出台重点产业政策,而且其重要性也越来越为突出。第二,中央的产业政策往往具有反周期的特征,也就是说,越是在经济增长的低谷期中央越可能集中出台产业政策。由此看来,中央出台产业政策也有希望借此拉动经济增长的意图。

此外,在中国现有体制下地方政府有很大的积极性与自主权来推动地方经济的发展,而产业政策就成为地方政府促进地方经济发展的重要抓手。接下来,我们借助五年规划中中央与地方对重点发展产业的选择来考察产业政策与比较优势之间的关系。这有助于我们在央地治理的视角下深入理解产业政策实施中可能出现的对全局目标的偏离。

(一) 中央的产业政策

考虑到制订不同类型产业政策的出发点略有不同,而重点产业政策比较有代表性,所以我们专门围绕中央和地方的重点产业政策来研究产业政策本身有怎样的规律。我们将借助于中央和省级国民经济和社会发展五年(计划)规划的内容,来提取重点产业政策的相关信息。在上述规划的经济结构调整这一章中,涉及重点产业发展的内容所占比例往往超过 3/4,这也印证了重点产业在产业政策中的重要性。

为了梳理出从“九五”到“十二五”时期中央的重点产业,我们将五年规划的经济结构调整这一章内容中,涉及“支柱产业”“优势产业”“新兴产业”“大力发展”“重点培育”“积极发展”“重点发展”的产业和产品提取出来,将其对应到国民经济行业分类的二维码,由此提取出每个五年(计划)规划时期中央的重点产业。

如表 2 所示,“九五”时期中央的重点产业是关系国计民生,对国民经济具有重大带动作用的基础行业,目标是建立国民经济的支柱产业。"十五"时期以来,中央每个五年规划中的重点产业较为接近,都是瞄准世界科技前沿的高技术行业,目标是培育新的经济增长点,抢占世界经济科技制高点。

表2   "九五"至"十二五"时期中央的重点产业

时期	中央的重点产业政策
九五(1996—2000)	机械工业
	汽车工业
	电子工业
	石油化工
十五(2001—2005)	高技术产业
十一五(2006—2010)	高技术产业
	装备制造业
十二五(2011—2015)	战略性新兴产业

接下来,我们从比较优势的角度来考察一下中央所选择的这些重点产业,在中国的哪些地方具有比较优势。这涉及如何对比较优势进行度量的问题。可以想象,一个地方在某个行业的发展上是否具有比较优势,取决于当地是否在资源禀赋、制度环境及市场规模等方面更为适合该行业的发展。这比较难以直接度量,一个替代性的做法是直接看结果,也就是以不同行业的发展现状来判断是否具备比较优势。如果一个地方某行业的发展好于全国平均水平,那么我们就可以认为该行业在当地具有比较优势。这也被称为显性比较优势。在数据上,这可以表现为该行业的就业或产出占当地所有行业就业或产出的比重较高,高于全国平均水平。

按此方法,我们就可以对中央的重点产业在全国各地是否具有比较优势进行考察。我们发现,从全国平均情况来看,在每个五年规划之初中央的重点产业在各地是没有比较优势的。这其中的原因在于,中央所选择的重点产业往往处于技术前沿,这些产业通常会集聚于少数较为发达的地区。通过进一步分地区的考察我们的确发现,中央的重点产业在中西部一直没有表现出明显的比较优势,但是在东部则越来越具备明显的比较优势。

那么,在产业政策的实施上,中央希望发展的重点产业应当由中国的哪些地区来推进呢? 显然,根据上文对比较优势与分工的讨论,在一国内部各地应当顺应各自不同的比较优势来差异化地实施产业政策。因此,东部较发达的地区应当成为推进与落实中央重点产业政策的主战场。但现实的情况并不一定如此,下面我们通过考察地方的产业政策加以说明。①

(二) 地方的产业政策

为了考察地方是否按各自的比较优势因地制宜地选择适合本地发展的产业加以扶持,我们根据省级的五年(计划)规划,梳理出从"九五"到"十二五"时期中国大陆除西藏以外 30 个省份的地方的重点产业。

表 3 显示了各地方重点产业与中央重点产业重合的比例。可以看到,不同地区之间,东部的这一比例较高,从"九五"到"十二五"时期,地方政府都越来越倾向于将中央选择的重点产业作为地方的重点产业来发展。这样做在东部整体上仍符合地方比较优势,但在中西部却很可能偏离地方比较优势。

---

① 当然,你或许会发现一些例外,但例外之中仍可能存在和比较优势相关的因素。比如,东北的军工与历史上形成的当地发达的重工业有关,中国天眼建在贵州则与当地的海拔、地貌等自然环境有关。

表 3   地方重点产业中属于中央重点产业的比例

	九五	十五	十一五	十二五
东部	0.525	0.753	0.464	0.708
中部	0.38	0.425	0.469	0.523
西部	0.327	0.385	0.416	0.472

进一步比较之后我们的确发现，中西部地区所选择的地方重点产业如果也属于中央的重点产业，那么该产业在当地往往不具备比较优势。相反，如果中西部地区所选择的地方重点产业并不属于中央的重点产业，那么该产业通常在当地具有比较优势。也就是说，中西部的地方政府并非因为不能正确地认识自身的比较优势才在重点产业选择上跟随中央的做法。既然如此，中西部地区在产业政策的选择上跟随中央的可能原因是什么呢？

一个可能的解释是，这样做使地方更可能获得来自中央的政策资源。例如，当地方以中央重点产业为自己的产业发展方向时，当地申请国家级开发区时就更可能成功获批。但这样的行为却有违全局的效率标准，对于地方而言也不见得真正能够培育出新的比较优势，因而即便动态地来看，也不符合效率原则。也许有人会说，那万一欠发达地区成功培育出了新的比较优势呢。理论上这完全是可能的。但我们不要忘记，从事前来看，欠发达地区这么做成功的可能性相对较低，所以，从全局角度出发，这并不符合效率原则。事实上，比较优势与分工的原理已经告诉我们，欠发达地区逆比较优势而为的代价是更大的，因为他们原本可以从事自己更有比较优势的其他生产活动。

（三）产业指向宽泛的政策

除了有明确产业指向的扶持性政策之外，也存在一些产业指向较为宽泛的政策。这些政策虽然不以产业政策的名义出现，但往往也具有产业政策的性质。例如，近年来中央提出"加快推进信息网络等新型基础设施建设"。这一被称为"新基建"的发展思路强调加快5G网络、数据中心等新型基础设施的建设进度，其直接涉及的行业都具有知识密集或科技密集的特点。基础设施作为公共品的一种形式通常具有正外部性，相比于传统基础设施，我国的新型基础设施更可能是未来经济发展的短板所在。所以，政府对"新基建"的重视也将为知识密集型、科技密集型的产业发展提供良好的外部环境，使基础设施建设也有一定的产业指向性。

开发区政策也可能带有产业政策的色彩。开发区政策首先是一种地区指向的政策，因为该政策通常划定特定的地理范围，入驻开发区范围之内的企业则能够享有相应的优惠措施。中国的开发区有各种类型，如经济特区、经济技术开发区、高新技术产业园区、出口加工区等。其中，深圳等经济特区是中国改革开放早期进行制度先行先试的典型，当时的政策主要带有探索与实验的目的。后来的开发区政策则更多与特定产业联系在一起。不论是经济技术开发区、高新技术产业园区还是出口加工区，在批准成立时往往会明确各自的重点发展方向，如"汽车及零部件""生物医药""绿色食品""工业自动化设备"与"电子电器"等等。这就使得开发区政策也有产业指向性，同时具备了产业政策的性质。与早期经济特区的先行先试所不同，除了提供政策优惠之外，之后的各类开发区所起到的更多作用是为企业提供更种便利与协调。例如，2000年4月27日国务院正式批准设立由海关监管的出口加工区时，为便于运作国家将出口加工区设在已建成的开发区内，并同时提供海关的通关便利。

开发区的实际效果究竟如何？如果开发区的设立仅仅只是把其他地方的企业吸引在了一起，那么即便我们看到开发区内的企业数量不断增加，开发区也为当地带来更多的产出与就业，我们还是不能就此认为开发区在全局意义上具有经济增长的促进作用。因为此时真正的效果只是在不同地区间重新分配了蛋糕，而不是做大了蛋糕。如果各地为了拉动地方经济而争相以开发区建设来招商引资，甚至不顾地方经济的比较优势、不惜压低工业用地价格、放松环评要求，那么最终的结果很可能背离全局与动态意义上的效率原则，最终让地方政府背上沉重的债务负担①。但如果开发区使大量优秀的企业在空间上集聚的同时，借助企业及员工之间更频繁的互动而产生了一加一大于二的效果，那么这就是把蛋糕做得更大了，是开发区建设产生的额外好处②。

中国的创新政策也含有产业政策的性质。虽然我们只是发展中国家，但中国政府向来注重企业的自主创新与技术进步，这也为后来中国经济在不断做大的同时也持续做强提供了重要的制度保障。早在 1988 年，党中央、国务院就正式批准实施了"火炬计划"，这是一个

---

① 关于中国开发区的实证研究并没有取得完全一致的发现。一部分研究强调了开发区的积极效果，如：Wang, Jin. 2013. "The Economic Impact of Special Economic Zones: Evidence from Chinese Municipalities," *Journal of Development Economics*, 101: 133 - 47; Alder, Simon, Lin Shao, and Fabrizio Zilibotti. 2016. "Economic Reforms and Industrial Policy in a Panel of Chinese Cities," *Journal of Economic Growth*, 21 (4):305 - 49; Lu, Yi, Jin Wang, and Lianming Zhu, 2019, "Place-Based Policies, Creation, and Agglomeration Economies: Evidence from China's Economic Zone Program," *American Economic Journal: Economic Policy*, 11(3):325 - 60;另一些研究则认为开发区建设中存在资源误配或效率损失，如：Zeng, Siqi, Weizeng Sun, Jianfeng Wu, and Matthew E. Kahn, 2017, "The Birth of Edge Cities in China: Measuring the Effects of Industrial Parks Policy," *Journal of Urban Economics*, 100: 80 - 103; Chen, Binkai, Ming Lu, Christopher Timmins, and Kuanhu Xiang, 2019, "Spatial Misallocation: Evaluating Place-Based Policies Using a Natural Experiment in China," NBER working paper 26148. 也有研究认为，产业政策的效果取决于是否遵循当地的比较优势，如：Chen, Zhao, Sandra Poncet and Ruixiang Xiong, 2017, "Inter-industry relatedness and industrial-policy efficiency: Evidence from China's Export Processing Zones," *Journal of Comparative Economics*, 45(4),809 - 826。

② 例如，最近的一项研究表明，研发人员在空间上的集聚就能显著提升当地的创新产生，详见：Moretti, Enrico, 2021, "The Effect of High-Tech Clusters on the Productivity of Top Inventors," *American Economic Review*, 111(10):3328 - 75。

旨在加快中国高新技术产业发展的指导性计划,在全国范围内催生了各类科技型中小企业孵化基地、国家高新技术产业开发区及生产力促进中心的出现。由于对高新技术产业的强调,这一计划使电子信息、生物医药、新材料、节能与新能源等行业更可能受益,因而也带有一定的产业指向性。并且,从这些行业中,我们或多或少都可以看到与产业政策必要性相关的市场协调不足、较大的社会收益等特点。

以"火炬计划"为代表的创新政策对一国经济的转型升级具有深远的意义。20 世纪 90 年代以来,尤其是 2008 年之后,中国企业的创新投入越来越为突出。中国全社会的研发支出占 GDP 的比重在 1996 年甚至仍低于印度的水平,然而到了 2011 年,中国该指标就已经超过发达国家加拿大,不断接近创新强国美国的水平,也把印度远远甩在了后面。从企业微观层面来看,中国也涌现出一批创新表现在国际市场上都有一己之地的优秀企业。中国企业在创新投入上的突出表现背后同样离不开创新政策的激励,尤其是面向高新技术企业的研发激励政策。该政策在国家层面认定高新技术企业资质的同时,对于研发强度达到一定标准的高新技术企业还提供较大的税收优惠。尽管这是一项创新激励政策,但显然高新技术产业是该政策的主要受益对象,其研发投入已经高达中国全部企业研发投入的 70%。

创新政策的理论依据主要在于,企业的创新投入具有正外部性。也就是说,一个企业增加研发投入之后,也会增进行业内其他企业的效率[1]。虽然对单个的行业内其他企业来说,这样的效果可能微乎其微,但只要创新政策对行业内所有企业的研发投入都产生明确的激励效果,那么共同促进之下,整个行业的效率提升就会变得较为显著了。

---

[1] 前述 Moretti(2021)的研究就是一个很好的例子。

当然，对于中国这样一个地区间存在较大差距的发展中大国而言，如果缺乏地区之间的相互协调，创新政策也可能偏离动态与全局的最优。这也进一步说明，我们在发挥大国优势的同时，需要注重中央政府对各地区的有效协调。但这样的协调是存在困难的。一方面，中央与地方之间存在信息不对称。例如，地方更清楚本地的比较优势在哪些产业，更可能做到因地制宜发展地方经济，中央相对而言不拥有同样的信息。但另一方面，中央与地方政府之间存在着一定的目标偏差，前者更多考虑全局发展，后者更多考虑当地利益。于是，现实中就可能出现地方产业政策执行上违背自身比较优势、偏离全局最优目标，而中央也并不一定能够进行有效的协调。例如，一些地方也出台了与高新技术企业申请、获批相关的地方性的各类资金支持政策，甚至将地方官员的考核与当地高新企业表现挂钩。这就可能使一些地方，原本在高新技术产业领域并不具备比较优势，却也片面地追求企业在创新投入上的表现，使创新资源的投入存在一定的错配。

四、 产业政策实施中的误区与经验

下面我们结合产业政策的不同实践，先从较为一般性的角度来讨论政策实施中可能存在的误区，然后结合特定的政策，分别从机制设计、全局与多维的角度总结其中的经验得失。

（一）产业政策实施中的潜在误区

产业政策在实践操作中，容易陷入误区，以政府干预取代市场机制。事实上，并不是只要存在正外部性就需要政府干预，关键还得看市场能否自我协调。例如，大型商场中，知名品牌的入驻往往能够带来引流效应，使整个商场人气更足。这就给其他商家带来正外部性。

由于入驻的知名品牌无法向其他商家直接收费，所以，为了增加知名品牌入驻商场的动力，就需要政府干预吗？事实并非如此。现实中，大型商场为了引流会以极低的租金向国际知名的奢侈品牌提供优质的铺位，而入驻商场的其他商家会以租金的形式向商场付费。这就凭借市场机制将外部性"内在化"了。在这种情况下，我们不必以政府干预取代市场机制。

此外，即便有了产业政策，我们也需要避免政府干预取代市场机制的情形。这可能表现为，由政府人为地选择具体的企业作为政策的扶持对象，而事实上更为合理的做法是政策面向整个行业，让所有潜在的企业机会平等地参与竞争。这样的政策误区还可能表现为，一旦政策的扶持以项目的形式出现，往往会涉及事后对项目的验收或政策效果的评价。此时，政府也可能取代市场机制。

上述政策误区的背后，体现出信息在产业政策实施中的重要性。与企业家相比，政府往往并不太清楚企业及产业发展背后各种复杂的信息，因而也无法对政策支持下企业的发展状况做出准确的判断。也就是说，即便企业在政策扶持之下的发展并不尽如人意，但政府依然不清楚这是由于该行业的外部市场风险使然，还是企业获得政策扶持后并没有努力，甚至是企业根本就不具备相应的能力所致。

从党的十八大提出实施创新驱动发展战略，到"十四五"规划明确提出坚持创新驱动发展，全面塑造发展新优势，可以预见未来中国的产业政策会越来越强调对企业创新的政策扶持。越是创新投入密集的领域，政府越不具有信息优势，产业政策越是容易陷入误区。例如，在我们被卡脖子的芯片领域，政策扶持之下不少地方都催生了芯片制造企业。但不久政府便认识到产业政策不能只靠热情，政府需要更多地依靠合理的机制设计，在政策实施的各个环节引入竞争与必要的监管。这就涉及对于不同的产业政策我们需要根据具体情况来设计合理的政策框架，本节下一部分会结合具体的情况分别加以讨论。

最后，需要强调的是，正是因为政府在选择产业方向时并不比市场或企业家拥有更多的信息优势，产业政策就不能仅仅局限于某些已知的对象，一定也要给未知的产业留下充分的发展空间。新兴产业的发展尤其如此，因为在政府形成新兴产业发展的共识之前，必定是一部分富有冒险精神的企业家率先对潜在的市场机会做出判断并付诸实践。所以，政府最需要也能够做的是为未知的新兴产业的发展创新良好的市场环境。

（二）信息不对称与产业政策设计

在产业政策的设计中，政府必须考虑信息不对称可能导致的困难。例如，在对企业研发投入的激励政策中，政府无法轻易获知企业是否可能有研发操纵的行为，也就是不知道研发投入中是否可能存在水分。这也是长期困扰国际学术界的一个难题：知道政策优惠之下企业会进行研发操纵，但不清楚其程度有多严重，也不知道研发操纵行为的存在是不是一定意味着研发激励政策失效。

事实上，我们需要首先认识到，信息不对称是无法改变的客观存在。既然如此，完全杜绝研发操纵可能并不是最优的政策选择，因为那样的话需要政府付出巨大的监管成本，反而得不偿失。更可行的政策目标应该是，以付出较少监管成本的代价，将企业的研发操纵行为控制在一定范围之内，同时又能够激励企业显著提高真实的研发投入。这就需要政府进行合理的政策设计。

例如，前面我们提到过的中国面向高新技术企业的研发激励政策就是其中较为独特的一种做法。中国创新激励政策所针对的高新技术企业，其研发强度需要达到政策所要求的水平，也往往有较大的创新潜力。本质上来说，这是一种抓大放小、扶强奖优的政策思路。相比之下，欧洲与北美国家普遍采取的做法是不设这么高的政策门槛,更大范围内的企业在进行研发投入后都能享受一定比例的税收抵扣。也就是说,欧美这一政策思路下直接受影响的企业数量显然要远远超过中国。我们在一项研究中的政策模拟恰恰表明,在欧美国家这种政策模式下,政府需要监管数目庞大的众多企业,这使单个企业反而面临更少的监管,会助长企业的研发操纵行为,影响政策的实际效果。在中国特有的创新激励模式下,政府却能够把有限的监管力量集中于少数更有创新能力的企业,可以更有效地减少研发操纵,最终这样的政策设计就能够以较少的财政成本撬动更多的企业研发投入[①]。

(三) 产业政策实施中如何兼顾全局与多维目标

信息不对称产生的政策实施困难还会以其他形式出现。下面,我们会结合具体的政策分别讨论对全局与多维目标可能产生不利影响的两种情况。我们将看到,不论是在下面的水污染规制政策中,还是在新能源汽车补贴政策中,信息不对称的存在都可能导致产业政策顾此失彼。这再次提醒我们产业政策制定时需要考虑可能的一般均衡效应,也就是政策在不同维度上可能发生的溢出效应。

第一项是水污染规制政策。当然,这是规制而非扶持性的产业政策。我们将看到政策可能存在空间维度的溢出效应。也就是说,就局部而言,某地所实施的政策或许是有效的,但是该政策可能对其他地区产生意想不到的负面影响。因此,这样的政策就没有兼顾全局目标。

来看一下我们将要讨论的这项水污染政策。2005 年,中央政府

[①] 关于中国高新技术企业创新激励政策效果的这项研究,详见 Chen, Zhao, Zhikuo Liu, Juan Carlos Suárez Serrato and Daniel Yi Xu, 2021, "Notching R&D Investment with Corporate Income Tax Cut in China," *American Economic Review*, Vol. 111, No. 7, 2065 - 2111。

明确指出当时水污染防治面临的严峻挑战，首次在"十一五"规划
（2006—2010）中明确规定了主要水污染物——化学需氧量（COD）的
减排指标，污染越严重的省份，减排要求越高。中央政府同时将减排
指标的达标与地方官员的晋升挂钩，这为地方官员努力实现减排指
标提供了有效的激励。

　　然而，到"十一五"末，长江流域的水污染情况却依旧严峻。水利
部数据显示，长江工业废水总排放量从 2005 年的 204 亿吨增加到
2010 年的 227 亿吨。此外，流域内未达到饮用水标准的河流长度亦
从 2005 年的 27％增加到了 2010 年的 33％。为什么在政府努力减少
COD 排放总量的情况下，长江水质却持续恶化？我们的一项研究发
现，这很可能是因为长江沿线城市水污染规制强度存在差异，总的来
说上游城市环境规制强度较弱，下游城市环境规制强度较强。这就
使得水污染企业的生产活动由下游城市向上游城市转移，最终导致
下游地区水质改善有限，上游地区水质却明显恶化[①]。上述政策实践
表明，产业政策实施中需要同时考虑地区之间的协调，否则即便从局
部来看较发达的下游地区污染企业活动减缓，水质也有所改善，但从
全局角度来看，政策的效果就会大打折扣。更为一般地来说，如果欠
发达地区的地方政府也以追求 GDP 为首要目标，那么差异性的环境
规制就可能导致欠发达地方成为污染活动的避风港。这种现象的扭
转需要中央在推行政策的同时考虑地区间的差异性，以中央的权威
进行必要的协调。由于大多数发展中国家的下游地区通常更接近主
要海港，因此在经济上比上游区域更为发达。我们的发现也因此能
够为发展中国家的水污染规制提供借鉴，特别是提醒政策制定者，在
治理下游较发达地区的水污染时，就当避免使较不发达的上游地区

---

① 关于这部分内容更详细的分析可以参考：Chen, Zhao, Matthew Kahn, Yu Liu and Zhi
Wang, 2018, "The Consequences of Spatially Differentiated Water Pollution Regulation
in China," *Journal of Environmental Economics and Management*, 88, 468 - 485。

情况变糟。

　　接下来我们分析第二项产业政策,也就是面向新能源汽车的补贴政策。我们将看到,政策的溢出效应甚至可能发生在同一产品的不同属性维度上。如果政策制定者对此加以忽视,产业政策的效果可能适得其反。

　　新能源汽车是国务院确定的七大战略性新兴产业之一,国务院《节能与新能源汽车产业发展规划(2012 — 2020 年)》指出发展新能源汽车也是"加快汽车产业转型升级、培育新的经济增长点和国际竞争优势的战略举措"。从 2016 年起,中国在全国范围内开展新能源汽车推广应用工作,中央财政对购买新能源汽车给予补助,并且将补贴金额与续驶里程分段挂钩。例如,2016 年的政策规定,续驶里程在100 公里至 150 公里之间的纯电动乘用车,每辆车可获得 2.5 万元补贴,而续驶里程在 150 公里至 250 公里之间的纯电动乘用车,每辆车可获得 4.5 万元补贴。于是,补贴与续驶里程的关系呈现阶梯状。该政策将补贴与续驶里程挂钩是希望企业通过投入更多的研发资源突破关键技术来提高电动车的续驶里程。在理想情况下,补贴应该覆盖企业使用新技术、新材料所增加的成本,使新技术更快得到应用,然后随着技术成熟成本降低,补贴政策也将退出。在此过程中,中国汽车产业在新能源汽车领域也能确立优势,最终实现政府补贴的目的。

　　但是,由于存在信息不对称,企业在阶梯式补贴激励之下不一定通过核心技术的研发来延长续驶里程。我们近期的一项研究发现①,为了让续驶里程能够刚好达标,纯电动汽车的整备质量和电动机功率都出现了异常的下降:整备质量平均下降 243.08 千克,下降幅度

――――――――――

① 具体可参考:陈洲、陈钊、陈诗一:《阶梯式补贴与企业的策略反应:基于新能源汽车企业的分析》,《经济学动态》2021 年第 2 期 第 32—49 页。

相当于平均整备质量的 18%；电动机功率下降超过 25 千瓦，相当于所有车型平均电动机功率的 36%。此外，这些车型的动力性能、能量利用效率也同时恶化：最高车速下降约 14.08 公里每小时，超过了所有车型平均最高速度的 10%，能耗车重比上升超过平均值的 9%。

上述发现说明，以某些产品维度为标杆的产业政策，很可能导致产品其他维度的性能出现意想不到的恶化。也就是说，设计不当的产业政策可能难以兼顾多维的政策目标。虽然我们这里所讨论的只是面向新能源汽车的扶持政策，但其背后的含义却适用于更为广泛的产业政策的制定。

五、 面向长期、全局和多维目标的产业政策

最后，我们结合理论逻辑与政策实践，从更为一般性的角度来总结中国产业政策的经验。我们希望产业政策能够兼顾长期、全局与多维的发展目标。对于中国这样一个地区发展差异较大的发展中大国，这个政策目标的实现需要我们首先考虑大国治理的视角，其次，才是产业政策自身的规律。

（一） 大国治理下的产业政策

产业政策潜在的社会收益因大国的规模经济而尤为突出。发展中国家市场协调的不足又进一步增加了产业政策的必要性。于是，正如我们所看到的那样，产业政策在中国被广为实施。事实上，在以美国为代表的发达国家，我们仍然可以看到产业政策的存在，尤其是在前沿或新兴的产业领域，激励创新的产业政策显得更为普遍。

在产业政策的实践中，中国有自己的潜在优势。这表现为我们能够在中央的领导下较为迅速地形成发展理念、制定政策框架，并最终在地方的推动下落实政策细节、指引生产实践。这一体制运用得

当,就会体现出我们的制度优势,尤其是中央在市场机制中的协调作用。但同时我们也需要意识到这一体制下可能出现的潜在问题。如果效率原则不能得到充分的体现,那么产业政策实施中就会出现妨碍竞争的低效率现象。特别地,如果对市场竞争的妨碍又是与所有制偏好(如对国有企业的政策支持)联系在一起的,那么在中国的国际实力不断提升的今天,就容易引起国际上的顾虑。在全球经济高度一体化的环境下,我们在产业政策制定中也应当正视这些声音,需要结合市场体制的建设采取相应的调整。总体而言,我们需要适应国际环境的这种变化,更多利用市场机制、价格手段而非政府干预、直接补贴来实施产业政策,需要在政策实施中保持所有制中性。

中国地区间的发展差异也要求我们在产业政策的实施中考虑地区间的协调。为了使产业政策能兼顾长期、全局与多维的发展目标,我们需要地方政府放弃国与国之间那种策略性分工的考虑。尤其是对于那些涉及创新的领域,创新活动本身所体现的空间上高度集聚的特点需要我们摒弃不同地区各自为政的思路。这就要求中央政府利用政策带来的做大蛋糕的效应对部分可能受损的地区以转移支付等方式进行补偿。这也需要中央在央地治理关系中,重新思考对不同地区采取不同的考核标准,不能一刀切地对不同地区都强调 GDP考核。由于不同地方在所处发展阶段、地方资源禀赋、居民利益诉求等方面都各不相同,而中央政府也往往不拥有地方在这方面的独特信息,这也要求今后中央在对地方政府的考核中,更多引入当地老百姓的评价。正如习近平总书记在浙江舟山考察调研时所说的,"干部好不好不是我们说了算,而是老百姓说了算"。

(二) 产业政策的若干原则

我们先提出产业政策应当遵循的若干原则,然后再对具体的政策措施分层次加以说明。

第一，优先实施普惠性的产业政策，让产业政策有更为广泛的潜在受益对象。我们的政策目标对未来产业发展的定位越是高端，就越是要求产业政策不能是定向性或选择性的，而是必须强调政策的普惠性。这样才能更好地规避政府在产业发展定位上的信息劣势，把对产业发展的具体判断交给企业家去实施。这就需要将相关的产业政策放到地区长期发展的定位中加以考虑，需要制定适应产业发展定位的人才政策、产业融资政策，提供良好的产业发展环境。此外，普惠性的产业政策也能更好地体现所有制中性的原则，除非对于涉及国家安全的领域，这样的做法与市场经济的公平竞争保持一致。

使产业普遍受惠的人才政策就是其中重要一例。例如政府加大教育方面公共资源的投入以营造良好的人才发展环境，就能在整体上对产业发展起到推动作用，因为人才的集聚对已有的及潜在的产业发展都会有利。

第二，定向性产业政策需要确定合理的政策覆盖面。为了突出对特定产业的推动作用，有时某些产业政策必须是定向性或选择性的。那么，这类产业政策就应该确定合理的政策覆盖面，具体应当体现如下原则。(1)在产业领域的覆盖上宜宽不宜窄。例如，针对新能源的产业政策就不应该仅仅局限于太阳能、风能，也需要给生物能源、地热能源等相关的产业发展以同样的政策空间。因为即使政府清楚知道新能源产业是可供选择的战略性产业，但对于该往哪个具体的细分行业进行发展，就应当借助企业家精神来选择，而非政府指定。(2)在具体活动的覆盖上则宜窄不宜宽。以集成电路行业为例，与硅片制造相比，其中更为技术密集的设计环节更需要战略性产业政策的扶持，此时政策覆盖面就需要对行业内的不同活动进行细分。这就涉及到下面这个被广为接受的政策实施原则。

第三，政策覆盖面越窄，就越需要引入竞争性的机制设计。覆盖面窄的产业政策，应当保证低门槛、高竞争，能进入、有退出。这里低门槛是指可以有技术性的门槛,但不应该存在和企业身份相关的享受扶持政策的障碍。也就是说产业政策应当放弃与企业规模、历史、所有制、注册地等特征相关的歧视性的条件。能进入、有退出是指,扶持性产业政策的享受不是永久性的,应当事前就制定相应的退出机制。例如,对于享受了政策但市场表现不佳的企业,就应让它及时退出,把政策机会让给与之竞争的其他企业。

最后,应当指出的是,产业政策也需要其他政策的协同配合。例如,在普惠性政策环境下,经济活动很可能按市场规律形成空间上的集聚,这就意味着最终地区间的发展会在总量上存在差异。创新活动尤其如此①。但这并不意味着欠发达地区就不能分享集聚地区经济或创新的好处。只要要素能够自由流动,那么欠发达地区的人才就可以流向创新活动中心分享创新的好处。既然这是有利于做大蛋糕的,那么中央政府也能通过转移支付为欠发达地区提供必要的支持。换个角度来看,能代表中国参与国际竞争的往往是以少数大城市为核心的大都市圈,那么产业政策也同样对地区发展政策提出类似的要求。具体而言,前沿产业的发展需要人才的充分流动与竞争,这就要求特大城市致力于降低要素的流动成本,特别是放宽对外来人口的户籍准入以及降低经济活动人口的通勤成本。特大城市应成为城际交通网络的核心枢纽。建立快速的城市群交通网络,只会有利于资源在地区间的合理配置,并且强化特大城市的集聚效应,同时可以降低地价上升对特大城市的负面影响。

---

① 例如,前述 Moretti (2021)的研究显示,在计算机科学、半导体、生物这三大领域中,全美排名前十的产业集聚地,就各自吸纳了行业内 69%、77%以及 59%的专利发明者。

思考中国产业政策的五个角度

兰小欢

一、 引言

最近两年，美国和欧盟先后加大了政府对半导体行业的投入，扶持范围既包括研发设计也包括生产，比如 2022 年美国通过的 The CHIPS for America Act 和欧盟正在审议的 European Chips Act，都是典型的产业政策。实际上，无论是历史上还是当下，发达国家都广泛使用产业政策。以人们熟知的苹果公司为例，20 世纪七八十年代就接受过政府背景的"中小企业投资计划"（SBIC）的投资。苹果智能手机中集成的几乎所有关键技术，比如锂电池、液晶显示、多点触控、GPS 等，都来自政府扶持的各种科技研发项目。不仅如此，苹果公司还享受多种税收补贴和优惠，既包括通用的研发费用税收返还，也包括其特定产品被算作"教育设备"所能享受的税收减免。而在国际上，无论是进入其他国家的市场还是国际知识产权纠纷，苹果产品的背后都有美国政府的身影（Mazuccato 2015）。

在中国产业飞速发展的过程中，也随处可见中央和地方政府的各种产业政策。然而这些政策的效果究竟如何，学术界争议却很大

（林毅夫等 2018）。支持方认为产业政策不但有利于促进具体产业的发展，还是引导产业升级和经济发展的国家发展战略的一部分。而反对方则认为产业政策创造了大量的扭曲和浪费，降低了市场竞争效率，不利于经济长期发展，政府应该尽量避免对市场的干预。

　　本文尝试厘清关于产业政策的争论。第二节和第三节首先剖析与产业政策有关的两个核心理论视角：外部性和比较优势，并分析基于这两个视角的理论推演为何经常会引发争议。第四节讨论一个在理论模型中经常被忽视的重大差别：大国和小国之别。对大国而言，国内市场规模对产业政策效果的影响很大。在一个国内大市场中，更可能产生激烈的竞争。第五节讨论如何在产业政策中维护这种竞争性，这不仅包括文献中通常强调的市场主体即企业之间的竞争性，也包括政策工具和实施细节中所蕴含的竞争性条款，更包括政策实施主体比如地方政府或中央部委之间的竞争。第六节解释为什么针对产业政策的实际效果，难以产生"一锤定音"式的"科学证据"，这也解释了为什么围绕产业政策的学术争议会一直持续下去。最后的结论则简要阐述了在产业政策这个高度实践性的领域，理论研究的价值和意义。

二、外部性与产业政策

　　支持产业政策的经济学分析，一般从三种"外部性"的概念入手（Rodrik 2004）：技术外部性、信息外部性及协调外部性。技术外部性是指行业本身的技术有很强的外溢效果，本行业无法取得全部的收益，因此规模和投入都不足以达到社会最优，需要政策的补贴和扶持来降低私人和社会收益之间的差距。依据这种理论，政策应该支持那些涉及通用性技术和设备的产业，比如芯片、人工智能、基础工业装备等。在实践中，世界各国对类似的行业也确实都有大量政策支持，比如上文提到的欧盟和美国对芯片产业的支持。

技术外部性的逻辑也适用于政府对研发活动的投入：与更注重实用技术的企业研发投入相比，政府研发投入一般更注重通用性技术或基础科研，比如美国国家科学基金在 1970 年代对计算机技术以及 21 世纪初对生命科学的大量投入（Bloom，Reenen，and Williams 2019；Mowery and Rosenberg 1999）。因此，从"产业"角度讲，政府的研发投入应该向大学和科研院所倾斜，而不是具体公司。虽然对大学特定学科的投入，最大的受益者可能最终依然是相关的行业和企业，但这类政策性研发投入却往往不被视为是"产业政策"。

信息外部性涉及行业投资和学习过程中的不确定性。企业进入一个未知行业，会面临强大的信息壁垒和不确定性。如果成功，信息和经验必然会扩散给更多人，该企业很难独享好处；但如果失败，绝大多数代价都要自己承担。这种收益和代价的不对等，让很多企业不敢进入未知行业，传统意义上"预期边际收益"等于"边际成本"的计算，不足以刺激企业进入新行业。依据这种理论，一些高新技术行业和新兴产业，可能需要产业政策的扶持，尤其当这些产业涉及巨大的前期投入和很高的进入壁垒时，比如芯片、光电显示、大飞机等。反之，若一些新兴产业进入壁垒和成本不高，纵然不确定性很强，政府也不该介入，比如一些依托互联网的新兴服务行业。

协调外部性则涉及行业内部和行业之间的协同。任何企业都不可能单独成功，需要上下游企业和基础设施的配合。对一些新兴产业或者新兴地区而言，企业发展所需的外部条件不完善，而单个企业无力协调和改善这些外部条件，需要政府的整体规划和推进。因此也就不难理解中国各地兴起的各种产业园区和工业园区，政府不仅要出钱出力建设好基础设施（"七通一平"等），还要围绕特定龙头企业的上下游进行有的放矢的招商引资，以培育产业集群。

近年来，随着对"网络效应"的深入研究，在产业政策的研究中也加入了对"网络外部性"的讨论。产业上下游之间不仅有复杂的技术链条,还有环环相扣的价格链条,针对某个产业的优惠政策必然会扭曲价格,影响到其他相关产业。这种扭曲和影响不一定总是坏事。在发展中国家,市场并不完善,很多由不完善市场所带来的扭曲会通过产业链层层传导,最终沉淀在上游行业,造成上游行业发展不足,而这种"瓶颈"又会进一步限制下游行业的发展,成为"卡脖子"问题。在这种情况下,重点帮扶上游产业的政策有可能降低扭曲,提高经济整体效率(Liu 2019)。这方面的例子很多,比如韩国在朴正熙总统当政期间对钢铁和化工的优先发展战略(Lane 2019)。再比如中国当下对"卡脖子"行业的重点投入。

不同的外部性概念只是为了澄清理论研究的角度,而在现实情况中,某些产业往往会同时具有多种外部性,而针对这些产业的政策也就同时处理了多种外部性。比如半导体产业,既有产业新进入者要面临的信息外部性,又有很强的技术外部性,同时是很多产业的共同上游,网络外部性也很强。再比如高铁产业,当年面临巨大的不确定性和信息外部性,而且涉及的部门和地方政府众多,协调外部性巨大,需要政府和各种国有部门(包括国企和研发设计类事业单位)的合力,才能推动。

当然,任何支持产业政策的理论,终究只是理论。产业政策是否有用,最终还是要看实施效果。正是因为外部性很大,产业政策的效果不会只局限于目标产业之中。一旦政策失败,可能会影响很多相关产业,造成巨大的扭曲和浪费。在现实中,产业政策不可能成为产业成功的充分条件。政策只能帮企业克服一些政策不确定性和解决一些财务困难,但无法直接改变企业的管理能力、学习能力、进取精神等(路风 2016;Beaudry & François 2010),而这些具体而微观的"人"的因素,虽然至关重要,但属于一般化的"宏观"理论所难以把握的"随机性"或"异质性"。因此产业政策能否成功、能否"挑选胜者",

仅从理论出发就难以评判，而现实纷繁复杂，足以为各种理论都提供大量例证，所以也就不难理解产业政策这个话题，总是有很多争议。但正如市场经济中也没有必然成功的企业一样，这些具体的微观因素，不足以反对旨在创造一个更好的产业发展环境的宏观政策。除非产业政策本身会直接扭曲微观主体的行为，导致优惠政策不仅不能促进企业努力进取，反而会诱导受益企业变为利益集团，不断寻租，造成更大的浪费和扭曲（Krueger 1990）。本文第五部分在讨论产业政策的竞争性时，会再展开讨论这一观点。

三、 比较优势与产业政策

分析产业政策的另一个重要理论视角是比较优势。用这一概念去分析分工和专业化，是经济学的重要传统。林毅夫创立的"新结构经济学"，将遵循比较优势作为成功的经济发展战略的基础，并在分析产业政策时，提出政府应积极作为，发现和促进符合比较优势的产业，即所谓"增长甄别与因势利导"（林毅夫 2014）。这一极具启发性的理论视角，也带来了很多争议。尤其是在这样一个连续可微和循序渐进的理论框架中，该如何解释产业比较优势的动态突变，乃至中国和东亚经济显然具有巨大扭曲性的"超常"增长，就构成了一项理论挑战（张军 2013）。

以韩国为例。从 1973 年开始，韩国政府通过国家投资基金和韩国产业银行将大量资金投入六大"战略行业"：钢铁、有色金属、造船、机械、电子、石化。这一产业发展战略在当时受到了很多质疑。1974年，世界银行在一份报告中明确表示，对韩国的产业目标能否实现持保留意见，认为这些产业不符合韩国的比较优势，并建议把纺织业这个资金和技术壁垒较低的行业作为工业化的突破口（Studwell 2013）。韩国并未听从这一建议，继续大力发展这些战略行业，取得了巨大成功,不仅培育了世界一流的造船业和像浦项制铁及三星电子这样的世界顶尖企业,也大大降低了下游产业投入品的价格,推动了下游产业如汽车行业的发展,培育出了现代集团这样的一流车企。1990 年,韩国最具"比较优势"的十六类出口商品,比如轮船和电子产品,1970 年时根本就不存在(Cherif & Hasanov 2019)。

　　类似的情况在中国也存在。很多传统上中国没有比较优势的行业,经过多年发展,如今在国际上已经有了比较优势。刘守英和杨继东(2019)统计了中国 1,240 种出口商品在 2016 年的"显示比较优势",其中有 196 种商品在 1995 年时还没有比较优势或干脆不存在。这些新增产品大多来自复杂程度较高的行业,比如机械、电器、化工等。当然,这一实证结果本身也是对"新结构经济学"的肯定,毕竟大多数具有比较优势的出口商品,其比较优势从 1995 年一直延续到了2016 年。但这些例子确实也提出了相当有挑战性的问题:在发展复杂的现代工业行业乃至工业网络中,什么是比较优势的真正来源?潜在的比较优势能够像在农业中那样,被容易地事先甄别么?产业发展的过程在何种程度上是不连续和不确定的?为什么会这样?

　　很重要的一个原因在于复杂行业的学习效应。动态比较优势变化的重要驱动力之一是"边干边学",而只有在复杂行业中,学习空间才大,技术和成本创新的空间也大(Stiglitz & Greenwald 2015)。但复杂行业几乎都是资本和技术密集的行业,也正是发展中国家看上去没有比较优势的行业。不仅如此,"边干边学"只是个理论概念,而现实中"学习能力"和"学习效果"究竟如何,理论上很难判断,简单的劳动力人口受教育水平的数字,远不足以预测学习能力和效果。此外,比较优势的概念基础是"机会成本",这不是一个可以被直接观测的观念,而是一个"反事实"的概念。研究者必须借助观察外部竞争所带来的边际行为转变,去推断机会成本的变化。然而,"学习竞争"并非市场竞争,"学习能力"也不属于可以在市场上交易的能力(路风

2016)，因此不可能为研究者提供可观测的价格信号，自然也就无从推断无论是"显性"还是"隐性"的比较优势。这些无法度量和事先判断的学习能力，很难被理论化，也就成了产业政策理论中最重要的不确定性之一。

学习能力虽无法直接判断，但学习本身必然伴随着摸索和试错过程。不难想象，在善于学习的国家中，产业的分布可能呈现出"先发散，再聚焦"的动态过程：一开始广泛尝试，之后再深耕优势产业。实际上这正是宏观数据中所呈现的模式。Imbs 和 Wacziarg（2003）构建了多国制造业行业分布的基尼系数，发现这一系数随着时间变化而呈现出先下降再上升的 U 型模式，换句话说，产业分布呈现"先发散再集中"的过程，而不是像简单的静态比较优势理论所预测的那样，一开始就聚焦于自身具有比较优势的行业。此外，随着时间推移，一国的产业结构也会变得越来越复杂，即分工越来越细，上下游链条越来越长。哈佛大学国际发展中心的"经济复杂度"（the Atlas of Economic Complexity）指数度量了各国出口产品中所呈现的行业复杂程度，中国商品的复杂程度从 2000 年的世界第 39 位上升到了 2019 年的第 16 位。

不确定性和比较优势的另一大来源，就是政府本身。中国政府掌握着巨量的资源，当它决定推动某个产业时，就会直接改变该产业发展的禀赋和外部条件。这种主动的"扭曲"，是实现超常增长的必要条件（张军 2013）。在中国地方政府的招商引资中，非常重视企业的资产和投资规模，愿意扶持"大项目"，为之提供廉价土地、贷款贴息、税收优惠等，这直接扭曲了生产要素的相对价格，刺激企业加大资本投入，相对压缩人力需求。虽然相对发达国家而言，中国工业整体上还是劳动密集型的，但相对其庞大的劳动力规模而言，中国工业存在资本投入过度的现象，而且这种资本投入对回报和经济增长率并不敏感（张军 2002；陆铭 2016）。加入 WTO 之后，一方面进口资本品关税下降,增加了企业资本投入;另一方面工业在东南沿海集聚引发大规模人口迁移,而与户籍和土地有关的政策抬高了房价和用工成本,"用工荒"现象屡有发生,企业于是更加偏向资本投入(余淼杰和梁中华 2014)。举个例子,中国是世界上最大的工业机器人使用国,2016 年就已占到了世界工业机器人市场的三成,一个重要原因就是用工成本上升(Chen et al. 2019)。

总的看来,从比较优势入手去理解经济发展过程中的宏观产业布局和渐进发展,是非常有启发的理论视角。无论如何,一国的生产要素资源终究有限,如果整体产业结构长期大幅度偏离比较优势,很难实现持续的经济增长(林毅夫、蔡昉、李周 2014)。这一宏观视角,与在微观尺度上发展一些看似没有比较优势的产业,实际并不矛盾。虽然政府无法改变国家总体的资源禀赋,但对某个具体产业而言,政府产业政策确实可以直接扭曲资源投入价格,再借助学习效应和下文中讨论的规模效应,"无中生有"地创造出比较优势。尤其对于大国而言,在整体遵循比较优势的发展过程当中,依然有余力将大量资源投入不少没有比较优势的复杂和高新技术产业,并且取得成功。这其中很重要的一个原因,就是巨大的国内市场所带来的规模效应。

四、 国内市场规模与产业政策

经典的比较优势理论之后,经济学家开始引入规模效应和垄断竞争来理解分工和贸易。对于小国而言,"规模效应"的主要来源是国际市场,因此开放市场和聚焦细分行业就是应有之义。但对大国而言,与利用外资相比,在某些行业扶植本土企业能更好地利用国内市场的规模效应,降低成本,提高福利。

考虑一个存在规模效应且充分竞争的行业(图 1),其行业的供给曲线即行业的平均成本曲线,向下倾斜。该产品的国际市场由外国公司主导，供给曲线是 $AC_{foreign}$，需求曲线是 D_{world}，世界市场的均衡价格为 P_0。如果本国公司能发展出成本更低的技术，那国内的均衡价格 P_1 会低于 P_0，若本国公司也供应国际市场，价格还会进一步下降到 P_1 以下。然而若本国公司在这个行业中是后来者，那么在对外开放的情况下，本国公司实际无法进入这个行业，因为其刚进入时的平均成本 C_0，远高于市场价格 P_0。换句话说，市场不会给本国公司学习不断降低成本的机会，即使本国公司潜在的效率更高。但若本国的产业政策为进入提供补贴，拉低本国公司的进入成本，那么长远看可能会提高本国的整体福利。

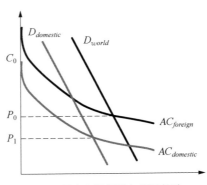

图 1   国内市场规模与贸易损失

在上述模型中，国内市场规模是个关键变量。如果国内市场很小，需求曲线 $D_{domestic}$ 左移，离世界市场需求很远，那么就算国内厂商的潜在效率更高，国内市场的均衡价格也会高于 P_0。进口而不是自己生产，成本更低。换句话说，对小国而言，补贴本国厂商进入门槛很高的行业，并不划算，因为收益的大部分都被国际市场的消费者拿走了。但对大国而言，补贴的利弊得失要重新计算。当然，这个模型非常简化，没有考虑一些高门槛行业的技术外溢可能提升一国的整体工业基础和水平，在这种情况下，即使是相对规模较小的国家（比如韩国），补贴本国厂商进入也可能是有益的。

中国液晶显示面板产业的崛起，就是个典型的例子（路风2016）。中国是电脑、电视、手机等产品全球最大的市场，而电脑显示屏和电视，硬件成本近八成来自显示面板。2008年，面板行业由日韩和中国台湾地区的企业主导，大陆企业的市场占有率可以忽略不计。2012年，中国进口面板总值高达500亿美元，仅次于集成电路、石油和铁矿石。中国不少地方政府对这一行业的补贴和投入非常巨大，最终造就了一批本土龙头企业，如京东方、华星光电、深天马、维信诺等，大幅降低了面板价格，下游产业和消费者受益很大。这一产业还形成了强大的出口产能，并培育了很多本土上游企业。在本土形成产业集群后，企业自身的规模经济效应和行业整体的规模经济效应叠加，提高了效率，进一步降低了运输和交流成本，促进了全产业链的自主和协同创新，加速了技术进步和成本下降，进一步扩大了中国企业的竞争优势和世界市场占有率。以京东方为例，不仅自2018年以来出货量连续四年世界第一，且国际专利申请数量最多的全球十大公司中，2016—2019年每年也都有京东方。

当然，中国国内市场虽大，但并非所有行业都应该受到政府补贴，政策所针对的产业，依然要具有各种外部性的特征。但即便市场规模和外部性条件都具备，产业政策也不见得能成功。产业政策的效果，与政策是否鼓励竞争密切相关。

五、 产业政策的竞争性

产业政策的竞争性有三个层面的含义：政策工具的设计是否促进竞争；产业政策的实施主体之间是否有竞争；政策所涉及的企业之间是否有竞争。

产业政策的实施效果，离不开具体政策工具的设计。政策虽然总是偏向于某个目标产业，但在该产业内部，政策应该普惠所有企业并鼓励新企业进入，促进竞争，而非只针对某些具体企业。实证研究发现（Aghion et al. 2015），普惠性的产业政策，比如低息贷款、税收优惠、普惠性补贴等，确实有利于促进竞争，提升产业效率和创新能力。

在一些政策设计的细节上，产业政策也可以发挥鼓励竞争和创新的作用。比如中国在对光伏产业的电价补贴中，采用了从德国引进的"标杆电价"（feed-in tariff），该补贴政策的补贴力度会随时间一直降低，并且所有企业都非常清楚补贴会逐渐减少，直至取消，因此有动力不断提升效率和降低成本。事实证明，光伏企业的技术进步和成本下降速度，比退补速度更快（兰小欢 2021）。

政策工具效果如何，也离不开政策的监督和评价机制。有些政策的优惠力度直接和竞争程度挂钩，比如出口补贴或退税，就是以海外市场的占有率为评价标准。鼓励企业参与竞争激烈的海外市场，不仅能提高企业自身的效率，还能让这些在竞争中做大做强的企业吸引更多行业资源，扩大在国内市场的份额，逐步挤占落后企业的生存空间，从而提升产业的整体效率（Melitz 2003；Brandt et al. 2017）。同时，出口总量易于观测和衡量，可以用来评估被补贴企业的表现，制约被补贴企业不断寻求租金和贸易保护。因此，在东亚包括中国的产业政策中，一般都包含"出口导向"的机制。

在实践中，中央政府的产业政策一般普惠全行业，鼓励竞争，并不针对具体企业。但地方政府在落实政策的时候，终归要落实到具体的本地企业头上。在全国意义上的普惠政策，在地方上就成了特殊政策。因此，产业政策的竞争性，还离不开政策实施主体即地方政府之间的竞争性。

中国各地方政府在"招商引资"上竞争激烈，各地优惠政策在内容上高度趋同，只是在力度上受到当地财力制约。不仅如此，各地政府大力扶持的具体产业方向,也和中央倡导的产业方向趋同,这种"随大流"的现象进一步加剧了地方政府之间的竞争(赵婷和陈钊2019)。这些竞争拉低了行业的进入门槛,直接导致了大规模的"重复建设",加剧了行业竞争。在这种情况下,企业一方面必须不断进行成本创新,压低成本,才能在低端的"价格战"中生存下来,另一方面也必须不断升级技术和质量,加速逃离低端价格战,获得更大的发展空间。以家电为例,中国的大型企业如海尔、美的、格力等等,都经历过这一残酷的竞争过程,才能在短短二十年内成长为世界巨头。

地方政府之间的竞争程度,当然也离不开所采用的具体政策工具。宽泛地讲,产业政策优惠工具可以分为三类:无偿型(比如补贴和税收优惠)、债权型(比如低息贷款)、股权型(通过地方产业基金或地方国企直接入股)。从促进政府间良性竞争的角度出发,股权型政策工具优于其他工具。一方面,实施股权型政策,地方政府需要在较长时间内与企业共担风险,承担的风险最大,一般更加谨慎。另一方面,除非是投资国有独资企业,否则地方政府的利益还要和企业其他的股东绑定。而股权资本和债权不同,比较标准化,流动性更强,对资本投入的回报率要求也比债权高,可以"用脚投票"。因此政府在投资之前,要更加谨慎地衡量回报率和风险,这就间接优化了实施产业政策所需的资源配置。

产业政策的竞争性,最终要落实到鼓励企业之间的竞争。首先,政策所针对的产业本身应该是竞争性的,而不应是垄断性的(Aghion et al. 2015)。其次,企业间的竞争应能做到"优胜劣汰",不能让政策变成低效企业的寻租工具和保护伞。假如地方政府保护本地企业,哪怕是低效率的"僵尸企业"也要不断输血和挽救,做不到"劣汰",竞争的效果就会大打折扣,导致资源的错配和浪费。这是很多经济学家反对产业政策的主要原因。尤其中国地方政府有强烈的"大项目"偏好,会刺激企业扩张投资。企业一旦做大,就涉及就业、稳定和方方面面的利益；一旦破产，一系列矛盾会公开化，地方政府不愿意看到。所以企业"破产难"一直是我国经济的顽疾，无论是破产重整还是破产清算，在企业退出方面的制度改革和建设还有很长的路要走。

总的来看，产业政策的核心不应该是在具体企业中挑选胜者，而应该针对目标产业实施普惠性的政策，降低各种外部性的影响，降低企业的进入门槛，同时鼓励竞争。但不管是市场竞争还是政策引导，都无法克服未来的不可知性，不能保证企业的成功。从根本上讲，自由市场经济的优势本来就不是决策优势，而是可以在竞争中不断试错，优胜劣汰。因此，有效的产业政策，不在于事前挑选强者，而在于维护竞争，在竞争中让强者胜出。

六、 产业政策的因果识别

关于产业政策的实施效果，一直争议很大，很重要的原因在于这个领域的经验研究很难给出极具说服力的因果性估计。现实中的产业和政策千变万化，支持产业政策的人总能找到很多成功的例子，而反对者也总能找到很多失败的例子，谁也说服不了谁。"一锤定音"式的经验研究之所以困难，是因为如下几个原因。

第一个困难是政策的内生性。现实中没有"随机"发生的产业政策。政策出台的背后，一般都伴有漫长的讨价还价和利益博弈过程。政策最终出台前，要经历几轮的讨论、征集意见和反馈、修改、再讨论的过程，在这一漫长过程中，相关企业必然会参与其中，而政策中的一些具体细节，本就为针对这些企业的具体问题所制定。因此企业完全可能预见到最终政策的大概，提前调整行为和战略，而研究人员却只能采用政策实施后的数据做政策前后对比，很难识别因果关系。

第二个困难是区别政策组合和单一攻策。一般的经验研究,大都试图分解出某项具体产业政策的效果。但在现实中,扶持某个产业的政策,通常是一系列的政策组合,并且在产业和企业不同的发展阶段,有不同的政策。这就为产业政策的研究者带来了一个困难,很多可以观测到的产业和企业表现,本身已经蕴含了产业政策的作用,所以很难分离政策的因果效应。而在中国的数据中,这一困难尤其巨大。中国地方政府支持产业发展的大部分投资和补贴,都发生在项目上马阶段,所以诸多企业自创立伊始就受到产业政策的影响。换句话说,研究者可观测的很多企业数据,从头到尾都包含着产业政策的作用,甚至这些数据的诞生,就已经是产业政策推动的结果,根本没有不受政策影响的"干净"数据可供研究者对比。

对产业政策的执行者而言,最重要的是产业发展的结果,也就是是所有政策的合力效果,而非某个具体政策的边际效果。政府可以根据需要随时灵活调整可用的所有政策,而不必拘泥于某个单一政策。不仅如此,单一政策的边际效果也取决于所有其他相关政策所营造的环境,因此即便可以识别单一政策的效果,这些效果也很难再现于另一个迥异的政策环境中,这也为这类经验研究的政策价值提出了挑战。

第三个困难是研究者所使用的数据只发生在某个时段,而这个时段常常与产业周期重合,所以研究所估计的政策效果,有可能只是当时产业周期波动的结果。在某时段上看似成功的产业政策,后来有可能失败,而在某时段上看似失败的产业政策,后来却可能大获成功。20世纪80年代日本经济如日中天,通产省及其主导的产业政策被人盛赞(Johnson 1982),但90年代随着日本经济陷入衰退,同样的产业政策又被视为是阻碍了产业的充分竞争,是经济衰退的祸根之一(Porter & Sakakibara 2004)。另一个相反的例子是中国的光伏产业。2012年前后,在欧美金融危机和"双反"调查的双重打击下,中国很多光伏企业倒闭，全行业进入寒冬。光伏产业也因此成了产业政策和政府补贴最活生生的教训。但实际上经过当年的行业洗牌之后，如今中国光伏产业已经成为全球龙头，国内企业（包括其海外工厂）产能占全球八成。在该产业的几乎全部关键环节，如多晶硅、硅片、电池、组件等，中国企业都居于主导地位（弓永峰和林劼 2020）。在规模经济和技术进步的驱动之下，光伏组件的价格十年间（2010—2019 年）下降了 85％，同期的全球装机总量上升了 16 倍（Yergin 2020；REN21 2020）。光伏已经和高铁一样，成了"中国制造"的一张名片。

第四个困难是局部均衡和一般均衡的差别。产业之间不仅有复杂的上下游联系，而且有难以预料的技术和人才外溢效果，因此即便研究人员能够合理地评估产业政策对目标产业的影响，也很难评估几乎数之不尽的外溢影响。比如，合肥对京东方的大力扶持，不仅让合肥围绕京东方上下游建设成了中国光电显示产业的主要基地之一，而且这一产业使用的很多技术又与芯片和半导体等其他产业直接相关，这就使得合肥政府可以利用和京东方合作的经验及产业基础，又吸引了兆易创新等半导体行业龙头企业，设立了合肥长鑫，成为中国内存（DRAM）制造产业的中心之一。此外，合肥对蔚来汽车等新能源汽车行业新兴企业的大力支持，也间接刺激了整条新能源汽车产业链在安徽的投资和布局，比如美的集团转型投入新能源汽车零部件的生产基地，就落在了安庆。因为产业和技术之间的复杂联系，产业政策往往具有"一石激起千层浪"的效果，让研究者很难评估其整体效果。同理，那些失败的产业政策，负面效果也可能会成倍放大，对整个经济的发展路径带来复杂深远的影响。比如中国在商用大飞机产业上走过的曲折道路，从 1986 年停止自主研发的"运 10"项目，到 2008 年再成立中国商飞公司，失去了二十年的发展机会，影响难以估量（路风 2019）。

正因为"反事实"是一个不可知的想象,所有因果关系都是理论关系,实证检验并不代表客观事实,只是基于理论假设而对可得的数据所进行的一种阐释。但因为产业的变化要比个人行为复杂得多,我们对于远远不完善的可得数据的阐释,需要特别小心谨慎。尤其当研究上升到了指导或影响政策决策时,更要格外谨慎。

七、 结论

关于产业政策的理论研究和政策建议,要受到现实条件的约束。几乎所有基于市场机制的分工理论(包括比较优势),都必须假设自己不生产的产品是可以通过贸易手段获取的,但若贸易渠道受阻呢?近些年,美国对华为等中国高科技公司的打压和禁运进入了大众视野,人们开始意识到国际贸易中的政治和不可控因素。新冠疫情和俄乌战争等更是凸显了全球产业链的脆弱性。实际上早在华为事件和贸易战之前,发达国家对中国某些产业的禁运和技术封锁就一直有之(比如核工业和航空航天)。虽然经济学的模型中一般并不包括这些因素,但对产业政策的决策者和推动本国产业发展的企业家和技术精英们来说,这是他们每天都要面对的现实世界。

正因为产业、市场、国际政治瞬息万变,所以产业发展和产业政策本质是个实践问题,而不只是"应该如何如何"甚至"只能如何如何"的理论问题。理论研究的主要任务,并不是用高度简化的理论和概念去约束现实,而是应该利用这些丰富的政策和行业实践,丰富我们的知识,深化我们对产业发展规律乃至国家整体经济发展规律的认识,也深化我们对政府和市场互动模式的认识。在这一深入了解现实的过程中,研究者才可能逐步勾勒出大的理论框架和可能性,并真正理解点燃这些可能性的多重偶然性。

参考文献

弓永峰，林劼(2020)，《"逆全球化"难撼中国光伏产业链优势地位》，中信
    证券研报。

兰小欢(2021)，《置身事内：中国政府与经济发展》，上海人民出版社。

林毅夫(2014)，《新结构经济学：反思经济发展与政策的理论框架》，北京
    大学出版社。

林毅夫、蔡昉、李周(2014)，《中国的奇迹：发展战略与经济改革》，格致出
    版社。

林毅夫、张军、王勇、寇宗来(2018)，《产业政策：总结、反思与展望》，北京
    大学出版社。

刘守英，杨继东(2019)，《中国产业升级的演进与政策选择——基于产品
    空间的视角》，《管理世界》第 6 期。

路风(2016)，《光变：一个企业及其工业史》，当代中国出版社。

路风(2019)，《走向自主创新：寻找中国力量的源泉》，中国人民大学出
    版社。

陆铭(2016)，《大国大城：当代中国的统一、发展与平衡》，上海人民出
    版社。

余淼杰、梁中华(2014)，《贸易自由化与中国劳动收入份额——基于制造
    业贸易企业数据的实证分析》《管理世界》第 7 期。

赵婷、陈钊(2019)，《比较优势与中央、地方的产业政策》《世界经济》第
    10 期。

张军(2002)，《增长、资本形成与技术选择：解释中国经济增长下降的长
    期因素》《经济学(季刊)》第 1 期。

张军(2013)，《"比较优势说"的拓展与局限：读林毅夫新著〈新结构经济
    学〉》，《经济学(季刊)》第 3 期。

Aghion, Philippe, Jing Cai, Mathias Dewatripont, Luosha Du, Ann
    Harrison, and Patrick Legros (2015) "Industrial Policy and
    Competition." *American Economic Journal: Macroeconomics* 7.4:1 -
    32.

Beaudry, Paul, and Patrick Francois (2010). "Managerial Skills
    Acquisition and the Theory of Economic Development." *Review of*

Economic Studies 77.1:90 – 126.

Bloom, Nicholas, John Van Reenen, and Heidi Williams (2019). "A Toolkit of Policies to Promote Innovation." *Journal of Economic Perspectives* 33.3:163 – 84.

Brandt, Loren, Johannes Van Biesebroeck, Luhang Wang, and Yifan Zhang (2017). "WTO Accession and Performance of Chinese Manufacturing Firms." *American Economic Review* 107. 9: 2784 – 2820.

Cheng, Hong, Ruixue Jia, Dandan Li, and Hongbin Li (2019). "The Rise of Robots in China." *Journal of Economic Perspectives* 33, no. 2:71 – 88.

Cherif, Reda, and Fuad Hasanov (2019) "The Return of the Policy that Shall Not Be Named: Principles of Industrial Policy." *IMF Working Paper*.

Imbs, Jean, and Romain Wacziarg (2003) "Stages of Diversification." *American Economic Review* 93.1:63 – 86.

Johnson, Chalmers. *MITI and the Japanese Miracle: the Growth of Industrial Policy*, 1925 – 1975. Stanford University Press, 1986.

Krueger, Anne O (1990). "Government Failures in Development." *Journal of Economic Perspectives* 4.3:9 – 23.

Lane, Nathan (2019) "Manufacturing Revolutions: Industrial Policy and Industrialization in South Korea," Working paper

Liu, Ernest (2019) "Industrial Policies in Production Networks." *Quarterly Journal of Economics* 134.4:1883 – 1948.

Mazzucato, Mariana (2015), *The Entrepreneurial State: Debunking Public vs. Private Sector Myths*, Public Affairs press

Melitz, Marc J. "The Impact of Trade on Intra-industry Reallocations and Aggregate Industry Productivity." *Econometrica* 71. 6 (2003): 1695 – 1725.

Mowery, David C., and Nathan Rosenberg (1999). *Paths of Innovation: Technological Change in 20th-century America*. Cambridge University Press.

Porter, Michael E., and Mariko Sakakibara. "Competition in Japan."

Journal of Economic Perspectives 18.1(2004):27 - 50.

REN21（2020） *Renewables 2020 Global Status Report*, Renewable Energy Policy Network for the 21st Century.

Rodrik, Dani（2004）. "Industrial Policy for the Twenty-First Century." *Working Paper*, Harvard University.

Stiglitz, Joseph, Bruce Greenwald （2015）, *Creating a Learning Society: A New Approach to Growth, Development, and Social Progress*. Columbia University Press.

Studwell, Joe（2013）. *How Asia Works: Success and Failure in the World's Most Dynamic Region*. Grove Press.

Yergin, Deniel（2020）, *The New Map: Energy, Climate, and the Clash of Nations*, Penguin Press

多重政策目标与地方政府行为

方颖、文强

一、 引言

党的十九大报告指出,中国经济已由高速增长阶段转向高质量发展阶段。高质量发展势必要求各级政府摒弃唯 GDP 论英雄的单一政策目标,进而转向以创新、协调、绿色、开放、共享等新发展理念为基础的多重政策目标。中国又是一个以地区经济分权(economic regional decentralization)为特色的国家(Xu, 2011),地方政府控制大量的经济资源,而中央政府的各项政策目标需要依托地方政府来具体实施。因此,中央也在不断改进和完善地方官员的评价体系,把经济、政治、文化、社会、生态文明建设和党的建设等多重目标纳入考核体系,而不再以地区生产总值及增长率作为主要考核指标①。当中央政府对地方政府的考核由单一政策目标转为多重政策目标之后,在现有央地关系的格局下,地方政府的行为究竟会发生什么样的变化,

---

① 见中组部 2013 年 12 月 6 日发布《关于改进地方党政领导班子和领导干部政绩考核工作的通知》。

无疑是一个值得关注与研究的重要问题。

地方政府在中国改革开放以来的高速经济增长中发挥了重要作用。一方面,中央政府掌握地方官员的晋升考核,设定地区经济增长单一政策目标,通过所谓的"晋升锦标赛"机制选拔官员,激励地方官员为谋求晋升而发展经济(Li & Zhou, 2005;周黎安,2007;张军和高远,2007)。另一方面,中国式的财政联邦主义能够给地方政府提供足够的财政激励(Jin et al., 2005;张军等,2007;方红生和张军,2013),通过地区经济增长实现地方财政收入的增长,满足地方官员最大化地区财政收入的内在要求,而充足的地方财政收入又进一步助力地区经济增长,使地方官员在政治晋升中获取优势。为增长而竞争的一系列制度安排无疑取得了巨大成功,但在经济新常态下显然又是难以为继的。晋升激励可能导致地方官员以 GDP 指标代替辖区居民偏好、关心任期内短期经济增长而忽略长期影响,造成地方保护主义、重复建设、环境污染等重大社会经济问题,无法达到高质量发展的内在要求。

以地区经济增长为单一政策目标虽然显得简单粗暴,但在现有央地关系的一系列制度安排中具有相当程度的激励相容的优势。当单一政策目标替换为多重政策目标后,原有激励相容的格局就有可能被打破,地方政府的行为也可能因此偏离政策目标所设定的轨道,导致多重政策目标下地方政府的执行困境。首先,多重政策目标可能有悖于地方政府最大化地方财政收入的内在激励,从而降低地方政府执行中央政策的内在动力。其次,尽管地方官员的晋升激励依然强烈,但多重政策目标之间可能存在一定程度的内在冲突,增加了中央政府晋升考核的难度。由于缺乏如地区 GDP 增长率这样简单、明确、统一的标尺性考核指标,在信息不对称情况下会削弱地方官员执行中央政策的努力程度。Dewatripont et al. (1999)的多目标职业晋升模型证明,政策执行力度会随着政策目标的数量增加而递减。

最后,在多重政策目标下,地方政府可能根据政策考核强度、激励相容程度、政策执行难易度、考核目标清晰度以及考核期限长短等因素有选择地决定不同政策的执行力度,从而加大政策目标实现的不确定性与复杂性。张军等(2020)基于动态一般均衡模型,量化模拟了不同考核指标对于实体经济变化的影响。

　　本文以"坚决遏制房价上涨"与"蓝天保卫战三年行动计划"为例,研究地方政府面临多重政策目标时的应对措施以及政策实施效果。控制房价与治理污染都是社会关注度极高的重大民生问题,也是中央政府的两大重要政策目标。一方面,我国面临高房价带来的诸多挑战,为了抑制房价,2013 年 7 月 31 日召开的中央政治局会议要求"坚决遏制房价上涨",体现了中央控制房价的决心。另一方面,环境污染也给社会经济平稳运行带来严重负面影响,十九大将"污染防治"确定为全面建成小康社会决胜时期的三大攻坚战之一,国务院于 2018 年 6 月 27 日颁布《打赢蓝天保卫战三年行动计划》。控制房价与治理环境在地方官员的考核中都具有"一票否决"的威慑力,但控制房价和治理环境两大政策目标与地方政府最大化财政收入的内在激励存在矛盾。房地产市场发展可以给地方政府带来土地出让等土地相关的税收收入,形成规模巨大的"土地财政"(周飞舟,2007)。控制房价上涨对房地产市场的抑制作用,将压缩土地财政空间,进而减少地方政府的财政收入。在污染治理方面,地方政府严格执行环境规制政策需要关停或者限制污染行业发展,这将显著降低经济增长率(Chen et al.,2018),从而同样可能对地方的财政收入形成挤压效应。上述两项政策都在 2018 年 7 月左右执行,都具有一票否决的特征,因而为我们考察地方政府面临多重政策目标时如何执行中央政策提供了理想场景。

　　利用全国 1496 个空气质量监测站的污染监测数据,本文使用双重差分法发现,"坚决遏制房价上涨"政策实施后,空气质量将出现恶化的情况。具体表现为，地方政府的土地财政依赖度提高 1%，在其他条件不变的情况下，该城市监测站点的空气质量指数（AQI）将显著上升 0.039%，意味着 AQI 在平均水平上提高了 2.5 个单位，上涨幅度接近我国空气质量在 2016—2017 年间的改善程度，具有经济意义上的显著性。进一步分析发现，政策实施前地方政府制定的财政收入增长目标越高，控制房价政策对该城市空气质量的影响更大。与此同时，控制房价上涨政策实施后，空气质量恶化主要源于工业污染物二氧化硫（SO_2）浓度的增加。由此可见，地方政府在面临控制房价上涨与保护环境所带来的财政压力时，倾向于选择控制房价但牺牲环保目标，从而导致环境质量恶化。

已有文献较少从多重政策目标的视角研究地方政府所面临的执行困境。我们关注地方政府所面临的房价控制与环境治理双重政策目标，利用"坚决遏制房价上涨"的政策冲击，开创性地研究地方政府在面临多重政策目标时的具体政策选择以及政策实施效果。本文研究丰富了已有央地关系的研究文献，对于在多重政策目标中如何实现高质量发展具有重要意义。

本文第二部分从多重政策目标下央地关系角度出发，讨论地方政府在面临多重政策目标时的执行困境以及行为假说，第三部分介绍数据，并利用双重差分法识别控制房价上涨政策对空气质量的影响，第四部分则进一步分析遏制房价上涨影响空气质量的机制，最后是一个简短的总结。

二、 多重政策目标下的央地关系：地方政府行为理论

（一） 理论假说

在中国经济进入新常态之前，中央政府与地方政府间关系的制

度安排可以概括为三个要点。一方面,中央政府掌握了选拔和任免地方官员的权力,也就是政治上的中央集权制度;另一方面,财政联邦主义式的制度安排造成了很大程度上的地方经济分权,地方政府可以分享由地区经济增长所带来的地方财政收入的增长;最后,以地区经济增长为核心的单一政策目标形成地方政府为增长而竞争的局面,共同促进了中国 40 余年的高速经济增长。中国式央地关系的三个支点(地方官员晋升的政治激励、地方政府最大化财政收入的经济激励、中央政府单一政策目标的标尺式考核)虽然在经济新常态下不具备可持续性,但在现有的央地关系框架中却具备相当程度的激励相容和内在稳定性。变更其中的任何一项安排往往会破坏其内在的激励相容结构和稳定性。Blanchard & Shleifer(2001)就认为,俄罗斯和中国在经济绩效上的差别就由于前者缺少一个有效的中央集权的政治制度。张军(2012)则强调了分税制改革在保留财政联邦主义优势并约束地方主义行为中的作用。

在现有的央地关系格局中,以分税制为代表的财政分权改革以后,地方政府可以与中央分享财政收入。财政收入越高,地方的相应留存就越多,因而地方政府有足够动机发展地方经济以谋求地方财政收入的增长。现有研究发现,地方政府确实会根据经济激励水平调整其行为。比如在税收分成比例方面,增值税分成主要对应于工业用地,而营业税则主要对应于商住用地。谢贞发等(2019)发现,增值税地方分成上升会促进地方政府增加工业用地的配置,而营业税地方分成比例上升则会降低地方政府工业用地的配置。土地收入是地方政府财政收入的重要组成部分,因而地方政府也有经济动机大力获取土地相关收入。例如,孙秀林和周飞舟(2013)发现,地方政府逐渐走向以土地征用、开发和出让为主的发展模式,从而形成了规模巨大的土地财政。

在多重政策目标的情况下,我们首先考虑在原有地区经济增长率政策目标之外，中央政府要求地方政府完成另一项特定政策目标。由于中央政府仍然掌握地方官员晋升的权力，因此可以通过提供正反两方面的政治激励引导地方官员完成中央政府的政策目标，比如将特定政策目标的完成程度以一票否决的形式进入考核体系。当特定政策与地方政府最大化财政收入的经济激励相容时，地方政府有足够的动力完成该项特定政策，从而地方官员的政治激励与经济激励一致。当特定政策的执行不利于最大化地方财政收入时，政策执行情况取决于特定政策所附加的政治激励与经济激励的相对水平。Chen et al.（2018）发现，当国务院在环保考核中引入一票否决制后，"两控区"所在地区的地方政府才开始下调经济增长目标，并关停火电站、增加脱硫设施等。席鹏辉等（2017）则发现，在 2003—2011 年间，当地方政府的税收分成比例下降后，他们会增加工业企业数量，并放松环境规制以吸引更多污染密集型企业，从而加剧工业污染。尽管 2006 年开始就存在环保一票否决制，但地方政府仍然有动机放松环境规制，这说明地方政府在面临强经济激励时有可能调整其对政治激励的反应程度。由此可见，当一项政策所附加的政治激励与经济激励存在冲突时，地方政府并不是一味服从政治激励，他们会根据政治激励与经济激励的相对水平调整其遵从力度。

进一步，我们考虑更为复杂的多重政策目标安排，也就是存在两项或两项以上的特定政策，这些特定政策的执行使地方政府都面临负向的经济激励，即均不利于地区财政收入的增长。当中央政府具有多重政策目标时，地方政府被迫同时执行多项负向经济激励的中央政策，那么地方政府会如何选择不同政策的执行力度呢？为了简化分析，我们假定这些政策在晋升考核中都具有一票否决的形式。地方政府缺乏足够的经济动机执行这些政策，但是在政治动机的负面激励下他们又需要执行这些政策，我们进而考虑地方政府在此情况下的行为选择与不同政策执行力度的组合。

　　首先，政策数量是否影响地方官员的遵从程度？Dewatripont et al. (1999)较早探讨多重政策目标下地方官员的政策执行情况。他们构建了多任务职业晋升模型(multitask career concern，MCC)，假定地方官员需要执行多项中央政策，官员有晋升动机，能否晋升依赖于执行政策取得的绩效，而获取绩效取决于地方的禀赋条件和官员的努力程度两种要素，但中央政府无法直接判断地方的禀赋条件。谋求晋升的地方官员有动机投入努力以取得好的绩效，其努力程度越高，对中央政策的遵从力度就越强。理论分析发现，当需要执行的中央政策的数量越多时，地方官员在特定政策执行上的努力程度不容易区别于禀赋条件，从而降低他们执行该政策的动机，最终导致总体努力程度的下降。与 Wilson (1989)的观察相一致，当中央政府放弃一些重要政策目标而专注于特定政策目标时，地方政府对中央的遵从力度更强。由此可见，尽管地方政府出于晋升的政治激励会遵从一票否决制，但是当一票否决制的政策数量较多时，地方政府可能对不同政策目标的执行力度会有所权衡。

　　其次，政策特性是否导致地方官员对不同政策的遵从力度存在差异性？MCC 模型假定中央政府对于地方官员执行的政策目标具有清晰的标准，但在现实生活中，有的政策目标的执行标准非常清晰，例如安全生产，一旦发生重大安全事故，地方官员将被问责从而失去晋升资格，那么地方官员有足够动机严防安全事故发生。然而，有的政策目标设定并不清晰，或者标准不易量化，例如环境保护，尽管中央设定了一段时期的减排目标，但是在该时间段内每一期的具体完成目标并未完全设定，那么地方官员可能缺乏足够的动机在每一期都尽最大努力保护环境。当政策目标不清晰时，地方政府的执行力度可能不同。Dewatripont et al. (1999)发现，当政策目标不清晰时，对官员的考核标准就比较模糊，对地方官员的评价就更难以将其禀赋条件和努力程度区分开，从而降低地方官员的努力程度。由此可以推测，在多重政策目标中，考核目标越清晰的政策，地方官员对其执行力度越强。

最后，MCC 模型假定绩效是地方官员晋升的必要条件，这说明地方官员先取得绩效而后实现晋升，那么对地方官员的考核在其任期内才具有真正的激励效应。现有研究发现，任期的确会影响官员决策行为。吴敏和周黎安（2018）发现，市委书记和市长任期与可视型公共品支出呈现出显著的倒 U 型关系，但这种显著关系在非可视型公共品中则不存在。这是因为在晋升激励的作用下，给定有限的财政资源，地方官员倾向于在可视性高的公共品上分配更多的资源以最大化其任期内政绩。因此，在多重政策目标中，政策考核的时间跨度越短，对地方官员的绩效考核就越可能在其任期内实现，地方官员的相应政策的执行力度就越强。

综上所述，当地方政府需要执行多项中央政策时，在给定地方政府最大化地方财政收入的条件下，对于那些影响地方财政收入的中央政策，地方政府具有降低政策执行力度以减少财政损失的动机。地方政府可能对考核目标清晰、考核期限较短的中央政策的执行力度更强，而对考核目标模糊、考核期限较长的政策的执行力度更弱。

（二）研究假说：房价控制与污染治理间的抉择

控制房价与保护环境是当前中央政府的两大重要目标。控制房价对土地财政的抑制作用，以及保护环境对经济增长的抑制作用都会降低地方政府的财政收入，因此这两项政策对地方政府而言都存在负向的经济激励。尽管在考核体系中，控制房价与保护环境从形式上而言具有相同的负向激励程度，都具有一票否决的特征，然而由于这两项政策在考核目标清晰度和考核期限等方面存在差异，就有可能影响它们被执行的相对力度。在考核期限方面，国家统计局每月发布 70 个大中城市房价指数，同时也有第三方机构统计其他主要城市的月度房价指数,这说明"坚决遏制房价上涨"政策构成事实上的"月度考核"。然而,"蓝天保卫战三年行动计划"规定重点区域到2020 年的污染减排目标,并提出"对年度目标任务完成情况进行考核",这说明污染治理考核最短是进行"年度考核",比房价控制月度考核的期限更长。在考核目标清晰度方面,"坚决遏制房价上涨"表示房价的增长率应小于等于 0,即房价增长率是否大于 0 构成对房价控制政策月度考核的清晰标准,而"蓝天保卫战三年行动计划"只确定了年度考核目标与三年考核目标,并且大部分城市和省份并没有公开发布年度考核具体目标,这说明相对于抑制房价政策,污染控制的月度考核指标的清晰度较低。特别地,"蓝天保卫战三年行动计划"划定 80 个城市为重点区域范围,但"坚决遏制房价上涨"政策并未划定实施区域,这说明全国所有城市都具有清晰的控制房价政策目标,却仅有部分城市有较为清晰的环保政策目标。由此可知,相比于"蓝天保卫战三年行动计划","坚决遏制房价上涨"政策不仅考核期限更短,并且考核目标更清晰。基于前述多重政策目标下地方政府行为理论可推测,在同时面临控制房价与保护环境的负向经济激励时,地方政府有动机更严格地执行房价控制政策,但有可能牺牲环境保护目标,从而造成环境污染问题。

据此可得本文关键假说:"坚决遏制房价上涨"政策实施后,地方政府在抑制房价和治理环境权衡中可能减少环境保护政策的执行力度,从而导致空气质量下降。

三、 数据与基准模型分析

(一) 数据说明

本文使用的空气质量数据来源于中国环境监测总站的全国城市

空气质量实时发布平台。该平台提供 2014 年 5 月 13 日以来各监测站点的小时层面空气质量数据，包括 AQI 及其分项指标。本文关注 2018 年"坚决遏制房价上涨"政策对城市空气质量的影响。由于地方政府每年都有新的工作目标（徐现祥等，2018），为了避免不同年份的工作目标对当地房地产市场发展与空气质量的可能影响，我们将政策实施后的时间窗口限定在 2018 年之内。由于政策实施后有 5 个月的时间区间（8—12 月），我们将政策实施前的时间区间也选择 5 个月（3—7 月）。将站点的小时数据在月度层面取平均值，最终得到 2018 年 3 月至 2018 年 12 月的空气质量监测数据，包含 339 个城市 1,496 个站点的 14,881 个观测值。

地方政府土地财政依赖度指标根据统计年鉴数据计算而得。在文献中，土地财政依赖度一般使用土地出让金占财政预算内收入的比重来衡量（邵朝对等，2016）。《中国国土资源统计年鉴》提供了各城市 2017 年以前的土地出让收入总额，并且《中国城市统计年鉴》提供了各城市 2017 年以前的财政收入数据，基于这两组数据可计算 289 个城市 2015—2017 年的土地财政依赖度。为了降低年度数据波动对实证结论的干扰，我们使用 3 年数据的均值来衡量城市土地财政依赖度，并将 2017 年的数据用于稳健性检验。

表 1 呈现本文关键变量的描述性统计信息。在所有观测值中，AQI 均值为 63.9。根据环境保护部发布的《环境空气质量指数（AQI）技术规定》，我国空气质量总体上达到二级（良）水平，但各站点 AQI 的差异很大，其中最小值为 15.5，这表示空气质量达到一级（优）水平，最大值达到 350.8，这说明空气质量处于六级（严重污染）水平。由于并非所有拥有 AQI 数据的城市都具有土地财政依赖度指标，两组数据合并后的 AQI 分析样本有 13,750 个观测值，其描述统计与总体观测值基本相同，并且政策实施前后的观测值均为 6,875 个。

表 1　描述统计

变量	（1）观测值	（2）均值	（3）标准差	（4）最小值	（5）最大值
A 部分：AQI					
全部观测值	14,881	63.886	26.968	15.509	350.780
分析使用样本	13,750	64.060	24.188	26.538	141.977
B 部分：landfis（土地出让收入/财政收入 * 100）					
2015—2017 年均值	289	47.716	30.454	4.115	199.797
2017 年	289	59.973	45.137	3.291	314.117
C 部分：blue（受"蓝天保卫战三年行动计划"政策影响的观测值）					
blue	13,750	0.191	0.393	0	1

在 289 个城市中，2015—2017 年间平均土地财政依赖度均值为
47.7%，但不同城市的土地财政依赖度差异很大，其中最小值为
4.1%，最大值达到 199.8%。当使用 2017 年数据衡量城市土地财政
依赖度时，均值为 60.0%，高于 2015—2017 年的平均水平，这说明我
国的土地财政具有一定的上升趋势。2017 年土地财政依赖度的最
小值小于 2015—2017 年间均值的最小值，而 2017 年的最大值大于
2015—2017 年平均水平的最大值，这说明城市间土地财政依赖度可
能存在"发散"现象，即不同城市土地财政依赖度的分化程度有可能
上升了。

在所有分析样本中，有 80 个城市自 2018 年 7 月起受"蓝天保卫
战三年行动计划"政策的影响，位于这些城市的空气质量监测站的
AQI 指数将受到该政策的冲击。我们构建变量 blue，其中站点受"蓝
天保卫战"政策影响时取值为 1，否则取值为 0。表 1 显示，有 19%的
分析样本受到影响。

（二）实证模型设定

本文考察"坚决遏制房价上涨"政策对空气质量的影响。政策实施前后，各地区的空气质量可能产生明显变化，但这一变化既可能是政策实施的处理效应，也可能受到其他宏观社会经济环境变迁的影响，即控制房价政策实施前后，不同类型城市的空气质量的差异，是政策效应与宏观环境效应的混合物。尽管所有城市的空气质量都受到宏观环境变化的影响，但是"坚决遏制房价上涨"政策对不同城市的冲击程度不同，其中土地财政依赖度更高的城市受到的影响更大。基于政策实施前后（第一重差分）土地财政依赖度不同（第二重差分）的城市的空气质量的差异，可以将控制房价影响空气质量的政策处理效应从混合效应中剥离出来，即可以使用连续双重差分（difference-in-differences，DID）模型识别"坚决遏制房价上涨"政策对空气质量的因果影响。基于此，本文的实证模型设定为：

$$\log(\text{AQI}_{ijt}) = \beta \cdot \log(\text{landfis}_j) \cdot \text{post}_t + \gamma \cdot \text{blue}_{jt} + \text{city}_j \cdot f(t) + \delta_i + \theta_t + e_{ijt} \qquad \cdots(1)$$

其中 AQI_{ijt} 是第 j 个城市的第 i 个空气质量监测站在第 t 期的月度平均空气质量指数，取值越大表示空气质量越差、污染程度越高。主要政策变量 $\text{Policy}_{jt} = \log(\text{landfis}_j) \cdot \text{post}_t$，其中 landfis_j 是第 j 个城市的土地财政依赖度，post_t 表示控制房价政策在第 t 期是否实施，当 $t > 2018.07$ 时取值为 1，否则取值为 0。Policy 取值越大，则控制房价政策对该城市的冲击越明显。β 捕捉控制房价政策对空气质量的影响情况，$\beta > 0$ 表示控制房价政策将导致空气质量恶化。blue_{jt} 是第 t 期"蓝天保卫战三年行动计划"在城市 j 中的实施情况，取值为 1 表示该空气质量监测站点属于"蓝天保卫战三年行动计划"的重点城市,否则取值为 0。回归方程中还控制了 $city_j \cdot f(t)$ 这一反映城市 j 特定时间趋势的交互变量,其中 $f(t)$ 是时间 t 的多项式,本文主要取二阶项。城市层面的社会经济环境变迁既可能影响 AQI,又可能同时影响房地产市场的发展,忽略这些不可观测因素,也可能导致遗漏变量偏误。控制城市的特定时间趋势,有助于降低遗漏这些不可观测因素对实证结论的影响。另外,δ_i 是空气质量监测站固定效应,用于控制站点层面不随时间变动的不可观测因素对空气质量的影响。θ_t 是月份固定效应,可以剔除季节性因素与宏观社会经济环境变迁对空气质量的影响。e_{ijt} 是不可观测的异质性。由于各监测站点的污染数据可能存在序列相关性,因而在统计推断时将标准误在站点层面进行聚类(clustering)调整。

(三) 双重差分分析

　　首先直观考察不同类型城市的空气质量指数在控制房价上涨政策实施前后的变动情况。根据 2015—2017 年间平均土地财政依赖度数据,我们将所有城市平均分为 5 等分,并将第一个五等分(土地财政依赖度最低)中的城市定义为"低土地财政依赖度"组,将第五个五等分(土地财政依赖度最高)中的城市归类为"高土地财政依赖度"组。AQI 在组别-月份层面的平均值见图 1。从图上可以看出,"坚决遏制房价上涨"政策实施之前,高、低土地财政依赖度组的 AQI 月度均值的大小基本一致,这说明政策实施前两类城市的空气质量不存在系统性差异。然而,自 2018 年 8 月起,高土地财政依赖度组的 AQI 月度均值明显高于低土地财政依赖度组,这一现象持续到样本末期。据此可推测,控制房价政策可能导致空气质量恶化。与此同时,2018 年 8 月前不同类型城市的空气质量指数的变动趋势相一致,这也与后文"平行趋势"假定检验的结果一致。

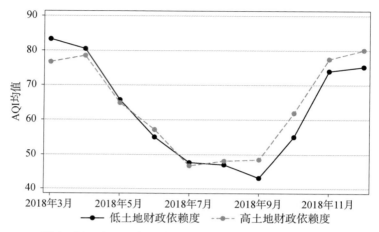

图 1　2018 年不同类型城市 8 月前后空气质量指数变动情况

数据来源：作者根据分析样本计算所得。

　　表 2 报告基于实证模型（1）所得到的结果。第（1）列使用全部样本进行分析，同时控制站点固定效应、月份固定效应、"蓝天保卫战"以及城市二阶时间趋势的影响作用，发现在其他条件不变的情况下，城市的土地财政依赖度上升 1％，"坚决遏制房价上涨"政策实施后该城市站点的 AQI 将提升 0.039％，该影响在 1％的统计意义上显著。根据表 1 提供的 AQI 样本均值可知，当土地财政依赖度上升 1％，平均意义上空气质量指数将上升 2.5 个单位。根据全国城市空气质量实时发布平台发布的 AQI 数据计算可得，2015—2017 年的 AQI 年度均值分别为 83.3、77.8、75.6，这说明"坚决遏制房价上涨"政策导致的 AQI 上升幅度接近我国空气质量在 2016—2017 年间的改善程度。控制房价政策导致的空气污染具有经济意义上的显著性，研究假说得到验证。

表 2　政策实施与城市空气质量

变量	因变量：log（AQI）		
	（1）全部样本	（2）blue= 1	（3）blue= 0
log(landfis) * post	0.039 * * * (0.007)	0.025 * * * (0.008)	0.077 * * * (0.010)
Blue	− 0.167 * * * (0.009)		
观测值	13,750	4,370	9,380
调整 R 平方	0.905	0.923	0.883
城市特定时间趋势	2	2	2

注：括号中报告的是在站点层面进行聚类调整的稳健标准误。所有回归中均控制站点固定效应和月份固定效应。* * * p<0.01,* * p<0.05,* p<0.1。

　　值得注意的是，表 2 第（1）列报告 blue 虚拟变量的回归系数为 −16.7%，显示"坚决遏制房价上涨"政策对"蓝天保卫战"非重点城市空气质量的影响更大。相比于"蓝天保卫战"重点城市，非重点城市的 AQI 将显著上升 16.7%，空气质量更加恶化。这是因为非重点城市的环境保护政策强度相比于重点城市更弱，当面临"坚决遏制房价上涨"的政策冲击后，非重点城市更容易降低环境保护政策的执行力度。表 2 第（2）列和第（3）列进一步将重点城市和非重点城市的子样本分别进行回归，结果显示控制房价上涨政策实施后，"蓝天保卫战"重点城市的 AQI 显著上升了 0.025%，明显低于非重点城市 AQI 指数的上升幅度。

（四）双重差分的相关检验

1. 平行趋势检验

　　双重差分模型的重要识别假定是"平行趋势"，即在没有政策干预的情况下，不同土地财政依赖度城市的空气质量指数的变动趋势

相一致。图 1 的数据事实揭示"平行趋势"可能满足，我们也借鉴
Jacobson et al.（1993）的做法使用事件分析法进行更严格的统计检
验。具体地，实证模型设定为：

$$\log(\text{AQI}_{ijt}) = \sum \beta^s \cdot \log(\text{landfis}_k) \cdot D_s + \gamma \cdot \text{blue}_{jt} +$$
$$\text{city}_j \cdot f(t) + \delta_i + \theta_t + e_{ijt} \qquad \cdots(2)$$

其中 $s \neq 7$ 表示月份，D_s 表示不同月份的二元虚拟变量，例如 D_6
表示 6 月取值为 1，否则取值为 0[①]。实证模型（2）中其他变量的定义
与实证模型（1）相同。当 $s < 7$ 时，如果无法在统计上拒绝 $\beta^s = 0$，则
说明政策实施前不同类型城市的空气质量不存在系统性差异，符合
"平行趋势"条件的假定。

图 2A 报告基于实证模型（2）得到的 β^s 系数及 95％置信区间。
从图上可以看出，在政策实施以前，土地财政依赖度对 AQI 的影响
程度都接近于 0，并且不具有统计意义上的显著性。然而，自政策实
施当月起，β^s 的估计值显著上升，并且随着时间推移上升幅度逐步扩
大，这说明"坚决遏制房价上涨"政策实施前不同类型城市的 AQI 不
存在系统性差异，而实施控制房价上涨政策将导致空气质量恶化。
由此可见，本文的双重差分回归分析满足"平行趋势"条件。

2. 安慰剂实验

实证模型（1）假定，在其他条件不变的情况下，AQI 产生变化是
由于"坚决遏制房价上涨"政策，而非其他不可观测因素的变化所带
来的影响，如果上述假定成立，那么将土地财政依赖度随机分配给各
城市，新的"虚拟"政策不会显著影响空气质量（La Ferrara et al.，
2012）。具体地，我们为每一个城市从土地财政依赖度原始数据中无

---

① 在回归分析时，我们将 5 月及前的数据归为一组，10 月及以后的数据归为一组。

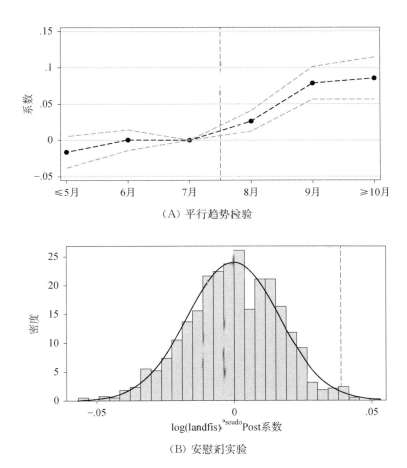

（A）平行趋势检验

（B）安慰剂实验

图 2　双重差分相关检验

放回地随机抽取一个值，这会得到"虚拟"土地财政依赖度 landfis^{Pseudo}，将其带入实证模型（1）中可以重新估计参数 β^{Pseudo}。图 2B 呈现 1000 次模拟实验得到的 β^{Pseudo} 估计值的分布情况。从图上可以看出，β^{Pseudo} 呈现均值为 0 的正态分布（具体地，值为 -0.001，标准差为 0.017），符合安慰剂实验的预期结果。

3. 稳健性检验

前文基于土地财政依赖度在 2015—2017 年间的均值来考察控制房价政策对空气质量的影响，作为稳健性检验，我们也使用 2017 年的土地财政依赖度来构建控制房价政策的影响强度指标。如表 3 第（1）列所示，"坚决遏制房价上涨"政策仍然会显著提高 AQI。除此之外，我们也使用土地出让收入占财政支出比重计算土地财政依赖度，以及使用半弹性模型考察空气质量指数与控制房价政策之间的关系，如表 3 第（2）列和第（3）列所示，研究结论依然稳健[①]。

表 3　政策实施与城市空气质量（DID 稳健性检验）

变量	因变量：log（AQI）					
	（1）2017 年土地财政依赖度	（2）财政支出土地财政依赖度	（3）土地财政依赖度水平值	（4）2017 年同期作为参照组	（5）两期面板数据	（6）城市层面 Cluster 调整
log(landfis2017) * post	0.042*** (0.006)					
log(landfis_exp) * post		0.032*** (0.006)				
landfis * post			0.001*** (0.000)			
log(landfis) * year2018				0.020*** (0.005)		
log(landfis) * post					0.051*** (0.006)	0.039** (0.016)
观测值	13,750	13,750	13,750	13,500	2,750	13,750

---

① 在未报告结果中，我们也分别使用 2016 年土地财政依赖度、2014—2016 年土地财政依赖度均值，研究结论依然稳健。

续　表

变量	因变量：log（AQI）					
	（1） 2017 年 土地财政 依赖度	（2） 财政支出 土地财政 依赖度	（3） 土地财政 依赖度 水平值	（4） 2017 年 同期作为 参照组	（5） 两期面板 数据	（6） 城市层面 Cluster 调整
调整 R 平方	0.905	0.905	0.905	0.881	0.875	0.905
城市特定时间 趋势	2	2	2	2		2
蓝天保卫战	X	X	X			X

注：括号中报告的是在站点层面进行聚类调整的稳健标准误。所有回归中均控制站点固定效应和月份固定效应。第（4）列利用 2017 年 8—12 月与 2018 年 8—12 月数据进行分析，其中 year2018 表示 2018 年数据取值为 1，否则取值为 0。*** $p < 0.01$，** $p < 0.05$，* $p < 0.1$。

图 1 显示 AQI 呈现一定的季节性特征，在前文分析中我们通过控制月份固定效应，以期在一定程度上剔除季节性因素对 AQI 的干扰。作为稳健性检验，我们也使用上一年度的同期数据进行分析，即对比不同土地财政依赖度城市的 AQI 在 2018 年 8—12 月间与其 2017 年同期的差异。表 3 第（4）列显示，当城市的土地财政依赖度上升 1‰，该城市站点 2018 年的 AQI 指数相较于 2017 年同期将显著高出 0.02‰，这说明季节性因素未影响结论的稳健性。

使用多期面板数据进行 DID 实证分析时，实证模型（1）中 β 的标准误因为序列相关问题而存在偏误，这会导致过度拒绝原假设情况，即将并不具有统计意义上显著的政策效果错误识别为政策处理效应。Bertrand et al. （2004）建议将观测单位在政策实施前后的多期数据分别取均值以构建两期面板数据，然后再进行双重差分分析能够有效降低偏误。借鉴这一做法，我们将各站点的 AQI 分别在政策实施前后取平均值并进行稳健性检验。如表 3 第（5）列所示，使用两期数据进行分析,在 1‰的统计水平上"坚决遏制房价上涨"政策仍将显著提高 AQI,与前文的研究结论一致。

表 3 前 5 列在站点层面对标准误进行聚类调整,以此控制站点内空气质量的相关性。作为稳健性检验,我们也允许城市内的空气污染存在相关性,对标准误在城市层面进行聚类调整。如表 3 第(6)列显示,前文研究结论稳健。

四、 进一步分析

利用"坚决遏制房价上涨"的政策冲击,我们使用地方政府的土地财政依赖度构建连续双重差分模型,发现"坚决遏制房价上涨"的政策冲击导致城市空气质量下降,这一结论在一系列稳健性检验后依然成立。在此基础上,我们将依据多重政策目标下地方政府行为选择的理论逻辑推演展开进一步的分析。在多重政策目标下,地方政府需要权衡政治激励、经济激励以及不同政策目标的相对强度,从而导致地方政府多重政策目标下的执行困境。追求地方财政收入是地方政府最为重要的经济激励,一方面,当地方政府面临更大的财政压力时,抑制房价政策的污染效应就有可能进一步放大,这就是所谓的"财政压力假说";另一方面,地方政府以放松环境治理为代价发展工业,以求扩大财政收入,那么在"坚决遏制房价上涨"政策实施后,空气质量降低的主要原因就应该是工业废气排放的增加,我们就可以据此检验所谓的"发展工业假说"。

（一）财政压力假说检验

财政压力假说认为,地方政府降低环境保护政策执行力度与其面临的财政压力有关,这可以从财政收入增长目标的调节作用的角

度进行验证。据此,我们将实证模型设定为:

$$\log(\mathrm{AQI}_{ijt}) = \beta \cdot \log(\mathrm{landfis}_j)\mathrm{post}_t + \alpha \cdot \log(\mathrm{landfis}_j) \cdot \mathrm{post}_t \cdot M_j$$
$$+ \gamma \cdot \mathrm{blue}_{jt} + \mathrm{city}_j \cdot f(t) + \delta_i + \theta_t + e_{ijt} \qquad \cdots (3)$$

其中 M 是调节变量,主要是指城市的财政收入增长目标。α 捕捉调节变量对"坚决遏制房价上涨"的污染效应的调节作用,$\alpha > 0$ 表示调节变量将强化控制房价导致的环境污染。实证模型(3)中其他变量的定义与实证模型(1)相同。

我们手工收集了各城市年初设定的财政收入增长目标(fiscal)。中国政府具有较强的目标管理意识,在每年初召开的人民代表大会会议上,地方政府都会公布当年的财政收入增长目标。在收集数据时,首先根据民政部提供的《2018 年中华人民共和国行政区划代码》,整理出 337 个城市的具体名单,然后比对名单收集各城市的 2018 年政府工作报告,最终得到 307 个城市的财政收入增长目标数据。样本城市的财政收入增长目标均值为 7.4%,最小值为 1.6%,最大值为 15%,这说明不同城市面临的财政收入增长压力的差异较大。由于财政收入增长目标在年初制定,而"坚决遏制房价上涨"政策在年中执行,那么控制房价对财政收入的冲击,可能在财政收入增长目标更高的城市中影响更大。如表 4 第(1)列所示,在其他条件不变的情况下,控制房价政策实施将显著提高 AQI,与前文的结论相一致。与此同时,政策实施与财政收入增长目标的交互项在 1% 的统计水平上显著为正,这说明土地财政依赖度更高的城市如果在年初设定更高的全年财政收入增长目标,那么该城市在"坚决遏制房价上涨"政策实施后空气质量恶化现象更为严重,与"财政压力假说"的预测相一致。

表4　政策实施、财政增长压力与城市空气质量

变量	因变量：log（AQI）	
	（1）	（2）
log(landfis) * post	0.068*** (0.014)	0.274*** (0.023)
log(landfis) * post * log(fiscal)	0.014*** (0.005)	
log(landfis) * post * log(gdp)		0.100*** (0.010)
观测值	13,100	13,650
调整 R 平方	0.906	0.906

注：括号中报告的是在站点层面进行聚类调整的稳健标准误。所有回归中均控制站点固定
效应、月份固定效应、蓝天保卫战与城市二阶特定时间趋势。*** p＜0.01，** p＜0.05，
* p＜0.1。

　　经济增长是财政收入增长的重要来源，既然财政收入增长目标
会强化控制房价政策的污染效应，经济增长目标理应放大控制房价
政策对空气质量的影响。我们也收集了 323 个城市的经济增长目标
（gdp），取值越大表示政府的稳增长压力越大。据表 4 第（2）列可知，
"坚决遏制房价上涨"政策将导致 AQI 显著上升，与前文发现相一
致。与此同时，政策实施与经济增长目标的交互项在 1% 的统计水平
上对 AQI 有显著正向影响，这也说明追求财政收入是"坚决遏制房
价上涨"政策实施后空气质量下降的重要原因。

（二）发展工业假说检验

　　本文的关键研究假说提出，控制房价上涨导致地方政府牺牲环
保目标，最终导致空气质量恶化，"发展工业假说"则提供了验证地方
政府牺牲环境的具体方式。为了考察控制房价政策对不同类型污染
物浓度的差异性影响，我们将实证模型设定为：

$$\log(\text{poll}_{ijt}^k) = \beta^k \cdot \log(\text{landfis}_{\,}) \cdot \text{post}_t + \gamma \cdot \text{blue}_{jt}$$
$$+ \text{city}_j \cdot f\,(t) + \delta_i + \theta_t + e_{ijt} \qquad \cdots(4)$$

其中 poll^k 表示第 k 类(或第 k 个时间段)污染物的浓度,β^k 捕捉控制房价政策对污染物浓度的影响情况。实证模型(4)中其他变量的定义与实证模型(1)相同。

　　表 5 考察了控制房价上涨政策对不同污染物浓度的影响。如表5 所示,城市的土地财政依赖度上升 1%,控制房价上涨政策实施后,城市站点的 SO_2 浓度将显著上升 0.028%,但 NO_2 以及 CO 等其他污染物的浓度并未出现显著上升。由于工业污染主要体现为 SO_2 排放增加,这说明"坚决遏制房价上涨"导致的空气质量恶化主要来源于工业生产的污染气体排放,与"发展工业假说"的预测相一致。

表 5　政策实施与城市空气质量（分污染物）

变量	（1） log（SO_2）	（2） log（NO_2）	（3） log（CO）
log(landfis) * post	0.028 * * (0.012)	0.006 (0.009)	− 0.000 (0.007)
观测值	13,748	13,750	13,748
调整 R 平方	0.841	0.913	0.852

注:括号中报告的是站点层面进行聚类调整的稳健标准误。所有回归中均控制站点固定效应、月份固定效应、蓝天保卫战与城市二阶特定时间趋势。 *** p＜0.01, ** p＜0.05, * p＜0.1。

　　此外,我们也考察不同时间段污染物浓度在控制房价政策实施后的变动情况。由于夜间排污被监管机构执法的概率更低,因此企业有动机在夜间进行污染排放。Agarwal et al.（2019）发现夜幕降临后工业污染 SO_2 的浓度出现显著上升。当地方政府因财政压力而更重视发展工业时,地方政府就可能放松环境管制的力度,从而导致白天的污染排放增加，白天的空气质量也相应恶化。Agarwal et al.
(2019)研究发现，中国的工业污染物浓度在日落后四小时出现显著
上升。我们收集了各城市每天的日落时间，并分别计算了各站点日
落前四小时的空气质量指数（AQI_day）以及日落后四小时的空气质
量指数（AQI_night）。如表6所示，"坚决遏制房价上涨"政策主要导
致了日落前空气质量的恶化。当城市的土地财政依赖度上升1‰，控
制房价上涨政策实施导致城市站点日落前四小时的 AQI 均值显著
上升 0.061‰，而对日落后的 AQI 值则没有显著影响。

表6 政策实施与工业相关污染（白天 v.s.夜间）

变量	（1）log（AQI_day）	（2）log（AQI_night）	（3）AQI_day/AQI_night
log(landfis) * post	0.061*** (0.010)	0.008 (0.007)	0.014*** (0.002)
观测值	13,548	13,547	13,547
调整 R 平方	0.863	0.890	0.674

注:括号中报告的是在站点层面进行聚类调整的稳健标准误。所有回归中均控制站点固定
效应、月份固定效应、蓝天保卫战与城市二阶特定时间趋势。*** p<0.01，** p<0.05，
* p<0.1。

五、 总结

高质量发展势必要求转变以往过分强调地方经济增长的单一政
策目标模式。在现有央地关系的格局下，地方政府执行多重政策目
标不利于最大化地方财政收入，因而多重政策目标可能打破原有的
激励相容结构。尽管中央政府仍然掌握地方官员的晋升权力并且把
多重政策目标纳入对地方官员的考核指标体系中，但由于多重政策

目标增加了考核难度,在信息不对称情况下,地方官员可能降低执行中央政策的努力程度。地方政府在多重政策目标下的执行困境导致地方政府可能根据特定政策的不同属性,选择性地安排执行力度,从而提高多重政策目标下政策执行效果的复杂性和不确定性。本文以2018年"坚决遏制房价上涨"与"蓝天保卫战三年行动计划"政策的实施情况为例,发现遏制房价上涨政策导致地方政府放松了环境保护力度。

　　基于上述理论探讨与实证分析,我们认为在多重政策目标下重塑央地关系是实现高质量发展的内在要求和必要条件。现有央地关系的一系列制度安排在唯 GDP 论英雄的时代具有内在的激励相容特点,但在经济进入新常态后不具有可持续性,而高质量发展所内含的多重政策目标又进一步打破了原有体系的内在激励相容。重塑央地关系应该着眼于新时代中央与地方关系的全面变革,重点在于重塑地方政府的激励机制,通过各种制度安排加强地方政府的自我约束能力,通过改革进一步加大地方政府政策执行的透明度,更好地发挥舆论监督,减低中央政府的考核成本。

参考文献

方红生、张军,2013:《攫取之手、援助之手与中国税收超 GDP 增长》,《经济研究》第 3 期,第 108—121 页。

邵朝对、苏丹妮、邓宏图,2016:《房价、土地财政与城市集聚特征:中国式城市发展之路》,《管理世界》第 2 期,第 19—31、187 页。

孙秀林、周飞舟,2013:《土地财政与分税制:一个实证解释》,《中国社会科学》第 4 期,第 40—59、205 页。

吴敏、周黎安,2018:《晋升激励与城市建设:公共品可视性的视角》,《经济研究》第 12 期,第 97—111 页。

席鹏辉、梁若冰、谢贞发,2017:《税收分成调整、财政压力与工业污染》,

《世界经济》第 10 期，第 170—192 页。

谢贞发、朱恺容、李培，2019：《税收分成、财政激励与城市土地配置》，《经济研究》第 10 期，第 57—73 页。

徐现祥、李书娟、王贤彬、毕青苗，2018：《中国经济增长目标的选择：以高质量发展终结"崩溃论"》，《世界经济》第 10 期，第 3—25 页。

周飞舟，2007：《生财有道：土地开发和转让中的政府和农民》，《社会学研究》第 1 期，第 49—82，243—244 页。

周黎安，2007：《中国地方官员的晋升锦标赛模式研究》，《经济研究》第 7 期，第 36—50 页。

张军，2012：《理解中国经济快速发展的机制：朱镕基也许是对的》，《比较》第 6 期，收录于张军、范子英、方红生（2016）《登顶比赛：理解中国经济发展的机制》，北京大学出版社。

张军、樊海潮、许志伟、周龙飞，2020：《GDP 增速的结构性下调：官员考核机制的视角》，《经济研究》第 5 期，第 31—48 页。

张军、高远，2007：《官员任期、异地交流与经济增长——来自省级经验的证据》，《经济研究》第 11 期，第 91—103 页。

张军、高远、傅勇、张弘，2007：《中国为什么拥有了良好的基础设施?》，《经济研究》第 3 期，第 4—19 页。

Agarwal, S., Y. Qin, and H. Zhu, 2019, "Disguised Pollution: Industrial Activities in the Dark", *SSRN Working Paper*.

Bertrand, M., E. Duflo, and S. Mullainathan, 2004, "How Much Should We Trust Differences-in-Differences Estimates?", *Quarterly Journal of Economics*, 119(1), 249-275.

Blanchard, O., and A. Shleifer, 2001, "Federalism with and without Political Centralization: China versus Russia", *IMF Staff Papers*, 48(1), 171-79.

Chen, Y., P. Li, and Y. Lu, 2018, "Career Concerns and Multitasking Local Bureaucrats: Evidence of a Target-Based Performance Evaluation System in China", *Journal of Development Economics*, 133, 84-101.

Dewatripont, M., I. Jewitt, and J. Tirole, 1999, "The Economics of Career Concerns, Part II: Application to Missions and Accountability of Government Agencies", *Review of Economic Studies*, 66(1),

199 - 217.

Jacobson, L. , R. LaLonde, and D. Sullivan, 1993, "Earnings Losses of Displaced Workers", *American Economic Review*, 83(4), 685 - 709.

Jin, H. , Y. Qian, and B. Weingast, 2005, "Regional Decentralization and Fiscal Incentives: Federalism, Chinese Style", *Journal of Public Economics*, 89(9),1719 - 42.

La Ferrara, E. , A. Chong, and S. Durea, 2012, "Soap Operas and Fertility: Evidence from Brazil", *American Economic Journal: Applied Economics*, 4(4):1 - 31.

Li, H. , and L. Zhou, 2005, "Political Turnover and Economic Performance: The Incentive Role of Personnel Control in China", *Journal of Public Economics*, 89(9),1743 - 62.

Wilson, J. , 1989, *Bureaucracy: What Government Agencies Do and Why They Do It*, Basic Books.

Xu, C. , 2011, "The Fundamental Institutions of China's Reforms and Development", *Journal of Economic Literature*, 49(4):1076 - 1151.

促进市场统一建设的财政变革

范子英

一、 引言

在斯密的古典经济学中,分工是一国经济发展的内生动力,但分工的演化依赖于一国经济规模的大小(斯密,1990)。改革开放 40 多年来,随着中国经济的不断增长,中国也逐步形成了超大规模的市场优势,但由于长期存在的市场分割和区域壁垒,这种市场优势并未在过去的经济发展中得到充分发挥。为了释放经济发展动能和应对"逆全球化"势力的挑战,中央于 2020 年提出"以国内大循环为主体、国内国际双循环相互促进"的新发展格局。"双循环"的关键在于"循环"二字,要想畅通国内大循环,就要"打破行业垄断和地方保护……破除妨碍生产要素市场化配置和商品服务流通的体制机制障碍"[①]。因此,积极维护国内市场一体化,推动商品和要素市场整合,打破市场分割和地方保护主义仍然是我们当前面临的重要任务。

[①] 详见《中共中央关于制定国民经济和社会发展第十四个五年规划和二〇三五年远景目标的建议》。

　　回顾历史我们可以发现,市场分割是中国经济发展过程中存在的一个突出问题。Young 在 2000 年发表于 QJE 的论文,引发了关于中国市场分割的研究热潮;该文发现中国各省的产业结构具有高度的相似性,这在一个大国内部是非常不正常的,于是得出中国是一个"零碎分割的国内市场"的结论。Poncet(2002)甚至认为中国省际的市场分割程度比欧盟内部的国家间还要严重,由此导致的效率损失达到地区总产值的 20%(郑毓盛和李崇高,2003),严重制约了中国经济的长期持续增长。随着中国市场一体化进程不断推进,市场整合程度逐渐提高,其中产品市场最为明显(刘小勇、李真,2008;贺颖、吕冰洋,2019)。但是,根据测算,近年来资本要素市场分割程度没有明显降低,甚至出现"翘尾"现象(刘志彪和孔令池,2021),所以资本要素市场分割仍是目前亟待解决的问题。市场整合的微观基础在于企业跨区域投资与重组,资本要素市场分割导致企业在国内跨区域经营面临高昂的交易成本(Boisot & Meyer,2008),严重制约了企业在国内进行异地发展的能力(宋渊洋和贡礼伟,2014;曹春方等,2015),尤其是显著降低了地方国有企业异地并购概率(方军雄,2008),是造成区域间发展不平衡的重要原因(郭金龙和王宏伟,2003)。

　　现有文献关于导致市场分割的制度安排,主要是两方面的解释。一是经济发展动机,在政治晋升锦标赛的激励下,地方政府具有充足的保护本地市场以促进经济增长的动机(Qian & Weingast,1997;周黎安,2007),限制资源的流动可以有效维护本地的经济利益(银温泉、才婉茹,2001)。二是财政激励动机,上世纪 80 年代开始的"分灶吃饭"对各级财政的边界进行了划分,按照企业隶属关系划分财政收入,发展财政就等同于"经营企业"。地方政府采取市场分割的行为把本地市场和要素资源优先满足本地企业的需求,进而获取更多的财政收益,各地都采取类似的政策,形成了严重的产业同构和"诸侯经济"(沈立人、戴园晨,1990)。在财政激励下,地方政府倾向于保护要素边际生产率高(平新乔,2004)、利税率高以及国有化程度高的产业(白重恩等,2004);反之,如果中央财政通过转移支付,削弱地方财政收入对本地经济的依赖程度,地方政府就会相应放松市场分割(范子英、张军,2010)。既有文献大量关注了经济增长激励造成的地方保护主义,却对财政激励缺少足够的重视。在当前推进要素市场一体化进程的新发展格局下,研究市场统一建设的财政激励,不仅有利于促进要素市场良性循环,而且对形成包容、协调的财政体制具有重要意义。

不过,要研究要素市场整合的财政激励,依然面临两大障碍:一是财政激励往往内生于市场整合行为。例如,某地的产业发展较好,于是测算出的税收分成就相应较高,这样就不能将财政激励与市场整合进行直接的对应。二是以往的研究集中于产品市场,对于要素市场的整合程度,缺乏合适的测度方法。2002 年的所得税分享改革为解决这个问题提供了一个良好的契机,改革之前的企业所得税按照企业隶属关系划分,地方企业的所得税归地方财政所有,自 2002年开始,企业所得税变更为中央与地方共享税,地方仅分享其中的40%。一方面,在改革之前,企业所得税在地方财政收入中的地位日渐突出,于是地方政府开始争夺所得税税基,所得税分享改革文件中明确指出原体制"妨碍了……全国统一市场的形成"[①],而所得税分享改革破除了按照企业隶属关系划分收入的体制,外生地减少了地方政府从本地所得税税基中直接获得的税收收入,从而削弱了地方政府出于财政收入的考虑限制资本跨地区流动的动机。另一方面,在隶属于地方政府的企业中,地方政府是地方国有企业的实际控制人,更容易限制地方国企的异地投资行为,因此,可以通过比较地方国有企业在改革前后异地子公司数量的变化衡量资本要素市场整合

---

① 《国务院关于印发所得税收入分享改革方案的通知》国发〔2001〕37 号。

程度。

　　在企业层面度量异地投资行为,不仅需要知道企业的注册地,还需要知道企业之间的投资关系,上市公司的子公司数据是目前唯一合适的公开数据。我们手工整理了1993—2007年上市公司财务报表附注,搜集母公司直接参控股的公司的名称,并借助于"天眼查"等平台搜索子公司的注册地,将注册地不在同一个城市的母公司和境内子公司定义为"异地投资"。样本期间共计涵盖了1,500家母公司的19,901家子公司,其中异地子公司数量有8,635家。从图1可以看出,1999—2007年间,中国上市公司的子公司数量逐年增长,其中的异地子公司的增长更快,异地子公司比例从1999年的22.57%增长到2007年的48.54%,充分说明中国的资本要素的市场整合程度是不断提升的。

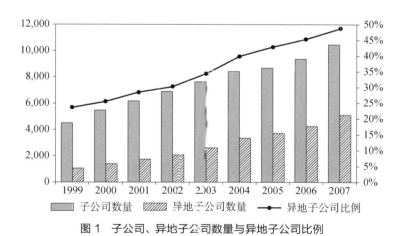

图1　子公司、异地子公司数量与异地子公司比例

　　基于"双重差分"的研究设计,我们发现:第一,所得税分享改革有效促进了资本要素市场整合,地方国有企业的异地子公司数量相比于其他所有制企业显著增加;第二,政策对地方国有企业异地投资

行为的促进作用与地方政府持股比例密切相关,只有那些地方政府持股比例超过所得税分成比例(40%)的企业才会显著增加异地子公司;第三,政策的刺激作用集中于制造业企业和财政收入对国有企业依赖度高的地区,并且政策主要推动了资本要素的省际市场整合,表明政策的效果受到地方财政状况和地区竞争因素的影响;第四,企业异地扩张有利于改善资本回报率,而且显著增加了地方政府持股比例超过税收分成比例的地方国有企业的现金分红金额,地方政府策略性地调整了收益获取方式。

与既有文献相比,本文可能的贡献主要体现在三个方面。第一,丰富和拓展了现有关于分税制改革的理论和研究,所得税分享改革本质上是分税制改革的延伸,将"垂直型"的财政收入划分体制转变为"扁平型"体制,从根源上减少了地方政府行政干预的激励,本文发现所得税分享改革有利于市场统一建设,这有助于理解分税制改革在 20 世纪 90 年代中期的经济结构优化和社会主义市场经济制度建设中的关键作用[①]。第二,丰富和拓展了现有关于所得税分享改革的研究,相关文献主要关注政策对税收征管造成的冲击(范子英、田彬彬,2013;田彬彬、范子英,2016),以及由此导致的实际税率差异对企业的影响(刘行等,2017;李明等,2018),或者政策造成的地方财政压力(陈思霞等,2017),本文将所得税分享改革的影响拓展到市场整合效应。第三,对构建新发展格局具有直接的政策启示,本文虽然研究的是 2002 年所得税分享改革,但揭示的是地方政府行为背后的财政激励,这依然是现阶段统一市场建设的最主要障碍,本文发现按照隶属关系划分财政收入是市场分割的根源,从财政激励的角度为研究市场一体化建设开创了新的视角,不但为形成竞争有序的

[①] 分税制改革文件同样提到了原有体制"影响统一市场的形成和产业结构优化",见《国务院关于实行分税制财政管理体制的决定》(国发〔1993〕85 号)。

全国统一大市场提供政策启示,也能够为完善财政治理体系提供重要参考。

　　本文的其他部分的内容安排如下:第二部分在回顾政策的制度背景的基础上进行理论分析并提出研究假说;第三部分介绍数据来源、处理,以及模型设定;第四部分为本文的基本结果和稳健性检验;第五部分是进一步讨论;第六部分为结论和政策建议。

二、 制度背景和理论分析

（一）制度背景

　　改革开放后到 1994 年分税制改革之前,为了充分调动地方政府发展经济的积极性,中国实行"大包干"的财政体制,明确划分中央和地方财政收支范围,在保证中央财政收入的前提下,地方财政自求平衡。财政包干制打破了传统的"统收统支"的财政体制,提高了各级政府财政管理效率,调动了地方政府增收减支、发展经济的积极性。但是,财政包干制造成地方政府过于关注自身利益而轻视整体利益,加上中央财政对地方财政约束机制的缺立,使得地方政府通过机会主义行为减少向中央上解收入的比例,导致中央财力不断受到侵蚀,国家财力趋于分散,形成了严重的"诸侯经济"现象(沈立人、戴园晨,1990)。在该制度下,财政收入按照企业隶属关系进行管理,这种做法将地方财政收入同本地企业利益紧密关联,发展企业等同于发展财政,财力的增强又可以为进一步发展地方企业提供资源,从而形成了良性循环。为了发展当地企业,地方政府扮演了"援助之手"的角色(刘瑞明,2012),既提供生产要素的支持,又主动为企业开拓产品市场。出于财政收入的考虑,各地又选择发展类似的高利税、低技术的行业,导致产业结构雷同,而产业同构又助推地方政府通过限制产品和要素流动的方式保护本地市场、做大本地税基，从而形成了市场分割。

为了调整央地财政关系，强化中央财政地位，中国于1994年实行分税制财政体制改革。分税制财政体制在明确各级政府事权范围的基础上，按照税种划分预算收入，在一定程度上打破了原有的"块块"管理体制，推动了全国市场整合（宋冬林、范欣，2015）。不过，分税制改革仅对较为成熟的流转税进行了调整，由于信息建设和征管体制的相对滞后，所得税还不具备央地分税的条件，所以分税制改革保留了原有的企业所得税收入划分方式即将地方财政收入与本地所属生产性税基挂钩。随着企业所得税规模越来越大，地方政府对本地企业越来越重视，于是各地区开始保护企业所得税税基以保护财政收入。例如，地方政府利用行政权力阻碍中央企业并购本地企业，或者阻止本地企业异地投资，以便把企业所得税留在当地。在企业集团化、规模化发展，各地区分工日益深化的趋势下，这种妨碍资本要素自由流动的行为既不利于提升企业整体竞争力，也不利于平衡地区财力差距。

随着时间的推移，财税部门也逐渐认识到所得税体制产生的严重问题，在2001年底国务院印发的《所得税收入分享改革方案》中，明确指出按企业隶属关系划分企业所得税的做法"制约了国有企业改革的逐步深化和现代企业制度的建立，客观上助长了重复建设和地区封锁，妨碍了市场公平竞争和全国统一市场的形成，不利于促进区域经济协调发展和实现共同富裕，也不利于加强税收征管和监控"。因此决定自2002年开始将企业所得税改为中央—地方共享税，并规定中央和地方的分成比例各为50％（2003年以后中央占60％，地方占40％）。对于各级政府来说，这项改革都意味着企业所得税收入分成比例下降，税权向上级政府集中。图2是根据《中国财政年鉴》计算的1998—2007年企业所得税收入占中央和地方财政收入的比重。① 由图 2 可以看出,在所得税分享改革之前,企业所得税占地方财政收入的比重逐年上升,从 1998 年的 10.60% 升高至 2001 年的 21.60%。相比而言,中央财政收入中企业所得税的比重低于地方财政,且增幅缓慢,2001 年仅为 11.01%。所得税分享改革则扭转了这一局面,2002 年企业所得税收入占中央财政收入的比重大幅提高至 18.12%,并在 2003 年以后逐渐上升。地方财政方面,该比重在 2002 年锐减至 14.10%,又在 2003 年降为 11.97%,从此之后与中央的差距逐年扩大。图 2 说明所得税分享改革导致企业所得税收入向中央财政集中,地方的企业所得税收入大幅下降,改革对地方财政造成了较大的冲击。因此,所得税分享改革大幅削弱了地方财政收入与本地企业利润的直接关联,降低了地方政府从本地企业发展中获得的好处,在边际上促使地方政府放松了争夺生产性税基的强度。在此基础上,可以预期,所得税分享改革弱化了地方政府维护本地企业发展的财政激励,有利于减轻资本要素跨区域配置的阻碍,促进资本要素市场一体化进程。

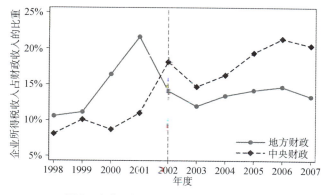

图 2　企业所得税收入占财政收入的比重

① "财政收入"指本级的税收收入和非税收入之和。

（二）理论分析

大部分关于中国市场分割成因的研究关注制度层面的原因,比如地区发展战略(陆铭等,2004)、晋升激励(周黎安,2004)、制度距离(宋渊洋、黄礼伟,2014)、国有企业比重(刘瑞明,2012)、司法独立性(陈刚、李树,2013)等等。在这些因素的背后,地方政府实行市场分割都有一个共同的出发点——维护本地区经济利益(银温泉、才婉茹,2001)。沈立人和戴园晨(1990)认为,地方政府的身份向经济利益主体倾斜是形成"诸侯经济"的深层次原因。利益主体观念的强化促使地方政府出于增加财政收入的目的而干预市场主体的决策,地方政府为了做大税基而限制本地企业异地投资,这种行为扭曲了生产要素的市场化配置过程,形成了资本要素市场的分割。

中央政府和地方政府之间的财税收入划分规则是影响国内市场分割的重要因素。地方财政收入的留成比例越高,地区间市场分割程度越高(吕冰洋、贺颖,2019)。此时,中央政府可以通过调整地方政府间利益分配格局,在保证地方发展经济的积极性的同时,削弱财税竞争的动机。例如,范子英和张军(2010)的研究表明,转移支付能够降低地区间市场分割程度,特别是促使落后地区融入全国统一市场,这是因为转移支付弱化了地方财政与本地经济资源的联系程度,使得地区参与市场分工的利益超过了封锁市场的利益。除了直接的收入转移之外,中央政府还可以通过调整行政分权程度的方式影响地区间财税竞争。谢贞发和范子英(2015)通过理论模型和实证分析发现,中央集中税收征管能够降低地方政府间横向税收竞争程度。由此可知,地区间市场分割程度与地方财政分权程度负相关。进一步地,贺颖和吕冰洋(2019)通过实证验证了该判断,借助"撤县设区"和"省直管县"政策的冲击,研究纵向政府间行政分权与区域市场一体化之间的关系,发现"撤县设区"加剧了城市间市场分割,而"省直管县"则缩小了城市间市场分割,说明地方政府分权程度越高,市场分割越严重。按照上述逻辑链条,如果考虑所得税分享改革,可以发现,这项改革减少了地方政府从本地资本要素中直接获得的收益,降低了地方财政分权程度,于是可以预期地方政府出于增加财政收入而阻碍资本要素流出的动机会有所下降,有利于提升资本要素市场一体化。

企业异地投资是资本要素的跨区域配置过程,体现了市场一体化进程,但同样受到行政壁垒和市场分割的制约(王凤荣、董法民,2013)。在中国分权体制的背景下,地方政府对资本跨区域流动具有很强的干预特征,即所谓"肥水不流外人田",地方政府倾向于将优势资源集中到本地企业,做大本地企业的规模,为此不惜阻碍资源的自由流动,其中资本要素的市场分割显著抑制了中国企业的跨地区经营(宋渊洋、黄礼伟,2014)。曹春方等(2015)实证检验了市场分割、产权性质与异地子公司分布之间的关系,发现相比于民营企业,市场分割显著降低了地方国有企业地异地子公司比例。因此,根据前文的分析,如果所得税分享改革降低了政府对资本跨区域流动的管制程度,加强了资本要素市场整合,那么在改革之后企业的异地投资行为将会更加积极,企业的异地子公司数量随之增加。

地方国有企业的跨区域投资行为受到地方政府更多的限制。一方面,地方政府出于"援助之手"和"父爱主义"(Kornai et al.,2003;林毅夫、李志赟,2004),会优先将稀缺资源分配给国有企业(Garnaut et al.,2001)。刘瑞明(2012)发现,国有经济比重越大的地区,市场分割程度越强,市场分割成为了地方政府为国有企业提供的"隐性补贴"。这就意味着,地方国有企业能够从封锁的市场中获得了更多的资源,反过来会抑制其异地投资的动机。另一方面,"掠夺之手"的理论认为,地方国有企业承担了促进地区投资、就业和社会福利的职能(林毅夫、李志赟,2004;曾庆生、陈信元,2006),被赋予了较多的政策性负担。因此,地方政府为了维护地区经济利益,会通过市场分割的手段阻止本地国有资本外流。无论是哪种因素占主导,都会使得相比于其他所有制的企业而言,地方国有企业的异地投资行为对市场分割程度更敏感。方军雄(2008)的研究表明,地方国有企业倾向于进行本地并购和低效率的多元并购,而央属企业则更容易地突破地区间的行政壁垒开展异地并购。所以,如果所得税分享改革促进了资本要素市场整合,那么会更显著地影响地方国有企业的行为。为此,本文提出待检验的实证假说 H1。

H1:所得税分享改革之后,地方国有企业的异地子公司数量比其他所有制企业显著增多。

对于地方国有企业,地方政府扮演着双重角色。作为税收征管者,地方政府出于增加财政收入的目的尽可能从地方国企中筹集更多的税收;作为股东,地方政府又拥有地方国企的利润索取权。税收收入和利润分配共同构成了地方政府从地方国企中取得的收益。在所得税分享改革之后,地方政府的企业所得税分成比例从 100% 降为 40%,而其对地方国有企业的持股比例没有大幅变化,于是产生了中央政府和地方政府之间对地方国有企业税收征管的委托—代理关系,这种利益的矛盾使得地方政府权衡通过不同分配方式获得收益的数量。在改革之前,只要地方政府持股比例低于 100%,收税都比利润上缴能获得更多财政收入;在改革之后,如果地方政府对企业的持股比例大于 40%,则通过利润分配取得收益更有利,因为其分红比例大于税收留存比例,因此有动机做多该企业的净利润;反之,对于持股比例小于 40% 的企业,地方政府在改革前后都倾向于通过税收手段获取利润,即无论改革与否,收税都是占优策略。事实上,Tang 等人(2017)研究了地方政府分成比例的改变对不同持股比例的地方国有企业税收征管强度的影响,发现在所得税分享改革后,地方政府对持股比例高于 40% 的企业的征管强度显著降低,表现为这部分企业的企业所得税实际税率降低,净利润增多,分配的现金股利增多。这表明地方政府会理性地权衡不同经济政策的收益,从而采取自身利益最大化的手段。

　　另一方面,地方国有企业异地投资虽然无益于本地的税收,但是地方政府作为企业集团的大股东,对集团内部各子公司的净利润享有最终的索取权。所以,对于地方政府持股比例较高的企业来说,所得税分享改革之后,地方政府仍然可以利润分配的方式从异地子公司的净利润中获取更大的份额,甚至超过通过税收方式分得的金额。但是,如果地方政府对企业的持股比例较低,那么企业在异地设立子公司意味着本地政府对该公司的税收索取权丧失。综合来看,地方政府更倾向于放松对持股比例高于 40% 的企业的异地投资的管制。根据前述分析,本文提出了待检验的假说 H2。

　　H2:所得税分享改革对政府持股比例高于 40% 的地方国有企业异地投资的促进作用更显著。

三、 数据与回归模型

(一) 数据来源与处理

　　本文以 1999—2007 年全部 A 股上市公司作为初选分析样本。为了得到上市公司的参控股情况,我们手工搜集了样本期间内上市公司母公司财务报告的"长期股权投资"科目附注,整理了母公司直接参控股公司的名称、注册地、母公司持股比例。对于没有披露注册地的参控股公司,我们可以通过公司的名称(如"XX 地区 XX 公司")判断注册地,或者使用"天眼查"、"百度地图"等工具查询,最后删除无法判断注册地的参控股公司。我们共计整理了 109,176 条参控股公司的记录,因无法判断注册地而删除的记录为 906 条,占总体的

0.83%。本文将子公司定义为母公司直接持股比例超过 50%的公司，异地子公司是指那些与母公司不在同一城市的子公司。

除子公司数量以外的变量数据来源于国泰安(CSMAR)数据库，由于该数据库中本文需要的部分指标在 2003 年以前缺失严重，我们通过手工查阅公司年报补全。本文对样本进行了如下剔除：(1)2002年以后上市的公司；(2)金融类上市公司；(3)参控股公司情况披露不完整的公司；(4)样本期间内退市的公司；(5)样本期间内进行过重大资产重组的公司；(6)为了避免国有企业改制对实证结果造成的干扰，本文剔除了样本期间内发生过企业改制的公司。

（二）模型设定

本文关注的政策冲击是 2002 年所得税分享改革，该项政策改变了地方政府从本地企业缴纳的企业所得税中分得收入的比例，进而影响了资本的跨区域流动性。根据前文的分析，所得税分享改革之后，地方政府对地方国有企业资本流动放松管制的程度最强。图 3 展示了地方国有企业和其他企业异地子公司比例的变化趋势，印证了理论分析的判断。如图 3 所示，从时间趋势来看，所有企业的异地投资都是增加的，说明中国的资本要素市场的整合越来越好，并且其他所有制企业的异地子公司比例明显高于地方国有企业，说明其他所有制的灵活性更强，两者在 2002 年之前增长趋势接近，但是在2002 年之后，地方国有企业的异地子公司比例增长幅度明显提升，而其他企业的趋势保持不变，说明所得税分享改革主要影响了地方国有企业，这为所得税分享改革促进资本要素市场整合提供了一个直接的经验证据。

基于此，本文采用双重差分模型，以地方国有企业为处理组，以其他所有制企业为控制组，从实证上检验所得税分享改革对资本跨区域流动的影响。待检验的回归模型为：

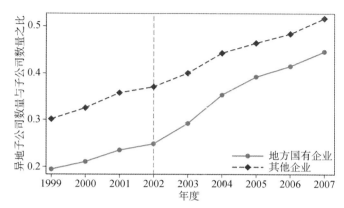

图3 股权性质与异地子公司比例

$$diffsub_{it} = \alpha + \beta_1 treat_i \times post_t + \beta_2 X'_{it} + \gamma_i + \delta_t + \varepsilon_{it}$$

其中，i 和 t 分别代表公司和年份。参考已有的研究资本跨区域流动的文献（Giroud & Rauh，2019；马光荣等，2020），本文以公司 i 在 t 年异地子公司的数量为被解释变量，在后续稳健性检验中，本文将被解释变量替换为是否有异地子公司以及新增异地子公司的数量。$treat_i$ 是代表股权性质的指示变量，如果公司 i 是地方国有企业，则 $treat_i$ 取1，否则取0，为了排除国企改革的影响，本文将公司 i 的股权性质设定为其在2001年第一大股东的股权性质；$post_t$ 是代表时间的指示变量，如果 $t \geqslant 2002$ 则取1，否则取0；X_{it} 是控制变量集，包括子公司数量的对数、公司规模、资产负债率、公司年龄、盈利能力、第一大股东持股比例、独立董事比例、政治关联，以及公司所在城市的人均GDP，其中的财务特征变量为母公司层面；γ_i 和 δ_t 分别表示年度固定效应和公司个体固定效应；ε_{it} 是随机扰动项。模型使用OLS方法进行回归，并将标准误聚类到公司个体层面。本文对财务特征变量进行了1%和99%的缩尾（winsorize）处理以排除极端值的影响，主要变量的说明和描述性统计如表 1 所示。

表 1　主要变量说明和描述性统计

变量名称	变量说明	平均值	标准差	最小值	最大值
被解释变量					
diffsub	异地子公司数量	2.705	3.840	0	53
解释变量					
treat	地方国有企业取 1，否则取 0	0.600	0.489	0	1
post	2002 年以后取 1，否则取 0	0.674	0.468	0	1
控制变量					
in*sub*	ln(子公司数量＋1)	1.638	0.856	0	4.094
size	公司规模，总资产(元)取对数	20.952	1.005	12.314	27.117
lev	资产负债率，总负债/总资产	0.449	0.318	0.027	2.538
age	公司年龄，当前年度减成立年份	8.808	4.178	0	27
roa	资产收益率，净利润/总资产	0.017	0.112	−0.700	0.209
first	第一大股东持股比例	0.423	0.174	0.010	0.992
outrat	独立董事人数/董事总人数	0.227	0.157	0	0.727
pc	政治关联，董监高担任人大代表或政协委员，则 1，否则取 0	0.390	0.487	0	1
in*agdp*	城市人均 GDP(万元)取对数	10.058	0.948	7.674	12.676

四、 基本结果与稳健性检验

（一） 所得税分享改革对异地投资的影响

中央政府和地方政府间税收分成比例变化，改变了地方政府从本地生产性税基中获得的收益，从而削弱了地方政府对资本要素跨区域流动进行管制的动机。表2展示了所得税分享改革对企业异地投资的影响。第（1）列表示在不加入控制变量的情况下，相较于其他所有制企业，地方国有企业的异地子公司数量在改革后显著增加了0.506个。第（2）列和第（3）列依次引入公司层面和地区层面的控制变量。第（3）列的结果表明，所得税分享改革后，地方国有企业的异地子公司数量比其他企业增加了0.504个，占异地子公司数量平均值的18.63%，且该效应在1%的水平上显著，验证了本文的假说H1。控制变量的结果表示，企业的子公司数量越多、总资产规模越大、负债率越高，则拥有更多的异地子公司。表2的结果说明，所得税分享改革促进了资本跨区域流动，当地方政府获得的企业所得税比例下降时，就会放松对资本流动的管制，而地方国有企业由于受到地方政府的直接控制，所以异地投资限制降低的效果最为明显，进而推动地方国有企业拓展经营范围。所得税分享改革有助于打破资本要素的市场封锁，促进资金合理流动，有利于优化资源配置效率，有效地推动了资本要素的统一市场建设。

表2   所得税分享改革对异地投资的影响

	（1）	（2）	（3）
地方国有企业 * 2002	0.506 ** (0.213)	0.485 *** (0.187)	0.504 *** (0.192)
子公司总数的对数		2.502 *** (0.164)	2.522 *** (0.169)
公司规模		0.398 *** (0.109)	0.405 *** (0.110)
资产负债率		0.433 *** (0.163)	0.422 ** (0.166)
公司年龄		0.181 (0.751)	0.215 (0.751)
资产收益率		− 0.161 (0.210)	− 0.191 (0.217)
第一大股东持股比例		− 0.285 (0.608)	− 0.265 (0.623)
独立董事占比		− 0.065 (0.331)	− 0.012 (0.338)
政治关联		0.056 (0.095)	0.067 (0.097)
人均 GDP			− 0.191 (0.346)
个体固定效应	Y	Y	Y
年度固定效应	Y	Y	Y
观测值	8,758	8,757	8,560
Adj − R^2	0.199	0.398	0.395

注：***、**、*分别代表在1%、5%、10%的水平上显著,括号中的数字是经过公司层面聚类调整后的稳健标准误。

（二）　地方政府持股比例与异地投资

如果地方政府实行市场分割的目的是从本地的经济资源中获得利益，那么针对同一种经济资源，地方政府会权衡通过不同方式获取收益的多少，从而策略性地调整对该资源流动的管制程度。对于地方国有企业而言，地方政府既可以通过企业所得税分成获得收益，又可以直接参与利润分配。根据前文的理论分析可知，所得税分享改革之后，对于地方政府持股比例大于40%的企业，通过利润分配的方式可以获得更多收益，那么地方政府对地方国有企业异地投资的限制是否会受到政府持股比例的影响呢？为了回答这个问题，本文将样本中的地方国有上市公司按照2001年的政府持股比例是否高于40%划分为两组，每一组作为实验组分别与其他所有制企业（控制组）进行回归。回归结果汇报在表3(1)，第(1)列和第(2)列为实验组为政府持股比例大于40%的公司的回归结果，第(2)列的结果显示，加入控制变量后，政府持股比例大于40%的地方国有上市公司在所得税分享改革后异地子公司数量显著增加了0.644个，且在1%的水平下显著，该系数明显大于基准回归结果。相比而言，第(3)列和第(4)列的结果表明，政府持股比例小于40%的地方国有上市公司的跨区域投资行为在政策前后没有显著差异，说明改革对这类地方国有企业没有产生影响。由此可见，所得税分享改革只显著促进了那些地方政府持股比例高于40%的地方国有企业的异地投资行为，实证结果验证了本文的假说H2。

进一步地，为了更细致地考察政府持股比例不同的企业受到政策的影响，本文将地方国企按照2001年的政府持股比例(10%，20%]……(80%，90%]划分为8组，分别记为treat2……treat9，每一组作为实验组与其他所有制企业（对照组）做回归，之所以缺失政府持股比例小于10%和大于90%的组别是因为实验组在该组别中没有样本,回归结果如表 3(2)所示。可以看出,当政府持股比例低于50％时,交互项的系数不显著,说明政策没有显著地影响这部分地方国有企业地跨区域投资行为,而当政府持股比例高于 50％时,交互项的系数开始显著,表示其跨区域投资明显增多,第 9 组的交互项系数不显著,可能是由于处于这一组别的地方国有上市公司的样本量较少。

　　表 3(1)和表 3(2)展示的结果说明,地方政府放松对地方国有企业异地投资的限制时会权衡其通过不同分配方式在地方国有企业中取得的收益的大小。当地方政府持股比例高于企业所得税分成比例时,地方政府通过利润分配获得的收益更多,反之,则通过税收的方式更有利。因此,对于那些地方政府持股比例高于税收分成比例的企业,所得税分享改革对其资本流动的促进作用更加明显。

表 3（1）　地方政府持股比例与异地投资

	（1）	（2）	（3）	（4）
	地方政府持股＞40%		地方政府持股＜40%	
地方国有企业＊2002	0.821＊＊＊ (0.219)	0.644＊＊＊ (0.199)	－0.026 (0.262)	0.289 (0.238)
子公司总数的对数		2.673＊＊＊ (0.200)		2.737＊＊＊ (0.263)
公司规模		0.293＊＊＊ (0.111)		0.456＊＊＊ (0.160)
资产负债率		0.310＊ (0.187)		0.408＊ (0.216)
公司年龄		0.268 (0.746)		－0.508 (0.380)
资产收益率		－0.285 (0.248)		－0.182 (0.255)

续　表

	（1）	（2）	（3）	（4）
	地方政府持股＞40%		地方政府持股＜40%	
独立董事占比		0.109 (0.353)		0.008 (0.425)
政治关联		0.074 (0.105)		0.084 (0.129)
人均 GDP		−0.336 (0.376)		−0.259 (0.449)
个体固定效应	Y	Y	Y	Y
年度固定效应	Y	Y	Y	Y
观测值	6,810	6,658	5,447	5,340
Adj − R^2	0.207	0.416	0.138	0.364

注:***、**、*分别代表在 1%、5%、10%的水平上显著,括号中的数字是经过公司层面聚类调整后的稳健标准误。

（三）稳健性检验

1. 平行趋势检验

使用双重差分模型进行因果推断的一个基本前提是实验组和控制组之间不存在变化趋势差异,也就是说,在政策实施之前两组应该具有平行趋势。因此,为了验证本文的基准回归结果是因为企业间所有权性质不同引起的,而不是纯粹的时间效应,本文采用事件研究法来检验实验组和控制组的平行趋势假说。具体来说,用样本期间内不包含政策实施前一年的各独立年份与 $treat_i$ 的交乘项作为自变量,替换基准回归模型中的交乘项进行回归,以政策实施前一年为基准比较政策前后各年度的效应,回归模型如下所示:

$$diffsub_{it} = \alpha + \sum_{k=1999, k\neq2001}^{2007} \beta_k D_k treat_i + \beta X'_{it} + \gamma_i + \delta_t + \varepsilon_{it}$$

表3（2）　地方政府持股比例与资本跨区域流动（2）

	（2）(10%, 20%]	（3）(20%, 30%]	（4）(30%, 40%]	（5）(40%, 50%]	（6）(50%, 60%]	（7）(60%, 70%]	（8）(70%, 80%]	（9）(80%, 90%]	（11）全样本
treat2 * post	0.221 (0.447)								0.219 (0.432)
treat3 * post		0.322 (0.340)							0.274 (0.333)
treat4 * post			0.291 (0.279)						0.274 (0.275)
treat5 * post				0.573** (0.270)					0.597** (0.263)
treat6 * post					0.692*** (0.236)				0.702*** (0.230)
treat7 * post						0.640** (0.275)			0.684** (0.269)
treat8 * post							0.534 (0.362)		0.620* (0.355)

续　表

	（2）(10%,20%]	（3）(20%,30%]	（4）(30%,40%]	（5）(40%,50%]	（6）(50%,60%]	（7）(60%,70%]	（8）(70%,80%]	（9）(80%,90%]	（11）全样本
treat9 * post								0.145 (0.726)	0.176 (0.651)
控制变量	Y	Y	Y	Y	Y	Y	Y	Y	Y
个体固定效应	Y	Y	Y	Y	Y	Y	Y	Y	Y
年度固定效应	Y	Y	Y	Y	Y	Y	Y	Y	Y
观测值	3,691	4,245	4,280	4,203	4,475	4,426	3,823	3,483	8,560
Adj－R^2	0.386	0.374	0.377	0.394	0.404	0.395	0.404	0.391	0.396

注：***、**、* 分别代表在1%、5%、10%的水平上显著，括号中的数字是经过公司层面聚类调整后的稳健标准误。

其中，D_k 表示所得税分享改革实施后 k 年的虚拟变量，该模型设定以 2001 年为基期，各年度交乘项的系数 β_k 的数值及其 90% 的置信区间边界如图 4 所示。

从图 4 中可以看出，在政策实施之前，实验组和控制组的异地子公司数量没有显著差异，而从改革之后一年开始，实验组的异地子公司数量显著多于控制组，这说明了是所有制的差别导致了政策实施之后两组之间的变动，从而验证了平行趋势假设。

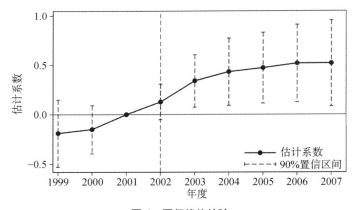

图 4　平行趋势检验

2. 虚拟处理效应

所得税分享改革发生在 2002 年，该年度发生的其他政策冲击同样可能影响资本的跨区域流动（如加入 WTO 等）。为了进一步验证本文的基准回归结果是由于企业所有制差异引起的，而不是 2002 年其他政策因素或者噪音效应，本文将 $treat_i$ 在各公司之间随机分配，然后采用基准模型进行回归如此重复 500 次，每次回归计算出交乘项系数的 t 值。重复回归交乘项的 t 值的频率分布如表 4 和图 5 所示，交乘项的系数大多分布在 0 附近，显著为正或显著为负的占比很小，说明本文构造的虚拟处理效应不存在，进一步排除了噪音对实证结果的影响。

表 4　虚拟处理效应回归结果的统计分布

样本量	变量	均值	标准差	5%分位
500	系数	− 0.0008	0.0333	− 0.0582
500	t 值	− 0.0192	0.9695	− 1.6681

25%分位	中位数	75%分位	95%分位
− 0.0242	0.0002	0.0226	0.0518
− 0.7151	0.0081	0.6455	1.5558

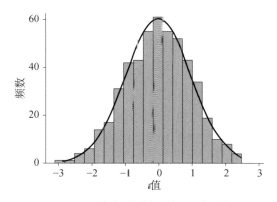

图 5　500 次安慰剂检验结果 t 值分布

3. 剔除北上广的样本

中国注册在北京市、上海市、广东省的上市公司比例很高,本文使用的样本中 29.94% 的观测值属于这三个地区,同时这些地区的资本要素市场开放程度可能较高,所以容易对基准回归结果产生较大的影响,造成了"伪回归"偏误。为了排除这一干扰因素,本文剔除了北京市、上海市、广东省的观测值,考察剩下的地区受到的政策影响,回归结果如表 5 第(1)列所示,核心解释变量的系数为 0.441,仍然保持 5% 的显著性水平,本文的回归结果不是由于样本选择偏误引起的。

4. 以央企作为安慰剂检验

前文发现地方国企的跨地区投资增加,既可能是本文认为的地方放松了资本管制,也可能是国有资本自身的特征导致的,接下来,本文借助于中央国有企业对此进行排除。央企受中央政府控股,其投资决策由中央政府控制,经营成果除企业所得税分成外也与地方政府无关。所以,地方政府既没有能力也没有动机影响央企的异地投资行为,但是央企和地方国有企业同属于国有成分,同时会受到国有资本政策的影响。本文用非地方国有企业的样本重新进行回归,以央企为实验组,非国有企业作为控制组,回归结果如表 5 第(2)列所示。央企异地子公司数量在 2002 年前后没有显著变化,这说明所得税分享改革对地方国有企业的异地投资行为影响,是因为地方政府的财政激励发生了变化,而不是国有企业自身的特征导致的。

5. 广延边际效应

本文的基准回归结果反映了所得税分享改革造成地方国有上市公司异地子公司数量增多,属于集约边际效应(intensive margin effect),本文进一步验证政策产生的广延边际效应(extensive margin effect),考察政策产生的促进企业"走出去"的效应。具体地,将基准回归模型的被解释变量替换为 0—1 虚拟变量,如果公司 i 在 t 年的异地子公司数量大于 0,则取 1,否则取 0,模型采用 Logit 方法回归。表 5 第(3)列报告了回归结果,交乘项的系数在 1% 的水平上显著为正,说明地方国有上市公司在政策实施之后"走出去"的可能性显著提升,体现了政策的广延边际效应。

6. 替换被解释变量

考虑到存量和流量的区别,参照曹春方等(2020)的方法,在表 5 第(4)列中,本文将被解释变量替换为公司 i 在 t 年新增的异地子公司数量。回归结果显示,地方国有上市公司在所得税分享改革后新设的异地子公司数量显著增加了 0.297 个,且该效应在 1% 的水平下显著，进一步验证了本文的基准回归结果。

7. 聚类到城市层面

在前文的回归中，为了排除公司层面在不同时期的随机扰动项存在的自相关问题，本文将标准误聚类到公司层面。除此之外，考虑到位于同一城市内的公司由于地理或政策的因素也可能存在自相关，所以本文进一步将标准误聚类到城市层面，重新进行估计。回归结果如表 5 第（5）列所示，回归系数大小与前文采用公司层面聚类标准误的回归结果一致。

表 5　稳健性检验（1）

	剔除 北上广	央企 安慰剂	广延 边际效应	替换被 解释变量	聚类到 城市层面
	（1）	（2）	（3）	（4）	（5）
地方国有企业 ＊2002	0.441＊＊	0.365	0.743＊＊＊	0.297＊＊＊	0.504＊＊
	（0.191）	（0.308）	（0.202）	（0.102）	（0.201）
控制变量	Y	Y	Y	Y	Y
个体固定效应	Y	Y	N	Y	Y
年度固定效应	Y	Y	Y	Y	Y
观测值	5,997	3,435	8,560	8,551	8,554
adj. R^2／pseudo R^2	0.431	0.807	0.017	0.041	0.780

注：＊＊＊、＊＊、＊分别代表在 1%、5%、10% 的水平上显著。除第（3）列以外各列均采用 OLS 模型回归，第（1）、（2）、（4）列将标准误聚类到公司层面；第（5）列将标准误聚类到城市层面；第（3）列使用 Logit 模型回归。

8. 排除国有企业重组调整的影响

随着市场化改革的逐步推进，进入 20 世纪 90 年代中期以后，国有企业出现大面积亏损和经营困难。为了增强国有企业的市场竞争力，调整所有制结构，政府部门开始推行行政主导的国有经济布局结构调整。具体来说，一方面对处于一般性竞争行业且不具备竞争优势的中小型国有企业实施破产和兼并,另一方面对国有经济需要进入的领域中的大中型国有企业进行大规模重组。在党的十五届四中全会之后,国有经济行业调整的力度逐步加大,重组的重点是垄断行业和效益低下的行业,如煤炭、有色、纺织等(邵宁,2014)。国有经济结构调整的改革可能会影响国有企业子公司的地区分布,并且与所得税分享改革的时间接近,因而可能会干扰本文的基本结论。为了排除国有企业重组调整的影响,本文首先在基准回归模型中加入行业—年度固定效应,以控制行业层面的冲击。回归结果如表6的第(1)列所示,核心解释变量的系数在5%的水平上保持显著。进一步地,本文在样本中剔除了重组力度较大的行业(煤炭采选业、纺织业、黑色金属冶炼及压延加工业、黑色金属矿采选业、服装及其他纤维制品制造业、有色金属矿采选业、有色金属冶炼及压延加工业),如表6第(2)列显示,基本结论不变。

　　9. 排除加入 WTO 的影响

　　中国加入 WTO 使得出口环境大为改善,有利于中国产品进入国际市场,为中国企业提供了新的发展机遇。对外联系越密切的企业在开放的国际贸易中获益最多,这些企业的国际竞争力增强以后,可能继而寻求在国内市场的扩张。因此,虽然本文的基准结果通过了虚拟处理效应的安慰剂检验,但是没有考虑企业对外贸易的异质性,这可能会对基本结论构成威胁。为了排除加入 WTO 的影响,首先考虑到位于不同地区的企业受到 WTO 冲击程度不同,沿海省份的对外依存度高于内陆省份,因而受到对外开放的影响更强。基于此,本文在表6第(2)列中加入了省份—年度固定效应,以控制地区层面的冲击。容易看出,基本结论保持不变。进一步地,本文从企业出口的角度考察对外开放的影响。企业的出口金额越大,受到 WTO 的冲击越大。但是,在公开披露的数据中,难以获得 2003 年以前上市公司营业收入海内外分布的数据。本文利用 2000—2001 年海关企业数据库，根据子公司名称和年份进行匹配，计算得到上市公司在中国加入 WTO 之前两年的平均出口金额，将平均出口金额取对数再乘 2002 年以后的虚拟变量，用来衡量对外依存度不同的企业受到 WTO 的冲击。回归结果如表 6 第（4）列所示，可以看出，在中国加入 WTO 以前出口金额越大的企业，2002 年以后在国内市场的扩张越明显，但是核心解释变量的系数依然在 1％ 的水平上保持显著，这说明基本结论不受加入中国 WTO 的影响。

表 6　稳健性检验（2）

	排除国有企业重组调整的影响		排除加入 WTO 的影响	
	行业—时间固定效应	剔除调整行业	省份—时间固定效应	控制出口金额
	（1）	（2）	（3）	（4）
地方国有企业 * 2002	0.513**	0.480**	0.587***	0.464***
	(0.201)	(0.204)	(0.194)	(0.170)
平均出口金额 * 2002				0.020***
				(0.007)
控制变量	Y	Y	Y	Y
个体固定效应	Y	Y	Y	Y
年度固定效应	N	Y	Y	Y
行业—年度固定效应	Y	N	N	N
省份—年度固定效应	N	N	Y	N
观测值	8,361	7,737	8,757	7,728
adj. R^2	0.785	0.807	0.782	0.817

注：***、**、* 分别代表在 1％、5％、10％ 的水平上显著，括号中的数字是经过公司层面聚类调整后的稳健标准误。

五、进一步讨论

（一）异质性分析

1. 行业异质性

企业的行业异质性导致其主要缴纳不同的税种，而不同税种收入的地方分成比例存在明显差异，从而影响地方政府维护不同税种税基的动机。如果地方政府限制资本要素跨区域流动的目的是维护本地的财税收益，那么在市场整合过程中，地方政府不仅需要考虑因资本要素流出而导致的企业所得税损失，还要考虑其他税种收入的变化。所得税分享改革没有改变增值税、营业税等其他税种的分成比例。在 2012 年"营改增"试点改革之前，增值税是中央和地方共享税，除海关征收的进口环节增值税全部归中央政府以外，地方政府仅能享有增值税收入的 25％，而营业税则一直是地方税，税收全部属于地方政府，占地方全部税收收入的 1/3，是地方财政的第一大税种。所以，缴纳增值税企业的资本流出给地方政府税收收入造成的损失小于缴纳营业税的企业，于是地方政府更倾向于放松对前者异地投资的管制程度。在 2012 年之前实施的流转税"二元税制"，是按照企业所属的行业来区分增值税和营业税的，其中，制造业企业主要缴纳增值税，而非制造业企业主要缴纳营业税。本文按照行业将实验组的样本划分为制造业和非制造业两组，分别与对照组进行回归，结果如表 7 第（1）列和第（2）列所示。第（1）列表示制造业的地方国有企业在所得税分享改革之后异地子公司数量增加了 0.600 个，且该效应在 1％的水平上显著，第（2）列的结果显示非制造业地方国有企业在改革前后的异地子公司数量没有显著变化。由此可见，地方政府在放松市场分割的同时，还会考虑其他税种的收益和损失,因此所得税分享改革显著促进了制造业地方国有上市公司的异地投资。

　　2. 地区异质性

　　税收是地方财政收入的主要来源,而地方国有企业对地方税收具有重要的贡献。根据"中国工业企业数据库"测算,平均而言,2001年地方国有企业缴纳的税收占各地级市所有企业缴纳税收的比例为65.4%。与此同时,各地区财政收入对地方国有企业的依赖度具有很大的差异,地方国有企业的发展状况对地方财政的影响程度不同,从而影响地方政府限制本地国有企业异地投资的动机。在所得税分享改革之前,那些财政收入对地方国有企业依赖程度较低的地区,出于财政收入的目的而限制地方国有企业异地投资的动机会比较弱,而且其财政收入受到所得税分享改革的冲击较小,因此可以预期,这部分地区对地方国有企业异地投资的限制在改革前后没有明显变化。相反,那些财政收入对地方国有企业依赖程度较高的地区,改革之前会严格限制国有资本的流动,分税制改革对这些地区的冲击更大,显著减少了管制资本流出的财政激励。为了考察所得税分享改革在地区间的异质性,本文以中国工业企业数据库中2001年各地级市地方国有企业缴纳的税收占所有企业税收的比重衡量该地区税收对地方国有企业的依赖程度,在计算该指标时还考虑了增值税的25%地方分成比例,具体为:

$$ratio_i = \frac{i市地方国有企业的税金 - 企业所得税 + 增值税 \times 0.25}{i市全部企业的税金 + 企业所得税 + 增值税 \times 0.25}$$

　　然后,以 $ratio_i$ 的中位数为界将实验组样本划分为两组,分别与控制组的样本进行回归。回归结果如表7第(3)列和第(4)列所示,地方财政对地方国有企业依赖程度较高的地区,其在改革后异地子公司数量平均而言将增加0.540个,而且该效应在5%的水平上显著。反之，那些对地方国有企业依赖度较低的地区，其地方国有企业在改革前后的异地子公司数量并没有显著变化。由此可见，所得税分享改革在更大程度上促进了国有企业依赖程度较高的地区的资本要素市场整合。

3. 投资去向

地方国有企业跨地区投资会对地方财政收入有益，但地方政府也会相应考虑与之伴随的潜在成本，这会直接影响到地方国有企业的投资去向。由上述分析可知，所得税分享改革的资本整合效应主要是通过地方国企的异地投资实现的，无论地方政府实行市场分割的原因是出于财政激励还是晋升激励，都可以归纳到政府竞争的框架中。地方政府依靠投资拉动经济增长，不惜采取"以邻为壑"的政策，阻止产品和要素流向竞争性区域。处于同一省份内的地级市发展水平接近，对同省异市的投资虽然会对投资来源市产生一定的收益，但这也会改变两市在省内的排名，形成额外的成本，所以处在同一省份的各城市之间对要素的竞争更为激烈。皮建才（2008）的研究表明，当市场整合的收益较低时，市场整合的程度是有限的。与之相比，要素流向省外则不会改变来源地在省内的竞争地位，所以地方政府对此的管制更小。本文将被解释变量"异地子公司数量"分为"异省子公司数量"和"省内异市子公司数量"，然后分别进行回归，以"省内异市子公司数量"为被解释变量的回归不包括母公司位于直辖市的样本。从表7的第(5)列和第(6)列可以看出，所得税分享改革后，地方国有上市公司显著增加了0.351个异省子公司，该效应在1%的水平上显著，而省内异市子公司数量没有显著增加。结果表明，同一省份内各城市之间的市场分割程度高于异省城市，地区竞争抑制了资本在省内的流动性，削弱了所得税分享改革对市场一体化的促进作用。

表 7　异质性分析

	(1)	(2)	(3)	(4)	(5)	(6)
	行业异质性		对地方国有企业依赖度		投资去向	
	制造业	非制造业	依赖度高	依赖度低	跨省投资	省内异市
地方国有企业 * 2002	0.600***	0.200	0.540**	0.039	0.351***	0.153
	(0.207)	(0.202)	(0.223)	(0.209)	(0.133)	(0.095)
子公司总数的对数	2.645***	2.706***	2.653***	2.826***	1.676***	1.030***
	(0.195)	(0.261)	(0.231)	(0.244)	(0.117)	(0.079)
公司规模	0.332***	0.393***	0.316**	0.374***	0.268***	0.160***
	(0.122)	(0.139)	(0.125)	(0.141)	(0.075)	(0.054)
资产负债率	0.290	0.356*	0.204	0.468**	0.214*	0.210**
	(0.186)	(0.213)	(0.219)	(0.199)	(0.110)	(0.087)
公司年龄	0.301	−0.621*	0.105	−0.504	−0.627	0.470***
	(0.748)	(0.369)	(0.613)	(0.356)	(1.115)	(0.065)
资产收益率	−0.384*	−0.117	−0.472*	−0.074	−0.176	0.008
	(0.224)	(0.287)	(0.251)	(0.259)	(0.151)	(0.114)
第一大股东持股比例	0.307	0.424	1.089	0.256	−0.060	−0.053
	(0.673)	(0.964)	(0.775)	(0.861)	(0.411)	(0.304)

续　表

	行业异质性		对地方国有企业依赖度		投资去向	
	(1)	(2)	(3)	(4)	(5)	(6)
	制造业	非制造业	依赖度高	依赖度低	跨省投资	省内异市
独立董事占比	0.020	0.057	0.028	0.125	0.112	−0.000
	(0.361)	(0.393)	(0.371)	(0.416)	(0.239)	(0.177)
政治关联	0.061	0.053	0.046	0.126	0.063	0.002
	(0.103)	(0.115)	(0.117)	(0.128)	(0.072)	(0.049)
人均 GDP	−0.274	−0.296	−0.344	−0.488	0.121	−0.063
	(0.404)	(0.415)	(0.384)	(0.468)	(0.220)	(0.168)
个体固定效应	Y	Y	Y	Y	Y	Y
年度固定效应	Y	Y	Y	Y	Y	Y
观测值	6,909	5,089	5,388	5,553	8,560	6,650
Adj−R^2	0.403	0.374	0.397	0.395	0.357	0.356

注：***、**、* 分别代表在 1%、5%、10%的水平上显著，括号中的数字是经过公司层面聚类调整后的稳健标准误。

（二）异地投资对资本回报率和现金分红的影响

前文的回归结果已经得出了本文的基本结论，即所得税分享改革减少了地方政府企业所得税分成比例，从而减弱地方政府抑制国有资本跨区域流动的动机，因此在改革之后地方国有企业的异地子公司数量显著增加，而且该效应在政府持股比例高于 40% 的企业中更为明显。由此产生的一个问题是：地方国有企业异地扩张是否有利于改善其盈利能力？根据曹春方等（2015）的研究，地方政府对地方国有企业的"掠夺"效应会随着异地子公司比例的增加而减弱，所以地方国有企业异地扩张能够减少其过度投资并提升公司价值。因而可以判断，异地扩张对地方国有企业资本回报率的改善程度高于其他所有制企业。本文以权益净利率（净利润/股东权益）代表企业的资本回报率，核心解释变量为 $treat_i$ 与 $diffsub_{it}$ 的交乘项，控制变量包括异地子公司数量、企业规模、资产负债率、大股东占款、第一大股东持股比例、独立董事比例，回归结果列示于表 8 的第（1）、（2）列。如第（2）列所示，异地子公司数量增加 1 个，地方国有企业的盈利能力增加 0.005，相当于均值的 11.42%，而且该效应在 5% 的水平上显著。这说明地方国有企业异地扩张有利于增加其盈利能力，提升了资本回报率。

按照本文的逻辑，地方政府之所以主要放松对持股比例大于 40% 的地方国有企业异地投资的限制，是因为通过利润分配的方式从中获取收益更加有利。本文已经验证地方国有企业异地投资改善了资本回报率，若形成逻辑的闭环，还需要考察企业异地扩张是否增加了对股东的分红。进一步地，本文以现金分红总额的对数为被解释变量，核心解释变量仍然是 $treat_i$ 与 $diffsub_{it}$ 的交乘项，控制变量中还加入了股本总额的对数以及资产净利率。本文将样本按照地方政府持股比例是否大于 40% 划分为两组，回归结果见表 8 的第（3）到第(6)列。可以看出,对于地方政府持股比例高于40%的地方国有上市公司,异地子公司数量每增加一个,则公司的现金分红数量平均提高13.9%,该效应在5%的水平上显著,而且在地方政府持股比例低于40%的上市公司中现金分红数量没有显著增加。回归结果验证了本文的逻辑,即地方国有企业异地扩张有利于增加地方政府收益,地方政府持有比例高于企业所得税分成比例的企业现金分红数量增加。

表8　异地投资对资本回报率和现金分红的影响

被解释变量	权益净利率		现金分红总额的对数			
	（1）	（2）	（3）	（4）	（5）	（6）
			地方政府持股>40%		地方政府持股<40%	
treat * diffsub	0.005 *	0.005 **	0.180 **	0.139 **	0.112	0.050
	(0.003)	(0.003)	(0.070)	(0.071)	(0.097)	(0.089)
控制变量	N	Y	N	Y	N	Y
个体固定效应	Y	Y	Y	Y	Y	Y
年度固定效应	Y	Y	Y	Y	Y	Y
观测值	8,757	8,757	6,810	6,733	5,447	5,396
Adj - R^2	0.006	0.026	0.057	0.103	0.061	0.111

注：***、**、* 分别代表在1%、5%、10%的水平上显著,括号中的数字是经过公司层面聚类调整后的稳健标准误。

六、 结论与政策建议

统一市场建设是新发展阶段下的重要课题。在推动市场整合过程中,要素自由跨区域自由流动处于基础性地位(夏立军等,2011)。尽管随着改革的推进,中国的市场一体化程度不断提高,但是,地方政府出于财政收入限制资源流动的地方保护主义行为远未消失。尤其是在当前构建全国统一大市场与财政体制改革共同推进的背景下,政府间财政关系正在经历新一轮重枢,此时研究市场统一建设的财政激励具有十分重要的意义。本文借助 2002 所得税分享改革这一针对地方财政激励的外生冲击,利用 1999—2007 年间 A 股上市公司子公司分布的数据,采用双重差分的方法,实证检验了企业所得税分享体制对地方国有企业异地投资的影响,对改革的市场整合效应进行评价。研究发现,所得税分享改革之后,地方国有企业的异地子公司数量相比于其他所有制企业显著增加,这一结论在经过一系列稳健性检验之后仍然成立,说明所得税分享改革促进了地方国有资本的流动。并且,地方国有企业异地投资增加的效应仅在地方政府持股比例大于企业所得税分成比例的企业中存在,意味着地方政府在放松要素市场分割时仍然会对通过不同方式获取的收益大小进行权衡。异质性分析表明,基准回归的结论在制造业企业和在改革前税收收入对地方国有企业依赖度较高的地区更加显著,而且,改革显著促进了资本要素的跨省流动,对省内资本要素市场整合没有明显效果。进一步分析地方国有企业异地扩张的后果,发现地方国有企业异地投资有利于提升资本回报率,而且异地子公司数量越多的地方国有企业分红金额越多,同样地,这一结论在地方政府持股比例大于 40％的企业中显著,说明地方政府调整了财政收入获取方式。

　　本文的研究表明,财政激励是理解地方政府行为的关键所在,针对新发展阶段的统一市场建设,本文从财税改革的视角提出如下政策建议:

　　(1)加快构建全国统一大市场,杜绝政府在资源配置中的不合理干预。本文的结论说明,生产要素的自由流动与合理配置对提升生产效率和投资回报率具有关键作用,而地方政府的行政性垄断是造成市场分割的重要原因。因此,在新发展格局的重要背景下,政府部门有必要重视地方保护主义和市场分割的问题,杜绝政府在资源配置中的不合理干预,坚决打破区域间要素自由流动的障碍,充分发挥市场在资源配置中的决定性作用。在当前全球经济面临极大不确定性的阶段,更需要以区域协调一体化的战略塑造超大规模统一市场的独特优势。

(2)市场一体化建设应与财政体制改革协同推进。本文发现,财政收益是地方政府进行市场分割的重要因素,合适的财政激励能够起到促进市场整合的作用。因此,在构建全国统一大市场的过程中,要充分发挥财政在国家治理中的基础和重要支柱作用。一方面,要平衡纵向财政关系中的财权与事权,特别是明确省级以下政府的事权划分,适当上收支出责任,缓解基层政府财政压力过大的困难;另一方面,要建设协调的横向财政关系,通过完善财政收入横向分配机制,促进区域间分工协作。

(3)适当提高流动性税基的中央集中度。在分级财政体制下,地方政府有动机为了吸引流动性税基而展开横向税收竞争,所以只有提高流动性税基的中央集中度,削弱地方财政收入与流动性税基的直接关联,才能破除地方保护主义。基于此,在财政体制改革过程中,需要进一步提高流动性税基的中央分享比重,弱化地方政府进行市场分割的动机。同时,还要完善财政收入分享机制,通过转移支付确保税收在各地区的公平分配,减少地方政府为争夺财政收入而进行的无序竞争。

(4)对内开放与对外开放协同推进。扩大对内开放是对外开放的前提和基础,而市场规模和一体化程度是对内开放的关键。面对"一带一路"的重大机遇,政府部门更应消除国内产品和生产要素的流通壁垒,赋予各类市场主体平等的竞争地位,以此提升营商环境和对外商的吸引力。与此同时,应当通过扩大对外开放程度促进国内各区域、市场主体之间的交流与合作,带动国内市场整合,实现经济高质量发展。

参考文献

白重恩、杜颖娟、陶志刚、仝月婷:《地方保护主义及产业地区集中度的决定因素和变动趋势》,《经济研究》,2004 年第 4 期。

曹春方、周大伟、吴澄澄、张婷婷:《市场分割与异地子公司分布》,《管理世界》,2015 年第 9 期。

曹春方、贾凡胜:《异地商会与企业跨地区发展》,《经济研究》,2020 年第 4 期。

陈刚、李树:《司法独立与市场分割——以法官异地交流为实验的研究》,《经济研究》,2013 年第 9 期。

陈思霞、许文立、张领祎:《财政压力与地方经济增长——来自中国所得税分享改革的政策实验》,《财贸经济》,2017 年第 4 期。

范子英、田彬彬:《税收竞争、税收执法与企业避税》,《经济研究》,2013 年第 9 期。

范子英、张军:《财政分权、转移支付与国内市场整合》,《经济研究》,2010 年第 3 期。

方军雄:《政府干预、所有权性质与企业并购》,《管理世界》,2008 年第 9 期。

郭金龙、王宏伟:《中国区域间资本流动与区域经济差距研究》,2003 年第 7 期。

贺颖、吕冰洋:《行政性分权与地区市场分割——基于地级市的研究》,《经济学报》,2019 年第 4 期。

李明、李德刚、冯强:《中国减税的经济效应评估——基于所得税分享改革"准自然试验"》,《经济研究》,2018 年第 7 期。

林毅夫、李志赟:《政策性负担、道德风险与预算软约束》,《经济研究》,2004 年第 2 期。

刘瑞明:《国有企业、隐性补贴与市场分割:理论与经验证据》,《管理世界》,2012 年第 4 期。

刘小勇、李真:《财政分权与地区市场分割实证研究》,《财经研究》,2008 年第 2 期。

刘行、赵健宇、叶康涛：《企业避税、债务融资与债务融资来源——基于所得税征管体制改革的断点回归分析》，《管理世界》，2017 年第 10 期。

刘志彪、孔令池：《从分割走向整合：推进国内统一大市场建设的阻力与对策》，《中国工业经济》，2021 年第 8 期。

陆铭、陈钊、严冀：《收益递增、发展战略与区域经济的分割》，《经济研究》，2004 年第 1 期。

吕冰洋、贺颖：《分权、分税与市场分割》，《北京大学学报（哲学社会科学版）》，2019 年第 3 期。

马光荣、程小萌、杨恩艳：《交通基础设施如何促进资本流动——基于高铁开通和上市公司异地投资的研究》，《中国工业经济》，2020 年第 6 期。

皮建才：《中国地方政府间竞争下的区域市场整合》，《经济研究》，2008 年第 3 期。

平新乔：《政府保护的动机与效果——一个实证分析》，《财贸经济》，2004 年第 5 期。

Poncet，S.，《中国市场正在走向"非一体化"? ——中国国内和国际市场一体化程度的比较分析》，《世界经济文汇》，2002 年第 2 期。

邵宁：《国有企业改革实录(1998—2008)》，经济科学出版社，2014 年。

沈立人、戴园晨：《我国"诸侯经济"的形成及其弊端和根源》，《经济研究》，1990 年第 3 期。

宋渊洋、黄礼伟：《为什么中国企业难以国内跨地区经营?》，《管理世界》，2014 年第 12 期。

田彬彬、范子英：《税收分成、税收努力与企业逃税——来自所得税分享改革的证据》，《管理世界》，2016 年第 12 期。

王凤荣、董法民：《地方政府竞争与中国的区域市场整合机制——中国式分权框架下的地区专业化研究》，《山东大学学报（哲学社会科学版）》，2013 年第 3 期。

夏立军、陆铭、余为政：《政企纽带与跨省投资——来自中国上市公司的经验证据》，《管理世界》，2011 年第 7 期。

谢贞发、范子英：《中国式分税制、中央税收征管权集中与税收竞争》，《经济研究》，2015 年第 4 期。

宋冬林、范欣：《分税制改革推动了市场统一吗?》，《学习与探索》，2015

年第 10 期。

（英）亚当·斯密（Adam Smith）:《国民财富的性质和原因的研究》,郭大力、王亚南译,商务印书馆,1996 年。

银温泉、才婉茹:《我国地方市场分割的成因和治理》,《经济研究》,2001 年第 6 期。

曾庆生、陈信元:《国家控股、超额雇员与劳动力成本》,《经济研究》,2006 年第 5 期。

郑毓盛、李崇高:《中国地方分割的效率损失》,《中国社会科学》,2003 年第 1 期。

周黎安:《晋升博弈中政府官员的激励与合作——兼论我国地方保护主义和重复建设问题长期存在的原因》,《经济研究》,2004 年第 6 期。

周黎安:《中国地方官员的晋升锦标赛模式研究》,《经济研究》,2007 年第 7 期。

Boisot, M., and M. W. Meyer, 2008, "Which Way through the Open Door? Reflections on the Internationalization of Chinese Firms", *Management and Organization Review*, 4(3), 349 - 365.

Garnaut, R., L. Song, Y. Yao, and X. Wang, "The Emerging Private Enterprise in China", *The National University of Australia Press*, Canberra.

Giroud, X., and J. Rauh, 2019, "State Taxation and the Reallocation of Business Activity: Evidence from Establishment-Level Data", *Journal of Political Economy*, 127(3), 1262 - 1316.

Qian, Y., and B. R. Weingast, 1997 "Federalism as a Commitment to Preserving Market Incentives", *Journal of Economic Perspectives*, 11(4), 83 - 92.

Kornai, J., E. Maskin, and G. Roland, 2003, "Understanding the Soft Budget Constraint", *Journal of Economic Literature*, 41(4), 1095 - 1136.

Oates, W., 1972, Fiscal Federalism, New York: Harcourt Brace Jovanovich.

Tang, T., P. L. L. Mo, and K. H. Chan, "Tax collector or Tax Avoider? An Investigation of Inter-governmental Agency Conflicts", *The Accounting Review*, 92(2), 247 - 270.

Tibout, C. M. , 1956, "A Pure Theory of Local Expenditure", *Journal of Political Economy*, 64(5),416 - 424.

Young, A. , 2000, "The Razor's Edge: Distortions and Incremental Reform in the People's Republic of China", Quarterly Journal of Economics, 115(4),1091 - 1135.

中国特色的宏观调控：国有企业的作用

方红生、胡稳权、施如画、张旭飞

一、 问题提出

近十年来，许多学者发现，无论是应对 20 世纪 30 年代的大萧条，还是应对 2008 年全球性金融危机，大量国家都倾向于采用国有化的手段，将国有企业作为宏观调控的一个有用的临时性应急工具（Millward，2005；Florio and Fecher，2011；Millward，2011；Thynne，2011；Brei and Schclarek，2013；Florio，2013，2014；Bernier，2014；Bertay，Demirgüç-Kunt and Huizinga，2015；Coleman and Feler，2015；Szarzec and Nowara，2017；Bernier and Reeves，2018）。普遍认为，1940—1980 年是国有企业的鼎盛时期（Bernier and Reeves，2018）。从历史上看，1930 年代的大萧条是一些国家设立国有企业的原因（郭婧和马光荣，2019）。Millward（2005，2011）的研究表明，到 1940 年代，大多数欧洲国家的国有企业占 GDP 的 10%、年度资本形成的 20% 和就业的 10%，而欧洲国有企业的规模在接下来的 30 年里并没有太大变化。80 年后，政府不得不面对类似的情况（Florio，2014）。正如 Bernier（2014）所指出的，自

2008 年经济危机以来，政府和学者已经"重新发现"国有企业是有用的政策工具。在 2007—2009 年金融危机期间，高收入经济体的政府被迫向破产公司提供金融支持，以避免进一步的金融不稳定和传染效应，这在美国和英国尤为明显（Szarzec and Nowara，2017）。一些国家被迫将倒闭的私人银行国有化（Bertay et al.，2015）。例如，荷兰的 AbnAmro 银行在危机后由荷兰政府全资拥有。因此，在高收入国家，国有银行资产的平均份额从 2007 年的 7.3% 增加到 2009 年的10.8%。此外，许多国家还加强了国有企业在石油、天然气、航空和铁路领域的主导地位（Putniņš，2015）。

众所周知，国有企业在中国的经济体系中发挥着重要作用（Lin and Milhaupt，2013）。那么在面对经济衰退时，中国政府是否将国有企业作为宏观调控的一个工具便成为一个值得研究的重要问题。梳理现有文献，我们发现，对于国有企业的投资效率、国有企业投资是否过度（Bertero and Rondi，2002；Alesina et al.，2005；Chen et al.，2011；He and Kyaw，2018；魏明海和柳建华，2007；程仲鸣等，2008；唐雪松等，2010；张敏等，2010；钟海燕等，2010）、国有企业投资对民营企业投资的影响（王文成等，2013；Tan et al.，2016；王宇澄等，2018）、国有企业是否可以充当转型期"宏观经济的稳定者"（刘元春，2001；张宇，2009；刘瑞和王岳，2010；王文成，2011；龚刚，2019；郭婧和马光荣，2019）等问题都有了大量研究，但是对于中国政府事实上是否将国有企业作为宏观调控的一个有用工具以及国有企业作为宏观调控工具的效果问题的研究并不多见。据我们所知，王文成（2011）和郭婧、马光荣（2019）是为数不多的通过较为严谨的计量方法证实了国有企业在宏观经济稳定中有着重要作用的代表性文献，但是王文成（2011）并没有实证研究中国政府是否将国有企业作为宏观调控的一个有用工具。虽然郭婧和马光荣（2019）做了这个工作，但只是通过作图的方式观察国有企业投资是否呈现逆周期性特征，并没有进行深入的实证研究。我们认为，只有证实了中国政府的确是将国有企业作为宏观调控的工具，王文成（2011）和郭婧、马光荣（2019）对国有企业在宏观经济稳定中的作用进行实证研究才有坚实基础，国有企业可以在中国特色的宏观调控体系中发挥重要作用的主张（刘元春，2001；张宇，2009；刘瑞和三岳，2010；王文成，2011；龚刚，2019；郭婧和马光荣，2019）才有实践基础。

本文的贡献主要有以下三点。第一，从理论上深入阐释了中国国企扩张偏向的投资行为的内在逻辑机理，揭示了国企在经济衰退期的逆周期性投资行为是地方政府为实现地方增长目标，对国企进行干预的结果。[①] 第二，首次为中国国企在经济衰退期的逆周期性投资行为提供了系统性的证据。通过使用中国上市公司数据和处理内生性的系统 GMM 方法，我们得到了三个主要结论：（1）中央国有企业和地方国有企业的投资行为都呈现明显的扩张偏向；（2）中央国有企业扩张偏向的投资行为主要出现在第三产业和西部地区，而地方国有企业扩张偏向的投资行为主要出现在第三产业和中西部地区；（3）在经济衰退期，增长目标越高的地区，中央国有企业和地方国有企业所获得的银行信贷会更多，其投资的扩张偏向性越明显。第三，我们的研究工作极大地拓展了现有周期性财政政策行为的研究。当前关于周期性财政政策行为的研究，主要可分为以下两个分支：支出政策周期性（Riascos and Vegh，2003；Hercowitz and Strawczynski，2004；Jaimovich and Panizza，2007；Kaminsky et al.，2004；Talvi and Vegh，2005；Alesina et al.，2008；Ilzetzki and Vegh，2008；

[①] 我们正式定义企业投资的周期性。如果企业投资在经济衰退期上升，在经济繁荣期下降，企业投资有利于熨平经济周期，那么称企业投资是逆周期的。反之，如果企业投资在经济衰退期下降，在经济繁荣期上升，企业投资不利于熨平经济周期，那么称企业投资是顺周期的。如果企业投资在经济衰退期上升，在经济繁荣期上升，那么称企业投资是扩张偏向的，或者称企业投资在经济衰退期是逆周期的（有利于经济稳定），在经济繁荣期时是顺周期的（不利于经济稳定）。

Cuadra et al. ，2010；Frankel et al. ，2013）和税收政策周期性
（Sorensen et al. ，2001；Kaminsky et al. ，2004；Sturzenegger and
Werneck，2006；Cuadra et al. ，2010；Furceri and Karras，2011；
Strawczynski，2014；Vegh and Vuletin，2015；Srebrnik and
Strawczynski，2016；Abdellatif and Tran-Nam，2016）。我们的研究
聚焦于国有企业投资这一准财政政策，从而极大地拓展了现有周期
性财政政策行为的研究。本文证实了，除中央和地方政府反周期性
的财政政策外（方红生和张军，2009），中央国有企业和地方国有企业
投资所扮演的准财政政策也是中国经济快速走出衰退的一大法宝，
可以成为中国特色的宏观调控体系的一个重要组成部分。

　　本文的其余部分组织如下：第二节提出了我们的假设；第三节介
绍了经验策略和数据；第四节讨论了实证结果；第五节通过提供重要
的政策含义来总结本文。

二、 理论分析与假说

（一） 不同所有制企业周期性的投资行为的形成机理分析

　　在经济衰退期，公司遭到外部需求下降的冲击，导致公司投资减
少（Bernanke and Gertler，1989；Bernanke et al. ，1996；王义中和宋
敏，2014）。王义中和宋敏（2014）指出，负向的冲击会加大宏观经济
不确定性，进而通过预期机制强化外部需求下降的冲击对投资的负
面影响。在经济繁荣期，公司遭到外部需求上升的冲击，使其投资相
应增加。然而，正如现有文献所指出的，正向的冲击也会伴随着宏观
经济不确定性的上升（Ghosal，1991；Peeters，2001；Bontempi et
al. ，2010；Dangl and Wu，2016）。这将导致实际期权的价值提高，

使得公司投资变得更加谨慎，从而降低公司投资对于正向外部需求冲击的反应。由此，我们预期，在经济衰退期，企业投资会显著下降，而在经济繁荣期，企业的投资可能增加不明显。考虑非国有企业的投资决策坚持市场导向，上述预期适用于非国有企业。

　　国有企业投资的行为逻辑更为复杂。在坚持商业原则的同时，还需要体现国有资本的意志，因此是政府实施宏观调控的基础和主渠道。20世纪80年代以来，中国地方政府官员的考核由过去的政治表现为主转变为以经济绩效和个人领导素质为主（周黎安等，2005）。Li and Zhou（2005）运用中国省级数据发现地方官员晋升与相对增长绩效密切相关。考虑投资对经济增长有着强劲且直接的效应（郭庆旺和赵旭杰，2012），地方官员为了晋升就有很大的动机对国有企业投资进行干预，从而促进当地经济的增长，积累政绩。唐雪松等（2010）发现，地方政府为了提高当地的经济增长率，对国企的投资进行了干预，导致其投资过度。这意味着，无论是在经济繁荣期还是经济衰退期，为了获得相对经济绩效的增长而争取到更大的晋升机会，地方政府都有动机对国有企业投资进行干预。

　　然而，在不同时期，地方政府干预的程度会有所不同。在经济衰退期，地方经济增速将放缓。如果能够缓解甚至扭转经济下滑趋势，地方官员将更有可能获得晋升机会（Li and Zhou，2005）。因此，地方政府干预国有企业的动机会特别强烈，例如加快国有企业投资项目的行政审批或加强银行信贷支持（郭婧和马光荣，2019），从而导致国有企业在经济衰退期的投资明显增加。而在经济繁荣期时，非国有企业的投资积极性可能会更大。同时，银行自身对国有企业的投资也乐于给予更大的支持（方军雄，2010；于蔚等，2012），促使国有企业进行更多的投资。此时，地方政府有望依靠非国有企业和国有企业的自主投资就可以实现地方经济增长目标，地方政府干预国有企业投资的动机不会特别强烈（赵凰清等，2016）。由此，本文提出第一个假说：

假说1   在中国特色的宏观调控中，国有企业投资行为呈现明显的扩张偏向，而非国有企业投资行为在衰退期将呈现明显的顺周期性。

国有企业周期性投资行为可能在中央国有企业和地方国有企业中存在差异。作为地方国有企业的大股东，地方政府拥有任命地方国有企业高管的权力(赵懿清等，2016)，所以地方政府可以对地方国有企业，即省级或市级的国企的投资进行干预。中央国有企业受中央政府而非地方政府的直接控制。然而，从现实来看，地方政府也拥有一定的能力对中央国有企业的决策进行干预(陈晓光，2016；吕冰洋等，2016)。由于中央国有企业在驻地的子女入学、医疗福利、办公楼土地审批等方面都要依赖于地方政府的支持，因此中央国有企业会受到地方政府的制约和影响。正如吕冰洋等(2016)所发现的，国家税务总局地方分支机构的税收征管力度会受到地方政府的影响，随着地方政府所得税份额的增加，国家税务总局地方分支机构的税收征管力度也会加大。另外，中央国有企业多处于垄断行业，定价和盈利能力强，收益波动性较小(陈冬等，2016)。相比于地方国有企业，中央国有企业能够获得的资金、技术、人力等资源更为雄厚。因此，中央国有企业抗风险能力相对来说要强于地方国有企业。这意味着，在经济衰退期，地方政府对中央国有企业的干预强度可能要高于地方国有企业。

除了地方政府干预的原因外，中央国有企业投资在经济衰退期出现增加还有以下两种可能：(1)中央政府在经济衰退期为了宏观经济稳定而直接对中央国有企业进行干预；(2)由于国有企业在特定行业的主导地位，为了商业机会而增加投资。综合上述原因，在经济衰退期的央企投资将会大于地方国企投资。由此，本文提出第二个假说：

　　假说 2　在中国特色的宏观调控中，中央国有企业和地方国有企业的投资都呈现明显的扩张偏向，但在经济衰退期，中央国有企业的扩张偏向可能要强于地方国有企业。

（二）地方增长目标在国有企业扩张偏向的投资行为中的作用

　　地方政府设定的经济增长目标在激励地方政府发展经济方面发挥了重要作用（周黎安等，2015）。省级人大会议往往在每年的 1 月下旬召开，省长（市长、区主席）将代表省级人民政府向省人大代表做本年的政府工作报告，一方面回顾上一年的工作，另一方面确定当年的包括经济增长目标在内的发展目标。这个增长目标是地方政府每年年初公布的事前指标，且是向本级人大代表公开承诺要完成的目标（徐现祥和梁剑雄，2014）。在此背景下，地方政府的增长目标越高，则意味着地方经济增长的压力越大，地方政府越有动机对国有企业投资进行干预。根据前面的分析，在经济繁荣期，保增长压力较小，地方政府对国有企业投资干预的程度可能不明显。而在经济衰退期，保增长压力巨大，地方政府会对国有企业投资进行强有力的干预。由此，本文提出第三个假说：

　　假说 3　在中国特色的宏观调控中，相较于经济繁荣期，在经济衰退期，国有企业投资的扩张偏向受经济增长目标的影响更明显。

　　进一步，我们探讨地方政府为实现经济增长目标对国有企业进行干预的可能手段。中国的金融体系以国有银行为主导（Walter and Howie，2012）。尽管中国已发展了众多金融机构，但金融体系仍然主要由政府（包括中央与地方）所控制，民营资本控制的金融机构占比极低（洪正等，2021）。现有研究认为，银行信贷可能是地方政府干预企业投资的一个重要手段（Brandt and Li，2003；方军雄，2010；陆正飞等，2009；Fan et al.，2012；Allen et al.，2017；郭婧和马光荣，

2019；谭小芬和张文婧，2021）。

Fan et al.（2012）分析了政府对企业债务的干预，一是通过财政补贴降低企业违约的可能，从而使企业更容易获得银行的长期贷款；二是直接通过影响银行决策来帮助企业获得贷款，且往往是长期贷款。银行信贷的支持对于国有企业扩大投资有着实质的影响。正如孙铮等（2005）和方军雄（2010）的研究所发现的，国有企业获得比上市民营企业更多的银行贷款和更长的债务期限结构，这有助于缓解公司的融资约束，扩大国企的投资。因此，地方政府为了实现地方经济增长目标，通过银行信贷来干预国有企业投资是一个有效的手段，而这在经济衰退期便显得尤为重要。由此，本文提出第四个假说：

假说 4   在中国特色的宏观调控中，相较于经济繁荣期，在经济衰退期，处于经济增长目标越高地区的国有企业所获银行信贷会更多。

三、 经验策略与数据

（一）模型设定

为了识别不同所有制企业的周期性投资行为，本文遵循财政政策周期性行为研究的标准实证框架（Alesina et al.，2008；Jaimovich and Panizza，2007；Hercowitz and Strawczynski，2004；Andersen and Nielsen，2010；方红生和张军，2009），构建以下动态面板投资计量模型：

$$\ln Invest_{it} = \alpha \ln Invest_{i,t-1} + \beta_1 Gap_{jt} \times Boom_{jt} + \beta_2 Gap_{jt} \times Recession_{jt}$$
$$+ \gamma X_{it} + Ind + \omega_t + \mu_i + \varepsilon_{it}$$

$$(1)$$

本文遵循 Zwick and Mahon（2017）的做法，使用固定资产投资的对数值（$\ln Invest_{it}$）作为被解释变量，其中固定资产投资等于固定投资原值的增加值、在建工程的增加值和工程物资的增加值三者之和（王义中和宋敏，2014）。核心解释变量 Gap_{jt} 为 j 省在 t 年的产出缺口，遵循方红生和张军（2009）的方法，本文使用从中国统计局网站上获得的分省名义 GDP 和 GDP 指数数据，计算出分省的实际 GDP，再用 HP 滤波方法（Ravn and Uhlig，2002）计算得到分省的产出缺口①。$Boom_{jt}$ 表示经济繁荣，具体的定义是，如果 $Gap_{jt} > 0$，则 $Boom_{jt} = 1$，否则等于 0。$Recession_{jt}$ 表示经济衰退，具体的定义是，如果 $Gap_{jt} < 0$，则 $Recession_{jt} = 1$，否则等于 0。② Ind 代表行业效应，ω_t 代表时间效应，控制全国经济周期的冲击，μ_i 为公司个体效应。

对于动态面板计量模型，本文使用流行的系统 GMM 方法进行估计。根据 Roodman（2009）、方红生和张军（2009）、李永友和沈玉平（2010）、郭庆旺和吕冰洋（2011）、戴翔和金碚（2014）等代表性文献，我们可知，系统 GMM 方法用滞后期作为工具变量不仅可以处理动态面板计量模型中被解释变量滞后一期的内生性问题，还可以处理其他变量的内生性问题。考虑关键解释变量 $Gap_{jt} \times Boom_{jt}$、$Gap_{jt} \times Recession_{jt}$ 与被解释变量投资存在明显的反向因果关系而具有内生性，或与遗漏的官员特质和政治周期变量存在相关性而具有内生性，本文都将其作为内生变量，用其滞后期作为工具变量对其进行处理。由于这种方法应用很广泛，上述文献已对其原理进行了详细的介绍，本文不再赘述。

为了识别地方增长目标在企业周期性投资行为中的作用，本文在上述模型的基础上引入代表地方增长目标的变量 $Goal_{jt}$：

---

① 参数取值为 6.25。
② 产出缺口大于 0 的时期为经济繁荣期，而产出缺口小于 0 的时期为经济衰退期。

$$\ln Invest_{it} = \alpha \ln Invest_{i,t-1} + \beta_1 Gap_{jt} \times Boom_{jt} \times Goal_{jt} + \beta_2 Gap_{jt} \times$$
$$Recession_{jt} \times Goal_{jt} + \delta Goal_{jt} + \gamma X_{it} + Ind + \omega_t + \mu_i + \varepsilon_{it}$$

$$(2)$$

参考徐现祥和梁剑雄(2014)的方法,本文使用省级政府工作报告中所确定的经济增长目标作为地方政府的增长目标。本文搜集了2003—2016年中国大陆30个省级行政区(西藏未计入)每年的政府工作报告,整理了各省的经济增长目标。值得一提的是,在五年规划的第一年,部分省市没有报告当年的经济增长目标,而是报告了五年的平均增长目标,因此,我们使用五年的平均增长目标作为当年的经济增长目标。此外,河南(2011)、上海(2015)缺少增长目标数据,我们使用前后两年增长目标的均值代替。

X_{it} 为一系列控制变量,参考 Wang et al. (2014)和程仲鸣等(2008),包括:(1)规模:总资产的对数值,规模越大的企业其投资规模相应越大;(2)现金流:当期经营性现金流净额/期初固定资产,现金流较为充足的情况下,企业更有可能进行投资;(3)资产负债率(滞后一期):资产负债率将对企业投资产生负向影响;(4)现金(滞后一期):期末货币资金/总资产,现金存量对企业投资存在正向影响;(5)管理费用率:管理费用率体现的是公司的治理情况,当公司治理情况较好时,更有可能采取投资行为以扩大规模;(6)资产周转率:衡量的是企业的代理成本,对企业投资的影响为负;(7)ROA:代表企业的总资产报酬率,企业的总资产报酬率越高,对投资的预期收益将越高;(8)托宾 Q(滞后一期):指资本的市场价值与其重置成本之比,本文使用市场价值 A/(资产总额－无形资产净值)表示,托宾 Q 值衡量的是企业成长机会,因而该指标值越大,企业投资规模越大;(9)内部融资:(净利润＋折旧)/期初总资产,内部融资较为充裕时,企业更有可能采取投资行为。

为了区分国有与非国有企业，我们根据 CSMAR 上利用股权控制链计算得到的每一年的实际控制人性质以及实际控制人所在层级（国家、省、市等），与相应年份数据相匹配 区分企业的所有制。具体分类如表 1 所示：

表 1　企业所有制分类标准

企业性质	实际控制人性质
中央国有企业	中央机构、中央国有企业
地方国有企业	地方国有企业、行政机关、事业单位、地方机构
非国有企业	集体所有制企业、民营企业、港澳台资企业、外国企业、社会团体、自然人、国内自然人、港澳台自然人、国外自然人、其他

为了考察地区的异质性，我们将中国划分为东部、东北、中部、西部四个区域，具体构成如表 2 所示：

表 2　地区分类标准

地区	省　　市
东部	北京、天津、河北、上海、江苏、浙江、福建、山东、广东、海南
东北	辽宁、吉林、黑龙江
中部	山西、安徽、江西、河南、湖北、湖南
西部	内蒙古、广西、重庆、四川、贵州、云南、西藏、陕西、甘肃、青海、宁夏、新疆

（二）数据

本文使用 2003 年至 2016 年上市公司数据，大部分数据来自于 Wind 数据库，实际控制人数据来自于国泰安数据库。如表 3 所示，剔除 ST 公司及金融类企业，剔除投资变量缺失企业，删除总资产、固定资产托宾 Q 等关键变量缺失的企业以及删除所在省份不详的企业，最后得到 2,702 家企业，共 18,873 个观测值。随后，对公司层面的连续数据变量进行缩尾处理，即将分位数处在（1％,99％）之外的观察值用 1％和 99％的分位数进行替换。

表 3　企业筛选

步骤	企业数量	Obs
非 ST、非金融类企业	3,007	26,543
剔除投资变量缺失企业	2,713	19,400
删除关键变量缺失企业	2,703	18,877
删除所在省份不详的企业	2,702	18,873

下面我们为我们的假设提供了描述性的证据。图 1—图 4 显示了按所有制分组的企业投资（对数）与经济周期之间的相关性。参考 Gallup（2020），所有面板在控制上述固定效应和控制变量后绘制相关性。图 1 的上面板显示了国有企业投资与经济繁荣之间的关系，而下面板显示了与经济衰退之间的关系。我们可以清楚地观察到繁荣时期的正向关系和衰退时期的负向关系，这与理论预期相符。类似地，除了中央国企，相关性都符合预期。下一节将描述用系统 GMM 方法处理内生性的严谨计量分析。

表 4 展示了主要变量的描述性统计。可以看到，企业投资的平均值为 9.272，最小值为 3.826，而最大值为 14.170，说明企业投资的差异较大。在繁荣时期，$Gap \times Boom$ 的平均值为 0.003，最大值为 0.032，而在衰退期，$Gap \times Recession$ 的平均值为 −0.003，最小值为 −0.050，表明经济周期指标分布均匀。表 4 也呈现了其他变量的相关信息，在此不再赘述。

（a）

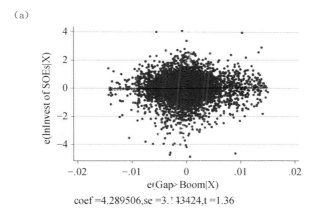

coef =4.289506,se =3.143424,t =1.36

（b）

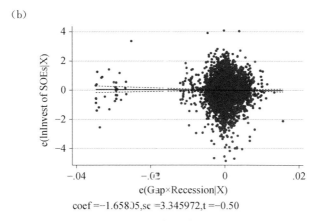

coef =−1.658305,se =3.345972,t =−0.50

图 1　国有企业投资与经济周期的相关性

（a）

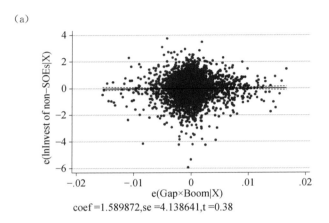

coef =1.589872,se =4.138641,t =0.38

（b）

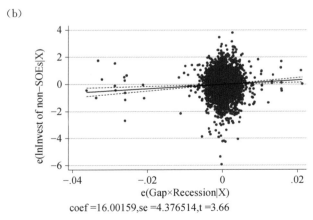

coef =16.00159,se =4.376514,t =3.66

图2　非国有企业投资与经济周期的相关性

（a）

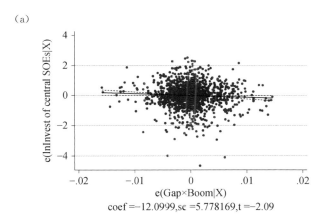

coef =−12.0999,se =5.778169,t =−2.09

（b）

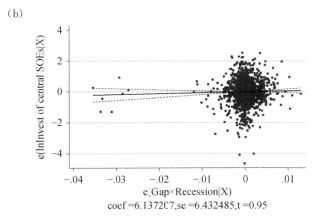

coef =6.13727,se =6.432485,t =0.95

图 3 央企投资与经济周期的相关性

（a）

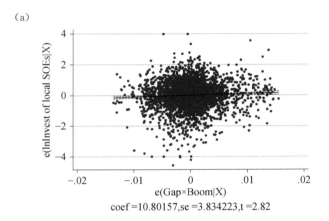

coef =10.80157,se =3.834223,t =2.82

（b）

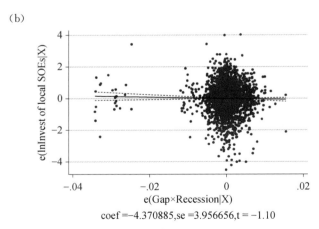

coef =−4.370885,se =3.956656,t =−1.10

图 4　地方国企投资与经济周期的相关性

表4　主要变量的描述性统计

Variable	N	Mean	SD	Min	P50	Max
ln$Invest$	18,873	9.272	1.943	3.826	9.309	14.170
Gap	18,873	0	0.003	−0.050	−0.001	0.032
$Boom$	18,873	0.467	0.499	0	0	1
$Recession$	18,873	0.533	0.459	0	1	1
$Gap \times Boom$	18,873	0.003	0.005	0	0	0.032
$Gap \times Recession$	18,873	−0.003	0.005	−0.050	−0.001	0
$Size$	18,873	12.720	1.250	10.340	12.540	16.570
$Cashflow$	18,873	0.274	2.721	−15.590	0.206	15.280
$Leverage$	18,873	45.430	20.840	5.083	45.880	92.200
$Cash$	18,873	0.182	0.132	0.012	0.145	0.648
$Management$ $fee rate$	18,873	9.367	7.444	0.902	7.618	46.430
$Asset turnover$	18,873	0.707	0.493	0.087	0.586	2.758
ROA	18,873	6.404	5.933	−12.610	5.688	26.810
$Tobin's$ Q $ratio$	18,873	2.227	2.069	0.224	1.585	11.710
$Internal financing$	18,873	0.080	0.070	−0.114	0.069	0.374
$Goal$	18,703	0.093	0.015	0.060	0.090	0.150

四、实证分析

（一）不同所有制企业的周期性投资行为

1. 基本回归结果

表5呈现了以企业投资为被解释变量的回归结果，(1)—(3)列

为整体样本的回归结果。其中(1)为 OLS 回归结果,(2)为 FE 回归结果,(3)为 SYS‐GMM 回归结果。(3)的结果可以认为是稳健及可靠的,理由在于:(1)Hansen‐Test 不能拒绝工具变量有效的原假设;(2)AR(2)不能拒绝一阶差分方程中不存在二阶序列相关的原假设;(3)滞后项估计值介于固定效应及混合 OLS 的结果之间。受篇幅限制,(4)—(5)只报告 SYS‐GMM 结果。

表5　不同所有制企业的周期性投资行为

被解释变量	$\ln Invest_{it}$				
	(1)	(2)	(3)	(4)	(5)
$\ln Invest_{i,t-1}$	0.43*** (0.000)	0.12*** (0.000)	0.27*** (0.000)	0.24*** (0.000)	0.16** (0.027)
$Gap_{jt}\times Recession_{jt}$	0.33 (0.893)	4.36* (0.098)	−2.19 (0.542)	−7.40* (0.059)	12.45* (0.092)
$Gap_{jt}\times Boom_{jt}$	3.08 (0.177)	2.59 (0.295)	4.38 (0.180)	6.78* (0.078)	−2.16 (0.792)
时间固定效应	Yes	Yes	Yes	Yes	Yes
企业固定效应		Yes	Yes	Yes	Yes
行业固定效应	Yes	Yes	Yes	Yes	Yes
样本	全体企业	全体企业	全体企业	国有企业	非国有企业
Obs	14,068	14,068	14,068	7,007	7,061
AR(1)			0.000	0.000	0.000
AR(2)			0.103	0.128	0.196
Hansen‐Test			0.204	0.280	0.468

注:(1)括号中数值为 p 值;(2)*** 表示在1%水平上显著,** 表示在5%水平上显著,* 表示在10%水平上显著;(3)$\ln Invest_{i,t-1}$、$Gap_{jt}\times Reccesion_{jt}$、$Gap_{jt}\times Boom_{jt}$ 为内生变量,其余为外生变量;(4)其他控制变量都控制。

　　第(3)列显示,从整体上看,企业投资没有呈现出明显的周期性行为,既未出现顺周期也未出现逆周期现象,这可能是由于:(1)经济衰退期,政府干预下的国有企业投资增加与非国有企业的投资减少形成对冲,使得总投资保持平稳;(2)经济繁荣期,政府干预动机减弱,国有企业投资扩张程度相对减小,企业总投资增长不显著。第(4)列为国有企业样本的回归结果,可以发现,与整体样本明显不同的是,在经济衰退期,国有企业投资呈现出了明显的逆周期性,而在经济繁荣期则呈现出明显的顺周期性。换言之,国有企业投资呈现出了明显的扩张偏向。具体来说,在经济衰退期,实际 GDP 每低于潜在 GDP 一个百分点,企业投资将增加 7.40%;而在经济繁荣期,实际 GDP 每高于潜在 GDP 一个百分点,企业投资将增加 6.78%。第(5)列为非国有企业回归结果。不同于国有企业,非国有企业行为更多地呈现市场化特征,在经济衰退期呈现显著的顺周期特征。具体来说,在经济衰退期,实际 GDP 每低于潜在 GDP 一个百分点,企业投资将减少 12.45%;而在经济繁荣期,企业投资增长不明显。对于非国有企业繁荣期投资增长不明显现象,一个可能的解释是,正向的冲击会伴随着宏观经济不确定性的上升,导致实际期权的价值提高,使得公司投资变得更加谨慎,从而降低公司投资对于正向外部需求冲击的反应(Ghosal,1991;Peeters,2001;Bontempi et al.,2010;Dangl and Wu,2010;王义中和宋敏,2014)。

综合(3)—(5)列的结果,假说 1 得到验证,即在中国特色的宏观调控中,国有企业投资行为呈现明显的扩张偏向,而非国有企业投资行为在衰退期将呈现明显的顺周期性。

2. 中央国有企业与地方国有企业的周期性投资行为

我们进一步考察中央国有企业与地方国有企业的周期性投资行为,SYS-GMM 估计结果见表6。前两列结果显示,中央国有企业与地方国有企业都呈现扩张偏向的投资行为。回归结果显示,对中央国有企业,在经济衰退期,实际 GDP 每低于潜在 GDP 一个百分点,中央国有企业投资将增加 19.56％；在经济繁荣期，实际 GDP 每高于潜在 GDP 一个百分点，中央国有企业投资将增加 16.07％。对地方国有企业，在经济衰退期，实际 GDP 每低于潜在 GDP 一个百分点，地方国有企业投资将增加 10.08％；而在经济繁荣期，实际 GDP 每高于潜在 GDP 一个百分点，地方国有企业投资将增加 10.19％。为了检验系数差异的统计显著性，我们构建了虚拟变量 $Central\_SOE$，当企业属于中央国有企业时，$Central\_SOE$ 的值取 1，否则取 0。如表 6 第（3）列所示，我们在回归中进一步引入了 $Gap_{jt} \times Recession_{jt}$、$Gap_{jt} \times Boom_{jt}$ 和 $Central\_SOE$ 的交互项。可以看到，交互项 $Gap_{jt} \times Recession_{jt} \times Central\_SOE$ 的系数显著为负，表明在经济衰退期时央企的扩张偏向要强于地方国有企业，因此假说 2 得到验证。

表 6　中央国有企业与地方国有企业的周期性投资行为比较

被解释变量	ln $Invest_{it}$		
	（1）	（2）	（3）
ln$Invest_{i, t-1}$	0.09 * (0.097)	0.30 * * * (0.000)	0.23 * * * (0.000)
$Gap_{jt} \times Recession_{jt}$	− 19.56 * * (0.044)	− 10.08 * * (0.049)	− 8.58 * (0.075)
$Gap_{jt} \times Boom_{jt}$	16.07 * (0.059)	10.19 * * (0.033)	9.74 * (0.062)
$Gap_{jt} \times Recession_{jt} \times Central\_SOE$			− 13.89 * (0.097)
$Gap_{jt} \times Boom_{jt} \times Central\_SOE$			− 2.02 (0.800)
时间固定效应	Yes	Yes	Yes
企业固定效应	Yes	Yes	Yes
行业固定效应	Yes	Yes	Yes

续　表

被解释变量	ln Invest$_{it}$		
	（1）	（2）	（3）
样本	中央国有企业	地方国有企业	国有企业
Obs	1,870	5,137	7,007
AR（1）	0.000	0.000	0.000
AR（2）	0.821	0.454	0.292
Hansen-Test	0.115	0.153	0.733

注：（1）括号中数值为 p 值；（2）*** 表示在 1% 水平上显著，** 表示在 5% 水平上显著，* 表示在 10% 水平上显著；（3）$ln\,Invest_{i,\,t-1}$、$Gap_{jt} \times Recession_{jt}$、$Gap_{jt} \times Boom_{jt}$、$Gap_{jt} \times Recession_{jt} \times Central\_SOE$、$Gap_{jt} \times Boom_{jt} \times Central\_SOE$ 为内生变量，其余为外生变量；（4）其他控制变量都控制。

3. 不同所有制企业的周期性投资行为：行业异质性

考虑不同产业的竞争程度和产能过剩程度不同，其企业周期性投资行为也可能不同。鉴于第三产业的竞争程度和产能过剩程度（管制程度更高）明显小于其他产业，我们参考 Hansen（1999）、Alesina et al.（2008）、方红生和张军（2009，2013）、Fang et al.（2017）的做法，将产业区分为非第三产业（即第一、第二产业）和第三产业，设置两个虚拟变量 $notertiary$ 和 $tertiary$，若该企业属于第一、第二产业，则 $notertiary$ 赋值为 1；若该企业属于第三产业，则 $tertiary$ 赋值为 1。估计结果见表 7。

表 7　不同所有制企业的周期性投资行为：行业异质性

被解释变量	ln Invest$_{it}$				
	（1）	（2）	（3）	（4）	（5）
$ln\,Invest_{i,\,t-1}$	0.24*** (0.000)	0.26*** (0.000)	0.25*** (0.000)	0.29*** (0.000)	0.32*** (0.000)
$Gap_{jt} \times Recession_{jt} \times$ $notertiary$	1.14 (0.841)	−2.25 (0.576)	1.37 (0.849)	−6.96 (0.153)	12.12* (0.063)

被解释变量	ln Invest$_{it}$				
	（1）	（2）	（3）	（4）	（5）
$Gap_{jt} \times Recession_{jt} \times tertiary$	− 15.54 * （0.099）	− 19.01 ** （0.021）	− 24.84 * （0.081）	− 21.81 ** （0.024）	2.75 （0.765）
$Gap_{jt} \times Boom_{jt} \times notertiary$	5.32 （0.319）	− 0.45 （0.915）	− 4.80 （0.516）	4.93 （0.309）	1.99 （0.719）
$Gap_{jt} \times Boom_{jt} \times tertiary$	25.68 ** （0.011）	21.70 *** （0.005）	20.68 * （0.088）	28.76 *** （0.001）	10.03 （0.360）
时间固定效应	Yes	Yes	Yes	Yes	Yes
企业固定效应	Yes	Yes	Yes	Yes	Yes
行业固定效应	Yes	Yes	Yes	Yes	Yes
样本	全体企业	国有企业	中央国有企业	地方国有企业	非国有企业
Obs	14,068	7,007	1,870	5,137	7,061
AR（1）	0.000	0.000	0.000	0.000	0.000
AR（2）	0.293	0.289	0.354	0.444	0.172
Hansen-Test	0.738	0.424	0.597	0.270	0.439

注：(1)括号中数值为 p 值；(2) *** 表示在 1% 水平上显著，** 表示在 5% 水平上显著，* 表示在 10% 水平上显著；(3) $ln Invest_{i, t-1}$、$Gap_{jt} \times Recession_{jt} \times notertiary$、$Gap_{jt} \times Recession_{jt} \times tertiary$、$Gap_{jt} \times Boom_{jt} \times notertiary$ 和 $Gap_{jt} \times Boom_{jt} \times tertiary$ 为内生变量，其余为外生变量；(4)其他控制变量都控制。

观察表 7，我们可以得到以下主要结论：第一，第三产业内的企业投资呈现出明显的扩张偏向，而其他产业内的企业投资则呈现出不明显的顺周期性的倾向。第二，国企扩张偏向的投资行为只出现在第三产业而非第一和第二产业。第三，中央国有企业与地方国有企业扩张偏向的投资行为只出现在第三产业而非第一和第二产业。鉴于第三产业的竞争程度和产能过剩程度明显小于其他产业，我们认为，地方政府对第三产业中的中央国有企业与地方国有企业干预程度更大而对非第三产业中的中央国有企业与地方国有企业干预程度较小的行为是一种理性行为。第四,在高度竞争的第一和第二产业,非国企的投资在经济衰退期呈现明显的顺周期,但在繁荣期并未呈现明显的顺周期性。在竞争程度不高的第三产业,非国企的投资呈现出不明显的顺周期性的投资行为。这些结果可以被非国企的市场化行为所解释。

4. 不同所有制企业的周期性投资行为:地区异质性

我国幅员辽阔,不同区域经济发展状况差异较大,这可能导致不同区域企业的投资行为出现差异。为了探究这一问题,本文设置四个虚拟变量,分别为 *east*、*northeast*、*mid* 和 *west*,当企业分别属于东部、东北、中部和西部时,赋值为 1,否则为 0。估计结果见表 8。

表 8　不同所有制企业的周期性投资行为：地区异质性

被解释变量	ln Invest$_{it}$				
	(1)	(2)	(3)	(4)	(5)
ln$Invest_{i, t-1}$	0.21*** (0.000)	0.17*** (0.000)	0.20*** (0.000)	0.28*** (0.000)	0.28*** (0.000)
$Gap_{jt} \times Recession_{jt} \times east$	6.59 (0.280)	-6.81 (0.461)	-0.93 (0.960)	-6.60 (0.460)	13.09 (0.125)
$Gap_{jt} \times Recession_{jt} \times northeast$	4.00 (0.402)	-7.48 (0.282)	4.35 (0.619)	-9.84 (0.182)	14.62** (0.042)
$Gap_{jt} \times Recession_{jt} \times mid$	-11.14** (0.022)	-11.19** (0.046)	-25.16* (0.063)	-9.25* (0.063)	-4.75 (0.610)
$Gap_{jt} \times Recession_{jt} \times west$	-3.57 (0.514)	-10.44 (0.139)	-24.95* (0.094)	-16.17** (0.024)	6.54 (0.458)
$Gap_{jt} \times Boom_{jt} \times east$	-4.84 (0.338)	-0.77 (0.905)	-18.08 (0.169)	6.03 (0.377)	2.81 (0.712)
$Gap_{jt} \times Boom_{jt} \times northeast$	3.87 (0.556)	3.05 (0.763)	5.26 (0.682)	3.83 (0.683)	-3.02 (0.764)

续　表

被解释变量	ln Invest$_{it}$				
	（1）	（2）	（3）	（4）	（5）
$Gap_{jt} \times Boom_{jt} \times mid$	20.57 *** (0.000)	14.33 ** (0.018)	20.70 (0.223)	20.57 *** (0.001)	8.91 (0.267)
$Gap_{jt} \times Boom_{jt} \times west$	8.42 (0.100)	0.75 (0.918)	39.77 ** (0.024)	11.69 * (0.076)	14.94 ** (0.040)
时间固定效应	Yes	Yes	Yes	Yes	Yes
企业固定效应	Yes	Yes	Yes	Yes	Yes
行业固定效应	Yes	Yes	Yes	Yes	Yes
样本	全体企业	国有企业	中央国有企业	地方国有企业	非国有企业
Obs	14,068	7,007	1,870	5,137	7,061
AR（1）	0.000	0.000	0.000	0.000	0.000
AR（2）	0.106	0.568	0.327	0.128	0.295
Hansen-Test	0.209	0.414	0.315	0.157	0.727

注：(1)括号中数值为 p 值；(2) *** 表示在1%水平上显著，** 表示在5%水平上显著，* 表示在10%水平上显著；(3) $ln\,Invest_{i,\,t-1}$、$Gap_{jt} \times Recession_{jt} \times east$、$Gap_{jt} \times Recession_{jt} \times northeast$、$Gap_{jt} \times Recession_{jt} \times mid$、$Gap_{jt} \times Recession_{jt} \times west$、$Gap_{jt} \times Boom_{jt} \times east$、$Gap_{jt} \times Boom_{jt} \times northeast$、$Gap_{jt} \times Boom_{jt} \times mid$ 和 $Gap_{jt} \times Boom_{jt} \times west$ 为内生变量，其余为外生变量；(4)其他控制变量都控制。

　　观察表8，我们可以得到以下主要结论：第一，四个区域中只有中部的企业呈现扩张偏向的投资行为。第二，只有中部的国有企业呈现明显的扩张偏向的投资行为。第三，只有西部的中央国有企业和中西部的地方国有企业呈现扩张偏向的投资行为。中部的中央国有企业虽在经济衰退期呈现扩张偏向，但在繁荣期扩张偏向不明显。为何在经济衰退期中西部地区的地方政府与东部和东北部地区的地方政府对中央国有企业与地方国有企业采取不同的干预行为？我们的一个可能解释是，对于地方政府而言，在经济衰退期，一般有两种选择，一种是实施常规性的逆周期性财政政策，另一种是实施非常规性的逆周期性的准财政政策——扩大国企投资。如果常规性的逆周期性财政政策不足以确保经济稳定,那么地方政府会考虑启动非常规性的逆周期性的准财政政策。对于东部和东北部地区的地方政府而言,可能通过研判认为,在经济衰退期实施常规性的逆周期性财政政策就可以保持稳定,而没有必要启动非常规性的逆周期性准财政政策。而对于中部和西部地区的地方政府而言,可能通过研判认为,在经济衰退期,实施常规性的逆周期性财政政策还不足以保持经济稳定,应该启动非常规性的逆周期性准财政政策。第四,非国有企业的投资行为与国有企业呈现出明显的差异,在任何地区,非国有企业在衰退期都没有呈现反周期性的投资行为。

（二）地方增长目标与国有企业扩张偏向的投资行为

为了考察地方增长目标对国有企业周期性投资行为的影响,我们将地方增长目标变量引入方程。估计结果见表9。观察表9,我们可以发现,中央国有企业和地方国有企业在经济衰退期的投资行为与地方增长目标有着密切的联系。在经济衰退期,一个地区的地方增长目标越高,中央国有企业的逆周期性投资比地方国有企业的逆周期性投资更大。这表明经济衰退期时地方政府对中央国有企业的干预强度要高于地方国有企业。

表9　地方增长目标与国有企业扩张偏向的投资行为

被解释变量	$\ln Invest_{i,t}$		
	（1）	（2）	（3）
$\ln Invest_{i,t-1}$	0.23 *** (0.000)	0.25 ** (0.050)	0.26 *** (0.000)
$Goal_{jt}$	5.78 * (0.060)	18.33 (0.173)	6.68 * (0.051)

续　表

被解释变量	lnInvest$_{i,t}$		
	（1）	（2）	（3）
$Gap_{jt} \times Recession_{jt} \times Goal_{jt}$	-146.41*** (0.005)	-234.60* (0.056)	-177.13*** (0.004)
$Gap_{jt} \times Boom_{jt} \times Goal_{jt}$	13.89 (0.750)	-128.59 (0.406)	57.66 (0.253)
时间固定效应	Yes	Yes	Yes
企业固定效应	Yes	Yes	Yes
行业固定效应	Yes	Yes	Yes
样本	国有企业	中央国有企业	地方国有企业
Obs	6,951	1,867	5,084
AR（1）	0.000	0.000	0.000
AR（2）	0.155	0.419	0.423
Hansen-Test	0.144	0.374	0.319

注：（1）括号中数值为 p 值；（2）*** 表示在1%水平上显著，** 表示在5%水平上显著，* 表示在10%水平上显著；（3）$lnInvest_{i,t-1}$、$Gap_{it} \times Recession_{it} \times Goal_{it}$、$Gap_{it} \times Boom_{it} \times Goal_{it}$ 为内生变量，其余为外生变量；（4）其他控制变量都控制。

　　而在经济繁荣期，中央国有企业和地方国有企业的投资与地方增长目标的联系并不明显。这意味着地方增长目标主要影响的是经济衰退期中央国有企业和地方国有企业的投资行为。一个可能的解释是，地方政府认为在经济繁荣期，非国有企业会增加投资，有利于其增长目标的实现，无需对中央国有企业和地方国有企业的投资进行干预。

　　因此，假说3得到验证，即在中国特色的宏观调控中，相较于经济繁荣期，在经济衰退期时国有企业投资的扩张偏向受经济增长目标的影响更明显。

（三）政府干预国有企业投资的信贷渠道

　　为检验相较于经济繁荣期，在经济衰退期，处于经济增长目标越高地区的国有企业所获银行信贷会更多的第四个假说,我们在表8的基础上做了进一步的拓展。考虑到当年银行信贷能较好地与投资相匹配,本文参考陆正飞等(2009)的方法,采用两个指标衡量银行信贷。第一个指标是总贷款/期初总资产($Loan_{it}$),用(期末长期借款＋期末短期借款＋期末一年内到期长期负债－期初长期借款－期初短期借款－期初一年内到期长期负债)/期初总资产来衡量。第二个指标是长期贷款/期初总资产($LLoan_{it}$),用(本期期末长期借款－期初长期借款)/期初总资产来衡量。

表10是采用第一个指标的结果,第(1)列显示,在经济衰退期,一个地区的经济增长目标越高,该地区的国有企业所获得的银行信贷就越多,而在经济繁荣期,一个地区的经济增长目标越高,该地区的国有企业并没有获得更多的银行信贷,从而证实了假说4,表明银行信贷是地方政府在经济衰退期为实现经济增长目标而采取的干预手段。表10的第(2)—(3)列显示,假说4对于中央国有企业和地方国有企业都成立。特别的,在经济衰退期,一个地区的地方增长目标越高,中央国有企业所获得的贷款比地方国有企业更多,从而支持了表9中的在经济衰退期,一个地区的地方增长目标越高,中央国有企业的逆周期性投资比地方国有企业的逆周期性投资更大的结论。

表 10　政府干预国有企业投资的信贷渠道：总贷款

被解释变量	$Loan_{it}$		
	（1）	（2）	（3）
$Loan_{i,t-1}$	0.07 *** (0.000)	0.01 (0.690)	0.07 *** (0.001)
$Goal_{jt}$	0.27 (0.157)	1.02 (0.135)	0.23 (0.266)

续 表

被解释变量	Loan$_{it}$		
	（1）	（2）	（3）
$Gap_{jt} \times Recession_{jt} \times Goal_{jt}$	$-10.26 *$ (0.078)	$-27.91 **$ (0.042)	$-12.19 *$ (0.071)
$Gap_{jt} \times Boom_{jt} \times Goal_{jt}$	3.10 (0.427)	2.41 (0.801)	5.18 (0.245)
时间固定效应	Yes	Yes	Yes
企业固定效应	Yes	Yes	Yes
行业固定效应	Yes	Yes	Yes
样本	国有企业	中央国有企业	地方国有企业
Obs	6,951	1,867	5,084
AR（1）	0.000	0.000	0.000
AR（2）	0.355	0.694	0.322
Hansen-Test	0.794	0.253	0.105

注：(1)括号中数值为 p 值；(2)*** 表示在1%水平上显著，** 表示在5%水平上显著，* 表示在10%水平上显著；(3) $Loan_{i,\,t-1}$、$Gap_{it} \times Recession_{it} \times Goal_{it}$、$Gap_{it} \times Boom_{it} \times Goal_{it}$ 为内生变量，其余为外生变量；(4)参考陆正飞等(2009)，控制变量包括规模、ROA 和资本密集度。

表 11 是采用第二个指标的结果，得到了和表 10 一致的结论。

表 11　政府干预国有企业投资的信贷渠道：长期贷款

被解释变量	LLoan$_{it}$		
	（1）	（2）	（3）
$LLoan_{i,\,t-1}$	0.02 (0.402)	0.01 (0.780)	0.02 (0.566)
$Goal_{jt}$	0.19 * (0.099)	0.75 ** (0.045)	0.20 (0.115)

被解释变量	LLoan$_{it}$		
	（1）	（2）	（3）
$Gap_{jt} \times Recession_{jt} \times Goal_{jt}$	−6.55 *** (0.045)	−15.86 * (0.051)	−7.54 ** (0.042)
$Gap_{jt} \times Boom_{jt} \times Goal_{jt}$	−0.64 (0.766)	−2.67 (0.588)	0.89 (0.724)
时间固定效应	Yes	Yes	Yes
企业固定效应	Yes	Yes	Yes
行业固定效应	Yes	Yes	Yes
样本	国有企业	中央国有企业	地方国有企业
Obs	6,951	1,867	5,084
AR（1）	0.000	0.000	0.000
AR（2）	0.861	0.580	0.686
Hansen-Test	0.473	0.441	0.380

注：（1）括号中数值为 p 值；（2）*** 表示在 1% 水平上显著，** 表示在 5% 水平上显著，* 表示在 10% 水平上显著；（3）$LLoan_{i,t-1}$、$Gap_{it} \times Recession_{it} \times Goal_{it}$、$Gap_{it} \times Boom_{it} \times Goal_{it}$ 为内生变量，其余为外生变量；（4）参考陆王飞等（2009），控制变量包括规模、ROA 和资本密集度。

五、 结论与政策含义

本文首次从理论和经验上深入研究了中国不同所有制企业的周期性投资行为，得出以下主要结论。第一，非国有企业呈现顺周期性倾向的投资行为，这种行为可以由非国有企业遵循商业原则作决策解释。第二，国有企业呈现扩张偏向的投资行为，这种行为可以由中央国有企业和地方国有企业扩张偏向的投资行为解释。第三，中央国有企业与地方国有企业扩张偏向的投资行为只出现在第三产业而

非第一和第二产业。鉴于第三产业的竞争程度和产能过剩程度明显
小于其他产业,我们认为,地方政府对第三产业中的中央国有企业与
地方国有企业干预程度更大而对非第三产业中的中央国有企业与地
方国有企业干预程度较小的行为是一种理性行为。第四,只有西部
的中央国有企业和中西部的地方国有企业呈现扩张偏向的投资行
为。中部的中央国有企业虽在经济衰退期呈现扩张偏向,但在繁荣
期扩张偏向不明显。为何在经济衰退期中西部地区的地方政府与东
部和东北部地区的地方政府对中央国有企业与地方国有企业采取不
同的干预行为? 我们的一个可能解释是,对于东部和东北部地区的
地方政府而言,可能通过研判认为,在经济衰退期,实施常规性的逆
周期性财政政策就可以保持稳定,而没有必要启动非常规性的逆周
期性准财政政策。而对于中部和西部地区的地方政府而言,可能通
过研判认为,在经济衰退期,实施常规性的逆周期性财政政策还不足
以保持经济稳定,应该启动非常规性的逆周期性准财政政策。第五,
在经济衰退期,增长目标越高的地区,中央国有企业和地方国有企业
所获得的银行信贷会更多,其投资的扩张偏向性越明显。

　　本文的研究证实,除中央和地方政府反周期性的财政政策外(方
红生和张军,2009),中央国有企业与地方国有企业投资所扮演的准
财政政策也是中国经济快速走出衰退的一大法宝。党的十九大报告
明确指出,要完善各类国有资产管理体制,改革国有资本授权经营体
制,加快国有经济布局优化、结构调整、战略性重组,促进国有资产保
值增值,推动国有资本做强做优做大。本文的研究为中央做强做优
做大国有资本的决定提供了一个不容忽视的重要理由,那就是在经
济衰退期,当中央和地方政府财政政策难以稳定经济之时,中央和地
方政府可以对中央国有企业和地方国有企业的投资进行干预,以保
障宏观经济的稳定与增长。这意味着,中央和地方政府反周期性财
政政策、中央和地方国有企业投资所扮演的准财政政策共同构成了

中国特色的宏观调控体系的重要组成部分。

本文"在经济衰退期,当中央和地方政府财政政策难以稳定经济之时,中央和地方政府可以对中央国有企业和地方国有企业的投资进行干预,以保障宏观经济的稳定与增长"的上述政策主张与习近平新时代中国特色社会主义思想保持高度一致。习近平新时代中国特色社会主义思想(中共中央宣传部,2019)明确指出,"我国实行的是社会主义市场经济体制,仍然要坚持发挥社会主义制度的优越性、发挥党和政府的积极作用","更好发挥政府作用,不是要更多发挥政府作用,而是要在保证市场发挥决定性作用的前提下,管好那些市场管不了或管不好的事情","政府的职责和作用主要是保持宏观经济稳定,加强和优化公共服务,保障公平竞争,加强市场监管,维护市场秩序,推动可持续发展,促进共同富裕,弥补市场失灵"。鉴于政府的主要作用之一是保持宏观经济稳定,弥补市场失灵,如果中央和地方政府的财政政策无法保持宏观经济稳定(如受到赤字率的限制),表明中国的经济衰退已非常严重,此时,中央和地方政府就非常有必要采取一些非常规性的政策工具来保持宏观经济稳定。本文揭示了中央和地方国有企业投资可以作为准财政政策工具或非常规性政策工具发挥稳定宏观经济的作用,因此将其纳入到中国特色的宏观调控体系之中,显然是"坚持发挥社会主义制度的优越性"和"更好发挥政府作用"的重要体现。[①]

参考文献

陈冬、孔墨奇、王红建,2016:《投我以桃,报之以李:经济周期与国企避

[①] 随着全球疫情的蔓延,为了防止经济的大衰退,如果常规的宏观调控工具难以奏效,中国政府可以考虑采用非常规的准财政政策工具。

税》，《管理世界》第 5 期。

程仲鸣、夏新平、余明桂，2008：《政府干预、金字塔结构与地方国有上市公司投资》，《管理世界》第 9 期。

戴翔、金碚，2014：《产品内分工、制度质量与出口技术复杂度》，《经济研究》第 7 期。

方红生、张军，2009：《中国地方政府竞争、预算软约束与扩张偏向的财政行为》，《经济研究》第 12 期。

方红生、张军，2013：《攫取之手、援助之手与中国税收超 GDP 增长》，《经济研究》第 3 期。

方军雄，2010：《民营上市公司真的面临银行贷款歧视吗?》，《管理世界》第 11 期。

龚刚，2019：《理解中国特色的宏观调控》，观察者网，03—08。

郭婧、马光荣，2019：《宏观经济稳定与国有经济投资:作用机理与实证检验》，《管理世界》第 9 期。

郭庆旺、吕冰洋，2011：《论税收对要素收入分配的影响》，《经济研究》第 6 期。

郭庆旺、赵旭杰，2012：《地方政府投资竞争与经济周期波动》，《世界经济》第 5 期。

洪正、张琳、肖锐，2021：《产业跃升、金融结构与中国经济增长》，《管理世界》第 8 期。

李永友、沈玉平，2010：《财政收入垂直分配关系及其均衡增长效应》，《中国社会科学》第 6 期。

刘瑞、王岳，2010：《从"国进民退"之争看国企在宏观调控中的作用》，《政治经济学评论》第 3 期。

刘元春，2001：《国有企业宏观效率论——理论及其验证》，《中国社会科学》第 5 期。

陆正飞、祝继高、樊铮，2009：《银根紧缩、信贷歧视与民营上市公司投资者利益损失》，《金融研究》第 8 期。

吕冰洋、马光荣、毛捷，2016：《分税与税率:从政府到企业》，《经济研究》第 7 期。

谭小芬、张文婧，2021：《财政分权、地方政府行为与企业杠杆率分化》，《经济研究》第 6 期。

唐雪松、周晓苏、马如静，2010：《政府干预、GDP 增长与地方国有企业过度投资》,《金融研究》第 8 期。

王文成,2011:《不同所有制形式对经济增长的影响》,《中国软科学》第 6 期。

王文成、沈红微、王爔慧,2013:《国有经济投资对非国有经济投资的带动效应研究》,《中国软科学》第 7 期。

王义中、宋敏,2014:《宏观经济不确定性、资金需求与公司投资》,《经济研究》第 2 期。

王宇澄、张莉、郑新业,2018:《"准财政政策"能指望么？——中央投资对地方投资的带动效应评估》,《管理世界》第 8 期。

孙铮、刘凤委、李增泉,2005:《市场化程度、政府干预与企业债务期限结构——来自我国上市公司的经验证据》,《经济研究》第 5 期。

魏明海、柳建华,2007:《国企分红、治理因素与过度投资》,《管理世界》第 4 期。

徐现祥、梁剑雄,2014:《经济增长目标的策略性调整》,《经济研究》第 1 期。

于蔚、汪淼军、金祥荣,2012:《政治关联和融资约束:信息效应与资源效应》,《经济研究》第 9 期。

张敏、吴联生、王亚平,2010:《国有股权、公司业绩与投资行为》,《金融研究》第 12 期。

张宇,2009:《论国有经济的主导作用》,《经济学动态》第 12 期。

赵懿清、张悦、胡伟洁,2016:《政府控制、经济周期与企业投资趋同行为》,《经济与管理研究》第 11 期。

中共中央宣传部,2019:《习近平新时代中国特色社会主义思想学习纲要》,学习出版社、人民出版社。

钟海燕、冉茂盛、文守,2010:《政府干预、内部人控制与公司投资》,《管理世界》第 7 期。

周黎安、李宏彬、陈烨,2005:《相对绩效考核:关于中国地方官员晋升的一项经验研究》,《经济学报》第 1 期。

周黎安、刘冲、厉行、翁翕,2015:《"层层加码"与官员激励》,《世界经济文汇》第 1 期。

Abdellatif, M., and B. Tran-Nam, 2016, "Tax policy challenges in an era of political transition: The case of Egypt", *Ejournal of Tax Research*, 14(3), 683 - 706.

Alesina, A., S. Ardagna, G. Nicoletti and F. Schiantarelli, 2005, "Regulation and Investment", *Journal of the European Economic Association*, 3(4), 791 - 825.

Alesina, A., F. R. Filipe and G. Tabellini, 2008, "Why is Fiscal Policy often Procyclical?", *Journal of the European Economic Association*, 6(5), 1006 - 1036.

Allen, F., J. Qian, and X. Gu, 2017, "An Overview of China's Financial System", *Annual Review of Financial Economics*, 9, 191 - 231.

Andersen, A. L. and L. Nielsen, 2010, "Fiscal Transparency and Procyclical Fiscal Policy", *EPRU Working Paper Series* No. 2010 - 01.

Bernanke, B. S., and M. L. Gertler, 1989, "Agency Cost, Net Worth and Business Fluctuations", *American Economic Review*, 79, 14 - 31.

Bernanke, B. S., M. L. Gertler, and S. Gilchrist., 1996, "The Financial Accelerator and the Flight to Quality", *Review of Economics and Statistics*, 78, 1 - 15.

Bernier, L., 2014, "Public Enterprises as Policy Instruments: The Importance of Public Entrepreneurship", *Journal of Economic Policy Reform*, 17(3), 253 - 266.

Bernier, L. and E. Reeves, 2018, "The Continuing Importance of State-Owned Enterprise in the Twenty-First Century: Challenges for Public Policy", *Annals of Public and Cooperative Economics*, 89 (3), 453 - 458.

Bertay, A. C., A. Demirg-Kunt and H. Huizinga, 2015, "Bank Ownership and Credit over the Business Cycle: Is Lending by State Banks Less Procyclical?", *Journal of Banking and Finance*, 50, 326 - 339.

Bertero, E. and L. Rondi, 2002, "Does a Switch of Budget Regimes Affect Investment and Managerial Discretion of State-Owned Enterprises? Evidence from Italian Firms", *Journal of Comparative Economics*, 30(4), 836 - 863.

Bontempi, M. E., R. Golinelli, and G. Parigi., 2010, "Why Demand

Uncertainty Curbs Investment: Evidence from a Panel of Italian Manufacturing Firms", *Journal of Macroeconomics*, 32,218 - 238.

Brandt, L., and H. Li, 2003, "Bank discrimination in transition economies: ideology, information, or incentives?", *Journal of Comparative Economics*, 31(3),387 - 413.

Brei, M. and A. Schclarek, 2013, "Public Bank Lending in Times of Crisis", *Journal of Financial Stability*, 9(4),820 - 830.

Chen, S., Z. Sun, S. Tang and D. Wu, 2011, "Government Intervention and Investment Efficiency: Evidence from China", *Journal of Corporate Finance*, 17(2),259 - 271.

Coleman, N. and L. Feler, 2015, "Bank Ownership, Lending and Local Economic Performance during the 2008~2009 Financial Crisis", *Journal of Monetary Economics*, 71,50 - 66.

Cuadra, G., J. M. Sanchez, and H. Sapriza, 2010, "Fiscal Policy and Default Risk in Emerging Markets", *Review of Economic Dynamics*, 13,452 - 469.

Dangl, T., and Y. Wu, 2016, "Corporate Investment Over the Business Cycle", *Review of Finance*, 20(1),337 - 371.

Fan, J. P. H, S. Titman, and G. Twite, 2012, "An International Comparison of Capital Structure and Debt Maturity Choices", *Journal of Financial and Quantitative Analysis*, 47(01),23 - 56.

Fang, H. S., Y. X. Bao, and J. Zhang, 2017, "Asymmetric Reform Bonus: The Impact of VAT Pilot Expansion on China's Corporate Total Tax Burden", *China Economic Review*, 46, S17 - S34.

Florio, M., 2013, "Rethinking on Public Enterprise: Editorial Introduction and Some Personal Remarks on the Research Agenda", *International Review of Applied Economics*, 27(2),135 - 149.

Florio, M., 2014, "Contemporary Public Enterprises: Innovation, Accountability, Governance", *Journal of Economic Policy Reform*, 17(3),201 - 208.

Florio, M., and F. Fecher 2011, "The Future of Public Enterprises: Contributions to a New Discourse" *Annals of Public and Cooperative Economics*, 82(4),361 - 373.

Frankel, J. A., C. A. Vegh, and G. Vuletin, 2013, "On Graduation from Fiscal Procyclicality", *Journal of Development Economics*, 100, 32 – 47.

Furceri, D., and G. Karras, 2011, "Average Tax Rate Cyclicality in OECD Countries: A Test of Three Fiscal Policy Theories", *Southern Economic Journal*, 77(4), 958 – 972.

Ghosal, V., 1991, "Demand Uncertainty and the Capital-labor Ratio: Evidence from the U. S. Manufacturing Sector", *Review of Economics and Statistics*, 73, 157 – 161.

Hansen, B. E., 1999, "Threshold effects in non-dynamic panels: Estimation, testing, and inference", *Journal of Econometrics*, 93 (2), 345 – 368.

He, W., and N. A. Kyaw, 2018, "Ownership Structure and Investment Decisions of Chinese SOEs", *Research in International Business and Finance*, 43, 48 – 57.

Hercowitz, Z., and M. Strawczynski, 2004, "Cyclical Ratcheting in Government Spending", *Review of Economics and Statistics*, 86(1), 353 – 361.

Ilzetzki, E., and C. A. Vegh, 2008, "Procyclical Fiscal Policy in Developing Countries: Truth or Fiction?", *NBER Working Paper* No. 14191.

Jaimovich, D., and U. Panizza, 2007, "Procyclicality or Reverse Causality?", *Inter-American Development Bank Working Paper* No. 1029.

Kaminsky, Graciela, Carmen Reinhart, and Carlos A. Vegh., 2004, "When It Rains, It Pours: Procyclical Capital Flows and Macroeconomic Policies", *NBER Macroeconomics Annual*, 19, 11 – 82.

Li, H. B., and L. A. Zhou, 2005, "Political Turnover and Economic Performance: the Incentive Role of Personnel Control in China", *Journal of Public Economics*, 9(9 – 10), 1743 – 1762.

Lin, L. W., and C. J. Milhaupt, 2013, "We are the (National) Champions: Understanding the Mechanisms of State Capitalism in China", *Stanford Law Review*, 65, 697 – 761.

Millward, R., 2005, "Private and Public Enterprise in Europe: Energy, Telecommunications and Transport, 1830~1990", Cambridge: Cambridge University Press.

Millward, R., 2011, "Public Enterprise in the Modern Western World: An Historical Analysis", *Annals of Public and Cooperative Economics*, 82(4), 375 - 398.

Peeters, M., 2001, "Do Demand and Price Uncertainty Affect Belgian and Spanish Corporate Investment?", *Louvain Economic Review*, 67, 235 - 255.

Putniņš, T. J., 2015, "Economics of State-owned Enterprises", *International Journal of Public Administration*, 38(11), 815 - 832.

Ravn, M. O., and H. Uhlig, 2002, "On Adjusting the Hodrick-Prescott Filter for the Frequency of Observations", *The Review of Economics and Statistics*, 84, 371 - 375.

Riascos, A., and C. A. Vegh, 2003, "Procyclical Government Spending in Developing Countries: The Role of Capital Market Imperfections", *IMF Staff Papers*.

Roodman, D., 2009, "How to do Xtabond2: an Introduction to Difference and System GMM in Stata", *The Stata Journal*, 9(1), 86 - 136.

Sorensen, B. E., W. U. Lisa, and O. Yosha, 2001, "Output Fluctuations and Fiscal Policy: US State and Local Governments 1978 - 1994", *European Economic Review*, 45(7), 1271 - 1310.

Srebrnik, N., and M. Strawczynski, 2016, "Cyclicality of Taxes and External Debt", *Applied Economics*, 48, 4622 - 4634.

Strawczynski, M., 2014, "Cyclicality of Statutory Tax Rates", *Israel Economic Review*, 11(1), 67 - 96.

Sturzenegger, F., and R. Werneck, 2006, "Fiscal federalism and Procyclical Spending: The Cases of Argentina and Brazil", *Económica*, 52, 151 - 194.

Szarzec, K. and W. Nowara, 2017, "The Economic Performance of State-owned Enterprises in Central and Eastern Europe", *Post-Communist Economies*, 29(3), 375 - 391.

Talvi, E., and C. A. Vegh, 2005, "Tax Base Variability and Procyclical Fiscal Policy in Developing Countries", *Journal of Development Economics*, 78(1), 156 – 190.

Tan, Y. Y., Y. P. Huang, and W. T. Wo, 2016, "Zombie Firms and the Crowding-Out of Private Investment in China", *Asian Economic Papers*, 15(3), 32 – 55.

Thynne, I., 2011, "Ownership as an Instrument of Policy and Understanding in the Public Sphere: Trends and Research Agenda", *Policy Studies*, 32(3), 183 – 197.

Vegh, C. A., and G. Vuletin, 2015, "How is Tax Policy Conducted Over the Business Cycle?", *American Economic Journal: Economic Policy*, 7(3), 327 – 370.

Wang, Y. Z., C. R. Chen, and Y. S. Huang, 2014, "Economic Policy Uncertainty and Corporate Investment: Evidence from China", *Pacific-Basin Finance Journal*, 26(3), 227 – 243.

Zwick, E. and J. Mahon, 2017, "Tax Policy and Heterogeneous Investment Behavior", *American Economic Review*, 107(1), 217 – 248.

中国创新的挑战与机遇

吴延瑞

在 1980—2019 年期间以年均 9.4% 的速度持续高速增长之后，中国的经济发展已经放缓。随着中国在 2021 年达到人均 GDP 约 12,000 美元的中等收入水平，享受了几十年的人口红利耗尽，这种缓慢增长是可以预期的。未来的增长将主要依赖于通过创新，特别是本土创新来提高生产率。然而，中国是否有创新能力来推动未来几十年的经济增长？对这一问题的透彻理解有助于深入了解中国未来的增长潜力，从而对经济政策产生重要影响。

本文的目的是对中国的创新现状进行简要概述。本章的其余部分首先描述了创新方面的进展，包括科学和技术方面的主要成就，随后讨论了中国创新部门所面临的挑战以及进一步改善、推进创新的方法，最后提出了结论意见。

一、 创新方面的进展

创新是一个社会技术进步的关键。技术进步可以通过获取和吸收外部技术或者通过本土创新创造知识两种方式实现，两者的作用可以随着时间的推移而改变。在发展中国家和新兴经济体的早期发展阶段，外部技术尤其关键。甚至在一些发达经济体，进口技术可能比国内技术更重要（Papaconstantinou et al.，1996）。几十年来，中国通过国际贸易、外国资本流入和海外投资，在获取和吸收外部技术方面一直非常成功，已成为一些领域的佼佼者。中国的成功在文献中得到了充分的印证（Li，2011；Liang et al.，2022）。例如，Fu（2008）证明，外国直接投资对中国区域经济的整体创新能力有显著的积极影响。Fisch et al.（2019）也表明，中国企业的收购对其收购后的创新产生积极影响。Kowalski（2021）认为，中国发展成功的核心在于通过引进现有技术来缩小技术差距。

几十年来，成功获取外部技术使中国经济赶上了先进经济体。然而，随着中国与发达经济体的技术差距缩小，外部技术的作用现在正在减弱。Shi 和 Wu（2019）很好地说明了这一点，他们分析了中国的投入产出表，考虑了包含在产品里的研究与开发（R&D）支出。他们进一步将一个行业的总研发含量分解为五个部分，即该行业的直接研发支出（r）、纳入国内中间投入（pd）的研发、国内投资货物和服务（cd）、进口中间投入（cim）和进口投资货物和服务（pim）。他们的分解结果显示了包含在产品里的研发强度的五个组成部分的演变，如图 1 所示。

图 1 中 2000 年五边形的尖角反映了进口资本品中研发强度的重要作用。因此，有显著的证据表明，中国的创新高度依赖于进口资本货物的知识溢出。但这个尖角在 2005 年和 2010 年消失了，近十年来它可能进一步缩小了。体现在国内投资产品和服务中的研发以及行业的直接研发反而占据了主导地位。这种变化意味着外部技术和本土知识的角色转换。在 21 世纪，中国的创新对外部知识转移的依赖越来越少，体现出越来越强的独立性和自我加强（Shi and Wu，2019）。

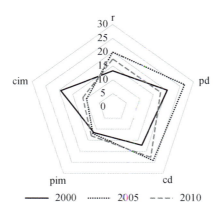

图1　选定年份研发强度的五个组成部分

资料来源：Shi and Wu (2019)。

随着自主创新变得越来越重要，中国政府不断增加研发支出。在2002—2021年的十几年间，中国的研发支出保持了年均18.01%的增长速度。即使在新冠肺炎疫情全球扩散期间，这一增长也得以维持(图2)。到2021年，研发支出占国家GDP的比例(或研发强度)达到2.44%。这与2018年经合组织国家的平均水平差不多，尽管中国的人均收入远低于经合组织国家的平均收入。从总量来看，中国现在是仅次于美国的第二大研发投资国。2021年，中国在研发方面的总支出约为5,510亿美元，接近日本、德国、韩国、法国和印度在同一年的投资总和。这种支出大潮的结果是发明专利等创新成果的快速增长，2009年中国的发明专利申请数量首次超过了美国。2010年，中国的发明专利申请量超过了当时申请量最大的日本(图3)。此后，中国一直保持着第一的位置，近年来每年的专利申请量超过了120万件。

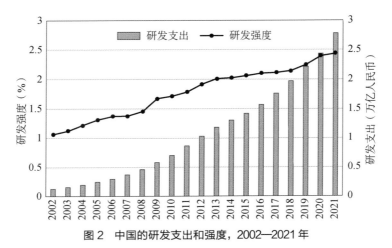

图 2　中国的研发支出和强度，2002—2021 年

数据来源：国家统计局（2022）。

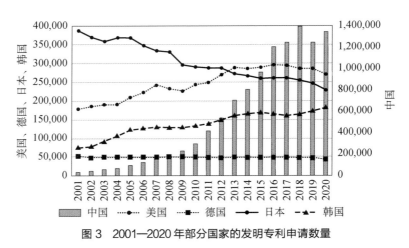

图 3　2001—2020 年部分国家的发明专利申请数量

数据来源：OECD（2022a）。

　　中国在创新方面的进步也体现在学术期刊上发表的研究文章的数量上，这一数据的变化可以在 Web of Science（2022）收集的出版物元数据 InCites 上追踪到。根据 InCites 数据库，中国已经缩小了与世界研究领导者美国的差距。2021 年，美国研究人员共发表了 786,258 篇论文，而他们的中国司行也发表了破纪录的 714,472 篇文章。在新冠肺炎疫情全球扩散期间，美国研究人员发表的文章数量连续两年（2020 年和 2021 年）小幅下降，这可能与新冠疫情冲击或特朗普政府期间的反移民政策有关。这种下降到底是一个长期趋势还是暂时的，还有待未来几年的评估。相比之下，中国的研究生产率在大流行期间保持了稳定增长的趋势。如果目前的增长趋势继续下去，中国很可能在 2022 年超过美国，成为发表研究论文数量最多的国家（根据 InCites 数据库，2022 年 10 月 7 日访问），到目前为止中国对美国这个数字是 422,224 篇对 282,918 篇。

　　此外，有证据表明中国研究人员的研究成果质量有所提高。尽管存在争议，但研究论文的引用次数通常被作为衡量研究成果影响或质量的重要指标（Aksnes et al. ,2019）。根据 InCites 数据库，中国研究论文的总引用次数在 2020 年首次超过美国（520 万次对 500 万次），这一趋势在 2021 年得到延续（170 次对 150 万次）。此外，在每篇论文的平均引用次数方面，美国一直领先于中国，直到 2016 年中国超过了美国（图 4）。此后，中国一直保持领先。

二、挑战

　　虽然中国在创新方面有重大进展，但中国仍然面临着巨大的挑战。在若干领域，有相当大的改进空间。中国在开发关键技术方面的创新能力的弱点，在目前美国和中国之间的技术战争中暴露无遗。克服这一技术弱点是未来几年的一个巨大挑战。美国及其主要盟友

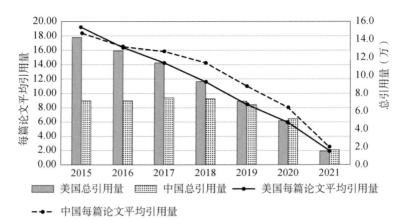

图 4　2015—2021 年中国和美国的论文总引用量和每篇论文平均引用量

数据来源：Web of Science（2022）。

将中国视为国家安全的威胁，因此拒绝对中国开放核心技术，如尖端的半导体和相关的最先进的制造技术和制造软件。这种情况可能会继续下去，甚至在未来十年变得更糟（Jiang and Murmann，2022；Kenney and Lewin，2022）。如果不消除潜在的技术瓶颈，中国的创新进展将受到影响，因此经济增长可能进一步放缓。

　　除了需要在关键技术领域追赶先进经济体外，还有其他与创新方面的基本问题和政策有关的挑战。虽然近几十年来研发强度稳步增长，但中国仍然落后于世界上的主要研发国家（图 5）。尽管中国是世界第二大研发支出国，但与全球领先的美国相比，差距仍然很大。例如，在 2021 年，美国的研发支出比中国多 1280 亿美元。在未来几年，中国必须加快其研发投资，特别是在最为薄弱的基础研究领域。中国在基础研究方面的投资占总研发支出的比例远远低于世界创新领导者的比例（图 6）。进一步调查显示，商业企业的基础研究支出尤其少。以 2019 年为例，中国商业企业的基础研究支出只占全国基础研究总支出的 6.5%，而根据 OECD（2022b）数据库，同样的份额在日本是 47.1%，在美国是 32.1%，在韩国是 57.5%。

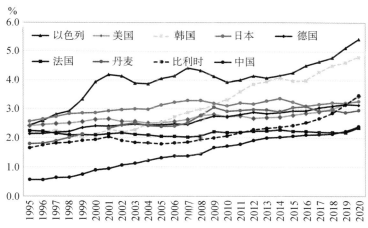

图 5　部分经济体的研发强度，1995—2020 年

数据来源：World Bank（2022）。

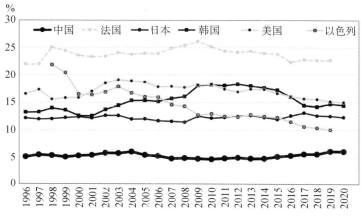

图 6　1996—2020 年基础研究支出占研发总投资的比例

数据来源：OECD（2022b）。

另一个有趣的观察是，在中国，非居民申请人在发明专利申请人总数中的份额相对较小（图7）。中国这一份额的变化模式与韩国类似。随着专利申请数量的增加，非居民申请人所占的比例最初有所下降，然后在最近几年保持在10％左右。相对于其他国家，如日本（19％）和韩国（22％），更不用说美国（52％），中国的这一比例非常低。有人可能会说，中国的低比例是由于近年来发明专利申请（分母）的非凡增长。然而，另一种解释可能是，非居民可能担心中国市场的知识产权（IPR）保护，因此没有动力在中国提出专利申请。因此，国内的政策制定者必须正视知识产权保护问题，并进一步加强知识产权法律和法规的执行。知识产权环境的改善可以成为创新投资的动力。

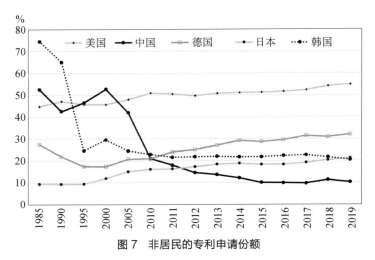

图7　非居民的专利申请份额

数据来源：World Bank（2022）。

作为一个具有多元文化地貌的大国，地区差异始终是中国政策制定者关注的问题。差距的来源是有争议的，有证据表明，创新资源和能力的区域分布存在巨大差异，这可能导致发展不平衡（Xiao et al.,2019)。在研发强度方面,只有六个地区(北京、上海、天津、广东、江苏和浙江)在 2020 年超过了全国平均水平 2.4%,毫不奇怪,这些地区是全国最发达的地区。所有其他地区都低于全国的研发强度,特别是有 13 个地区的研发投资低于其地区 GDP 的 1.5%(NBSC,2022)。在研发人员方面,情况也类似。上述六个地区在 2020 年有最高的研发人员/总就业比率(从广东的 12‰到北京的 29‰)。全国其他地区(25 个地区)的这一比率低于 10‰,其中 16 个地区低于 5‰。由于创新正在成为经济增长的主要动力,创新能力和资源的区域差异将导致经济发展的进一步区域不平衡。因此,减少创新资源和能力发布的区域不平等将是中央和地方政府的一个重大挑战。

三、机会

挑战与机遇并存,应对挑战也可能带来创新突破的机会。目前由特朗普政府发起的中美技术战,不仅揭示了中国存在的技术瓶颈,也确定了未来创新政策和资源的重点领域。可以预见的是,中国会在相关领域做出重大的政策调整,以实现如尖端半导体等关键技术领域的自给自足。为了实现这一目标,需要向这些领域注入大量的创新资源,如资金和人力资本。对于人力资本来说,中美目前的技术战争(tech-war)和由此产生的限制,可能是中国从美国和中国之间的反向人才流失中获益的机会(Marini and Yan,2021)。因此,需要适当的政策,以便从世界市场特别是美国市场吸引人才。例如,中国的薪酬成本相对较低,这意味着有很大空间可以提供有竞争力的薪酬来招募国际市场的研究人员。

中国四十年来的高增长极大地受益于人口红利。创新可以利用另外一类人口红利,这与世界上最大的研究团队有关(图 8)。除了规模大之外，研究团队的补偿成本也相对较低，在 2018—2020 年期间，平均只占总成本的 36.4％（OECD，2022b）。这一份额低于同期日本的 43.6％、韩国的 46.9％、英国的 50.3％、德国的 65.4％和法国的 71.1％（OECD，2022b）。此外，还有进一步改革的空间。在中国，近十年来，全职研究人员平均只占研究机构人员总数的 43.2％。在地区层面上，广东（33.9％）、浙江（29.5％）和江苏（39.2％）的这一比例甚至更低，而这三个地区是研发的领头羊。这些份额远远低于俄罗斯（53.4％）、德国（60.3％）、法国（65.5％）和英国（68.9），更不用说日本（75.9％）和韩国（80.0％）。因此，与其他国家相比，在提高研究部门管理效率方面有很大空间。这只能通过深化研发部门的改革来实现，从而使资源能够得到更有效的分配。

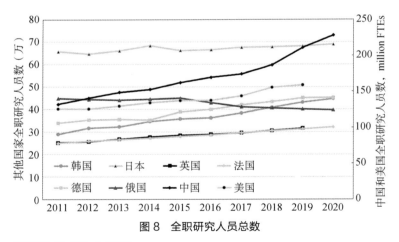

图 8　全职研究人员总数

数据来源：World Bank（2022）。

国际合作在全球知识创造和交流中发挥着重要作用。有证据表明，国际合作通常会带来质量更好的研究成果。Web of Science（2022）的统计数据显示，有国际合作者的研究论文比没有国际合作的论文吸引了更多的引用次数。例如,中国机构或研究人员在 2020 年发表的没有国际合作的研究论文,平均每篇论文的引用次数为 6.9 次,而有国际合作的论文每篇引用次数为 11.1 次。因此,尽管有声音呼吁中美两国在技术战中进行技术和科学脱钩,但中国应继续采取政策鼓励本国的研究人员和机构参与国际科学研究和交流。根据 Web of Science（2022）数据,2021 年,中国涉及国际合作的研究论文占论文总数的 24.1%。这个数字在日本是 32.8%,在美国是 36.1%,更不用说同年澳大利亚的 59.2%。因此,在国际合作方面还有很大的改进空间。

　　气候变化行动带动了创新的新领域或绿色创新的出现。绿色创新包括创造或采用新的或修改过的技术、工艺、做法和产品来保护环境（Yang et al.,2020；Takalo et al.,2021）。企业可以通过绿色创新采用更清洁的技术,以减少污染排放,避免环境惩罚和降低合规成本。企业还可以通过绿色创新提高资源利用率,降低生产成本。学者们把这些称为"双重外部影响"或"知识溢出和环境效应的正外影响"（Qi et al.,2021；Shi et al.,2022）。然而,绿色创新是有风险的,需要大量的投资,投资回报期很长。因此,需要进一步改革,为企业投资绿色创新提供激励。

　　为推动绿色金融体系建设,进而推动绿色创新,国务院于 2017 年决定将广东、贵州、江西、新疆、浙江等 8 个地区作为首批绿色金融改革创新试验区（简称试验区）。这些试验区是对构建全面绿色金融体系的有益补充。为实现 2030 年碳排放封顶和 2060 年碳中和这两个目标,政府应进一步支持这些试验区的建设,并将试验区扩大到其他地区,使这些试验区成为促进创新特别是绿色创新的有效载体。此外,地方政府应利用当地优势,充分利用这些试验区,鼓励企业参与绿色创新。

　　有观点认为,试验区可以通过缓解企业融资约束和加强环境监管来促进企业绿色创新。应进一步加强对试验区促进企业绿色创新的激励措施。例如，可以建立绿色金融风险防范机制和绿色项目投资风险补偿机制，鼓励金融机构开展绿色金融产品创新，从而为企业绿色创新提供更多的资金支持（Shi et al.，2022）。此外，应进一步推动环境权益交易市场和企业环境违法和污染排放信息共享平台的建设。这些措施可以迫使企业进行绿色创新，从而改善其生产流程。

最后，Shi et al.（2022）认为，试验区的促进效果在不同类型的企业中是异质的。因此，政府应采取差异化的政策，并相应调整相关政策。例如，对于国有企业，政府应鼓励这些企业充分发挥其资源优势，参与绿色创新。此外，企业应主动参与或扩大其绿色创新活动，这将减少其污染物排放，满足环境监管要求，从而提高企业的绩效和市场竞争力。

数字技术是中国经济增长的新引擎，创造了很多新的机会，如就业和在新冠肺炎大流行期间的有效危机管理（Huang et al.，2021）。在这一领域，中国正在迅速追赶。在某些领域，中国不是后来者，反而享有先发优势。例如，中国区别于大多数先进市场，专注于发展移动优先、光纤密集和包容性强的数字技术（Jiang and Murmann，2022）。中国的数字经济在未来几年可能会发展得更快，带来更多的根本性变化。然而，中国还需要解决一系列的政策问题，以确保数字经济的顺利发展，包括缓解数据不平等问题，保护个人权利，以及对平台行为的监管。

虽然中国在消费互联网技术或软技术方面处于世界领先地位，但在量子计算、机器人和半导体等硬技术方面与全球领先的企业存在差距，应将更多的研发力量用于这些领域（Kenney and Lewin，2022）。第十四个五年规划正确地强调了这些尖端技术的重要性。鉴于今天的地缘政治和竞争，自给自足可能是中国必须面对的长期

现实。中国拥有世界上最多的 STEM(科学、技术、工程和数学)毕业
生,其中包括了每年在国内和国外培养的博士生,中国显然有潜力在
一些技术领域保持优势,并在其他领域赶上领先者。这一潜力的实
现需要政府的政策支持,以保持和吸引数字技术领域的人才。此外,
Liu et al. (2022)认为,数字技术的发展不仅可以减少当地的碳排放,
还可以促进邻近城市的碳减排。因此,数字技术的突破和应用也将
为控制气候变化的事业做出贡献。

四、　结论性意见

综上所述,本文对中国创新的进展、挑战和机遇进行了简要回
顾。通过四十多年的改革和高速经济增长,中国在一些技术领域已
经惊人地缩小了与先进经济体的差距。在中国的任何游客都可以看
到这一成就,高铁列车、空间站和超级计算机是技术进步的具体例
子。然而,重大的创新挑战摆在面前。这些挑战包括从外部获取尖
端技术、基础研究投资不足、知识产权保护不力和地区差异。这些挑
战加上当前的地缘政治,可能会阻碍中国在未来几十年成为技术超
级大国的雄心。

每个挑战都是一个机会,目前美国和中国之间的技术争端可能
就是这样的机会,通过更多的研发投资,特别是基础研究,发展国内
供应链以消除技术瓶颈,以及增加对国际参与和交流的开放度,加强
主要技术的自给自足。此外,中国政府承诺到 2030 年实现碳排放封
顶,到 2060 年实现碳中和,这为绿色创新创造了巨大的机会。在绿
色创新和数字技术领域,中国并不是一个后进者。政策制定者应该
利用中国在这些领域的先发优势,加快技术发展。如果这样,中国的
技术超级大国之梦可能会在这些领域率先实现。

参考文献

Aksnes, Dag W., Liv Langfeldt and Paul Wouters. (2019). "Citations, Citation Indicators, and Research Quality: An Overview of Basic Concepts and Theories". *SAGE Open*, January – March, 1 – 17.

CNIPA. (2022). "Report of 2021 Patent Survey of China. Development Research Centre of China National Intellectual Property Administration", Beijing (in Chinese).

Fisch, Christian, Jörn Block and Philipp Sandner. (2019). "The Impact of Acquisitions on Chinese Acquirers' Innovation Performance: An Empirical Investigation of 1545 Chinese Acquisitions". *Journal of Business Economics*, 89, 125 – 153.

Fu, Xiaolan. (2008). "Foreign Direct Investment, Absorptive Capacity and Regional Innovation Capabilities: Evidence from China". *Oxford Development Studies*, 36(1), 89 – 110.

Huang, Yiping, Han Qiu and Jingyi Wang. (2021). "Digital Technology and Economic Impacts of Covid – 19: Experiences of the People's Republic of China". *ADBI Working Papers* NO. 1276.

Jiang, Hong and Johann Peter Murmann. 2022. "The Rise of China's Digital Economy: An Overview". *Management and Organization Review*, 18(4), 790 – 802.

Kenney, Martin and Arie Y. Lewin. (2022). "Semiconductor Catch-Up Is Not Enough: Twigging the Context of China's Ambitions". *Management and Organization Review*, 18(4), 816 – 826.

Kowalski, Arkadiusz Michał. (2021). "Dynamics and Factors of Innovation Gap Between the European Union and China". *Journal of the Knowledge Economy*, 12, 1966 – 1981.

Li, Xibao. (2011). "Sources of External Technology, Absorptive Capacity, and Innovation Capability in Chinese State-Owned High-Tech Enterprises". *World Development*, 39(7), 1240 – 1248.

Liang, Yanze, Axèle Giroud and Asmund Rygh. (2022). "Strategic Asset-Seeking Acquisitions, Technological Gaps, and Innovation

Performance of Chinese Multinationals". *Journal of World Business*, 57(4), 101325.

Liu, Jingling, Qianhui Yu, Yanying Chen and Jiaguo Liu. (2022). "The Impact of Digital Technology Development on Carbon Emissions: A Spatial Effect Analysis for China". *Resources, Conservation and Recycling*, 185, 106445.

Marini, Giulio and Lili Yang. (2021). 'Globally Bred Chinese Talents Returning Home: An Analysis of a Reverse Brain-Drain Flagship Policy". *Science and Public Policy*, 48(4), 541 – 552.

NBSC. (2022). "National Bureau of Statistics of China Online Database". http://www. stats. gov. cn/english/Statisticaldata/AnnualData/.

OECD. (2022a). "Intellectual Property (IP) Statistics and Analysis". https://www. oecd. org/sti/inno/intellectual-property-statistics-and-analysis. htm.

OECD. (2022b). "Research and Development Statistics" (RDS). https://ww. oecd. org/science/inno/researchanddevelopmentstatisticsrds. htm.

Papaconstantinou, George, Norihisa Sakurai and Andrew Wyckoff. (1996). "Embodied Technology Diffusion: An Empirical Analysis for 10 OECD Countries". *OECD STI Working Papers*, 1996/1.

Qi, G. , Jia, Y. , and Zou, H. (2021). "Is Institutional Pressure the Mother of Green Innovation? Examining the Moderating Effect of Absorptive Capacity". *Journal of Cleaner Production*, 278, 123957.

Shi, X. , and Wu, Y. (2019). 'Evolution of Product-embodied R&D in China", *Structural Change and Economic Dynamics*, 49, 324 – 33.

Shi, X. , Zeng, Y. , Wu, Y. , and Wang, S. (2022). "Outward Foreign Direct Investment and Green Innovation in Chinese Multinational Companies". *Economics Discussion Papers*, UWA.

Taklo, S. K. , and Tooranloo, H. S. (2021). "Green Innovation: A Systematic Literature Review". *Journal of Cleaner Production*, 279, 122474.

Web of Science. (2022). "InCites Benchmarking and Analytics". https://clarivate. com/webofsciencegroup/solutions/incites/.

World Bank. (2022). "World Development Indictor online database". https://databank.worldbank.org/source/world-development-indicators.

Xiao, Ze-Lei, Ru-Guo Fan, and Xin-Ya Du. (2019). "Measurement and Convergence of China's Regional Innovation Capability". *Science, Technology and Society*, 24(1),1 – 28.

Yang, Z., Ali, S. T., Ali, F., Sarwar, Z., and Khan, M. A. (2020). "Outward Foreign Direct Investment and Corporate Green Innovation: An Institutional Pressure Perspective". *South African Journal of Business Management*, 51(1),12.

中国企业赴海外上市之现状、历程和制度背景

冯曲、魏尚进、吴桂英、袁梦莹

一、引言

随着国际资本市场的一体化,去海外上市已成为企业直接寻求外国资本的常见方式之一,而中国在海外上市的企业数量和市值都领先于世界。截至 2020 年底,在上海和深圳证券交易所上市的公司共有 4,181 家,总市值近 80 万亿人民币(等于 12.2 万亿美元),占 2020 年中国 GDP 的 78%,这使得中国成为世界第二大股市市场。①② 在中国大陆以外,中国香港地区和美国是最受中国企业欢迎的两个上市地点。到 2020 年底,共有 1,323 家中国公司在香港证券交易所(HKEX)上市,总市值达 35.4 万亿港币(等于 4.56 万亿美

---

① 上市公司的数量来源于万得金融终端。中国证监会年度报告也汇报了在上海和深圳证券交易所上市的公司数量。根据 2020 年证监年报,共有 4,154 家公司在上海和深圳证券交易所上市,其中主板上市 2,053 家,中小企业板(SME)上市 994 家,创业板(GEM)上市 892 家,科创板(STAR)上市 215 家。

② 总市值是由 2020 年 12 月 31 日的收盘价计算得到的。中国证监会年报中提及的 4,151 家上市公司的市值也近 80 万亿人民币。

元），约占在中国香港地区上市的所有公司总市值的 75%。^① 与此同时，有 265 家中国公司在美国上市，总市值为 1.9 万亿美元。^② 这约占美国股票市场当年总市值的 3%，或者说，占所有在美国上市的海外公司总市值的 13%。

图 1 显示了 2020 年底中国上市公司分别在中国大陆、中国香港地区和美国的总市值，其中在中国香港地区和美国上市的中国企业的总市值约为 5.3 万亿美元，不到国内股市市值的一半。考虑到许多在中国香港地区和美国双重上市的中国企业是通过发行美国存托凭证（ADRs）来实现在美国上市的，而其标的资产是其在中国香港地区发行的股票，因此，这两个市场的市值有部分的重合。到 2020 年底，这一重合的市值为 1.16 万亿美元。

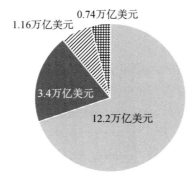

图 1　2020 年中国公司分别在中国大陆、中国香港地区和美国的总市值

① 公司数量由万得金融终端和国泰安数据库提供，包括主板和创业板的 H 股、红筹股和大陆民营企业。总市值是由 2020 年 12 月 31 日的收盘价计算得到的。
② 公司数量由万得金融终端和国泰安数据库提供，包括在纽约证券交易所（NYSE）、纳斯达克证券交易所和美国证券交易所（AMEX）上市的中国概念股。总市值是由 2020 年 12 月 31 日的收盘价计算得到的。

上面的数据表明,在海外上市的中国公司规模庞大,因此,了解其制度背景、经济动机以及影响其上市选择的因素是非常重要的。此外,随着中美关系的日益紧张和近期监管环境的变化,在这样的新形势下中国企业能否继续在美国上市?退市压力对企业、证券交易所和政策制定者决策可能产生什么影响?这一系列问题都值得研究。

早在 20 世纪 90 年代,就有大量的企业在美国和英国等发达国家多重(或交叉)上市。早期文献指出了这股热潮背后的几个重要动机:克服投资壁垒,改善公司治理,获得良好的声誉以及扩大全球业务(Miller,1999;Pagano et al.,2002;Doidge et al.,2009)。虽然这些经济动机也可以用来解释中国企业去海外上市的行为,但中国企业也面临着截然不同的金融、法律和监管环境。除了 Liu(2014)和 Shi(2020)等最近的研究外,很少有关于中国公司赴海外上市的系统研究。

在本文接下来的部分,我们将首先阐述中国企业前往海外首次公开募股(IPO)的历程。随后,我们分析了各交易所的财务标准、监管要求和 IPO 流程的差异,以及这些差异是如何影响中国企业赴海外上市的历程。接下来,我们讨论了中国大陆和香港地区上市要求的一些重大变革,及其对中国企业上市地点选择的影响。最后,我们简要讨论了中国和美国的监管机构对在美上市的中国公司施加的退市压力。

二、 中国企业海外上市的演变

1972 年,深圳国际控股有限公司(Shenzhen International Holdings Limited),一家国有控股的运输与物流公司,作为红筹企业在香港证券交易所的主板上市。它因此成为在中国大陆以外上市的第一支中国股票。1992 年,华晨中国汽车控股有限公司(Brilliance China Automotive Holdings Limited)在未经过中国相关部门审批的情况下,在纽约证券交易所成功上市,拉开了中国企业赴美上市的序幕。

1993 年，上海石化（Shanghai Petrochemical Company，SINOPEC）在港交所发行 H 股，成为第一家在上海、香港和纽约同时上市的中国公司。2014 年 9 月 19 日，阿里巴巴（Alibaba）在纽约证券交易所首次公开发行股票，筹集了 250 亿美元，成为当时历史上最大的 IPO，该公司的市值也达到 2,310 亿美元。2022 年 7 月 26 日，阿里巴巴宣布，除在纽约外，它还将在香港申请双重主要上市的资格，预计将在2022 年底前完成从二次上市转换成主要上市的地位。

在过去三十年，中国企业去境外上市大致可以分为三股浪潮。第一波浪潮主要是由 1990 年至 2000 年的中国国有企业改革和重组所推动。在这个早期阶段，大部分在中国香港地区或美国上市的中国企业都是财力雄厚、盈利能力强的大型国有企业。它们被政府选中前往海外上市不仅仅是为了推动国有企业的改革，也是为了在国际市场上展示中国企业的面貌（Liu，2014）。发达的海外资本市场同时也帮助这些企业改善了公司的治理结构。这些海外上市企业根据香港或美国证券交易所的要求建立了董事会，实施了高标准的公司治理，并发展了先进的管理基础。

表 1 列出了 2000 年至 2022 年 6 月底期间在中国大陆、中国香港地区、美国、新加坡和英国上市的中国企业累计数量和每年新增上市数量。如表所示，截至 2022 年 6 月底，在中国大陆、中国香港地区、美国、新加坡和英国上市的中国公司分别为 4,819、1,373、278、84 和15 家。① 图 2 和图 3 形象地展示了这期间在中国大陆、中国香港地区、美国上市的中国公司的累计数量和每年新增上市的数量。

从上面的图表中我们总结出过去三十年中国企业去海外上市的三个事实。首先，从累计上市企业总数和每年新增上市企业的数量

① 表 1 中所示的公司数量与香港交易所和其他文献中提供的公司数量有些许不同，这是由于各个文件对中国公司的定义和数据来源的差别所导致的。详细的讨论请参考附录 1。

表1　中国和海外市场上市的中国公司：数量和筹资额

年份	中国大陆				中国香港地区				美国				新加坡		英国	
	总数量	每年新增	累计筹资额（十亿人民币）	每年新增筹资额（十亿人民币）	总数量	每年新增	每年新增筹资额（十亿港币）	累计筹资额（十亿港币）	总数量	每年新增	每年新增筹资额（十亿美元）	累计筹资额（十亿美元）	总数量	每年新增	总数量	每年新增
2000	1,059	136	292.4	82.7	265	42	102.9	224.4	39	11	0.7	0.8	38	5	6	2
2001	1,135	79	353.4	61.0	306	41	20.3	244.7	41	2	1.7	2.4	44	6	6	0
2002	1,199	71	402.3	48.9	356	50	36.4	281.1	42	1	0.0	2.4	48	4	7	1
2003	1,202	67	449.6	47.2	394	39	53.7	334.7	45	3	2.7	5.1	65	17	8	1
2004	1,352	100	485.7	36.1	441	48	76.3	411.0	62	17	3.0	8.7	100	35	9	1
2005	1,357	15	491.4	5.8	473	40	148.7	559.7	81	20	1.5	10.2	125	25	16	7
2006	1,411	66	625.6	134.2	516	47	281.9	841.6	96	17	1.9	12.1	156	31	36	20
2007	1,527	126	1,102.7	477.1	573	62	237.4	1,079	146	51	5.4	17.5	186	32	47	11
2008	1,602	77	1,206.1	103.4	586	19	44.3	1,123	173	28	0.3	17.8	194	10	47	5
2009	1,696	99	1,394.0	187.9	634	52	192.6	1,316	216	45	1.0	18.8	197	9	43	1
2010	2,041	349	1,885.1	491.1	700	69	215.6	1,531	278	66	3.4	22.2	195	9	38	4
2011	2,320	282	2,167.5	282.4	747	49	89.8	1,621	257	15	1.7	23.9	179	2	32	0
2012	2,472	155	2,271.0	103.4	784	42	76.9	1,698	219	4	0.2	24.0	173	2	32	3

续表

年份	中国大陆				中国香港地区				美国				新加坡		英国	
	总数量	每年新增	每年新增筹资额（十亿人民币）	累计筹资额（十亿人民币）	总数量	每年新增	每年新增筹资额（十亿港币）	累计筹资额（十亿港币）	总数量	每年新增	每年新增筹资额（十亿美元）	累计筹资额（十亿美元）	总数量	每年新增	总数量	每年新增
2013	2,468	2	0.0	2,271.0	834	55	136.3	1,834	207	9	0.8	24.8	163	0	28	0
2014	2,592	125	66.9	2,337.8	901	70	163.0	1,997	198	17	11.4	36.2	154	2	22	0
2015	2,808	223	157.6	2,495.5	970	73	237.7	2,235	196	14	0.3	36.6	148	1	16	0
2016	3,034	227	149.6	2,645.1	1,017	57	177.4	2,412	174	12	2.1	38.7	142	2	15	0
2017	3,467	438	230.1	2,875.2	1,063	60	99.2	2,512	189	30	3.5	42.2	131	1	11	0
2018	3,567	105	137.8	3,013.0	1,157	99	260.0	2,772	224	40	8.5	50.6	121	0	10	0
2019	3,760	203	253.3	3,266.3	1,247	108	243.8	3,016	241	36	3.3	53.9	113	0	11	1
2020	4,181	437	480.6	3,746.8	1,323	115	386.6	3,402	265	38	13.1	67.0	95	1	13	3
2021	4,685	524	542.6	4,289.5	1,368	89	319.8	3,722	287	40	14.3	81.3	86	0	13	0
2022.6	4,819	171	311.9	4,601.4	1,373	22	15.1	3,737	278	4	0.1	81.4	84	2	13	0

注：中国公司是指满足下列任意条件之一的公司：（1）公司在中国大陆注册；（2）公司总部在中国大陆；（3）公司控股股东是中国大陆的个人、公司或者首有实体；（4）公司超过55%的营业收入来自中国大陆。

数据来源：万得金融终端和国泰安数据库。

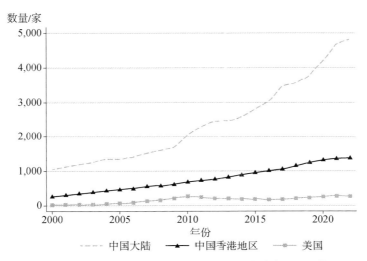

图2　中国大陆、中国香港地区和美国累计上市的中国公司数量

注:1. 在美国上市的特殊目的收购公司被排除在样本之外。
　　2. IPO日期缺失的公司被排除在样本之外。
数据来源:万得金融终端和国泰安数据库。

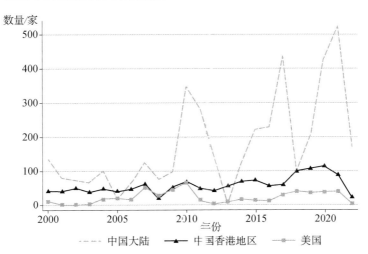

图3　中国大陆、中国香港地区和美国每年新增上市中国公司数量

注:1. 在美国上市的特殊目的收购公司被排除在样本之外。
　　2. IPO日期缺失的公司被排除在样本之外。
数据来源:万得金融终端和国泰安数据库。

来看，中国大陆是中国企业融资的主要市场，其次是中国香港地区的市场，然后是美国市场，这表明了这三个市场对中国企业融资的相对重要性。第二，自 2000 年以来，在中国大陆和中国香港地区上市的中国企业数量呈快速增长趋势，而在美国上市的中国企业数量虽也增长，但是增长趋势自 2010 年后就停止了。第三，在新加坡和英国的上市的中国公司的数量远远小于在中国大陆、中国香港地区和美国上市的中国企业数量，并且新加坡和英国这两个市场在 2010 年后似乎失去了对中国公司的吸引力，前往这两个市场进行首次公开募股的中国公司寥寥无几。鉴于这些事实，我们下面的分析将集中在中国大陆、中国香港地区和美国这三个市场。

纵观中国企业境外上市的三波浪潮，当第一波浪潮结束后，截至 2000 年，共有 265 家中国公司在中国香港地区上市，发行了 H 股、红筹股和中资民营股，另有 39 和 38 家中国公司分别在美国和新加坡完成了上市。[①] 随后，伴随着互联网行业的迅速兴起，中国公司境外上市的第二次浪潮出现在了 21 世纪的第一个十年。由于互联网公司难以满足上市前实现盈利的要求，该行业的大多数公司无法在 A 股市场上市来筹集其所需资金。相比之下，美国的证券交易所没有上市前必须盈利的要求，而且美国市场通常给予科技和互联网公司较高的估值和认可。在这种情况下，国内门户网站的代表，如新浪、网易、搜狐，以及通信公司，如中国联通，都以发行普通股或美国存托凭证的形式在美国上市。从 2007 年到 2010 年，平均每年有 51 家中国企业在美国上市。从 2003 年到 2007 年，新加坡和英国也吸引了许多中国公司前往上市，这也得益于邻近的地理位置、先进的资本市场和相对低的上市要求。

然而，这股热潮并没有持续多久。2010 年，致力于研究中国概念股（或中概股）"财务欺诈"的浑水研究公司（Muddy Waters Research）发

---

① 中国股票分类可参见附表 3。

布报告称东方纸业存在财务欺诈,打响了做空中概股的第一枪。因此,中概股遭遇了前所未有的诚信危机,经历了长期的低迷,这也解释了为什么在接下来的 2012 年和 2013 年在美国上市的中国企业数量出现了明显的下降,并且在随后的几年里有大量的中国企业从美国退市(如图 2)。这一负面影响也蔓延到中国香港地区、新加坡和英国,从 2010 年开始之后的 6—7 年里,在这些市场上市的中国企业数量也有所下降。

中国企业去境外上市的第三次浪潮发生在最近三年,也就是在 2018 年贸易摩擦之后和监管环境收紧之前。在 2018 年至 2020 年期间,每年约有 40 家中国企业在美国上市。与此同时,在中国香港地区新上市的中国公司数量也急剧增加,每年约有 100 家。这要归功于港交所在 2018 年引入的重大改革。这次改革放宽了生物科技公司在港交所上市的要求,接受了同股不同权的"新经济"(New Economy)公司的上市,并欢迎已经在海外上市的中国大陆公司来中国香港地区二次上市。然而,因为中美监管机构都加强了对海外上市的中国公司的审查,第三次浪潮很快就遭遇了滑铁卢。2022 年上半年,在中国香港地区和美国新上市的中国公司数量急剧下降。

表 1 还分别报告了从 2000 年到 2022 年上半年这一期间中国企业从国内和海外市场募集的年度和累计资金额。第一,与表 1 和图 1 中的企业数量和市值一致,从募集资金总额来看,中国大陆是中国企业获取资金来源的最大市场,其次分别是中国香港地区的市场和美国市场。第二,香港交易所是中国企业融资的重要的离岸平台。截至 2022 年 6 月底,中国企业从中国香港市场累计获得 37,370 亿港币,远远超过从美国市场筹集的 814 亿美元。第三,2022 年以来,中国企业通过 IPO 在海外市场募集的资金额急剧下降,在中国香港和美国市场上仅分别募集了 150 亿港币和 1 亿美元。

图 4 展示了从 2000 年到 2022 年间中国企业从中国大陆、中国香港地区和美国市场筹集到的累计资金额。图 5 描绘了同一时间段

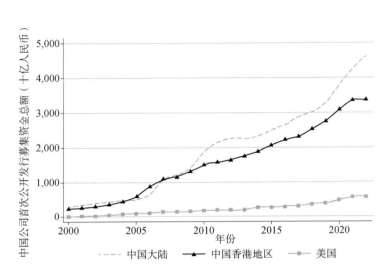

图 4   在中国大陆、中国香港地区和美国上市的中国公司首次公开发行累计筹集金额

注：缺失的数值被视为 0。
数据来源：万得金融终端。

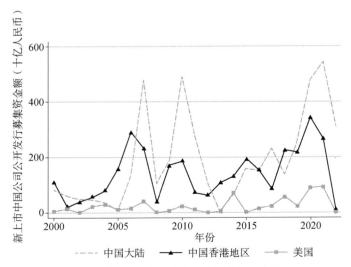

图 5   在中国大陆、中国香港地区和美国上市的中国公司首次公开发行每年筹集金额

注：缺失的数值被视为 0。
来源：万得金融终端。

中国企业每年从中国大陆、中国香港地区和美国市场筹集到的金额。为了使这些金额具有可比性，表1中以港币和美元计价的筹资额在这两个图中用了人民币计价。

三、 上市标准

对外国资本日益增长的需求推动了中国企业赴海外上市。而对于上市地点的选择，在很大程度上取决于国内外各证券交易所的不同上市标准及其变化的影响。在本节中我们将比较不同交易所在对企业上市的财务要求、监管要求和 IPO 流程三个方面的差异。

（一）财务要求

任何证券交易所在设计上市标准时都面临一个权衡。一方面，交易所希望吸引更量多的企业寻求上市，而另一方面，他们也需要用上市标准筛选出高质量的上市公司来吸引和保护投资者。表2总结了在中国大陆（主板、创业板和科创板）上市时企业必须满足的经营历史和财务门槛要求，在中国香港（主板和创业板）以及美国纽约证券交易所和纳斯达克证券交易所上市的要求可见附表4—附表5。①

通过对各个交易所对企业上市所需的财务要求的对比，我们发现，出于强调保护投资者，中国大陆制定了比中国香港地区和美国更严格的上市标准。无论申请在哪个板块上市，所有企业都必须在提

---

① 相比于 Shi（2020）的附录2，本文附表4中香港创业板的上市标准和表 A4 中纳斯达克全球市场的上市标准进行了更新，附表4—附表5的其余部分与 Shi（2020）的附录2相同。详情请见附表4—附表5，以供比较。除了财务标准，公司上市还有还需满足其他监管要求。例如，香港和纽约都要求有授权的当地代表。其他一些在发行文件和持续合规方面的披露要求，可参考 Tsang（2013），以了解更详细的香港和纽约交易所的上市标准。

表 2　在中国大陆上市的财务要求

标准	主板				创业板			科创板					
	2006 年至今		2009 年至 2019 年		2020 年至今			2020 年至今					
	1	2	1	2	1	2	3	1	2	3	4	5	6
运营历史	≥3 年		≥3 年		≥3 年								
净利润	>3 千万（3 年内）；每年>0		>1 千万（2 年内）；每年>0	>5 百万（1 年内）	>5 千万（2 年内）；每年>0	>0（1 年内）		>5 千万（2 年内）；每年>0	>0（1 年内）				
净现金流	>5 千万（3 年内）										>1 亿（3 年内）		
销售收入		>3 亿（3 年内）		>5 千万（1 年内）		>1 亿（1 年内）	>3 亿（1 年内）		>1 亿（1 年内）	>2 亿（1 年内）	>3 亿（1 年内）	>3 亿（1 年内）	
销售收入增长率					≥30%（一年内）								
无形资产	<20%净资产												
净资产			>2 千万										
市值						≥10 亿	≥50 亿	≥10 亿	≥10 亿	≥15 亿	≥20 亿	≥30 亿	≥40 亿
研发投资										≥15% 销售额（三年内）			

注：一家公司只需要满足其中一个标准就可以进行首次公开募股（单位：人民币）。

交上市申请前的两年或三年内每年有正的净利润。这一盈利能力要求也是中国股票市场最令人诟病的财务要求之一。在 2019 年推出科创板之前，这一要求阻碍了许多具有良好增长潜力的公司在中国大陆上市并融资。

　　不同于中国大陆采用的、严格的企业上市前财务要求，美国股票市场则更注重于企业上市后的信息充分披露和对企业强有力的监管。而港交所采用了介于两者之间的财务要求和法律安排。这对于申请海外上市的公司来说，他们可以在许多可供替代的上市财务标准中做选择。这些财务标准通常包括收益测试、市值或收入测试、现金流测试，或一些组合测试。符合这些标准中任何一项的公司都可以在其对应的交易所上市。也就是说，如果一家公司满足了市值测试或现金流测试，那么该公司就不需要在上市前实现盈利。因此，当境外市场对中国企业打开大门时，许多具有高增长潜力的私营公司纷纷前往中国香港或美国募集资金，以规避中国大陆市场严格的上市要求。

（二）监管要求

　　除了证券交易所规定的严格的财务要求外，中国监管机构还对寻求在国内和国外上市的公司施加了许多监管规定。为了绕过这些规定，中国企业一直在战略性地、创造性地寻找规避的方法，这导致了几种具有中国特色的境外上市模式。

　　直接上市和间接上市是中国企业在境外上市的两种主要模式。直接上市是指中国企业以自身作为上市主体在境外上市。公司需要提交必要的申请材料并满足中国证监会提出的某些严格的上市要求后才能在境外上市。1999 年 7 月 14 日，中国证监会发布了《关于企业申请境外上市有关问题的通知》，其中规定了国内公司申请境外上市的强制性财务要求。① 除了大型国有企业外，几乎很少有企业能够达到如此严格的上市要求，以直接在境外市场上市。2012 年后，中国监管机构降低了直接上市的要求，取消了对财务指标的限制，并简化了申报文件和审查程序，大大鼓励了中小企业进入境外资本市场。但是企业直接上市仍然需要中国证监会的审查和批准。截止至 2022 年 7 月底，共有 303 家在中国大陆注册的中国公司在香港市场直接上市，发行 H 股。这些上市企业以大型和成熟的企业为主，例如，青岛啤酒、中国东方航空和药明康德。

为了避免直接上市的严格要求和复杂的审批程序，许多中国企业选择了间接上市的方式，通过传统的红筹架构、可变利益实体（VIE）、反向并购或特殊目的收购公司（SPAC）上市。红筹架构上市是指中国大陆的公司在境外设立公司，然后将境内公司的资产注入或转移到境外公司，以境外公司作为上市主体寻求海外上市。为了将资产转移到离岸公司，中国公司的股东通常会在境外设立一个特殊目的收购公司，然后通过这个特殊目的收购公司来收购境内的公司。虽然这种模式避免了直接上市的财务要求，但 2006 年发布的《外国投资者并购境内企业暂行规定》指出境内企业并购境外企业需要商务部和中国证监会的审查和批准。也就是说，通过传统红筹模式进行境外上市也不能避免复杂的审批程序。

同时，由于中国大陆对某些行业实行外资限制或禁止，也就是所谓的"负面清单"②，对于属于禁止外商投资的行业中的公司，以直接

---

① 申请海外上市的中国公司需要满足以下条件：（1）公司净资产不低于 4 亿元人民币；（2）公司上一年度税后利润不低于 6000 万元人民币，且公司具有较高的增长潜力；（3）按照合理的预期市盈率计算，公司筹集的资金不得低于 5000 万美元。
② 中国的负面清单的正式名称是《外商投资准入特别管理措施》。它由商务部和国家发展和改革委员会每年发布，概述了中国限制和禁止外商投资的行业。2021 年版本于 2021 年 12 月 27 日发布，于 2022 年 1 月 1 日生效，可在商务部与国家发展和（转下页）

上市或传统的红筹架构在境外上市就会违反负面清单的要求。因此，这些企业通常只能通过 VIE 架构前往海外上市，通过有效地掩盖外资所有权，从而规避负面清单的相关规定。VIE 架构于那些较早并且经常从外国投资者那里进行股权融资的高科技公司来说尤为常见。绝大多数在港交所上市的民营企业和约三分之二在纽约证券交易所和纳斯达克证券交易所上市的中国企业都采用了 VIE 架构，这其中包括那些最知名的互联网巨头"BAT"——百度、阿里巴巴和腾讯。

　　VIE 架构与红筹架构类似，两者之间最大的区别在于它在股权方面将上市实体与经营实体分开。在 VIE 架构中，上市实体通过一系列合同而不是所有权来控制经营实体。图 6 显示了境内企业为境外上市而设立的 VIE 架构。我们用中通快递的例子来作进一步解释。中通快递是一家物流快递公司。根据负面清单，外国投资者被禁止投资中国境内的邮政公司、信件和国内快递业务。因此，当中通快递在香港寻求二次上市时，必然会违反负面清单的要求，而完全剥离其境内快递业务也不切实际，为此，中通快递选择了搭建 VIE 架构在香港上市。第一步，其境内股权公司（H，中通快递股份有限公司）的主要个人股东（图 6 中股东 A 和股东 B 指的是赖梅松和赖建法）在境外的英属维尔京群岛（BVI，或其他免税地点）设立公司 C 和 D。第二步，在开曼群岛建立公司 E（中通快递［开曼］有限公司）以作为离岸上市的主体，而这个公司 E 由先前在 BVI 设立的境外公司 C、D 所拥有。用 C、D 来控制上市实体 E 的主要原因是个人股东通过 BVI 公司持股可以获得税收优惠。第三步，由开曼群岛的公司 E 在香港建立一个特殊目的公司（SPV）（F，中通快递［香港］）。由于香港

　　（接上页）改革委员会的官方网站上找到。最新的负面清单首次宣布了中国对在所谓的"禁止行业"的中国企业的海外上市的管辖权（和详细的监管要求）。

的金融服务体系先进，国内公司向股东分配股息和利润时，股东可以获得税收优惠，所以 SPV 的注册地一般选择在香港。第四步，由特殊目的公司(F)在中国大陆建立一家外商独资企业(WFOE)(G，上海中通吉网络技术有限公司)。最后，外商独资企业(G)与实际经营实体(H，中通快递股份有限公司)进行一系列的合同安排，以分享实际经营实体的利益，而该实际经营实体的股东为中国大陆的个人或机构。

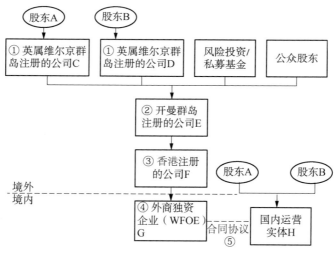

图 6　VIE 结构上市的流程

注：1. 在中通快递(2057. HK)的例子中，股东 A＝赖梅松，股东 B＝赖建法；
　　2. E＝中通快递(开曼)有限公司；
　　3. F＝中通快递(香港)；
　　4. G＝上海中通吉网络技术有限公司；
　　5. H＝中通快递股份有限公司。

　　只要经营实体(H)仍由大陆个人或实体控制，那么该实体可以从事限制或禁止外国投资的业务，例如国内快递业务，而外国投资者则可以通过投资于开曼群岛的实体，也就是上市主体(E)来分享经营实体的利益。从美国和中国香港地区的角度来看,上市实体是开曼群岛的一家公司(E),符合交易所上市规定。然而,多年来 VIE 架构处于监管的灰色地带,其在中国法律中的地位至今仍不明确。①

反向并购,通常也被称为后门上市,是一种简单、快速的海外上市方式。一家中国大陆公司可以购买一家在中国香港地区或美国的上市公司作为"壳"公司,然后通过该"壳"公司反向收购这家大陆公司,从而实现这家中国大陆公司在境外的上市。因为成本低,程序简单,也不需要当地政府的审批,反向并购的上市方式在资本市场上很受欢迎。但是,它也容易出现诸如信息披露不充分、财务报表造假等问题。在早期阶段,许多中国公司都是通过反向并购的模式在美国上市的,例如,2010 年做空机构浑水公司的目标——东方纸业(Orient Paper)。

通过特殊目的收购公司(SPAC)上市可以在一定程度上避免反向并购带来的常见问题。通过 SPAC 上市也是上市的合法途径之一,在美国很常见。SPAC 上市与传统的反向并购类似,两者之间最主要的区别在于,不同于反向并购上市中购买的"壳"公司,SPAC 是一个创建的空壳公司以寻找想要上市的目标公司。也就是说,发起人首先在美国建立一个 SPAC,它只有现金,没有任何其他资产和业务。这家公司自身最初将通过 IPO 筹集资金,然后再投资或收购一家想要上市的目标公司。通过与已经上市的 SPAC 的并购,目标公司将迅速完成上市。早在 20 世纪 80 年代就已经出现的 SPAC,在过去两年里又出现了一股浪潮。2020 年,超过 200 家 SPAC 在美国上市,募集资金超过 800 亿美元,一些中国公司,如优客工场,也从中受

① 2021 年 12 月 24 日,中国证监会发布了《国务院关于境内企业境外发行证券和上市的管理规定(征求意见稿)》和《境内企业境外发行证券和上市备案管理办法(征求意见稿)》,供公众审议。该办法一旦宣布生效,将实施一个新的监管框架,其要求中国公司在寻求海外上市时向中国证监会备案,包括直接和间接海外上市,这其中就包括通过 VIE 架构上市。《办法》和最新的《负面清单》作为一个整体,表明了中国监管机构对负面清单行业中的通过 VIE 架构海外上市的中国企业的最新态度。

益,通过与 SPAC 合并实现在美上市。在 VIE 架构的合法性尚未解决的情况下,通过 SPAC 上市很有可能成为中国企业赴海外上市的一个重要方式。

（三）IPO 过程

一些中国企业即使能够达到境内上市的财务标准和法规要求,但由于其相对繁琐、复杂和不透明的 IPO 过程,他们仍然可能寻求在境外快速上市。Cong 和 Howell（2021）讨论了上市公司在 A 股主板上市时必须经历的四个主要步骤。

图 7 的上部分显示了申请上市的公司在 A 股市场主板上市所要经历的四个阶段。首先,公司需要雇佣一个庞大的专业团队,如承销商或会计师,帮助其进行重组、尽职调查,以及起草财务材料和其他法律文件。承销商通常需要一到两年的时间来完成这项"辅导"工作。接下来,公司和其承销商会向中国证监会提交 IPO 申请。由于中国大陆实行的是以行政审批为主的 IPO 制度,证监会往往需要较长时间对公司进行审核,从而造成了 IPO 排队的现象。收到申请后,中国证监会的股票发行审核委员会将对申请上市公司的质量进行审查,并确定公司是否有上市资格。他们不仅会关注公司所披露信息的真实性,还会对公司进行实质性的审查,以确保公司的财务状况是健康的、并且未来发展是稳定的。在这一过程中,中国证监会会对申请人提供的材料提出质询,申请公司会充分回答并解决这些询问,通常情况下,上市委员会会拒绝 10％至 30％的申请公司。最后,在获得发行批准文件后,公司可以申请在国内某家交易所上市。发行人和承销商需要协商并确定股价,启动路演,发布招股说明书,然后在交易所挂牌上市。除非有任何政策变化,如暂停 IPO,公司要在获得发行批准的 6 个月内完成整个上市过程。一般来说,一家公司从筹备、重组到最终在主板上市需要一到五年时间。

A股市场IPO（主板）：1—5年

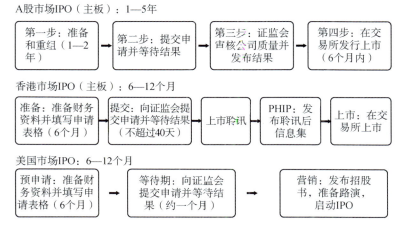

图7　在中国大陆、中国香港地区和美国上市的IPO流程

　　相比来说，在中国香港和美国市场上进行的首次公开募股的过程更加透明精简，耗时也更少。这是因为这两个资本市场侧重在以"披露为中心"和"注册为基础"的制度上。如图7的中间部分所示，当一家公司试图在香港证券交易所上市时，首先，它会聘请投资银行或会计师事务所来准备申请材料和填写申请表格。随后，交易所或证券及期货事务监察委员会(SFC)在收到申请材料后决定是否接受或拒绝该公司的上市申请。如果接受，交易所或证监会将在10个工作日内进行第一次问询。问询最多进行四轮、最多耗时40个工作日，以要求申请人在聆讯前回答一些质疑。接下来，将开展上市讯对上市申请人进行全面评估。专家面对面地评估是否批准上市申请，获批的申请公司将在聆讯后的三天内在香港交易所公布聆讯后资料集(PHIP)。最后，公司及其承销商将开展路演，确定股票价格，报告配售结果，并将其股票挂牌上市。

　　图7的下部分总结了在纽交所进行IPO的三个阶段。在预申请阶段，公司和金融专业人士将组织会议，准备注册声明草案和其他法

律文件,进行尽职调查,并确定上市地点。在公司向美国证券交易委员会(SEC)提交注册草案后,IPO 过程转入第二阶段,即等待期。在这个阶段,公司会收到并回复 SEC 的意见,并与现有股东就发行股份架构达成一致意见。在美国,IPO 过程的最后一个阶段是营销或执行阶段。公司进行宣讲和路演,确定发行价格并发行股票在交易所公开交易。由于中国香港地区和美国实行的是基于注册制的 IPO 制度,交易所或证监会(SEC)侧重于审查披露文件的真实性,因此不需要花很长时间来审批。事实上,中国公司在中国香港地区或美国进行 IPO 时,整个过程通常仅需要 6 个月至 1 年时间。

四、 各交易所的重大改革

在本章节中,我们将总结关于中国大陆 IPO 制度的重要改革和包括中国香港地区、美国、新加坡和英国四个海外市场的近期改革趋势。总的来说,中国的 IPO 制度改革已经从行政审批制向核准制转变,随后逐步走向市场化的注册制。表 3 展示了从 1993 年到近几年中国大陆 IPO 制度的主要变革,这些变革也正是 IPO 数量大幅波动(如图 3 和表 1 所示)背后的政策因素。由于许多文献已经记录了早些年的改革,例如 Allen et al. (2020),这里我们主要讨论最近的两次改革。

表 3　中国大陆的 IPO 制度演变

时间	IPO 系统	具体内容	基本特征
1993—1995	行政审批制度	单一配额管理	政府每年确定股票发行的总配额,并选择上市企业;上市申请需要得到地方政府或相关中央部委和中国证监会的批准。

续　表

时间	IPO 系统	具体内容	基本特征
1996—2000	行政审批制度	双层配额管理	政府确定了股票发行的总配额,并限制拟上市的公司数量;几乎没有非国有企业被批准上市。
2001—2003	行政审批制度	渠道管理	发行人需要参加一个"辅导服务",然后在一年的指导期内每两个月提交一次相关材料;政府限制了申请 IPO 的合格承销商的渠道数量。
2004—2013	核准制度	保荐制度	不再限制一个承销商可以承销的公司数量;上市要求变得严格;民营企业获得更多上市机会。
2013—2019	核准制度	具有注册制特征的保荐制度	中国证监会对选择上市公司的影响被削弱;法规更加注重信息披露,以提高信息质量和上市过程的透明度。
2019—至今	核准制度/注册制度	保荐制度(主板);注册制度(2020 年后的科创板和创业板)	中国证监会审查信息的真实性,而不是选择值得投资的公司。

资料来源:中国证监会和德邦证券。

中国证监会于 2013 年 11 月发布的《关于进一步推进新股发行体制改革的意见》为中国境内新股发行体制开启了新的篇章。虽然 IPO 制度仍然是保荐制,但在发行层面、定价层面、信息披露、法律责任层面都做了很多调整,出现了一些注册制的特点。在 IPO 过程中,中国证监会对公司价值评估的影响逐渐减弱,而更多注重公司信息披露的真实性和事后监管。

2019 年上海证券交易所(SSE)科创板的开设正式拉开了 IPO 注册制的序幕。在注册制下,中国证监会对注册文件的真实性进行审查,但很少对公司的价值做出判断。随后,在 2020 年 6 月,中国证监会宣布在创业板实施 IPO 注册制,从而进一步推动了中国大陆 IPO 注册制的改革,促进了优质企业在创业板上市。目前,上交所和深交所主板仍采用保荐制,深交所创业板和上交所科创板则采用注册制。

最近的这些改革成功地促进了中国大陆 IPO 的发展,一些原本不得不寻求在海外上市的、快速增长的高科技公司选择了在科创板上市。在 2016 年至 2020 年期间,中国市场平均每年有 282 宗 IPO,而从 2019 年启动科创板到 2022 年 7 月底,已经有 439 家公司在科创板上市,募集资金总额为 6,400 亿人民币,公司市值达到了 5.5 万亿人民币。

近年来,港交所也进行了多项重要改革,以迎合中国企业海外上市的需求。2018 年,港交所进行了重大改革,更新了上市规则,以吸引具有高增长潜力的公司,从而扩大香港市场的影响力。具体而言,交易所主要在主板上市规则中增加了三个新的章节:(1)允许不符合任何主板财务资格测试,甚至没有收入的生物科技公司上市;(2)允许具有同股不同权结构的新经济公司上市;(3)为希望在香港二次上市的大中华区的公司和合格的国际公司提供优惠的政策和新的途径。

在随后的几年里,越来越多的中国公司在香港地区上市。2018 年 7 月 9 日,小米公司成为第一家在香港地区成功上市的、采用同股不同权结构的公司,而美团于 2018 年 9 月 20 日紧随其后在港上市。2019 年 11 月 26 日,中国电子商务巨头阿里巴巴在港交所成功的二次上市,筹集了至少 113 亿美元,这是港交所自 2010 年以来最大的一次筹资。到 2021 年,香港已成为亚洲最大的面向生物科技公司的筹资中心,也是仅次于纳斯达克的全球第二大中心。2018 年至 2021 年期间,香港约有 61％ 的 IPO 来新经济公司。

随着中美关系的日益紧张,中概股在美国市场面临着越来越大的退市压力。为此,港交所进一步采取了改革措施以吸引中国公司的回归。2021 年 12 月,港交所建立了特殊目的收购公司的上市制度,以提高其作为国际金融中心的竞争力。2022 年 1 月 1 日起,港交所开始实施修订后的上市规则,简化了在香港地区以外注册的公司的上市流程,并且为中国公司提供了更多的上市机会。具体而言,在任何行业的大中华区的公司,只要满足三值测试,不存在同股不同权结构,就有资格在香港地区进行二次上市。此外,大中华区的股票发行公司,和有同股不同权或 VIE 架构、并且符合二次上市条件的非大中华区发行人,都可以在港交所进行双重主要上市。这些上市规则的修订为中国公司的回归提供了重要支持。2022 年 4 月 22 日,知乎(Zhihu)在香港地区上市,成为第一个以双重主要上市方式回归香港市场的中国概念股。随后,许多中国公司也将其在香港地区的二次上市地位升级为主要上市。2022 年 3 月,哔哩哔哩(Bilibili)提交申请,自愿将其在香港地区的二次上市地位转为双重主要上市,四个月后,阿里巴巴也宣布计划在香港地区寻求主要上市地位,以吸引中国大陆的投资者。

其他主要证券交易所,如新加坡证券交易所(SGX 新交所)和伦敦证券交易所(LSE),也对中国企业面临的海外上市环境变化做出了快速反应。毕竟,中国企业是目前世界上最大的 IPO 客户群体。2018 年 6 月 26 日,新交所改革了上市的要求,为具有双重股权结构的公司提供了在其主板寻求主要上市的渠道。2021 年 3 月,新交所对以 VIE 架构上市的公司提供了明确的指导方针和披露要求。同年的 9 月 2 日,新交所推出了通过 SPAC 在主板上市的监管框架,为企业提供了另一种在新加坡上市的方法。

2019 年 6 月 17 日，双向联通的项目——沪伦通（the Shanghai-London stock connect）——在伦敦正式启动。① 在上海上市的中国公司被允许在伦敦证券交易所发行全球存托凭证（GDRs）并上市，同时，在伦敦上市的公司也可以在上海发行中国存托凭证（CDRs）。在沪伦通启动之后，一些中国公司，如华泰证券和中国太平洋保险，在伦敦发行了 GDRs。2021 年 12 月 17 日，股票市场互联互通项目扩大到了包括在深圳证券交易所上市的中国公司以及德国和瑞士的资本市场。为了吸引更多的公司在伦敦证券交易所上市，英国金融行为监管局（FCA）于 2021 年下半年修订了通过 SPACs 上市的相关规则，并且允许双重股权结构的公司在伦敦交易所上市。当然，这些上市公司需要遵守更严格的条件和披露更多的信息。

五、 退市压力

自中美贸易摩擦以来，在美国上市的中概股面临着越来越大的退市压力。早在 2018 年 12 月，美国证券交易委员会和上市公司会计监督委员会（PCAOB）联合向投资者发出了警示信号，提及了美国监管机构在监管来自中国大陆和中国香港地区的、在美上市公司时所面临的挑战。中国条例规定，这些公司的财务底稿需要留在中国，并因国家安全考量而被限制查看。而美国证券交易委员会和上市公司会计监督委员会表示，中国拒绝提供财务底稿的做法挑战了美国股市中财务报告透明的原则。

2019 年，美国参议员 Marco Rubio 提出了《公平法案》，以应对在

---

① 沪港通和深港通分别于 2014 年和 2016 年推出，其允许内陆投资者和香港投资者在对方市场交易。更多详细信息请参见 Miao and Deng（2020）。

美上市的中概股的不合规和不透明的问题。《公平法案》是对《萨班斯-奥克斯利法案》的一项修正案，要求美国证券交易委员会将在美上市的、不遵守相关审计监督和审计要求的外国公司除名。这涉及了超过 150 家在美上市的中国公司，他们被要求提供审计底稿材料，并受到更严格的监管，否则将被强制退市。

2020 年 4 月 2 日，瑞幸咖啡(Luckin Coffee)被曝在 2019 年第二至第四季度期间通过虚增收入、销售优惠券和赎回等手段虚增销售额约 22 亿元人民币。公告发布后，瑞幸咖啡的股价暴跌了 80%，股票交易被数次暂停。2020 年 6 月，瑞幸咖啡从纳斯达克退市。瑞幸咖啡这一财务造假事件迅速引起了广泛的关注，进而引发了自 2010 年以来中概股新一轮的信任危机。

美国参议院和众议院分别于 2020 年 5 月和 12 月进一步通过了《外国公司问责法案》(HFCAA)。根据 HFCAA，任何连续三年未能遵守 PCAOB 审计要求的外国公司将被禁止交易并强制退市。2021 年 12 月 9 日，美国证券交易委员会通过了 HFCAA 的最终规则，并宣布该法案将于 2022 年 1 月 10 日开始生效。此外，美国证券交易委员会发表声明再次警示投资者在投资中国公司时所面临的财务报表不透明和 VIE 架构的风险。

近年来，中国也加大了对海外上市中国公司的审查力度。2021 年 2 月 7 日，中国国家市场监督管理总局公布了国务院反垄断委员会拟定的《平台经济领域的反垄断指南》(简称《指南》)。此前，从 2020 年 11 月 10 日开始，《指南》的草案已经进行了高调的公开征求意见。《指南》明确指出，涉及 VIE 架构的并购交易需要申报。三家具有 VIE 结构的公司(阿里巴巴、阅文集团和丰巢)在并购交易时因未依法进行申报而受到了法律规定的最高罚款。

2021 年 6 月，网约车巨头滴滴在纽约证券交易所仓促上市，随后不久，其 App 就被禁止吸收新用户。出于对数据安全和国家安全的考量，中国国家互联网信息办公室（CAC）对滴滴和其他两家最近在美国上市的中国公司发起了网络安全审查。2022 年 1 月 4 日，国家互联网信息办公室发布了《网络安全审查新办法》（简称《新办法》），该文件修订了 2021 年 7 月 10 日发布的规则草案，并于 2022 年 2 月 15 日生效。《新办法》规定，拥有 100 万以上用户个人信息的网络平台经营者在境外上市前必须向网络安全审查办公室递交审查申请。

在过去的两年中，在美国上市的很多中国企业一直面临着严格的监管和高度的政策不确定性。他们大多是在互联网领域、数据密集型并采用 VIE 结构的公司。因而，它们的股价不断地下滑。2021年 7 月至 10 月期间，几乎没有新的中国公司在美国上市，而 2022 年上半年，也只有四家中国公司赴美国上市。目前，近 200 家在美国上市的中概股被列入 HFCAA 认定的临时性的或确定的退市名单。①

急剧上升的退市风险和快速逼近的最后期限促使一些在美上市的中国公司考虑将其在港交所的二次上市地位升级为双重主要上市的地位。升级为主要上市的地位后将使这些公司的股票可以列入沪港通或者深港通，中国大陆投资者将能够更容易地购买其股票。同时，香港地区的市场也为那些可能会从美国退市的中国公司提供了替代选择。然而，对于这些中国科技巨头来说，香港地区的市场能否成为美国交易所的完全替代尚不明确。在过去 12 个月中，阿里巴巴在香港地区的日平均交易量约为 7 亿美元，仅为其在美国市场交易量的五分之一，而百度和京东在香港地区的交易量仅占其在美国交易量的 12％ 和 26％。

---

① 一旦美国证券交易委员会发现一个不符合规定的发行人，即所谓的"委员会认定的发行人"，该发行人将被列入"根据 HFCAA 认定的发行人临时名单"。根据 HFCAA 确定的临时名单，发行人可以在 15 个工作日对该决定提出上诉。在此之后，经确认的不合规发行人将被列入"根据 HFCAA 确定的发行人确定名单"。一旦连续三年被列入确定名单，发行人将在命令公布后的第四个工作日被退市除名。

六、　结论

　　随着中国经济的持续发展和不断融入全球市场，对外国资本的需求将不断增加，有更多的中国公司寻求在境外上市。一方面，任何能够满足中国企业海外上市这一需求的证券交易所都将引领世界IPO市场，另一方面，更便捷地进入国际资本市场对中国企业的融资和投资也至关重要，这反过来又促进了中国经济的增长和全球影响力。同时，中国企业的海外上市也为国际投资者提供了一个有效的渠道来分享中国经济的快速增长，并且能帮助他们实现多元化投资组合来分散风险。

　　鉴于中国企业海外上市的这些深远影响，在当前地缘政治日益紧张的情况下，中国资本市场的进一步改革将是至关重要的。当前，管理部门面临着三个具体的问题：第一，如何以透明的规则、简化的程序和最小的临时干预来促进国内IPO市场的发展？第二，如何帮助那些在负面清单中、但已经吸纳到外资的未上市公司在海外资本市场合法上市？最后，如何与美国监管机构进行谈判，以解决美国的审查要求和中国的数据安全之间的冲突？我们希望本文能够为制定平衡、务实和有效的政策措施提供一些洞见。

参考文献

Allen, F., Qian, J., Shan, C., & Zhu, J. (2020). The Development of the Chinese Stock Market, *The Handbook of China's Financial System*, Princeton University Press.

Allen, F., Qian, J., Shan, C., & Zhu, J. (2021). Dissecting the Long-term Performance of the Chinese Stock Market. SSRN 2880021.

Cong, L. W., & Howell, S. T. (2021). Policy Uncertainty and

Innovation: Evidence from Initial Public Offering Interventions in China. *Management Science*, 67(11),7238 – 7261.

Doidge, C. , Karolyi, G. A. , Lins, K. V. , Miller, D. P. , & Stulz, R. M. (2009). Private Benefits of Control, Ownership, and the Cross-listing Decision. *The Journal of Finance*, 64(1),425 – 466.

Liu, L. (Ed.). (2014). International Cross-listing of Chinese Firms. IGI Global.

Luo, Y. , Fang, F. , & Esqueda, O. A. (2012). The Overseas Listing Puzzle: Post-IPO Performance of Chinese Stocks and ADRs in the US Market. *Journal of Multinational Financial Management*, 22(5), 193 – 211.

Miao, Y. and Deng, T. (2020), China's Capital Account Liberalization: A Ruby Jubilee and Beyond, Chapter 10 of *The Handbook of China's Financial System*, ed. by Marlene Amstad, Guofeng Sun and Wei Xiong, Princeton University Press.

Miller, D. P. (1999). The Market Reaction to International Cross-listings: Evidence from Depositary Receipts. *Journal of Financial Economics*, 51(1),103 – 123.

Pagano, M. , Röell, A. A. , & Zechner, J. (2002). The Geography of Equity Listing: Why do Companies List Abroad? *The Journal of Finance*, 57(6),2651 – 2694.

Pan, F. , & Brooker, D. (2014). Going global? Examining the Geography of Chinese Firms' Overseas Listings on International Stock Exchanges. *Geoforum*, 52,1 – 11.

Shi, L. (2020). The Overseas Listing of Mainland Chinese Companies.

Tsang, K. F. (2010). Listing Destination of Chinese Companies: New York or Hong Kong. *Columbia Journal of Asian Law*, 23(2),357 – 384.

附录 1　关于计算赴海外上市的中国企业数量

1. 公式

由于不同年份在不同市场上市的中国公司累计数量不是直接可

得的,我们采用以下公式来进行计算:

2021年底上市公司累计数量＝2020年底上市公司累计数量＋2021年新上市公司数量－2021年退市公司数量

2. 定义

本文中中国公司的评判标准是参考富时罗素关于中国股票分类的指南。满足以下任意一个条件的上市公司将被认定为中国公司:

(1) 公司在中国大陆注册;

(2) 公司总部在中国大陆;

(3) 公司上市前的主要控股股东是中国大陆的个人,公司或者国有实体;

(4) 上市前公司超过55％的营业收入来自中国大陆。

3. 海外上市中国公司的数量的计算

(1) 在香港地区上市的中国公司数量

 (a) 万得金融终端里汇报的H股,红筹股和中资民营股＋

 (b) 根据万得金融终端里汇报的港交所摘牌名单,我们利用中国公司的定义识别出已退市的中国公司＋

 (c) 在国泰安数据库中选择海外上市中国公司板块,识别出不包括在前两项中的在香港地区上市的中国公司

(2) 在美国上市的中国公司数量

 (a) 万得金融终端里汇报的在美国上市的中概股＋

 (b) 万得金融终端里汇报的已摘牌的在美国上市的中概股＋

 (c) 在国泰安数据库中选择海外上市中国公司板块,识别出不包括在前两项中的在美国上市的中国公司

(3) 在新加坡上市的中国公司数量

 (a) 万得金融终端里汇报的在新加坡上市的中国公司＋

 (b) 万得金融终端里汇报的已摘牌的在新加坡上市的中国

公司＋

(c) 在国泰安数据库中选择海外上市中国公司板块,识别出不包括在前两项中的在新加坡上市的中国公司

(4) 在英国上市的中国公司数量

(a) 万得金融终端里汇报的在伦敦上市的中国公司＋

(b) 万得金融终端里汇报的已摘牌的在伦敦上市的中国公司＋

(c) 在国泰安数据库中选择海外上市中国公司板块,识别出不包括在前两项中的在伦敦上市的中国公司

4. 与其他数据来源和文献的比较

总的来说,本文表1中汇报的在海外上市的中国公司数量比其他数据来源或者文献中汇报的中国公司数量多。这其中的原因是我们关于中国企业的判定标准比较广泛。

(1) 港交所从2015年开始在汇报来自中国大陆的公司数量和它们的市值(见附表1):

附表 1 港交所上市公司中中国大陆公司的数量及其市值

年份	港交所数据	本文表 1 的数据
2015	951	970
2016	1,002	1,018
2017	1,005	1,064
2018	1,146	1,158
2019	1,241	1,248
2020	1,319	1,324
2021	1,368	1,369

港交所的数据与本文数据差异较小,特别是在近些年。更多细

节可以在香港交易所的官方网站上找到(https://www.hkex.com.hk/Market-Data/Statistics/Consolidated-Reports/HKEX-Fact-Book? sc_lang＝zh-HK)。

（2）在主要美国股票交易所上市的中国公司（Chinese firms listed on major U.S. stock exchanges）：

文中关于中国公司的定义：

> （a）公司被纽约证券交易所和纳斯达克证券交易所认定为来自中国大陆
>
> （b）公司主要办公地址为中国大陆
>
> （c）公司主要的业务来自中国大陆

在中美经济与安全审查委员会（USCC）的报告中，截至2021年，有248家中国公司在美国上市，比我们表1中报告的287家少。因为根据本文的标准，本文还包括一些控股股东来自中国大陆但总部和业务都在海外的公司，如凹凸科技（OIIM. US）（https://www.uscc.gov/sites/default/files/2022-05/Chinese_Companies_on_US_Stock_Exchanges.pdf）。

（3）新加坡交易所的月度报告中汇报的中国公司数量（见附表2）：

附表2　新加坡交易所中中国公司数量

年份	新加坡交易所汇报数据	我们表1的数据
2019	93	113
2020	76	95
2021	70	86

新加坡交易所汇报的公司数量比我们提供的公司数量少。这明显的差距可能是因为新加坡交易所的判定标准和我们的不一致。另外，对于在新加坡上市的中国公司，国泰安数据库里包含了很多万得

金融终端里没有的公司，这些公司可能根据我们的标准并不属于中国公司，但是被包含在了样本之中。更多的信息可以参考新加坡交易所官方网站（https：//www. sgx. com/zh-hans/research-education/historical-data/market-statistics）。

（4）Shi（2020）中的表1：

文中中国公司的评判标准：

（a）公司注册地位在中国大陆

（b）公司主要控股股东来自中国大陆

文中所用数据库：万得金融终端，国泰安数据库，香港交易所，新加坡交易所，Compustat，Datastream。

相对于 Shi（2020）的表1，我们的公司数量更多。这其中的原因是我们对于中国公司的定义更加宽泛。我们包括了那些在注册地在海外并且其控股股东不来自中国大陆，但是它们的主要营业收入来自中国大陆的公司，例如阿里巴巴（BABA. US 9988. HK）。

（5）Allen et al.（2021）：

文中中国公司的评判标准：

（a）公司总部在中国大陆

文中所用数据库：Compustat，Datastream，国泰安数据库，CRSP。

在他们的样本中，在中国香港地区上市和在新加坡上市的中国公司数量比我们汇报的公司数量少，但是在美国交易所上市的中国公司数量比我们所汇报的多。Allen et al.（2021）从国泰安数据库中获得在香港上市中国公司的数据，这和我们获得方式不一致，我们合并了万得金融终端和国泰安数据库中被定义为中国公司的样本。对于在新加坡上市的中国公司，Allen et al.（2021）的研究仅包括了那些总部在中国大陆的公司。Allen et al.（2021）中，在美国上市的中国公司的数据来自于 Compustat 和 CRSP。他们的数量比我们的大可能是因为本文将一些来自于中国的特殊目的收购公司排除在样本之外，并且一旦公司进入场外市场，我们将人为这个公司已经退市。

（6）Pan and Brooker（2014）：

文中关于中国公司的评判标准：

（a）公司的营业收入大部分来自中国大陆

（b）公司的控股股东来自中国大陆

他们汇报的公司数量比我们汇报的少，主要原因是我们对于中国公司的定义更加广泛。我们包括了那些在中国大陆注册或者总部在中国大陆的公司，尽管其主要业务或者控股股东在境外。

（7）Luo et al.（2012）：

Luo et al.（2012）从纽交所和纳斯达克交易所中，通过选择地区为中国的公司来定义中国公司。现在纽交所和纳斯达克交易所不再提供这个选择的端口。他们汇报的公司数量也比我们汇报的公司数量小，这是因为他们只包括了地理上在中国大陆的公司，而我们关于中国公司定义还包括了那些注册地或者总部不在中国大陆，但是其主要业务或者控股股东来自中国大陆的公司。

附录 2　关于市值的计算

我们根据中国大陆、中国香港地区和美国各个市场上市的中国公司来计算其在对应市场的总市值。这里有三种情况。第一，对于只在一个市场上市的公司来说，它的市值就是收盘价乘以其已经发行的股数，例如，小鹏汽车。小鹏汽车是一家电动汽车制造商，该公司 2020 年在纽交所发行美国存托凭证。在 2020 年末，它一共发行了 464,148,393 份美国存托凭证并且每一份存托凭证代表 2 股普通股票。在 2020 年 12 月 31 日，该公司的股票收盘价为 42.83 美元。因此，小鹏汽车的总市值为 42.83×464,148,393＝19,879,475,672.19 美元。图 1 中格线的部分代表的就是这类在美国上市的中国公司的总市值。

第二，有一些在美国和中国香港地区双重上市的中国大陆的公司，它们在美股发行美国存托凭证但是其标的资产为在中国香港地区上市的普通股，例如阿里巴巴。2014 年，阿里巴巴在纽交所发行美国存托凭证，然后在 2020 年在香港地区交易所二次上市。截至 2020 年，阿里巴巴一共在中国香港地区发行了 21,688,948,800 股普通股票和在美国市场发行了 2,711,118,600 份美国存托凭证，每一份美国存托凭证代表 8 股香港普通股票。其在美国市场以存托凭证的形式交易的股票数量与在香港地区市场交易的股票数量一致（2,711,118,600×8＝21,688,948,800 股）。在 2020 年 12 月 31 日，阿里巴巴在中国香港地区的总市值为 5,044,849,490,880 港币（＝21,688,948,800×232.6 港币），但它在美国市场上的市值为 630,958,631,778 美元（＝2,711,118,600×232.73 美元）。为了避免对类似阿里巴巴这样双重上市企业市值的重复计算，我们过滤出来这类公司并且在计算海外上市中国公司总市值时只计算一次它们的市值。图 1 中斜线的部分代表的就是类似阿里巴巴这样双重上市的公司的市值。

第三种情况是一些在中国香港地区和美国都发行普通股票的双重上市公司，例如百胜中国。作为中国餐饮领军企业，百胜中国在 2016 年时在纽交所上市并且于 2020 年在香港地区二次上市。与阿里巴巴不同，百胜中国在美国发行了 378,089,300 股普通股而不是美国存托凭证。因此，百胜中国在美国市场的市值为 21,585,118,137 美元（＝378,089,300×57.09 美元）。另外，百胜中国在中国香港交易所发行了 41,910,700 股普通股，它在 2020 年 12 月 31 日的总市值为 18,633,497,220 港币（＝41,910,700×444.6 港币）。在这种情况下，百胜中国在美国的市值会落入图 1 中格线的部分，而其在中国香港地区的市值会被包括在图 1 中深色的部分。

附表 3   中国股票分类

股票类型	上市地点	注册地点	交易货币	投资者
A 股	中国大陆	中国大陆	人民币	国内投资者/通过 QFII 和 RQFII 的国际投资者
B 股	中国大陆	中国大陆	港币(深圳)/美元(上海)	拥有外汇的国内投资者/国际投资者
H 股	中国香港地区	中国大陆	港币	国际投资者/通过 QDII,沪港通和深港通的国内投资者
红筹股	中国香港地区	中国大陆境外	港币	国际投资者/通过 QDII,沪港通和深港通的国内投资者
民营股	中国香港地区	中国大陆境外	港币	国际投资者/通过 QDII,沪港通和深港通的国内投资者
N 股	美国	中国大陆境外	美元	国际投资者/通过 QDII 的国内投资者
S 股	新加坡	中国大陆境外	新币	国际投资者/通过 QDII 的国内投资者
L 股	伦敦	中国大陆境外	英镑	国际投资者/通过 QDII 的国内投资者
D 股	德国	中国大陆	欧元	国际投资者/通过 QDII 的国内投资者

来源:富时罗素中国股票分类指南。

附表 4   在中国香港地区上市的财务要求

	主板			创业板
标准	1	2	3	1
运营历史	≥3 年			≥2 年
净利润	≥5 千万(3 年)			
净现金流			≥1 亿(3 年)	3 千万(2 年)
销售收入		≥5 亿(1 年)	≥5 亿(1 年)	
市值	≥5 亿	≥40 亿	≥20 亿	1.5 亿

注:1. 公司必须满足其中任意标准才可公开发行股票(单位:港币)。
    2. 创业板的上市要求已经更新,其余部分与 Shi(2020)附录 2 中的一致。

附表 5　在纽交所上市的财务要求

	纽约证券交易所			
	非美国本土公司			
标准	1	2	3	4
运营历史				≥12 个月
调整后现金流		≥1 亿（3 年内）；近两年每年≥2500 万		
销售收入		≥1 亿（12 个月内）	≥7500 万（1 年内）	
税前收入	≥1 亿（3 年内）；近两年每年≥2500 万			
市值		≥5 亿	≥7.5 亿	≥5 亿

注：1. 公司必须满足其中任意标准才可公开发行股票（单位：美元）。
　　2. 表格与 Shi（2020）附录 2 中的一致。

附表6　在纳斯达克交易所上市的财务要求

标准	纳斯达克										
	全球精选市场				全球市场				资本市场		
	1	2	3	4	1	2	3	4	1	2	3
运营历史						≥2年				≥2年	
股东权益				≥5500万	≥1500万	≥3000万			≥400万	≥500万	≥400万
总资产				≥8000万				≥7500万 在去年或过去三年中的两年			
现金流		≥2750千万（三年内）；≥0每年									
销售收入		1.1亿（1年内）	9000万（1年内）		≥100万 在去年或过去三年中的两年			≥7500万 在去年或过去三年中的两年			

续　表

标准	纳斯达克											
	全球精选市场				全球市场				资本市场		
	1	2	3	4	1	2	3	4	1	2	3
税前收入	≥1100万（三年内；≥0每年；近两年每年≥220万）										
净收入		≥5.5亿（12个月内）	≥8.5亿（12个月内）	≥1.6亿					≥75万 在去年或过去三年中的两年		
市值							≥7500万				≥5000万

注：1. 公司必须满足其中任一标准才可公开发行股票（单位：美元）。

2. 全球市场的上市要求已经更新，其余部分与 Shi（2020）附录 2 中的一致。

碳中和背景下的能源转型分析：技术变革与绿色金融视角

陈诗一

一、 引言

  工业革命以来，全球各国以化石能源为主要能源，完成了工业化过程，同时也付出了巨大的环境代价。大量消耗的化石能源所排放的二氧化碳，累积在大气当中，引发了当前面临的气候变化危机。气候变化将对我们的生存环境造成许多不利的影响，根据 IPCC（2022）第六次评估报告第二工作组报告[①]，人类活动引起的气候变化，包括更频繁和更剧烈的极端天气事件，已经对自然和人类生存系统造成了广泛的不利影响以及相关的损失和损害，如果全球温升在近期内达到 1.5℃，将不可避免地导致多种气候灾害的增加，并对生态系统和人类造成多种风险。

  为了保护地球生态和实现人类社会可持续发展，全球各国意识

[①] IPCC. Climate Change 2022：Impacts，Adaptation，and Vulnerability [M/OL]. 2022. https://report. ipcc. ch/ar6wg2/pdf/IPCC ＿ AR6 ＿ WGII ＿ SummaryForPolicymakers. pdf.

到,合作应对气候变化刻不容缓。1992 年联合国环境与发展会议通过《气候变化框架公约》(以下简称《公约》),确立了全球应对气候变化目标与原则。《公约》旨在将大气中温室气体的浓度稳定在防止气候系统受到危险的人为干扰的水平上,且这一水平应当在足以使生态系统能够自然地适应气候变化、确保粮食生产免受威胁并使经济发展能够可持续地进行的时间范围内实现。此外,《公约》提出至 21世纪中叶全球温室气体排放降低 50％的目标,并成为国际社会第一个在控制温室气体排放、应对气候变化方面开展国际合作的基本框架和法律基础。1997 年公约缔约国在日本京都通过《京都议定书》,对"共同但有区别的责任"做了最直接的解读,且为发达国家规定了量化减排义务。同时设定了排放交易(IET)、联合履约(JI)和清洁发展机制(CDM)等三种灵活履约机制,鼓励发达国家用资金和技术换取排放空间。2015 年年底,巴黎气候大会就 2020 年后全球气候制度框架达成协议,并通过了具有历史意义的全球气候变化新协议《巴黎协定》,提出到 2100 年将全球平均气温升幅与前工业化时期相比控制在 2℃以内,并将努力把温度升幅限定在 1.5℃以内的目标以及全球温室气体排放到本世纪下半叶实现碳中和的目标,这是全球首次提出碳中和的目标。

应对气候变化也是中国实现社会主义现代化的重大挑战,但同时也成为中国实现绿色工业化、城镇化、农业农村现代化的最大机遇。对此,中国提出的应对气候变化的减排目标也在不断强化。2015 年 11 月,习近平总书记在第二十一届联合国气候变化大会(COP21)开幕式上发表讲话并提出中国将于 2030 年左右使二氧化碳排放达到峰值并争取尽早实现。2020 年 9 月 22 日,习近平总书记在第七十五届联合国大会一般性辩论上宣布,中国将提高国家自主贡献力度,采取更加有力的政策和措施,二氧化碳排放力争于 2030年前达到峰值,努力争取 2060 年前实现碳中和。2020 年 12 月 12

日，在气候雄心峰会上，习近平总书记进一步宣布：到 2030 年，中国单位国内生产总值二氧化碳排放将比 2005 年下降 65％以上，非化石能源占一次能源消费比重将达到 25％左右，森林蓄积量将比 2005 年增加 60 亿立方米，风电、太阳能发电总装机容量将达到 12 亿千瓦以上。2021 年 9 月 21 日，时值中国发布"30 · 60 双碳"目标一周年，习近平总书记在第七十六届联合国大会一般性辩论上提出，中国将"加快绿色低碳转型，实现绿色复苏发展"，"力争 2030 年前实现碳达峰、2060 年前实现碳中和"。

在具体措施方面，中国政府不断强化顶层设计，把碳达峰碳中和纳入生态文明建设整体布局。目前已成立碳达峰碳中和工作领导小组，正在制定碳达峰碳中和时间表路线图，以 2021 年 10 月 24 日发布的《中共中央国务院关于完整准确全面贯彻新发展理念做好碳达峰碳中和工作的意见》统领的顶层设计"1＋N 政策体系"也在陆续发布指导意见。除此之外，中国政府在调整产业结构、提高能效、优化能源结构、控制非能源活动温室气体排放、增加碳汇、加强温室气体与大气污染物系统控制、推动低碳试点和地方行动等方面也采取了一系列措施应对气候变化。可以说，过去十几年间，中国在碳减排方面已取得了显著成效。单位国内生产总值能耗与二氧化碳排放均大幅降低。国家统计局数据显示，2012—2021 年单位国内生产总值能耗年均降低 3.5％，10 年间共降低 35％。截至 2021 年末，中国单位国内生产总值二氧化碳排放比 2005 年下降约 50.3％，基本扭转了二氧化碳排放快速增长的局面。

然而，目前中国二氧化碳排放量仍然巨大。2021 年，中国二氧化碳排放量已经超过 100 亿吨（BP，2022）[①]，这意味着在未来 40 年中

---

① BP. Statistical Review of World Energy 2022[R/OL]. 2022. https://www.bp.com/content/dam/bp/business-sites/en/global/corporate/pdfs/energy-economics/statistical-review/bp-stats-review-2022-full-report.pdf.

国既要保证社会经济发展，又要实现二氧化碳净零排放。而目前二氧化碳排放的绝大部分又是由化石能源燃烧所导致，因此，能源转型变得极为重要，它是中国能否在 2060 年达成碳中和目标的重要保证。可以预期未来中国的能源结构中应是以可再生能源替代化石能源的零碳能源占据主导地位，中国必然要从传统化石能源向低碳和零碳能源转型。

中国能源转型的方向对全球的影响将是引领性的。2014 年，习近平总书记在中央财经领导小组召开的第六次会议上提出关于国家能源安全发展的"四个革命、一个合作"战略思想，即推动能源消费、能源供给、能源技术和能源体制四方面的"革命"，全方位加强国际合作，实现开放条件下的能源安全。2022 年 4 月国家发改委、国家能源局印发的《"十四五"现代能源体系规划》进一步提出"十四五"时期的主要目标是建设能源保障更加安全有力、能源低碳转型成效显著、能源系统效率大幅提高、创新发展能力显著增强、普遍服务水平持续提升的现代能源体系。

本文希望通过分析中国二氧化碳排放与能源消费及结构的历史演变趋势，构建中长期中国能源替代转型预测模型，展望未来中国不同时期可能的能源消费量与二氧化碳排放量，研究提出中国重点高碳部门能源转型与能源结构优化的参考方案，为中国能源结构向清洁低碳转型提供政策参考。

二、 能源消费与二氧化碳排放的历史与趋势分析

（一）历史与现状分析

伴随改革开放的不断推进，中国经历了逾四十年的高速经济增长。但是中国经济总量的持续扩张主要由生产要素投入所驱动，而

能源消费的不断增加正是这种粗放的经济增长模式的写照。图 1 绘制了 1978 至 2021 年中国能源消费总量的变化趋势，可以发现，2021年中国能源消费总量达到 52.4 亿吨标准煤，是 1978 年的 9 倍，年均增长率为 5.4%。从演变趋势来看，改革开放以来中国能源消费总量的变化可以分为四个阶段：

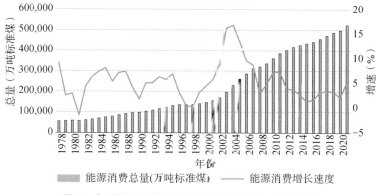

图 1　全国能源消费总量及增长率（1978—2021 年）

数据来源:《中国统计年鉴》,中国国家统计局。

第一阶段:1978—1995 年。在该阶段,中国能源消费虽然在初期有所波动,但总体上增长较为平稳,三平均增长率为 5.2%。

第二阶段:1996—2002 年。在该阶段,亚洲金融危机以及国有企业"抓大放小"改革等事件在放缓中国经济增长步伐的同时,也使能源消费需求受到了一定抑制。在此期间,中国能源消费的年平均增长率为 3.8%,其中 1997 年与 1998 年的增长率均不足 1%。

第三阶段:2003—2021 年。在该阶段,伴随城镇化与工业化的持续推进,中国经济进入了新一轮的高速增长阶段,其显著特征是,能耗更高的重工业产值占工业总产值的比重在经历自改革开放以来近30 年的相对稳定后持续上升,这带动了能源消费总量的增长。在此

期间,中国能源消费的年平均增长率超过了 9.7％。其中 2003 至
2005 年的增长率均超过了 13％。

　　第四阶段:2012 年至今。在该阶段,由于经济结构转型、国际油
价低位震荡以及煤炭行业去产能等多方面因素综合影响,中国能源
消费需求受到较大抑制,能源消费增速有所放缓,年均增长率下降至
2.5％。

　　能源消费总量快速增长的同时,能源消费结构也在发生显著的
变化。在改革开放前及初期,煤炭长期在中国能源消费中占据主流
的地位,这既是由于中国的工业发展较为滞后,依赖油气产业的经济
基础尚未得到发展;也是由于中国的大规模油气资源发现较晚,早期
的油气资源主要依靠进口。随着中国经济发展和居民生活水平的提
升,中国的能源消费结构不断优化,新时期生态文明建设进一步助推
了中国能源结构改善。

　　图 2 绘制了 1978 至 2021 年中国各类能源消费量占比的变化趋
势,可以发现,煤炭消费占比呈现出 M 型的变化趋势,两次峰值分别
出现于 1990 年(76.2％)与 2007 年(72.5％)。自 2007 年之后,煤炭
消费占比快速下降,2021 年位于 56.0％的历史最低位。与煤炭消费
占比相反,石油消费占比呈现出 W 型的变化趋势,两次谷值分别出
现于 1990 年(16.6％)与 2009 年(16.4％)。自 2009 年之后,石油消
费占比开始触底反弹,2021 年重新回到 18.5％的较高水平,但低于
1978 年的 22.7％。天然气消费占比呈现出 U 型变化趋势,自 1999
年后开始稳步上升,2021 年更是达到 8.9％的历史最高水平。一次
电力及其他能源消费占比始终处于锯齿状的波动上升状态,2021 年
同样达到 16.6％的历史最高水平。总体来看,改革开放以来,煤炭消
费占据中国能源消费半壁江山的状态虽然没有发生根本性扭转,但
是,一方面,中国煤炭占主导的能源消费结构与中国“富煤”的能源资
源禀赋以及由此衍生的能源生产结构基本适应,这样的能源消费结

构具有一定的合理性。另一方面，与 1978 年相比，当前中国能源消费结构的清洁化程度得到了显著提高，主要表现为天然气及一次电力消费占比的明显上升，表明中国在能源消费结构转型方面取得了一定成绩。

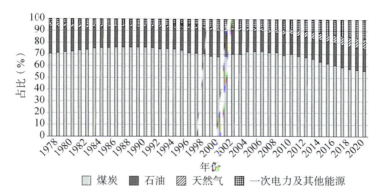

图 2　中国各类能源消费量占比变化趋势（1978—2021 年）

数据来源：《中国统计年鉴》，中国国家统计局。

伴随经济总量的持续扩张与能源消费的不断增加，中国化石能源相关二氧化碳排放总量在过去 30 多年快速增长（图 3）。可以发现，2021 年中国能源相关二氧化碳排放量达到 105.2 亿吨，是 1990 年的 4.6 倍，是 2000 年的 3.1 倍。从演变趋势来看，1990 年以来中国化石能源相关二氧化碳排放量的变化可以分为 3 个阶段。

第一阶段：1990—2000 年。在该阶段，中国能源相关二氧化碳排放量总体上保持稳定，基本维持在 30 亿吨左右。

第二阶段：2001—2013 年。在该阶段，伴随中国经济进入了新一轮的高速增长，能耗更高的重工业产值占工业总产值的比重持续上升，导致了能源消费总量以及与化石能源相关二氧化碳排放总量的

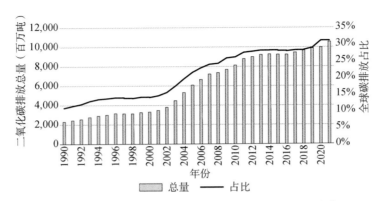

图 3　中国二氧化碳排放总量与全球占比（1990—2021 年）

数据来源：2022 BP Statistical Review of World Energy。

双重增长。在此期间，中国能源相关二氧化碳排放总量增长了近 3 倍，从 35.2 亿吨增加到 92.4 亿吨。

第三阶段：2014 年至今。在该阶段，由于经济结构转型、煤炭行业去产能、能耗双控要求逐渐趋紧等多方面因素综合影响，中国能源消费需求受到较大抑制，化石能源相关二氧化碳排放总量保持缓慢增长。

从图 3 中也能看到，中国在全球二氧化碳排放总量中的占比从 1990 年的 10.9％上升到 2021 年的 31.1％，成为目前全球最大二氧化碳排放国。值得注意的是，中国的排放占比上升趋势在 2011 年后明显放缓，这也标志着中国的气候治理进入了新阶段。

相关研究指出，当经济发展到一定程度，经济和环境会产生"脱钩"现象。即环境危害与经济发展之间的关系不是一成不变的，而是在不同经济发展阶段有不同的表现。"脱钩"大致有几种状态：最佳的是"强脱钩"，即经济增长，环境压力减少；"弱脱钩"则是指能耗或污染物排放增长慢于经济增长；"联结"则是指环境压力与经济同向变化，且速度相当；最糟糕的状态是"负脱钩"，即经济增长，环境加速恶化，或者经济衰退，污染更严重。从图 4 中可以看出，中国已经出现二氧化碳排放与经济增长脱钩的趋势，即国内生产总值持续上升，但二氧化碳排放水平维持相对稳定。

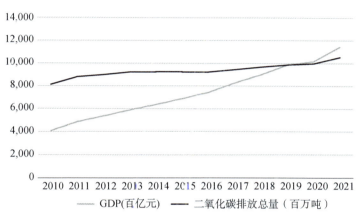

图 4　中国 GDP 增长与二氧化碳排放趋势（2010—2021 年）

数据来源：2022 BP Statistical Review of World Energy，中国国家统计局。

（二）情景展望分析

　　本文基于"自下而上"的建模方法，按照能源供需划分为工业、建筑、交通和电力四个高能耗高碳排放部门作为重点研究对象，利用各部门的活动水平、能源强度、能源结构等数据，构建了中国中长期能源替代规划与碳排放预测模型（图 5），以 2019 年为基期，对 2020—2060 年之间不同情景下的能源消费量与二氧化碳排放量进行展望分析。

　　由于中国已经明确提出 2030 年碳达峰、2060 年碳中和的目标，因此模型设置了两个情景：基准情景、碳中和情景。基准情景（BAU，

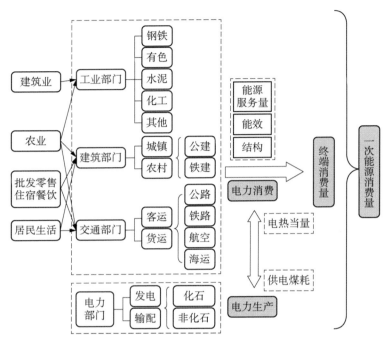

图 5　中国中长期能源转型与碳排放定量分析模型框架

business as usual)下中国将延续碳达峰碳中和目标提出前的低碳发展政策力度,同时各行业的中长期能源相关技术进步将基于历史趋势线性发展。碳中和情景则按照"30·60 双碳"目标,大力推动经济社会发展全面绿色低碳转型,各行业将加快推进先进技术创新和低碳技术的渗透,大幅提高非化石能源消费比重。

　　情景预测显示,如图 6 所示,两种情景下一次能源消费总量先增后降的变化趋势基本一致,不过自 2030 年开始受到技术进步、能效提升、需求侧产业结构转型升级以及绿色低碳生活方式普及程度等因素影响,两种情景的差值逐渐增大。在基准情景下,中国一次能源

消费总量于 2035 年达峰，峰值为 56.8 亿吨标准煤，到 2060 年基本
稳定在 54 亿吨标准煤。在碳中和情景下，中国一次能源消费总量在
2030 年左右达峰，峰值约为 54 亿吨标准煤，从 2030 年到 2050 年，随
着中国全面建成社会主义现代化强国，城镇化进程基本完成，一次能
源消费总量也实现较快下降，到 2050 年约为 50.6 亿吨标准煤，之后
10 年一次能源消费量下降速度逐渐放缓，到 2060 年减少到 49.7 亿
吨标准煤。

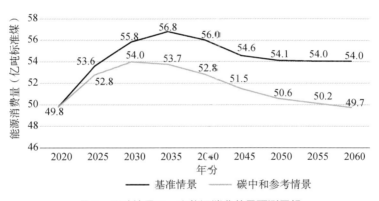

图 6　两种情景下一次能源消费总量预测展望

由图 7 可见，在基准情景下，2020—2060 年，煤炭消费总量占比
由 57％减少至 14％；石油消费占比由 18％下降至 11％；天然气消费
占比从 9％提升至 15％；非化石能源消费占比由 16％提升至 60％。
在如图 8 所示的碳中和情景下，2020—2060 年，煤炭消费占比由
57％减少至 9％；石油消费占比由 18％下降至 4％；天然气消费占比
从 2020 年的 9％提升至 2035 年的 12％，到 2060 年逐步下降至 7％；
非化石能源消费占比由 16％增长至 81％。

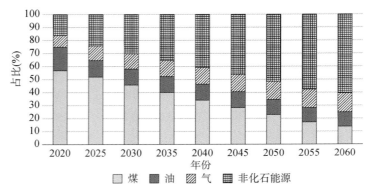

图 7　基准情景下一次能源消费结构预测展望

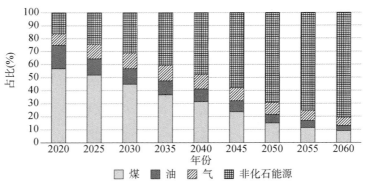

图 8　碳中和参考情景下一次能源消费结构预测展望

对标国务院印发《2030 年前碳达峰行动方案》提出的 2025 年非化石能源消费比重达到 20％左右，2030 年非化石能源消费比重达到 25％左右，以及《中共中央国务院关于完整准确全面贯彻新发展理念做好碳达峰碳中和工作的意见》提出的到 2060 年非化石能源消费比重达到 80％以上，碳中和参考情景下非化石能源占比在 2025 年达到 24％，2030 年达到 31％，2060 年达到 81％的展望结果均符合国家的中长期发展规划方案要求。

从中国的二氧化碳排放量变化趋势来看，基准情景和碳中和情景基本一致（如图9）。二氧化碳排放预计在2025年达峰，基准情景的峰值在103.1亿吨左右，而碳中和参考情景的峰值在101.9亿吨左右。到2060年，基准情景的二氧化碳排放量下降至40.5亿吨左右，而碳中和参考情景的二氧化碳排放量下降至22.2亿吨左右，两种情景的差值达到18.3亿吨。[①]

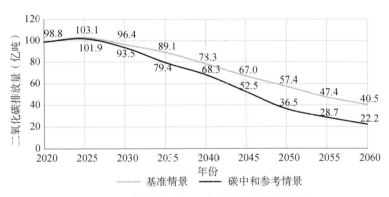

图9　两种情景下中国二氧化碳排放总量展望

在碳中和情景下，中国经济增长与能源消费将与二氧化碳排放呈现双脱钩现象。如图10所示，中国二氧化碳排放与经济增长脱钩的趋势在2025年后将显著增强，同时二氧化碳排放与能源消费也将在2025年后呈现脱钩的趋势，并随着中国能源结构的逐步优化向"强脱钩"发展。

---

① 需要说明的是，研究关于二氧化碳排放总量的情景展望并未将碳汇、CCUS（碳捕集、封存与利用）等技术的负排放效益计算在内，因此到2060年仍存在一定的剩余排放。

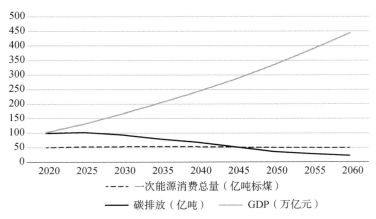

图 10   碳中和参考情景下中国 GDP、能源消费与二氧化碳排放趋势展望

三、 碳中和情景下高碳部门能源转型及技术变革分析

本小节以碳中和情景为分析重点，分别对工业、建筑和交通三个需求侧部门，以及供给侧的电力部门进行能源转型展望分析。这四个部门是中国的主要高碳排放部门。

（一）工业部门

改革开放以来，随着工业化进程的加快，在国内外需求的驱动下，中国工业迅速发展。2021 年全年全国规模以上工业增加值比上年增长 9.6%，"十三五"期间规模以上工业增加值年均增长率为 5.4%。

具体从工业部门主要高耗能行业的发展现状来看：中国钢铁行业二氧化碳排放量占全国二氧化碳排放总量的 15% 左右，是国内二氧化碳排放量最高的制造业行业(中国节能协会，2020)[①]；水泥行业是世界第三大能源消耗行业，平均占据工业能源消耗的 7%，也是世界第二大二氧化碳排放行业，平均占二氧化碳排放的 8.3%(IEA，2018)[②]。中国水泥工业 2021 年二氧化碳排放约 14.8 亿吨，约占全国的 14%(中国建筑材料联合会，2022)[③]；根据中国有色金属工业协会统计，2020 年有色行业二氧化碳的排放总量约为 6.6 亿吨；化工行业是煤炭重要下游应用领域之一。有研究测算，2020 年石化和化工行业二氧化碳排放总量为 13.78 亿吨(高艳和李连飞，2021)[④]。

2022 年 8 月 1 日，工业和信息化部、国家发展改革委、生态环境部印发的《工业领域碳达峰实施方案》提出："十四五"期间，筑牢工业领域碳达峰基础。到 2025 年，规模以上工业单位增加值能耗较 2020年下降 13.5%，单位工业增加值二氧化碳排放下降幅度大于全社会下降幅度，重点行业二氧化碳排放强度明显下降；"十五五"期间，基本建立以高效、绿色、循环、低碳为重要特征的现代工业体系；确保工业领域二氧化碳排放在 2030 年前达峰。

如图 11 所示，从能源结构来看，在碳中和情景下未来中国工业部门终端能源消费结构将呈现深度电气化、低碳化发展趋势，化石能源占比不断降低，电力占终端能源的比重持续上升。预计到 2060

---

① 中国节能协会冶金工业节能专业委员会，冶金工业规划研究院. 中国钢铁工业节能低碳发展报告(2020)[R]. 2020.
② IEA，2018. Roadmap-Low-Carbon Transition in the Cement Industry [EB/OL]. https://www.iea.org/publications/freepublications/publication/Technology RoadmapLowCarbonTransitionintheCementIndustry.pdf.
③ 中国建筑材料联合会. 中国建筑材料工业碳排放报告(2021 年度)[R]. 2022.
④ 高艳，李连飞. 让化工园区"双碳"工作有章可循——《化工园区碳中和实施指南》团标立项之际访石化联合会园区委秘书长杨挺[N/OL]. 中国化工报. 2021 - 08 - 17. http://www.ccin.com.cn/detail/1616882eae2be7c2f7e4755d00108c5e.

年,中国工业部门电气化率将提升至71.3%,化石能源占比将下降至
26.4%。

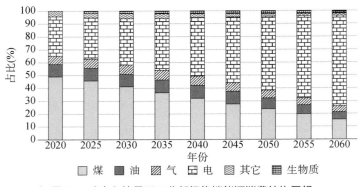

图 11　碳中和情景下工业部门终端能源消费结构展望

从工业细分产业来看,在碳中和情景下,中国钢铁和化工两个主
要行业的终端能源消费量预计在2025年前后达峰,峰值分别为6.1
亿吨标准煤和8.9亿吨标准煤左右,而后呈现下降趋势;水泥行业现
阶段则基本已经实现达峰,峰值为2.2亿吨标准煤;而有色行业的能
源消费达峰时间将稍晚于其他几个高耗能行业,预计在2035年前后
实现达峰,峰值为2.8亿吨标准煤左右。

从能源消费量来看(图12),在碳中和情景下中国工业部门终端
能源消费在"十四五"期间仍将有一定增长空间,但增速将会逐渐放
缓,并在2025年达到峰值。中国整体工业部门终端能源消费峰值预
计约为23.3亿吨标准煤;到2060年,工业部门终端能源消费量预计
减少至14.3亿吨标准煤左右。

碳中和情景下工业部门的二氧化碳排放量预计在2025年达峰,
峰值69.6亿吨,到2060年下降到14.3亿吨(表1)。

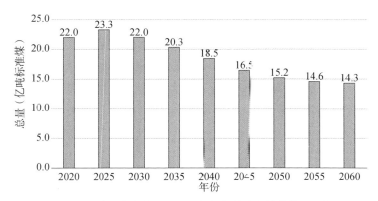

图 12　碳中和参考情景下工业部门终端能源消费总量展望

表 1　工业部门二氧化碳排放量（亿吨）

	2020	2025	2030	2035	2040	2045	2050	2055	2060
基准情景	68.5	70.3	62.6	56.6	48.3	40.0	33.6	28.1	24.5
碳中和参考情景	68.5	69.6	61.3	50.6	42.4	31.6	22.3	17.8	14.3

为推动工业部门尽早实现能源结与低碳转型,本文建议重点从以下几个方面开展工作:

1. 推动高耗能产品产量尽快达峰。高耗能工业产品产量的减少必然推动能源消费总量增速的放缓甚至达峰。此外,因高耗能产业能源结构普遍偏煤偏油,因此产品产量的回落也会间接减少化石能源消费,推动总体能源结构优化。为此,要严控高耗能行业新增产能,推动钢铁、水泥、有色、化工等传统高耗能行业绿色化改造,促进经济转型升级。同时,在全球低碳转型大背景下,中国高耗能产品出口面临碳关税征收导致竞争力不足的问题,需从严控高耗能产品出口,大力发展高附加值的绿色产品贸易,推动国际贸易高端化发展。

2. 强化节能措施降低产品单位能耗。把节能贯穿于工业发展全过程，提高节能管理信息化水平，完善重点用能单位能耗在线监测系统，建立节能技术推广服务平台，推动高耗能企业建立能源管理中心；瞄准国际先进水平，实施重点行业节能降碳工程，推动钢铁、有色、水泥、化工等行业开展节能降碳改造，提升能源资源利用效率，打造能效"领跑者"；以工业制造设备为重点，全面提升能效标准，建立以能效为导向的激励约束机制，推广先进高效产品设备，加快淘汰落后低效设备。

3. 优化产业结构。加快推进工业领域低碳工艺革新和数字化转型，加快发展新一代信息技术、生物技术、新能源、新材料、高端装备、新能源汽车、绿色环保以及航空航天、海洋装备等战略性新兴产业，建设绿色制造体系。推动互联网、大数据、人工智能等新兴技术与绿色低碳产业深度融合。

4. 开发清洁能源，推广和应用绿色低碳技术。大力开发太阳能、风能、生物质能等新能源和可再生能源，加强氢能技术研发和应用，优化工业部门终端能源消费结构。到 2060 年，争取实现中国工业部门电气化率达到 71％以上。同时，在创新突破低碳高效的生产技术的基础上，开展固碳和储能技术攻关，加快推动 CCUS 等固碳技术产业化规模化应用。

（二）建筑部门

中国国内生产总值的快速增长带来了中国建筑业的快速发展。根据国家统计局发布的《中国人口普查年鉴（2020）》，2020 年中国家庭户人均居住面积达 41.76 平方米，相较 1990 年的 7.1 平方米增长了近 5 倍。人均居住面积的增加必然会带来建筑面积和建筑部门能源消费总量的增长。中国的建筑运行能耗在过去十年中增长迅速。

有研究指出,过去 20 多年来建筑部门占中国一次能源使用的比例一直在 20% 左右,并且自 2000 年以来建筑部门能源消耗增加了近两倍 (Zhou et al.,2020)[1]。

对于既有建筑中的城镇居住建筑及公共建筑而言,建筑消耗的能源类型主要包括电、从热电厂和锅炉房来的热力以及建筑直接消耗的天然气。建筑节能政策的延续会持续降低建筑供暖能耗强度,几乎抵消北方地区建筑供暖面积增加导致的能耗增长。此消彼长,建筑电气化率也会自然增长。在全球范围内,建筑能耗中的电力占比最大,并且随着电器的普及和电气化水平的提高,建筑部门的能源结构也会随之进一步发生变化。

碳中和情景下,预计 2060 年中国建筑部门电气化率达到 80%,煤、油、气均呈现下降趋势,同时 2040 年后,沼气等生物质能源更广泛的使用将驱使生物质的占比呈现小幅度的增长(如图 13)。

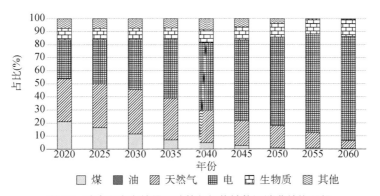

图 13　碳中和参考情景下建筑部门终端能源消费结构展望

① Zhou, N., Lu, H., Khanna, N., Liu, X., Fridley, D., Price, L., Shen, B., Feng, W., Lin, J., Szum, C., Ding, C.. China Energy Outlook: Understanding China's Energy and Emissions Trends [R]. 2020. Berkeley, CA: Lawrence Berkeley National Laboratory.

碳中和情景下,中国建筑部门终端能源消费量预计在 2030 年前后达峰,峰值约为 8.9 亿吨标准煤,到 2060 年缓慢下降至 7.9 亿吨标准煤(如图 14)。

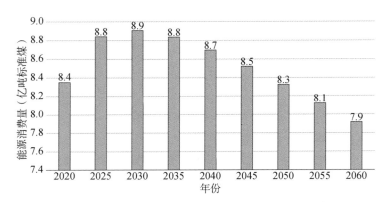

图 14　碳中和参考情景下建筑部门终端能源消费量展望

碳中和参考情景下建筑部门的二氧化碳排放量在 2025 年达到 21.5 亿吨的峰值,随后快速下降到 2060 年的 4.0 亿吨(表 2)。

表 2　建筑部门二氧化碳排放量（亿吨）

	2020	2025	2030	2035	2040	2045	2050	2055	2060
基准情景	21.2	21.4	20.3	18.6	16.2	13.9	11.8	9.0	7.2
碳中和参考情景	21.2	21.5	19.9	17.0	14.8	11.5	7.4	5.6	4.0

建筑部门实现能源结构优化与低碳转型,应抓住节能改造、提高建筑能效标准、发展零碳建筑、提升电气化率等重点,具体而言:

1. 大力推进城镇既有建筑和市政基础设施节能改造。

2. 逐步收紧建筑节能标准,推动能效水平提升。持续提高新建建筑节能标准,加快推进低碳建筑规模化发展。逐步开展建筑能耗限额管理,推行建筑能效测评标识,逐步开展建筑领域节能绩效评价和公共建筑能耗限额管理。

3. 推进供暖清洁化和电力化,提高建筑终端电气化水平。积极推动严寒、寒冷地区清洁取暖,调整供暖系统的用能结构,减少燃煤锅炉的使用,提高余热热电联产、可再生能源供暖的比例。提高建筑终端电气化水平,建设集光伏发电、储能、直流配电、柔性用电于一体的"光储直柔"建筑。

4. 加强适用于不同气候区、不同建筑类型的节能低碳技术研发和推广,推动零碳建筑发展。

（三）交通部门

交通运输部门是中国经济活动和社会连通性的关键推动因素。在过去的 40 年里,中国在交通基础设施领域进行了大规模的投资建设。根据 2021 年交通运输行业发展统计公报,截至 2021 年末,全国公路总里程达 528.07 万公里、公路密度达 55.01 公里每百平方公里,全国铁路营业里程达到 15.0 万公里,其中高速铁路运营里程达 4万公里,较 2015 年末的 1.98 万公里增长超过 1 倍。

随着中国经济社会的快速发展和人民生活水平的不断提高,未来交通运输货物周转量与旅客周转量预计都将持续上升,受此影响,交通部门的能源消费与二氧化碳排放在未来一段时期将保持增长。根据 IEA（2019）数据[①],中国交通运输行业二氧化碳排放量增长相对较快,2010—2018 年行业二氧化碳排放量复合增速达 7.63%,高于全球交通运输行业同期二氧化碳排放量的复合增速 2.54%。生态环境部等（2021）的研究指出,现阶段中国交通行业二氧化碳排放量

---

① IEA, World Energy Outlook 2019［R］, 2019, France.

占全国碳排放量的 10％ 左右,其中道路交通在交通全行业碳排放中的占比约 80％[①]。

从能源结构来看,道路交通的未来发展方向将是完全电动化。根据国务院印发的《2030 年前碳达峰行动方案》,2030 年当年新增新能源、清洁能源动力的交通工具比例要达到 40％。交通运输部统计公报指出,2021 年中国铁路电化率已经达到 73.3％[②],随着高铁运营总长度继续扩展,高铁的电气化也将成为路面交通电气化的重要组成部分。

在碳中和情景下,未来中国交通运输部门终端能源消费结构将呈现深度电气化、低碳化趋势,化石燃料占比不断降低,电力占终端能源的比重持续上升。预计到 2060 年,中国交通运输部门电气化率将提升至 52％,化石燃料占比将下降至 28％(如图 15)。

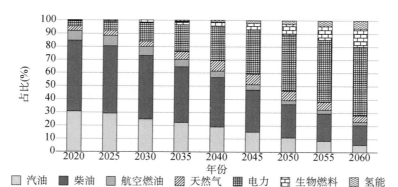

图 15   碳中和参考情景下交通部门分品种能源结构展望

---

① 生态环境部宣传教育中心,中国人民大学应用经济学院,滴滴发展研究院. 数字出行助力碳中和——践行绿色交通   引领低碳出行[R]. 2021.
② 交通运输部. 2021 年交通运输行业发展统计公报[OL]. 2022. http://www.gov.cn/shuju/2022-05/25/content_5692174.htm.

　　从能源消费量来看(图16)，碳中和参考情景下中国交通部门终端能源消费量预计在 2040 年前后达峰，峰值终为 5.5 亿吨标准煤，到 2060 年交通部门终端能源消费总量将维持在 4.7 亿吨标准煤。

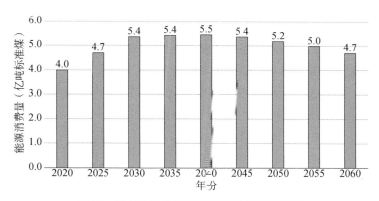

图 16　碳中和参考情景下交通部门能源消费量

　　碳中和情景下交通部门的二氧化碳排放量预计在 2030 年达峰，峰值 12.4 亿吨，到 2060 年下降到 4.0 亿吨(表3)。

表 3　交通部门二氧化碳排放量（亿吨）

	2020	2025	2030	2035	2040	2045	2050	2055	2060
基准情景	9.4	11.4	13.5	13.3	13.8	13.1	12.0	10.3	8.8
碳中和参考情景	9.0	10.7	12.4	11.8	11.2	9.5	7.0	5.5	4.0

　　交通部门实现能源结构优化与低碳转型，应着重围绕出行方式转变、运输结构优化、新能源交通工具研发、智能化交通等方向展开工作：

　　1. 引导公众选择绿色低碳交通方式。加快城市轨道交通、公交专用道、快速公交系统等大容量公共交通基础设施建设，加强自行车专用道和行人步道建设。以信息技术为支撑打造高效衔接、快捷舒适的公共交通服务体系。综合运用多种手段，加大城市交通拥堵治理力度。同时，可以研究设置居民绿色出行碳账户，将城市交通纳入碳交易体系。

2. 优化交通运输结构。大力发展以铁路、水路为骨干的多式联运，推动"公转铁""公转水"，降低运输能耗和二氧化碳排放强度。优化客运组织，引导客运企业规模化、集约化经营。加快发展绿色物流，整合运输资源，提高利用效率。

3. 加快发展新能源和清洁能源交通工具。积极扩大新能源、清洁能源在交通运输领域应用。大力推广新能源汽车，推动城市公共服务车辆电动化替代。推进铁路电气化改造，提升铁路系统电气化水平。发展新能源动力船舶和航空器。

4. 发展智慧交通，推动交通运输服务系统革新。以交通大数据和智能技术为基础，构建城市交通智能管理系统，提升城市交通智能化水平，实现交通出行的组织优化。提前布局与自动驾驶等智能技术相关的城市交通规划建设与运营管理框架体系，提前部署新型交通基础设施。

（四）电力部门

在实施长期深度脱碳战略的情况下，工业、建筑、交通等终端部门将加快电气化发展，进而提高电力在终端能源消费中的比重以及发电用能在一次能源中的比重，并导致电力增速快于能源消费增速，因此预计未来中国电力需求和发电量仍将持续上升。"十三五"时期，全国全口径发电装机容量年均增长 7.6%，其中非化石能源装机年均增长 13.1%，占总装机容量比重从 2015 年底的 34.8% 上升至 2020 年底的 44.8%，提升 10 个百分点；煤电装机容量年均增速为 3.7%，占总装机容量比重从 2015 年底的 59.0% 下降至 2020 年底的 49.1%。

　　由于电力部门的国际贸易的规模很小，可以认为电力供给完全由电力需求决定，在计算发电量时本文采取了由需求倒推供给的思路，基于对工业、建筑、交通等终端部门能源消费中对于电力需求量的展望结果，再考虑上供电过程中的电力传输损失后计算得到。

　　碳中和参考情景下的发电量展望结果如图 17 所示，中国的发电量将由 2020 年的 7.6 万亿千瓦时逐年增长至 2060 年的 15.4 万亿千瓦时左右。其中，2030 年中国的发电量预计约为 9.9 万亿千瓦时，2050 年发电约为 13.6 万亿千瓦时。

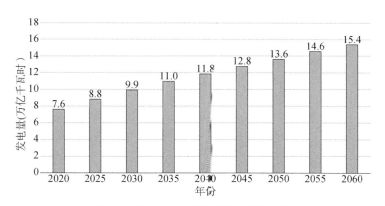

图 17　碳中和参考情景下发电总量展望

　　经过多年努力，中国在电源结构优化方面取得较好成效。根据国家能源局的数据，2022 年上半年全国可再生能源发电新增装机占新增发电装机的 80%。截至 2022 年 6 月底，中国可再生能源发电总装机达 11.18 亿千瓦，约占全国发电装机容量的 46%。未来中国将加速淘汰煤电，并大力推广可再生能源发电，进而推动电力部门的脱碳。考虑到风电、太阳能等可再生能源发电短期内还无法填补电力需求空缺的情况，所以未来 10 年左右的时间内，天然气发电会作为主要的过渡发电方式，因此未来天然气发电占比会出现小幅度的上扬。

从发电结构来看，碳中和参考情景下中国大部分新增电力需求主要由非化石能源电力满足(图 18)。2060 年与 2020 年相比，预计中国非化石能源发电占比将从 32.4% 提升至约 90.5%；而煤电的占比将由 64% 下降至 5.5% 左右。

图 18　碳中和情景下发电结构预测展望

电力部门低碳转型和电源结构优化的路径可归纳为结构优化、技术创新、电网升级和市场改革：

1. 推动煤电转型，提高可再生能源发电占比。严控煤电新增装机，淘汰落后产能。优化煤电布局，集中建设大型、高效的煤电基地。转变煤电功能，逐步推动煤电职能由基荷电源向辅助电源的转变，为保障电力供应安全提供支撑。制定更加积极的新能源和可再生能源发展目标，加快风电和太阳能发电建设，因地制宜开发水电，积极有序发展核电。

2. 技术创新支撑电力部门低碳转型。加快智能光伏产业创新升级和特色应用。积极发展太阳能光热发电，推动建立光热发电与光伏发电、风电互补调节的风光热综合可再生能源发电基地。探索地热能以及波浪能、潮流能、温差能等海洋新能源开发利用。积极发展氢能、CCUS、储能等技术。

3. 完善电网设施建设。优化电力运行计划和传输调度机制，保障电力供给与需求的匹配。加快东西部同步电网建设，加强跨区域电网的互联互通，在调峰和应急保障方面共建共享，提升区域互供互保能力。促进区域间的资源优化配置。提前谋划综合能源基地外送，发挥电网优化资源配置的平台作用，提高输电通道利用率和清洁能源输送比例。提前构思智慧能源系统，以终端用能需求为导向，加强分布式能源公平接入，推动能源供需一体化。建设智慧平台，将储能、大数据、物联网、5G等先进技术融合，加快源网荷储系统建设，多种能源形态灵活转换和存储。

4. 建设现代化电力市场体系。构建促进新能源和可再生能源消纳的市场机制，完善以中长期交易为主、现货交易为补充的省间交易体系，扩大新能源和可再生能源跨区跨省交易规模，健全能源电力价格合理形成和成本疏导机制。积极研究绿证、碳交易机制及其与电力市场的耦合方式，推动构建适应高比例新能源和可再生能源发展的市场模式。

图 19 对碳中和情景下我国高碳部门能源转型所需要的技术变革路径进行了总结。能源转型需要低碳科技创新的有力支撑。包括加大对传统高碳产业的技术升级改造力度，发挥好科技在实现经济发展模式由要素驱动向创新驱动转变中的支撑作用，把科技创新与产业结构升级相结合，加速市场导向的技术研发，深入推进应对气候变化与低碳科技协同创新。工业、建筑、交通和电力部门作为中国经济社会的重要组成部分和二氧化碳排放的主要来源，需要结合各部门自身产业结构和发展需求的特点，探索差异化的能源转型技术变革路径，共同推动碳达峰碳中和目标的实现。

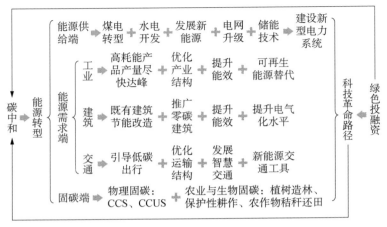

图 19   助力碳中和的能源转型技术变革路径示意图

四、 能源转型与技术变革的投融资支持

　　碳达峰碳中和目标将倒逼并加速中国能源转型的进程，这需要实现节能、低碳、零碳的技术变革和产业调整升级，这将在各领域催生巨大的人才和投资需求。比如，高盛研究部（2021）指出，能源转型将创造大量新增就业机会，低碳新兴行业将带来的新就增业机会将高达 4000 万个以上，主要集中在可持续能源生态系统当中，以可再生能源发电领域为主，其次是电网和电气化基础设施行业[①]。

　　根据作者团队的预测，中国高碳部门实现碳中和所需投资约为314.97 万亿元，其中碳减排领域合计需要投资 246.76 万亿元，碳捕集领域合计需要投资 68.21 万亿元。从不同的碳减排技术变革路径测算看，新能源和可再生能源产业需要投资 155.60 万亿元，传统高

---

① 高盛研究部. 碳经济学：中国走向净零碳排放之路［R］. 2021.

耗能行业低碳技术改造需要投资 63.01 万亿元，以煤为主的化石能源清洁转化需要投资 4.79 万亿元，油气对煤炭的替代还需要大约 23.34 万亿元投资。从不同高碳部门所需投资预测来看（表 4），非金属制品行业和化学原料行业所需的投资最多。为了考察预测结果稳健性，表中第三列列出了各部门的绿色溢价比例，该绿色溢价比例由中金公司结合政府相关部门、国内外相关学者和业界龙头企业的建议进行估计（中金公司，2021）①。结果显示，本文测算的各部门碳中和投资需求的排序与中金公司绿色溢价比例大小的排序较为相似，说明本文的测算结果可以较为准确地反应各部门碳中和所需的投资的相对大小。值得一提的是，我们所预测的碳中和所需投资大于目前主流投资咨询机构给出的估计值。例如，中金公司对碳中和所需投资的估计为 139 万亿元，渣打全球研究团队的测算则为 127—192 万亿元。这是由于投资咨询机构主要根据微观项目的汇总计算所需投资，而本文采用影子价格法估计碳减排的隐性价格，即不仅考虑了开设新的低碳项目所需的投资，还考虑了退出旧项目、完善新项目的配套措施所带来的经济系统调整成本。

表 4　碳中和情景下高碳部门所需投资预测

	碳中和所需投资 （单位：万亿元）	绿色溢价比例 （单位：%）
石油化工	7.54	8
化学原料	127.45	61
钢铁	14.79	21
有色金属	24.09	4

① 中国国际金融股份有限公司.碳中和经济学：新约束下的宏观与行业分析[R].2021.中信出版社.

	碳中和所需投资 （单位：万亿元）	绿色溢价比例 （单位：%）
非金属制品	128.70	151
一般工业	9.46	NA
电力生产	2.94	17
合计	314.97	NA

注：绿色溢价比例来自中金公司(2021)。

绿色金融是撬动社会资本支持低碳转型的有力杠杆。为了更好地满足碳达峰碳中和目标下中国能源转型面临的巨大投资需求，有必要进一步优化中国绿色金融和碳金融发展，发挥绿色金融和碳金融资源配置、风险管理和市场定价"三大功能"，完善"五大支柱"，从而更充分地发挥绿色投融资对能源转型的推动作用：

1. 构建支持绿色发展的绿色金融支持体系。绿色金融作为绿色发展的"润滑剂"和"助力器"，对产业结构优化、能源结构转型有着重要影响，为引领经济绿色高质量发展提供重要动力。具体措施包括：构建绿色项目评价标准及绿色金融认证体系；聚焦工业、建筑、交通、电力四大重点领域加大绿色转型与清洁能源投资力度；建立财政税收支持机制，加强财政金融互动。

2. 鼓励金融机构加大绿色金融产品和服务创新力度。发挥金融机构的引导作用，首先要推进绿色金融产品创新，应积极鼓励金融机构进行绿色金融产品创新，以产品创新有力地推动绿色金融的发展。包括加快拓展转型金融服务，大力发展绿色信贷服务，鼓励和支持绿色债券融资，积极发展绿色保险，支持绿色企业上市融资与再融资，大力推进全国碳市场建设和碳金融发展等。

3. 积极创建绿色金融的良好发展氛围。推动有条件地区积极申建国家绿色金融改革创新试验区,吸纳更多资本参与绿色投资,推动地方产业绿色转型升级。基于全国碳市场,推进环境权益交易市场建设,推动要素更高效配置。构建绿色金融统计监测制度,为决策提供可靠数据基础。推进绿色信息共享平台和机制建设,打造集绿色政策宣介、绿色评价评级、投融资对接、ESG 信息披露、绿色信息共享、绿色产业推广、绿色权益交易、碳资产管理与碳资信评价等功能为一体的绿色产业大数据及金融服务综合平台。

五、 结论性评注

为实现碳中和目标,中国必须加快推进能源转型,构建绿色低碳可持续的现代能源体系。在安全、经济、绿色三要素中,能源安全保障与绿色低碳可持续或将成为未来能源转型的关键方向。

从能源供需总量来看,未来中国能源供应和保障水平不断提高,能源消费总量将在一段时间内保持增长。从能源供需结构来看,未来中国能源结构将加快清洁低碳转型,能源供应的清洁化程度将逐步提高,煤炭消费占比将持续下降,终端部门电气化水平将不断提升。

能源转型将助推二氧化碳排放迈向平台期并尽早达峰。现阶段中国已经出现二氧化碳排放与经济增长脱钩的趋势,伴随着能源转型不断推进,中国二氧化碳排放与经济增长脱钩的趋势预计在 2025 年后将显著增强,同时二氧化碳排放与能源消费也将在 2025 年后呈现脱钩的趋势,并随着能源结构优化逐步向"强脱钩"阶段发展。

能源转型离不开科技创新的有力支撑,也离不开绿色金融的资金支持。在工业、建筑、交通、电力等关键部门,要围绕绿色低碳发展和能源转型的需要,合理规划技术路径,优先开发关键核心技术,创新科研攻关机制,切实发挥科技在能源转型中的战略支撑作用,高质量引领相关产业尽早实现碳达峰。同时，为满足实现碳达峰碳中和目标面临的巨大资金需求，绿色金融和碳金融发展也要进一步发挥资源配置、风险管理和市场定价"三大功能"，完善标准、产品和市场体系等"五大支柱"的建设，引导更多的社会资本流向绿色发展、低碳转型领域，更好地推动技术创新、支持能源转型。

参考文献

BP. Statistical Review of World Energy 2022［R/OL］. 2022. https://www. bp. com/content/dam/bp/business-sites/en/global/corporate/pdfs/energy-economics/statistical-review/bp-stats-review-2022-full-report. pdf.

IEA, 2018. Roadmap-Low-Carbon Transition in the Cement Industry［EB/OL］. https://www. iea. org/publications/freepublications/publication/Technology RoadmapLowCarbonTransitionintheCement Industry. pdf.

IEA. World Energy Outlook 2019［R］, 2019, France.

IPCC. Climate Change 2022: Impacts, Adaptation, and Vulnerability［M/OL］. 2022. https://report. ipcc. ch/ar6wg2/pdf/IPCC_AR6_WGII_SummaryForPolicymakers. pdf.

Zhou, N., Lu, H., Khanna, N., Liu, X., Fridley, D., Price, L., Shen, B., Feng, W., Lin, J., Szum, C., Ding, C.. China Energy Outlook: Understanding China's Energy and Emissions Trends［R］. 2020. Berkeley, CA: Lawrence Berkeley National Laboratory.

高盛研究部. 碳经济学：中国走向净零碳排放之路. 2021.

高艳, 李连飞. 让化工园区"双碳"工作有章可循——《化工园区碳中和实施指南》团标立项之际访石化联合会园区委秘书长杨挺［N/OL］. 中国化工报. 2021 - 08 - 17. http://www. ccin. com. cn/detail/1616882eae2be7c2f7e4755d00108c5e.

交通运输部. 2021年交通运输行业发展统计公报［OL］. 2022. http://www. gov. cn/shuju/2022-05/25/content_5692174. htm.

生态环境部宣传教育中心, 中国人民大学应用经济学院, 滴滴发展研究院.数字出行助力碳中和——践行绿色交通 引领低碳出行[R].
    2021.
中国建筑材料联合会.中国建筑材料工业碳排放报告（2021年度）
    [R].2022.
中国国际金融股份有限公司.碳中和经济学:新约束下的宏观与行业分
    析[R].2021.中信出版社。
中国节能协会冶金工业节能专业委员会,冶金工业规划研究院.中国钢
    铁工业节能低碳发展报告（2020）[R].2020.

中国的个体创业和知识产权保护

村上直树

一、 引言

企业家精神一直是经济发展的重要推动力。特别是在中国,高速经济增长时期已经结束,正在寻求向"新常态"的过渡,它的作用正变得越来越重要。考虑到这一点,近年来,中国在"大众创业,万众创新"(简称双创)倡议下,在推动创业和创新活动的大众化。

"大众创业"和"万众创新"这两个概念第一次官方公开使用出现在 2014 年李克强总理在第八届夏季达沃斯论坛开幕式上的讲话(2014 年 9 月 10 日,天津)。随后,2015 年 3 月 5 日至 15 日召开的第十二届全国人民代表大会第三次会议上,《2015 年政府工作报告》提出了"大众创业,万众创新"这组概念,同年 6 月 16 日,国务院发布《关于大力推进大众创业万众创新若干政策措施的意见》(以下简称《意见》)出台,正式启动这项促进创业和创新大众化的政策①。

---

① 国务院发布的与"大众创业,万众创新"这一政策有关的政策文件载于《双创政策库》,http://www.gov.cn/zhengce/shuangchuangzck/index.htm。

　　根据《意见》第一节所写的内容，这些政策的背景及其目标可以总结如下。第一，随着中国经济进入"新常态"，以扩大生产要素投入为基础的高速增长结束，需要创新引领增长。促进创业和创新的大众化，有望实现新的增长。第二，这项政策的一个主要目标是通过创业确保和扩大就业机会。保证足够的就业机会一直是中国政府的首要任务；随着信息技术、人工智能等的快速发展，传统产业部门的就业吸收能力越来越弱。另一方面，在中国，每年仅新的大学毕业生人数就达 1000 多万人。对于这些新进入劳动力市场的人来说，通过创业扩大就业机会是至关重要的。第三，以大众化形式推动创业创新，人们的观念就会改变，创业创新就会成为社会的共同价值观。

　　《意见》列出了促进创业和创新的具体政策，其中，受到特别重视的一项政策是保护知识产权和促进其利用。特别是在《意见》第三节"创新体制机制，实现创业便利化"中，在提到完善公平竞争市场环境、深化商事制度改革、健全创业人才培养与流动机制时，同时提到加强创业知识产权保护。具体措施包括：对研究和商业模式等新的创新形式进行知识产权保护；大力促进知识产权贸易；迅速建立国家知识产权公共服务平台。

　　本文的目的是通过使用中国的区域数据进行计量经济分析，检验这种保护和利用知识产权的政策是否对创业的发展产生影响。为此，本文遵循的观点是，企业家精神具体表现为"个体工商户"（以下简称个体户）的设立。据此，中国各省（直辖市、省、自治区，以下简称省）新登记的个体户数量和国家知识产权局知识产权发展研究中心制定的评估各省知识产权保护和利用状况的指标是我们使用的关键变量。

　　在保护和利用知识产权方面，有可能出现省际相互依存关系。即一个省的知识产权保护和利用状况会影响到其他省的新个体户的设立状况。本文通过估计一个考虑到区域间相互依存关系的空间杜宾模型（Spatial Durbin Model，简称 SDM）来研究这种可能性。

本文余下部分安排如下。第二节首先考察在中国设立个体户的状况，然后，概述中国的知识产权政策。第三节描述本文分析中使用的空间杜宾模型。基本的估计结果在第四节介绍。本节还简要讨论"莫兰（Moran）散点图"的使用。第五节分析了个别指标与个体户的设立之间的关系。第六节给出结论。

二、 个体创业和知识产权保护

（一） 个体户的设立状况

根据以往的研究（Pietrobelli，Rabellotti and Aquilina，2004；Liu and Huang，2016；Burke et al．，2021），本文以个体户的设立来衡量企业家精神。原因在于，企业家精神的本质可理解为一种风险承担活动（Parker 2018）。

近年来，中国通常以"市场主体"数量的增加来评估创业促进政策的有效性。"市场主体"在《中华人民共和国市场主体登记管理条例》①的第一章第二条中被规定指：（一）公司、非公司企业法人及其分支机构；（二）个人独资企业、合伙企业及其分支机构；（三）农民专业合作社（联合社）及其分支机构；（四）个体工商户；（五）外国公司分支机构；（六）法律、行政法规规定的其他市场主体。

其中，（一）、（二）和（五）指企业（公司）。由于企业的规模各不相同，并包括由其他企业建立的企业，特别是由外国资本建立的企业，因此，为了描述企业家精神的大众化现象，我们认为应该把重点放在新的个体户的产生上。正如李詹（2018）所指出的，对于个人来说，选

---

① 该文件于 2021 年 8 月 24 日由国务院发布，自 2022 年 3 月 1 日起施行。

择个体户的初衷依然是创业,毕竟从事个体经营是低门槛的创业方式之一。[1]

除了个体户的数据以外,"全球企业家精神检测"(Global Entrepreneurship Monitor,简称 GEM)调查问卷中的个人数据也可用作衡量创业的指标。当然,这一指标经常用于国际比较分析中。[2]

在中国,《个体工商户条例》[3]第二条将个体户定义为"有经营能力的公民,依照本条例规定经工商行政管理部门登记,从事工商业经营的,为个体工商户",并明确要求按照《个体工商户登记管理办法》[4]进行登记。后来,2022 年 3 月 1 日《中华人民共和国市场主体登记管理条例》与《中华人民共和国市场主体登记管理条例实施细则》一起生效,该《个体工商户登记管理办法》被废除。

在劳动经济学领域,现有文献使用个人数据对个体户进行了大量的研究,并将个体户的产生视为个人对就业方式的选择问题(Yueh,2009;Liu and Huang,2016;Ma,2018;Murakami,2019)。一个关键问题是,个体户的选择动机是出于需要还是积极寻找新的机会。后者意味着个体户在发挥企业家精神。在整个经济中,个人选择成为个体户的动机(个体户的性质)会随着时间的推移而改变。通过使用新登记数量(流量)的数据,而不是个体户的实有数量(存量),本文分析了这类具有新性质特别是企业家精神的个体户。

国务院发展研究中心与世界银行(2019)认为,改革开放以来,中国出现了三次创业浪潮。第一波创业浪潮发生在 20 世纪 80 年代,

---

[1] 神林(2017)也认为选择个体户(日语称自营业)是企业家精神的标志,并在此观点上他指出了分析日本最近个体户数量下降背后的因素的必要性。

[2] Li and DaCosta (2016)在对中国的分析中使用了 GEM 的数据。

[3] 该文件于 2011 年 4 月 16 日由国务院公布;2014 年 2 月 19 日第一次修订;2016 年 2 月 6 日第二次修订。

[4] 该文件于 2011 年 9 月 30 日由国家工商行政管理总局(现为国家工厂监督管理局)发布,自 2014 年 3 月 1 日起施行。

农村改革与农村劳动力的增加，让农民可以以集体所有的形式发展生产，催生了一批乡镇企业[1]。第二波创业浪潮始于 20 世纪 90 年代，社会主义市场经济体制的改革目标激发了广大人民群众的创业积极性，国内民营企业的出现从根本上重塑了中国经济结构。第三次则正是由 2015 年"双创"倡议发起的当前的这次创业浪潮[2]。

图 1 展示了 1992 年至 2020 年中国个体户实有数量的演变过程。数据来源是国家统计局《中国统计年鉴》，只有 2020 年的数据来自国家市场监督管理总局综合规划司的统计[3]。这个时间段并未包括上述的第一波创业浪潮，但包括了第二波。其中，个体户数量从

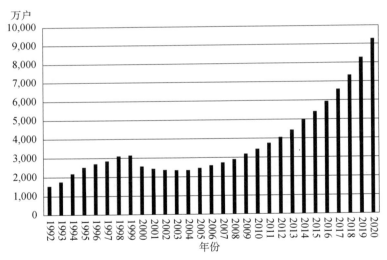

图 1　个体户实有数量的推移（1992—2020 年）

数据来源：《中国统计年鉴》。其中，2020 年数据来自国家市场监督管理总局综合规划司的统计(2021 年 6 月 11 日)。

---

[1] 详见大冢启二郎、刘德强和村上直树(2000)。
[2] 见国务院发展研究中心世界银行(2019)第 63—64 页。
[3] 该统计数字报告日期为 2021 年 6 月 11 日。

1992 年的 1,534 万户增加到 1999 年的 3,160 万户。然而,到了 2000 年,这个数字下降到了 2,571 万户,并在之后的一段时间里一直处于下降或平缓增长的状态。这是因为存在创业手续多、税费负担重、准入门槛高等问题。[1] 另外,在 1995 年前后,大量行业管理法的出台也被认为是一个因素(林衍,2012)。

但是,从 2005 年开始,个体户数量又开始增加,到 2020 年达到 9,287 万户。特别是,从 2015 年开始的快速增长体现为第三波创业浪潮,即在引入"双创"政策后个体户数量开始增加。此外,近年来,随着市场的变化,微商、电商、网红等新业态迅猛发展,它们也在推动个体户数量不断增加。

那么,在哪些行业中,个体户更为盛行? 表 1 显示了 2015 年底和 2020 年底按行业部门划分的实有个体户的分布情况。数据来源是国家发展和改革委员会的《中国大众创业万众创新发展报告》2015 年版和 2020 年版。首先,2015 年底,个体户总数为 5,408 万户,按行业类型划分,"批发和零售业"的数量最多,为 3,503 万户,占总数的64.8%,其次是"住宅服务、修理和其他服务",有 525 万户(9.7%),紧随其后的是"住宿和餐饮",有 524 万户(9.7%),这三个行业合计占总数的 84.2%。

表 1　实有个体工商户行业分布情况

	2015 年底		2020 年底		20 年/15 年(倍)
	实有数	比例(%)	实有数	比例(%)	
合计	54,079,372	100.0	92,871,987	100.0	1.72
农林牧渔业	1,455,442	2.7	3,287,345	3.5	2.26

---

[1] 见《政府法制》2006 年 9 月(下)第 1 页。

续　表

	2015 年底		2020 年底		20 年/15 年（倍）
	实有数	比例（%）	实有数	比例（%）	
采矿业	34,099	0.1	26,023	0.0	0.76
制造业	3,562,297	6.6	5,236,575	5.6	1.47
电力、热力、燃气及水生产和供应业	16,597	0.0	30,772	0.0	1.85
建筑业	148,010	0.3	575,267	0.6	3.89
批发和零售业	35,026,803	64.8	52,943,361	57.0	1.51
交通运输、仓储和邮政业	1,480,798	2.7	3,552,988	3.8	2.40
住宿和餐饮业	5,235,128	9.7	12,584,766	13.6	2.40
信息传输、软件和信息技术服务业	294,809	0.5	693,910	0.7	2.35
金融业	3,624	0.0	7,831	0.0	2.16
房地产业	67,987	0.1	159,988	0.2	2.35
租赁和商务服务业	759,007	1.4	2,805,836	3.0	3.70
科学研究和技术服务业	171,869	0.3	188,317	0.2	1.10
水利、环境和公共设施管理业	14,217	0.0	253,399	0.3	17.82
居民服务、修理和其他服务业	5,250,022	9.7	9,182,120	9.9	1.75
教育	28,710	0.1	91,853	0.1	3.20
卫生和社会工作	126,680	0.2	223,693	0.2	1.77
文化、体育和娱乐业	270,911	0.5	550,123	0.6	2.03
其他	132,362	0.2	477,820	0.5	3.61

数据来源：2015 年版和 2020 年版《中国大众创业万众创新发展报告》。

　　到 2020 年底,在上述三个行业中"批发和零售业"的份额下降到占总数的 57.0%,而"居民服务、修理和其他服务业"和"住宿和餐饮业"的份额分别上升到 9.9% 和 13.6%,三个行业的份额总和仍然很高,为 80.4%。可见,即使在"双创"政策下,个体户的行业结构变化也不明显。

　　然而,从 2015 年至 2020 年的数量变化(倍数)来看,按行业划分,除了"水利、环境和公共设施管理业"增加了 17.82 倍外,"建筑业""租赁和商务服务业"和"教育"都增加了 2 倍以上(分别为 2.89倍、2.70 倍和 2.20 倍),这表明个体户正在向新的领域扩展。①

　　此外,国家市场监管总局发布的最新数据显示,"截至 2021 年底,全国登记在册个体工商户已达 1.03 亿户,同比增长 11.1%,约占市场主体总量(1.54 亿户)的 2/3……(个体户)成为转型升级的积极力量。2021 年,新兴服务业新设个体工商户增速强劲,'文化、体育和娱乐业''科学研究和技术服务业''信息传输、软件和信息技术服务业'增幅位居前列"②。

(二) 中国的知识产权政策

　　同时,中国近年来强调把加强知识产权的保护和利用作为一项国家战略。国务院于 2008 年 6 月 1 日发布了《国家知识产权战略纲要》,提出"激励创造、有效运用、依法保护、科学管理"的十六字方针,将知识产权工作分为创造、运用、保护和管理四个方面。此外,国

---

① 然而,应该注意到以下有关教育行业的最新情况。2021 年,中国教育部发起了"双减"行动,以此要有效减轻义务教育阶段学生过重作业负担和校外培训负担。"双减"行动源自中共中央办公厅、国务院办公厅于 2021 年 7 月 24 日印发的《关于进一步减轻义务教育阶段学生作业负担和校外培训负担的意见》。在"双减"行动下,一大批教育辅导机构收缩业务。考虑到这个背景,教育行业个体户数量在 2021 年后应当会大幅度下降。

② 见《人民日报(海外版)》2022 年 2 月 24 日。

务院还于 2015 年 12 月 22 日发布了《关于新形势下加快知识产权强国建设的若干意见》，提出到 2020 年中国"知识产权创造、运用、保护、管理和服务能力大幅提升"的目标。

2021 年 9 月 23 日，中共中央和国务院又发布了《知识产权强国建设纲要（2021—2035）》，而且，同年 10 月 11 日，国务院发布了《"十四五"国家知识产权保护和运用规划的通知》。此外，针对这些新政策，2022 年 4 月，全国打击侵犯知识产权和制售假冒伪劣商品工作领导小组办公室发布了《中国知识产权保护与营商环境新进展报告（2021）》。报告特别指出，"知识产权保护是衡量营商环境的重要指标，优化营商环境是保护知识产权的重要保障。中国政府将统筹推进知识产权保护与营商环境优化"。

这些措施旨在通过加强对知识产权的保护和实施各种 R&D（研究和发展）促进政策，获得数量更多、质量更高的知识产权。本文的目的是实证研究这种知识产权政策是否能有效地增加个体户的设立。

知识产权保护对个体户的设立可能产生的影响包括以下几点。首先，知识产权的保护被认为是通过保证个体户的权利和确保公平的市场竞争来促进个体户的设立。另一方面，个体户本身也往往侵犯知识产权（汪海棠和姜玉勇，2014）。在这种情况下，加强对知识产权的保护，可以通过减少这种侵权行为来提高个体户的信誉，这对个体户的设立是有利的。

此外，如果个体户是以利用新的想法（广义的创新）的方式建立的，加强对知识产权的保护可能会产生更多这样的创新，并增加个体户的建立。而且，一般来说，加强对知识产权的保护也可能刺激整个经济的创新活动，并使个体户享受到新知识和新技术的溢出效应，利用它们。

这些都是知识产权保护的积极作用。另一方面，它也可能产生负面效应。即使知识产权保护制度的发展在总体上是可取的，它也可能导致个体户的成本增加，并可能阻碍新个体户的建立。上面讨论的新知识的溢出效应也可能因知识产权的加强而被削弱，这可能使个体户更难利用新知识。

为了评价一系列知识产权战略，自 2012 年起，国家知识产权局知识产权发展研究中心每年编制"知识产权发展状况评价指标"，并以《中国知识产权发展状况评价报告》的形式发布。在本文中，这些指标被用作实证分析的数据。

知识产权发展状况评价指标体系遵循《国家知识产权战略纲要》和《关于新形势下加快知识产权强国建设的若干意见》提出的逻辑框架，将知识产权发展状况评价体系的一级指标分为创造、保护、运用和环境四个方面。创造数量、质量和效率，运用规模和效益，司法保护、行政保护和保护效果，制度、服务和意识分别作为相应的二级指标下设三级指标共 45 个（具体数据系列见本文的附录表 1，这些指标的定义和构建方法请参见《报告》。

相关文献可以在国际比较分析中找到。Burke et al.（2021）使用35 个欧盟国家的个人数据（样本数量为 5,141 个，涵盖年份为 2010年和 2015 年）进行了回归分析，显示了有关国家的研发活动越活跃，带有就业的个体户（作者认为是高质量的个体户）就越多。

LêKhang and Thành（2018）利用 2002—2013 年 13 个新兴经济体的数据进行了回归分析，发现作为创新指标的专利数量并不能显著解释相关国家的新生创业者比例（GEM 的调查中，新生创业者人数量占 18—64 岁人口的百分比）[1]。Sanandaji and Leeson（2012）以及 Chowdhury，Terjesen and Audretsch（2015）发现，广义上的产权

---

① "新生创业者"（nascent entrepreneur）被定义为一个积极参与建立一个他们将拥有或共同拥有的企业的人：该企业尚未支付工资、薪金。或任何其他付款给业主的时间超过三个月。

保护与相关国家的自营职业规模呈负相关。分析显示，广义上的产权保护与有关国家的个体户就业规模呈负相关。

Li and Zhao（2011）与本文类似，使用中国各省和各年的面板数据（1999—2008），以个体户就业人数占非农业就业人数的比率（个体户就业者比率）作为被解释变量进行回归分析，然而，与知识产权有关的变量没有被纳入分析。

本文利用地区（省）数据进行回归分析，研究加强知识产权保护和利用的溢出效应的可能性。在本文中，这种溢出效应分两个种类来看。第一种类是实施加强知识产权保护和利用的地区（省）内的溢出效应。这在本文中被称为"省内溢出效应"。另一个是对其他地区（县）更广泛的溢出效应。这在本文中被称为"跨省溢出效应"。

三、 空间杜宾模型的估计

（一）估计模型

本文使用地区（省）和年次面板数据估计了以下空间杜宾模型（SDM），SDM 考虑到了被解释变量和解释变量存在空间依存性。

$$y_t = \rho W y_t + X_t \beta + W X_t \theta + \mu + \epsilon_t \quad t = 1 \cdots T \quad (1)$$

其中 t 代表时间。在本文的分析中，$T=6$。y_t 是被解释变量的 $n \times 1$ 列向量，X_t 是解释变量的 $n \times k$ 矩阵。n 是样本区域的数量（本文中 $n=31$），k 是解释变量的数量。W 是作为空间权重矩阵的 $n \times n$ 邻接矩阵。邻接矩阵是一个行标准化的矩阵（其中每一行的元素之和为 1），在计算该标准化矩阵的原始矩阵中，如果两个省接壤，其元素为 1，否则为 0（对角线元素为 0）。ρ、β 和 θ 是待估计的系数，特别是，ρ 表示空间自回归系数。由于本文的分析中假设了固定效应，所

以 μ 也是一个需要估计的系数。对于误差项,假定标准假设,即 $\epsilon_{it} \sim N(0, \sigma_\epsilon^2)$ 和对于 $i \neq j$ 或 $t \neq s, E(\epsilon_{it}\epsilon_{js}) = 0$ 都成立。

SDM 考虑到了某一区域的样本值取决于其他区域的样本值的可能性(Elhorst,2014:pp. 7-8)。首先,方程(1)中右侧的第一项代表了被解释变量之间的内生互相依存效应(endogenous interaction effects)。这抓住了一个区域的被解释变量与另一个区域的被解释变量有关的可能性。

另一方面,方程(1)中的第三项代表外生互相依存效应(exogenous interaction effects)。关于外生互相依存效应,SDM 可以分别对直接效应和间接效应进行估计。这里,直接效应是指一个区域的解释变量的变化对该区域的被解释变量的影响,而间接效应是指另一个区域解释变量的变化对该区域的被解释变量的影响。本文中,"直接效应"包括"省内溢出效应",而"间接效应"可以被认为是捕捉"跨省溢出效应"(一般来说,"间接效应"也被称为"空间溢出效应")。

(二) 变量和数据

首先,本文估计方程中的被解释变量是每年的个体户新登记数。31 个省 2015 年至 2020 年的面板数据来自国家发展和改革委员会《中国大众创业万众创新发展报告》(历年版)。另一方面,核心解释变量是国家知识产权局知识产权发展研究中心《中国知识产权发展状况评估报告》中的"知识产权综合发展指数"。该指数的数值从 0 到 100,数值越大,表明知识产权发展状况越先进。

本文的模型将各省的名义 GRP (Gross Regional Product:地区生产总值)、人均实际 GRP (2012 年基准)、实际 GRP 增长率和人口城镇化率作为解释变量来控制外生因素。名义 GRP 代表市场规模,

而人均实际 GRP 则是衡量该省经济发展水平的一个指标。实际
GRP 增长率表示经济周期的情况。人口城镇化率是指年末城镇常
住人口占总常住人口的百分比。不同省份可能有不同的个体户登记
程序。在本文中，这是由省层面的固定效应调整的。

　　每个变量的基本统计量列于表 2（第 1、2 行和第 7 至 9 行）。图
2 显示了 2020 年各地区个体户新登记数量。新建个体户数量最多的
是江苏省，为 200.3 万户，其次是山东省（137.9 万户），然后是广东省
（121.4 万户）。应该注意的是，在这个图中，北京和上海的数值非常
小，位列倒数第一和第三。在创业的大众化方面，这两个城市的水平
都很低。

表 2　数据来源与描述性统计^a

	来源	平均	标准差	最小值	最大值
个体户新登记数（户）	《中国大众创业万众创新发展报告》	437,073	346,209	16,050	2,003,002
知识产权综合发展指数	《中国知识产权发展状况评价报告》	64.8	11.8	43.5	89.1
知识产权创造指数	《中国知识产权发展状况评价报告》	67.6	14.2	41.6	99.2
知识产权运用指数	《中国知识产权发展状况评价报告》	61.0	10.2	43.4	83.2
知识产权司法保护指数	《中国知识产权发展状况评价报告》	59.8	15.1	38.4	100.0
知识产权制度环境指数	《中国知识产权发展状况评价报告》	68.7	21.2	14.7	100.0
名义 GRP（亿元）	《中国统计年鉴》	28,293	22,973	1,026	110,761

续　表

	来源	平均	标准差	最小值	最大值
人均实际GRP（2012年基准）（万元）	《中国统计年鉴》	6.312	2.750	2.550	15.662
实际GRP增长率(%)	《中国统计年鉴》	6.5	2.4	−5.0	11.0
人口城镇化率(%)[b]	《中国统计年鉴》	60.7	11.9	28.9	89.3

注：[a] 样本数量为 186(＝31 省×6 年)。

　　[b] 城镇人口/总人口(年末,常住)。

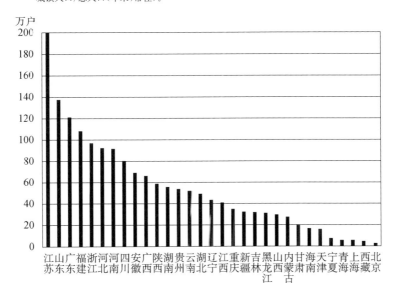

图 2　各地区个体户新登记数（2020 年）

数据来源：《2020 年中国大众创业万众创新发展报告》。

　　另一方面,在各地区知识产权综合发展指数方面,广东省的数值最高,为 86.7,其次是江苏省(82.6),然后是北京市(80.8)。相反,该

指数值最低的 3 个地区是宁夏(43.8)、青海(44.5)和西藏(44.9)(被
图表省略了)。

四、 估算结果

（一）莫兰散点图

在讨论估计结果之前,我们通过画一个"莫兰(Moran)散点图"
来研究个体户新登记数量是否存在空间自相关。图 3 显示了一个使
用 2020 年数据的"莫兰散点图",横轴是该省份的个体户新登记数
量,纵轴是邻近省份的个体户新登记数量的加权平均。然而,它们被
标准化为平均值为 0,标准差为 1。

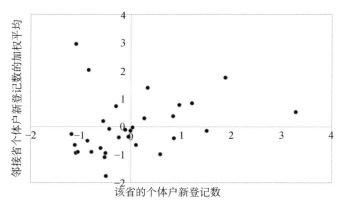

图 3　莫兰散点图（2020 年）[a]

注:a 平均＝0、标准差＝1 的标准化数值。

右上角的第一象限,该省份的新登记数量和邻近省份的新登记
数量都高于平均水平,包括山东、福建等省份。左下角的第三象限,
该省份的新登记数量和邻近省份的新登记数量都低于平均水平,包

括内蒙古、新疆等省份。

　　上述两个象限的情况是,该省份的新登记数量与邻近省份的新登记数量呈正比关系,而左上方的第二象限则表示该省份的新登记数量低于平均水平,邻近省份的新登记数量高于平均水平。右下角的第四象限表示该省份的新登记数量高于平均水平,邻近省份的新登记数量低于平均水平。具体而言,上海、海南等四个省份属于第二象限。第四象限内包括河北、四川等省份。

　　因此,四个象限都有一定数量的点,很难看到一个明确的整体趋势。当拟合一条直线时,倾斜度(相当于莫兰指数 Moran's I)为 0.25,t 值很小,为 1.40,没有观察到空间自相关的存在。

(二) 估算结果

　　首先,估计了通常的固定效应模型,它没有考虑到空间相互依存的可能性。结果列于表 3 第一栏。请注意,省略了年次虚拟变量和常数项的估计结果。知识产权综合指数的系数估计值是正的,而且高度显著(1%水平)。在其他条件不变的情况下,知识产权综合指数提高一个单位,该省新登记的个体户数量大约增加 1.77 万户。虽然加强知识产权的保护和利用对新设个体户有积极和消极的影响,但本文的结果表明,积极的一面占主导地位。

　　对于其他外生变量,名义 GRP 的系数估计值是正的,在 1% 的水平上显著。市场规模越大,新设的个体户数量就越多。另一方面,人均实际 GRP 的系数估计值也是正的和显著的(5%水平),这意味着一个地区的经济相对越发达,建立的个体户就越多。[1]

---

[1] Li and Zhao (2011)的发现结果与本文相反,人均实际 GRP 越高,个体户就业者比率越少。Pietrobelli, Rabellotti and Aquilira (2004)利用 20 世纪 60 年代至 20 世纪 90 年代不同国家的数据进行了回归分析,发现经济发展程度与个体户就业者的规模之间基本上是负相关。

表 3　估计结果（知识产权综合发展指数的效应）[a]

	固定效应模型[b]	空间杜宾模型（SDM）[c]		
		总效应	直接效应	间接效应
知识产权综合发展指数	17,612.30＊＊＊	23,047.50＊＊＊	13,160.90＊＊＊	9,886.60＊
	3.90	4.41	3.00	1.84
名义 GRP（亿元）	14.93＊＊＊	17.36＊＊＊	14.42＊＊＊	2.94
	7.00	8.69	7.60	1.50
人均实际GRP(万元)	104,490.00＊＊	92,530.20	90,410.00＊＊	2,120.30
	2.35	1.47	2.04	0.03
实际 GRP增长率(%)	14,291.20＊＊	29,754.70＊＊	13,974.80＊＊	15,779.90
	2.20	2.26	2.47	1.32
人口城镇化率(%)	39,638.80＊＊＊	11,398.40	53,546.10＊＊＊	−42,147.80＊＊
	3.03	0.57	4.55	2.06
ρ	—	−0.205＊		
		1.95		
R²	0.595	0.330		

注：[a] 被解释变量是个体户新登记数（户）。每个单元格中的上部数字为参数估计值。

　　[b] 每个单元格中的下部数字为 t 值的绝对值。省略了常数项和年次虚拟变量的估计结果。

　　[c] 每个单元格中的下部数字为 z 值的绝对值。

　　＊＊＊、＊＊、＊分别表示 1%、5%、10%水平上显著。样本数量为 186(＝31 省×6 年)。

　　此外，实际 GRP 增长率的系数估计值也是正的和显著的(5%水平)。经济增长速度越快，新登记的个体户数量就越多。人口城镇化率的系数估计值也是正的和显著的(1%水平)。正如事先预期的那样，一个地区的城镇化程度越高，新设的个体户数量就越多。

　　以 2015 年为基准年，年次虚拟变量的系数估计值都是负的，而且，除了 2020 年的系数估计值之外，在 5%以上的水平上都是显著的

（表 3 中省略）。此外，其绝对值的大小逐年增加，直到 2019 年。这意味着，在对这里的外生因素进行调整后可以看出近年来个体户新登记的总体数量在下降（在调整前的原始数据中，每年个体户新登记的数量持续增加，不过增加的速度有所下降）。

现在，我们来看看空间杜宾模型（SDM）的估计结果，它考虑到了区域之间的相互依存效应。它还调整了地区和年份方面的固定效应。见表 3 的第 2 至 4 行。首先，对 ρ 的估计结果为负值，且显著（10％水平），表明存在空间自相关。如果某省新登记的个体户数量较多（较少），则相邻省份的新登记个体户数量往往较少（较多）。一般来说，个体户的营业地是分散的，而不是集中的。

本文的核心解释变量、知识产权综合发展指数的估计结果显示，总效应是正的，而且在 1％的水平上是显著的。同样，直接效应也是正的，在 1％的水平上是显著的。

知识产权综合发展指数的增加，具有增加该省新个体户登记数量的作用。请注意，在固定效应模型中估计的知识产权综合指数的系数大于这一直接效应，因为固定效应模型没有考虑到空间的相互依存性。另一方面，值得注意的是，估计结果表明存在着增加其他省份新的个体户登记数量的间接效应（本文中的"跨省溢出效应"）。

此外，由于 SDM 考虑了内生相互依存效应（式 1 中的 Wy），直接效应包括反馈效应。这里，反馈效应是指一个省（如北京）的新增个体户登记数量的变化会改变另一个省（如天津）的新增个体户登记数量，然后反馈到原省（北京），进一步改变该省的新增个体户登记数量（见 Elhorst，2014：p. 31）。

对于为调整外生因素而纳入的解释变量，即名义 GRP、人均实际 GRP 和实际 GRP 增长，间接效应在通常水平上并不显著，这些因素对邻省个体户的新设的影响的存在没有得到统计学上的证实。相比之下，人口城镇化率得到了一个负的和显著的（5％水平）间接影响。

这种负面的跨省影响可能被视为一个省进行城镇化的结果，它吸引了邻省的农村居民加入劳动力，从而阻碍了邻省新个体户的建立。

五、 个别指数的影响

正如本文第二节第 2 小节所述，在前一节的估计模型中作为解释变量的知识产权综合发展指数由四个部分指数（指标）：创造指数、运用指数、保护指数和环境指数，组成。如前一节所见，当综合指数被用作解释变量时，发现对新的个体户的设立在总效应、直接效应和间接效应方面都有显著正效应。那么，本节将对四个部分指数的效应进行研究。

然而，从本文附表的指标体系来看，保护指数由三个二级指标：司法保护、政治保护和保护效果指标，组成。为了本文的目的，其中，司法保护指数被用作一个解释变量。同样，在构成环境指标的制度环境、服务环境和意识环境这三个二级指标中，制度环境指数被作为解释变量使用。其他解释变量和样本与前一节的估计相同。四类保护指数的基本统计量见表 2 第 3 至 6 行。

估计结果如表 4 所示。首先，对于表明是否存在空间自回归的 ρ，所有以四个部分指数为解释变量的模型都是负数。符号与综合指数作为解释变量时相同，但显著性水平不高，在通常水平上不显著。

然后，考察了四个部分指数的影响，总效应都是正的，且是显著的（5％或 1％水平）。就直接效应和间接效应加在一起的总效应而言，这表明加强知识产权的保护和利用能促进个体户的设立。

然而，如果把直接效应和间接效应分开来看，就会存在差异。也就是说，对于司法保护指数和制度环境指数，直接影响是显著的，而间接影响在通常水平上是不显著的。虽然加强知识产权的司法保护或制度环境会增加该省份的新个体户数量，但对其他省份的新个体户数量的跨省溢出效应并不明显。

表 4　SDM 的估计结果（个别知识产权指数的效应）ª

	总效应	直接效应	间接效应	总效应	直接效应	间接效应	总效应	直接效应	间接效应	总效应
知识产权创造指数	11,532.70**	3,910.10**	7,622.60	—	—	—	—	—	—	—
	2.10	1.45	1.59							
知识产权运用指数	—	—	—	17,375.10***	3,361.10	14,014.00**	—	—	—	—
				2.86	0.92	2.43				
知识产权司法保护指数	—	—	—	—	—	—	6,537.50**	3,285.80**	3,251.70	—
							2.48	1.96	1.31	
知识产权制度环境指数	—	—	—	—	—	—	—	—	—	7,766.2***
										3.26
名义 GRP（亿元）	17.71***	14.01***	3.70*	16.07***	13.43***	2.65	19.55***	14.95***	4.61**	16.51***
	7.76	7.21	1.75	7.05	6.92	1.26	8.21	7.60	2.13	7.57
人均实际 GRP(万元)	47,568.70	97,276.20**	−49,707.50	60,085.20	95,307.60**	−35,222.33	108,399.00	94,637.40**	13,761.60	128,529.3*
	0.66	2.17	0.60	0.87	2.13	0.44	1.49	2.10	0.17	1.86
实际 GRP 增长率(%)	27,437.90*	14,236.00**	13,201.90	44,713.20***	18,135.10***	26,578.00**	39,681.50***	17,052.50***	22,629.00*	39,228.9***
	1.69	2.32	0.94	3.15	3.17	2.07	2.75	2.95	1.75	2.84

续　表

	总效应	直接效应	间接效应	总效应	直接效应	间接效应	总效应	直接效应	间接效应	总效应
人口城镇化率(%)	-4,497.40	50,297.20***	-54,794.60**	-4,591.60	51,486.20***	-56,077.78**	17,928.20	55,927.40***	-37,999.20*	30,289.3
	0.19	4.21	2.41	0.21	4.35	2.54	0.77	4.54	1.71	1.35
ρ		-0.106			-0.135			-0.126		
		1.02			1.28			1.20		
R²		0.277			0.147			0.533		

注：ª 被解释变量是个体户新登记数(户)。每个单元格中的上部数字为参数估计值，下部数字为 z 值的绝对值。***、**、* 分别表示 1%、5%、10% 水平上显著。样本数量为186(=31 省×6 年)。

　　相比之下，使用创造指数和运用指数作为解释变量的估计结果显示没有显著的直接影响。加强某省知识产权的创造或运用对该省新增个体户数量的影响并不明显，说明该省个体户应该能够享受到的第二节第 2 小节所述的积极效应并没有十分发挥作用。

　　另一方面，当运用指数被用作解释变量时，间接效应显示出正符号和显著的估计结果。在一个省加强知识产权的运用，对其他省的个体户的设立有积极的跨省溢出效应。当创造指数被用作解释变量时，间接效应在通常水平上并不显著（t－值＝1.59），但其数值要比直接效应大得多，表明存在一定的跨省溢出效应。

　　关于为调整外生因素而纳入的解释变量的系数估计值，无论与知识产权有关的解释变量如何，其结果都与使用综合指数作为解释变量的结果（表3）基本相同。特别是，除了"人口城镇化率"之外，间接效应（跨省溢出效应）是有限的。对于"人口城镇率"，存在一个负的跨省溢出效应。

六、 结论

　　随着中国经济的高速增长进入尾声，人们正在寻求经济的结构性变化。在"双创"政策下促进创业的大众化是这种探索的一部分。其目的是使提升企业家精神并将其转化为具体的创业，成为经济质量增长的新动力。为此，一个特别重要的政策是加强知识产权。本文试图利用各省个体户新登记数量和中国国家知识产权局编制的"知识产权发展状况评价指标"的数据来澄清，这种强化知识产权是否有助于促进创业（设立新个体户）。

　　使用区域和年次面板数据估计了考虑到区域间空间互相依存性的空间杜宾模型（SDM），总体上显示了加强知识产权保护和利用对建立新的个体户有积极影响，而且，发现了各地区个体户新登记数量中存在负的空间自相关。

　　另一方面，用构成综合指数的四个部分指数中的每一个作为解释变量的分析结果表明，在知识产权的"创造"和"运用"方面，存在着"间接效应"，即本文的"跨省溢出效应"。相比之下，在"司法保护"和"制度环境"方面，不能发现对其他省的影响。此外，与之前的预期不同，在"创造"和"运用"方面"直接效应"并不显著。造成这一结果的一个可能原因是，加强知识产权的"创造"和"运用"对个体户既有积极的影响，也有消极的影响，这些影响可能已经相互抵消，所以看不到明显的效果。

　　不言而喻，本文的计量经济学分析还有各种改进的余地。特别是，鉴于溢出效应是一种穿越时间的现象，本文的模型没有包括动态结构，这是一个重大问题。本文结果的进一步稳健性是未来的一项任务。

　　加强知识产权保护可能有消极的一面，这表明需要有新的思考。在这方面，我们想在本文的最后指出，在中国，开源（Open Source）的理念最近变得更加重要。2021 年 3 月 12 日发布的《中华人民共和国国民经济和社会发展第十四个五年规划和 2035 年远景目标纲要》中，"开源"首次被明确列入"五年规划纲要"。从纲要提到的"支持数字技术开源社区等创新联合体发展，完善开源知识产权和法律体系，鼓励企业开放软件源代码、硬件设计和应用服务"，可以看出国家在战略层面对"开源"的肯定和支持。① 这可以看作是一项在加强知识产权保护的同时促进知识产权共享的政策方针。

---

① *OSCHINA*，2021 年 3 月 17 日。另见，高须（2022）。

附录

　　国家知识产权局知识产权发展研究中心构建的评估中国知识产权发展状况评价指标体系由附表 1 中的 45 个三级指标组成(《中国知识产权发展状况评估报告》2020 年版,第3—4 页表1,部分摘录)。请注意,三级指标所包含的系列每年都有轻微的变更,但就本文而言,在比较各年的指数时,这种变更不被认为是有问题的(关于变更的细节,见各年版的《中国知识产权发展状况评估报告》)。

附表 1　2020 年中国知识产权发展状况评价指标体系

一级指标	二级指标	三级指标
创造	数量	发明专利授权量(件)
		商标注册量(件)
		著作权登记量(件)
		植物新品种权授权量(件)
		地理标志数量综合指数(分)
		集成电路布图设计登记发证数量(件)
	质量	发明专利平均维持年限(年)
		PCT 国际专利申请受理量(件)
		马德里商标国际注册申请量(件)
	效率	每万人口发明专利拥有量(件)
		每千万元研发经费发明专利授权量(件)
		每百户市场主体有效注册商标量(件)
		每万人口软件登记量(件)
运用	规模	专利实施许可合同备案数(件)
		专利申请权与专利权转让数量(件)

一级指标	二级指标	三级指标
		商标使用许可备案数(件)
		图书出口数量(万册、份)
		输出版权数量(项)
		技术市场成交合同数(项)
	效益	专利实施许可合同备案金额(万元)
		专利密集型产业增加值占 GDP 的比重(%)
		版权产业的行业增加值占 GDP 比重(%)
		软件业务收入(亿元)
		技术市场成交合同金额(万元)
保护	司法保护	知识产权民事审判保护指数(分)
		知识产权行政审判保护指数(分)
		知识产权刑事审判保护指数(分)
		知识产权检察监督指数(分)
	政治保护	专利行政保护指数(分)
		商标行政保护指数(分)
		版权行政保护指数(分)
		知识产权海关保护备案有效量(件)
	保护效果	研发投入强度(%)
		规模以上工业企业申请专利比例(%)
		注册商标续展率(%)
		知识产权保护社会满意度(分)
		知识产权使用费进出口额(亿美元)
环境	制度	知识产权法规规章量(部)
		知识产权战略规划量(部)

续　表

一级指标	二级指标	三级指标
	服务	知识产权服务机构数量(个)
		知识产权服务业人员数量(人)
		知识产权质押融资服务指数(分)
	意识	每万人口专利申请量(件)
		每万人口商标申请量(件)
		每万人口著作权登记量(件)

数据来源:《2020 年中国知识产权发展状况评价报告》(2021),第 3—4 页。

参考文献

大冢启二郎、刘德强、村上直树(2000),《中国的工业改革——过去的成绩和未来的前景》,上海:上海人民出版社。

国家知识产权局知识产权发展研究中心(2021),《2020 年中国知识产权发展状况评价报告》。

国务院发展研究中心、世界银行(2019),《创新中国:培育中国经济增长新动能》,中国发展出版社。

神林龍(2017),『正規の世界・非正規の世界——現代日本労働経済学の基本問題』,慶應義塾大学出版会。

林衍(2012),《个体户 30 余年演变》,《中国青年报》4 月 25 号。

李詹(2018),《改革开放以来个体户发展的历史轨迹——基于汉正街个体户的口述史》,《求索》,4 月,第 88 - 95 页。

全国打击侵犯知识产权和制售假冒伪劣商品工作领导小组办公室(2021),《中国知识产权保护与营商环境新进展报告》。

高須正和(2022),「中国政府、14 次五カ年計画に『オープンソースの知財戦略』を組み込む」,Science Portal China(科学技術振興機構),No. 22 - 06、5 月 20 日。

汪海粟、姜玉勇(2014),《个体工商户的行业分布、生存状态及其或然走向》，《改革》第 4 期，总第 242 期，第 112—119 页。

Burke, Andrew, Serhiy Lyalkov, Ana Millán, José María Millán and André van Stel (2021), "How do country R&D change the allocation of self-employment across different types?" *Small Bus Econ*, Vol. 56, pp. 695 – 721.

Chowdhury, Farzana, Siri Terjesen and David Audretsch (2015), "Varieties of entrepreneurship: institutional drivers across entrepreneurial activity and country," *European Journal of Law & Economics*, Vol. 40, pp. 121 – 148.

Elhorst, J. Paul (2014), *Spatial Econometrics: From Cross-Sectional Data to Spatial Panels*, Springer.

LêKhang, Trân and Nguyễn Công Thành (2018), "Economic Growth, Entrepreneurship, and Institutions: Evidence in Emerging Countries," *The 5th IBSM International Conference on Business, Management and Accounting*, 19 – 21 April, Hanoi University of Industry, Vietnam, pp. 357 – 374.

Li, Kun and Changwen Zhao (2011), "Determinants of Self-employment in China: Evidence from Cross-regional Data," *China & World Economy*, Vol. 19, No. 3, pp. 49 – 67.

Liu, Cathy Yang and Xi Huang (2016), "The Rise of Urban Entrepreneurs in China: Capital Endowments and Entry Dynamics," *Growth and Change*, Vol. 47, No. 1(March), pp. 32 – 52.

Li, Yan and Maria Nêveda DaCosta, (2016), "The enterprise reforms and entrepreneurial development in China, *Journal of the Asia Pacific Economy*, Vol. 21, No. 2, pp. 151 – 173.

Ma, Xinxin (2018), *Economic Transition and Labor Market Reform in China*, Palgrave Macmillan.

Murakami, Naoki (2019), "Self-employment as Occupational Choice in the Zhongyuan Rural Area," *Working Paper Series* (Research Institute of Economic Science, College of Economics, Nihon University), No. 18 – 03, March.

Parker, Simon C. (2018), *The Economics of Entrepreneurship*, (Second Edition), Cambridge University Press.

Pietrobelli, Carlo, Roberta Rabellotti and Matteo Aquilina (2004), "An Empirical Study of the Determinants of Self-employment in Developing Countries," *Journal of International Development*, Vol. 16. pp. 803 – 820.

Sanandaji, Tino and Peter T. Leeson (2012), "Billionaires," *Research Institute of Industrial Economics (IFN) Working Paper*, No. 893.

Yueh, Linda (2009), "China's Entrepreneurs," *World Development*, Vol. 37, No. 4, pp. 778 – 786.

经济改革、技术进步与自营就业部门的发展

马欣欣

一、引言

　　中国近四十年的经济改革使得中国经济快速增长,2010 年中国 GDP 总值超过日本,成为世界第二大经济实体。中国的经济改革和经济崛起过程中有许多中国特有的模式,也有符合新古典经济学理论的模式。其中,最具特色的是"增量改革"(林等,1994)。中国政府在稳定国有部门的同时,允许在国有部门之外的领域发展非国有经济,包括外资企业、民营企业和自营就业部门(self-employment sector)的发展。以自营就业为主的非正规就业部门(informal sector)①的发展可以促进发展中国家的经济增长(ILO, 1972)。国家

---

① 关于非正规就业,目前在学术界没有统一的定义。大多文献依据 ILO(1993,2003,2013)、调查数据以及各国劳动力市场的具体状况自行定义。非正规就业者包括正规部门的非正规就业者和非正规部门的大多数非正规就业者(例如自营就业部门的小企业家、个体自营就业者、家庭帮工、小微企业的非正规就业者等)。因此可以认为大多数自营就业者是非正规部门就业者。在大多数的中文文献中,把非正规就业也称为灵活就业。

统计局的数据显示了在中国自营就业者(self-employed worker)①人数大幅度增加,登记个体户数从 1978 年的 15 万人增加到 2000 年的 7476.5 万人和 2019 年的 22833.2 万人(国家统计局,2003,2020)。因此,分析中国自营就业及其影响因素成为了一个重要的研究课题。

另外,还有一个值得关注的现象是在 2000 年代,随着数字经济的发展,借助商业平台和利用互联网从事个体经营的劳动者日渐增多。中国推出了"互联网+"的政策,推动以互联网为代表的信息产业在各领域的发展。同时,为了更好地促进创业,中国政府于 2016 年之后发布了一系列的关于大众创业、万众创新的政策(双创政策)②。按照新经济增长理论(Lucas 1988;Romer 1994),被誉为第四次工业革命(信息工业革命)的代表——互联网这种新的技术进步会促进经济增长。按照熊彼特的"创造的破坏"经济发展理论(Schumpeter, 1934, 1942),以创业为核心的企业家精神(Entrepreneurship)和由于革新导致的创造的破坏也是促进经济发展的重要因素。

综上所述,从促进就业和经济增长这两个角度,分析互联网对自营就业选择的影响具有学术和政策意义。因此,本文聚焦互联网使用对自营就业选择的影响,使用面板数据进行实证分析,主要回答如

---

① 在文献中,曾使用自雇者、自营就业者、个体经营者和个体户等概念。为了叙述方便,在本文统一使用自营就业者。数据为在工商部门登记的个体户,包括:(1)没有雇员的个体自营就业者;(2)雇员在 8 人以下的小微企业的受雇者;(3)雇员在 8 人以下的小企业家。按照 ILO(1972)和 Earle 和 Sakova(2000)关于自营就业者的严格定义,(1)和(3)是自营就业者,而(2)被划分为受雇者。本文的计量分析部分按照此国际标准定义自营就业者和受雇者。

② 例如在 2016 年 5 月 12 日国务院办公厅印发了《国务院办公厅关于建设大众创业万众创新示范基地的实施意见》,首批公布了 28 个高校、科研院所、企业等试点基地。在 2017 年 6 月 21 日印发了《国务院办公厅关于建设第二批大众创业万众创新示范基地的实施意见》,公布了第二批 92 个试点基地。这两项政策都旨在促进大众创业和大众创新,支持地区高校、科研院所、企业创新创业基地建设并积累在全国范围内可以推广创新和创业经验。详细介绍请参阅 Ma 和 Li(2022)。

下几个问题：第一，互联网使用是否影响自营就业选择？第二，互联网的就业效应在不同群体间是否存在差异？第三，互联网使用用途的不同是否会影响其对自营就业选择的效应？我们借助经验分析的结果来解释中国自营就业部门的特点和所面临的一些挑战。

　　关于此课题，有一些学者聚焦欧美等一些发达国家并分析了互联网使用对就业的影响（Crandall 等，2007；Hair 等，2007；Shirazi，2012；Czernich，2014；Novo-Corti 等，2014；Alam 和 Mamun，2017）；Dettling，2017），也有一些以中国为对象的关于互联网和家庭创业的实证分析（毛等，2017；周和樊，2018；丁和袁，2019；毛等，2019），本文的主要贡献如下：第一，国内外的研究大多使用横截面数据和工具变量法来解决内生性问题，没有考虑个体间的异质性（individual heterogeneity）对自营就业选择的影响。本文在这些研究的基础上，使用面板数据的分析方法（如滞后模型，固定效应模型等）解决内生性问题，进一步解明互联网使用与自营就业选择的因果关系。而且，本文使用两个新的工具变量来解决内生性问题。第二，既往文献没有考虑不同群体间的异质性。由于在不同群体，存在互联网普及率和互联网使用技能的差异，同时所面临的劳动力市场的供需状况也不同，我们设想互联网使用对自营就业选择的影响在不同的年龄、性别、城市和农村以及不同的受教育程度组会有所不同。本文进行分组分析来考察这些组间差异。第三，考虑到使用用途和使用量对自营就业选择的影响，我们还分析了使用互联网进行电商、社交、学习·工作这三个用途及其使用频率的不同效应。这些关于互联网外延和内涵效应（extensive and intensive margin）的新的经验分析的结果是对文献的重要补充。

　　本文的其余部分安排如下。第二节主要介绍在经济改革背景下中国自营就业部门的发展。第三节为文献综述。第四节描述了计量分析方法，介绍了数据和模型。第五节介绍了描述性统计。第六节报告并解释了实证分析的结果。第七节是结论。

二、 经济改革、技术进步和中国自营就业部门的发展

（一） 经济改革与中国自营就业部门的发展

中国的非农自营就业部门是伴随经济改革而发展起来的。[①] 在计划经济时期，对手工业行业的社会主义改造几乎把所有个体经营的工商户变成了集体所有制。1956 年之后，个体经营作为资本主义市场行为被禁止。在 1980 年代初，为了解决知青返乡导致的城市失业问题，政府开始允许自营就业。图 1 显示了中国城镇国有企业受雇者数从 1978 年的 7,451 万人增加到 1995 年的 16,261 万人，在 1995 年达到高峰后出现下降，下降到 2019 年的 5,473 万人；集体企业也同样呈现了下降的趋势：从 1978 年的 2,048 万人下降到 2019 年的 296.0 万人。与之相反，伴随着经济改革，自营就业部门的就业者数大幅度增加：从 1989 年 4,142 万人增加到 2019 年 22,833.3 万人。可以观察到在 2012 年之后自营就业部门的就业者数快速增长，而在国有企业和集体企业的受雇者数持续下降。在 2019 年，自营就业部门的就业者数是国有企业和集体企业两部门就业者总数的 3.07 倍。

中国自营就业部门的发展主要归结于经济发展和经济改革。首先，按照刘易斯的二元经济结构发展模型（Lewis，1954），在经济发展初期，传统部门（如农业部门）存在大量剩余劳动力，现代部门（如工业部门）只要付相当于生存水平的工资，就可以导致从农村到城市的劳动移动。托塔罗发展了刘易斯的模型，指出了如果农村转移劳

[①] 由于篇幅所限，本文没有详细总结中国政府自营就业发展政策和自营就业部门发展的阶段及特征，更详细的信息请参阅胡（2003）、石（2005）、马（2012）和朱和雷（2020）。

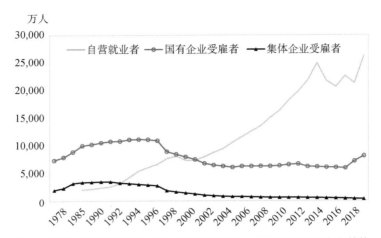

**图 1   中国自营就业部门的就业者和国有企业、集体企业的受雇者数的
变化（1978—2019 年）**

资料来源：《中国统计年鉴》各年度。
注：自营就业部门的就业者数为没有雇员的个体自营就业者数，在 8 人以下小微企业的受雇者数和 8 人以下小微企业的小企业家数的总和，不包括农业就业者。国有企业和集体企业为城镇登记注册企业。

动力数超过城市的劳动需求会提高城市失业率。农村劳动移动者为了生存，就会进入自营就业部门以等待成为企业正规受雇者的机会（Todaro，1969，1980）。中国在 1978 年之后，实施了家庭联产责任制，带来了农村劳动生产力的大幅提高并使剩余劳动力问题突显出来（Minami 和 Ma，2010，2014）。户籍制度的改革使得农村剩余劳动力可以被允许进城务工，出现了农民工潮的现象。伴随着农民工数量的增加，自营就业部门的就业者数也明显增加。图 2 显示了在 2008—2019 年期间，随着农民工数量的增加，没有雇员的个体自营就业者，以及自营就业部门的就业者总数同时增加。[①]

① 在 2004 年之后，在南部和东部地区出现了民工荒现象，并引发了关于中国经济是否跨越了刘易斯转折点的学界争议，详细内容请参阅 Minami 和 Ma（2010，2014），蔡（2010），蔡和都（2011）等。

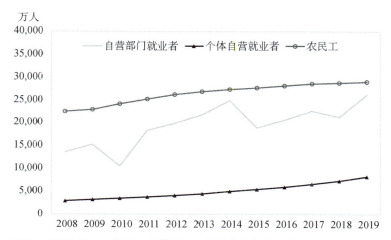

图2　中国农民工、个体自营就业者、自营就业部门的就业者总数的变化（2008—2019年）

资料来源：国家统计局《中国统计年鉴》和《全国农民工监测调查报告》各年度。
注：个体自营就业者数为没有雇员的个体自营就业者数；自营就业部门就业者总数为个体自营就业者数，在8人以下小微企业的受雇者数和8人以下小微企业的小企业家数的总和，不包括农业就业者。

　　农村—城市的劳动力转移可以让劳动力从低生产性农业转移到高生产性的工业或服务性行业，促进经济增长。以发达国家日本的经验为例，图3显示了与经济发展时期相对应的日本自营就业部门的就业者数和受雇者数的变化。可以看出在经济腾飞期（1957—1972年），日本自营就业者总数（农业自营就业者数和非农自营就业者数的总和）出现下降（从1957年的1,054万人减少到1971年的990万人），与之同时受雇者数从1957年的1,770万人增加到1971年的3,365万人，农业部门剩余劳动力转移到工业部门，促进了日本经济的快速增长，这是符合刘易斯的二元经济结构模型（Minami和Ma，2010，2014）。值得注意的是，在经济腾飞期，虽然自营就业部门的就业者总数出现下降，但是非农自营就业者数从1957年的476万人增加到1971年的611万人，小微企业家数从108万人增加

到 169 万人,显示了在经济腾飞期,具有企业家精神的个人创业非
常活跃,按照熊彼特的理论,可以设想这些创业活动促进了日本经
济的快速发展。在低速经济增长期(1972—1985 年),日本自营就
业部门的就业者,受雇者、非农自营就业者和小微企业家数量的变
化趋势与经济腾飞期相似——农业自营就业者数减少,受雇者数增
加,同时非农自营就业者和小微企业家数也增加了,只是其增长率
低于经济腾飞期。但是在泡沫经济时期(1986 年 12 月—1991 年 2
月)和经济低迷期(1991 年之后—现在),虽然受雇者在继续增加,
农业自营就业者继续减少,与前两个时期不同的非农自营就业者从
1992 年的 667 万人减少到 2017 年的 455 万人,小微企业家从 1992
年的 211 万人减少到 2017 年的 146 万人。非农就业者和小微企业
家数的减少表明了在在泡沫经济时期和经济低迷期,来自劳动者个
体的创业创新减少了,即使在 1990 年后期,ICT (Information and
communications technology)技术的发展也没有促进日本个体创业的
增加。具有企业家精神的个体创业创新的减少也是日本经济从 1990
年之后一直徘徊在经济低迷状态的一个主要原因。尽管在 2000 年
代日本通产省发布了一些政策促进创业创新,但是从图 3 的就业方
式的分布可以看出这些政策收效甚微。可以说目前中国自营就业的
发展类似于日本经济腾飞期和低速经济成长期的状况。

其次,中国自营就业者数的增加也与企业所有制改革密切相关。
90 年代末期,中国政府加大了国有企业改革力度,打破了铁饭碗,赋
予国有企业更大的劳动雇用和工资决定权,国企的雇用调整导致国
企下岗人员增加使城市失业问题凸显出来。为了应对劳动力市场的
新情况,政府出台了一系列政策进一步鼓励自谋职业,个体创业。图
4 显示了在 1990—2010 年期间城镇登记失业者数(其中大部分是国
企下岗劳动者数)和自营就业部门的就业者数的变化,可以看出二者
的变化趋势非常相似。在此期间(特别是在 1990—2002 年加大国有

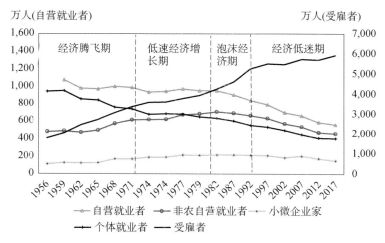

图 3　日本自营就业部门的就业者和受雇者数的变化（1956—2017 年）

资料来源:日本总务省《就业构造基本统计》各年度。

注:自营就业者数为农业就业者数和非农自营就业者数的总和,个体就业者数包括农业就业者数。

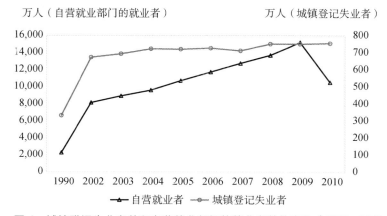

图 4　城镇登记失业者数和自营就业部门的就业者数的变化（1990—2010 年）

资料来源:国家统计局《中国统计年鉴》各年度。

注:自营就业部门就业者总数为个体自营就业者数,在 8 人以下小微企业的受雇者数和 8 人以下小微企业的小企业家数的总和,不包括农业就业者。

企业改革力度时期)，随着登记失业率的上升，非农自营就业部门的就业者数也在增加，显示了非农自营业部门吸收了国有企业下岗劳动者，起到了稳定和促进就业的作用。

与之同时，改革开放使得外资企业和民营企业得到了发展，在商品市场中市场机制发挥的作用越来越大。这些市场化的经济环境促进了中国自营就业部门的发展。

（二）技术进步与中国自营就业部门的发展

如果回顾前几次工业革命对产业社会的影响，可以推测互联网作为信息产业革命和信技术进步的代表，会对劳动力市场，特别是对就业和收入分配等带来深远的影响。一些经验分析显示了互联网可以影响收入水平（Krueger，1993；Miller 和 Mulvey，1997；Pabilonia 和 Zoghi，2005），促进就业（Atasoy，2013；Alam 和 Mamun，2017；Deyyling，2017），同时也影响收入分配（Lloyd-Ellis，1999；Hanley，2000；Furuholt 和 Kristiansen，2007；Dimaggio 和 Bonikowski，2008；Pradhan 等，2016；Philip 等，2017；Ghosh，2020）。

2000 年代，伴随数字经济在中国的发展，互联网使用也迅速普及到中国的城镇和农村。图 5 显示了中国互联网的普及率，可以看出全国互联网普及率从 2002 年 4.6％提高到 2020 年 70.4％，城镇互联网普及率从 2007 年 26.0％提高到 2020 年 79.8％，农村互联网普及率也从 2007 年 7.4％提高到 2020 年 55/9％。可以观察到 2012 年之后，无论是在城镇还是在农村，互联网普及率快速上升。

2012 年之后，中国政府强调就业就是最大的民生。为了促进就业，政府大力提倡自营就业（灵活就业）①。例如，2016 年之后政府发布了一系列的关于大众创业万众创新的政策（双创政策）。2020 年，

---

① 在政府文件中，大多把自营就业部门的就业称为灵活就业。

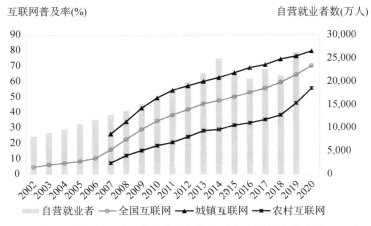

图 5　中国互联网普及率和自营就业部门的就业者数的变化（2002—2020年）

资料来源：中国互联网络信息中心的年度公布数据。

在中国《政府工作报告》中指出，当前我国灵活就业者的人数以亿计，尤其是电商网购、在线服务等新业态在抗疫中发挥了重要作用，今后要大力发展平台经济、共享经济，打造数字经济新优势。2020 年 7 月，国务院总理李克强在《关于支持多渠道灵活就业的意见》中强调，当前新业态蓬勃发展，要取消对灵活就业的不合理限制，鼓励自谋职业、自主创业，稳定就业大局。2020 年 7 月，在国家发展和改革委员会的支持鼓励下，阿里巴巴、百度、腾讯、滴滴出行、美团、智联招聘等共 8 家互联网平台企业共同发布了《平台企业支持灵活就业倡议书》，意在促进使用互联网进行创业。从图 5 还可以观察到伴随互联网的普及，自营就业部门的就业者数也大幅度增加。

　　上述内容可以得出一个结论：伴随经济改革，中国政府有计划地引导自营就业部门的发展。在 2000 年代，政府通过"互联网＋"政策大力促进基于互联网和信息平台的自主创业，以推动中国经济的持续增长。政府统计数据显示了在 2012 年之后，中国互联网普及率快速提升，自营就业部门的就业者数也大幅度增加，那么互联网使用是否促进了劳动者进入自营就业部门呢？我们将在下面进行实证分析来回答这个问题。

三、 文献综述

（一） 关于成为自营就业者的影响因素的实证研究

关于成为自营就业者的影响因素的实证分析，除中国以外的其他国家的研究结果可以总结为如下。[1]

第一，Blau（1985）、Borjas（1986）、Evans 和 Leighton（1989）、Amit 等（1990）、Bruce（1999）、Dunn 和 Holtz-Eakin（2000）、Molina（2020）指出了个人或家庭特征（例如性别、人力资本和家庭背景）会影响自营就业的选择，例如相对于男性，有孩子的已婚妇女选择成为自营就业者的可能性较高。

第二，Evans 和 Jovanovic（1989）、Lentz 和 Laband（1990）、Holtz-Eakin 等（1994）、Dunn 和 Holtz-Eakin（2000）、Adelino 等（2015）、Schmalz 等（2017）发现家庭财富或住房所有权会影响自营就业的选择。

第三，Yueh（2009a，2009b）、Poon 等（2012）、Kwon 等（2013）的研究表明社会资本、社会网络等会影响自营就业选择。

第四，研究还表明，与当地居民相比，移民更有可能成为自营就业者（Brzozowski 和 Lasek，2019；Wassink，2020）。

关于中国创业决定因素的研究，Wu（2006）、Yueh（2009a，2009b）、Zhang 和 Pan（2012）、Zhang 和 Zhao（2015）、Ma（2018）、

---

[1] 有关自营就业选择影响因素的文献综述，请参阅 Le（1999）和 Yamada（1996）。

马(2017)，Ma 和 Li（2022）都指出个人特征影响自营就业的选择。Chen 和 Hu（2019）指出拥有房产可以影响是否成为企业家。已有文献还讨论了党员身份和社会资本的影响。例如，Yueh（2009a，2009b）表明拥有社交网络可以提高自营就业的概率。Zhang 和 Zhao（2015）发现，拥有更大社会家庭网络的城乡流动人口更有可能选择自营就业。Wu（2006）考察了中国不同改革时期城乡个体户，重点关注公共部门干部如何应对新的市场机会，发现高学历和干部身份提高了城市居民成为自营就业者的概率，但是这些因素对农村居民的影响正好相反。

（二）关于互联网与自营就业的实证研究

国外的研究表明了宽带和互联网等数字技术影响就业和创业，但是分析结果并不一致。比如 Crandall 等（2007）发现在美国每增加300 万条线路（即宽带接入增加 1%）会增加近 30 万就业岗位。Czernich（2014）发现通过 DSL 提供的宽带可用性与德国城市的失业率之间存在负相关，然而工具变量法的结果显示两者的因果关系并不显著。Atasoy（2013）也同样发现使用宽带上网提高了就业。Alam 和 Mamun（2017）使用澳大利亚农村 391 户调查数据和 PSM 法分析了互联网使用对就业的影响，他们发现互联网使用与就业之间没有显著的因果关系。Hair 等（2007），Shirazi（2012），Novo-Corti 等（2014）指出了互联网等数据技术的普及可以促进创业，他们把它称之为"数字创业"（digital entrepreneurship）。Dettling（2017）使用美国的 Current Population Survey 数据和工具变量法分析了高速互联网使用对女性就业的影响，指出了互联网使用可以提高已婚女性就业率 4.1 个百分点。

关于中国的研究都指出了互联网使用会促进创业。毛等（2019）使用了中国综合社会调查（CGSS）数据和结合工具变量（IV）法的多元 Logit 模型的分析结果显示了互联网使用提高了机会型创业的概率。周和樊（2018）使用中国家庭跟踪调查（CFPS）2010 和 2014 年的数据和 IV_Probit 模型发现，与没用使用互联网的家庭相比，使用互联网会使家庭创业概率提高 3 个百分点。毛等（2017）使用 2017 年 CGSS 数据和 Logit 模型发现互联网使用频率提高了农村女性创业概率。丁和袁（2019）使用 2010、2013 和 2015 年的 CGSS 数据和 IV_probit 模型发现互联网使用可以提高女性创业概率。

　　尽管这些文献丰富了互联网对创业的研究，但是以下几个问题还有待进一步解决，第一，国内外的研究大多使用横截面数据和工具变量法来解决内生性问题，没有考虑个体间的异质性差异对创业选择的影响。第二，没有对互联网使用效应在不同群体间的差异进行细致的研究。第三，没有对不同互联网使用用途所产生的效应进行比较。本文尝试解答这些问题，这些新的结果可以丰富关于中国自营就业的实证研究。

四、 分析方法和数据

（一） 分析模型

1. 互联网与自营就业选择的分析模型

　　首先，如方程式（1）所示，使用 Logit 回归模型（logit model）来分析互联网对成为自营就业者概率的影响。

$$Pr(Y_i^* = 1) = \frac{\exp(a + \beta_I Int_i + \beta_H H_i + u_i)}{1 + \exp(a + \beta_I Int_i + \beta_H H_i + u_i)} \tag{1}$$

　　在方程式（1）中，i 表示劳动者，$Pr(Y_i^* = n)$ 表示选择自营就业的概率，Int 表示互联网使用的变量，H 为影响因素，β 为系数，a 是常数项，u 是误差项。

　　我们使用三种方法来解决内生性问题。第一,使用中国政府公布的 1999 年年末省级地区的光缆电路数量和数字电路数量这两个变量作为工具变量。① 我们将省/直辖市互联网普及率数据与 CFPS 的个人数据相结合。互联网普及是由于过去各地区的通讯设施如光缆电路和数字电路,因此会影响是否使用互联网,可以设想过去通讯设施比较发达的地区会较快修建互联网设施,而在此地区的个体使用互联网的可能性就比较大;但是 1999 年的通讯设施状况对 20 年后个体的就业方式选择不会有显著影响,在理论上符合工具变量的条件。我们进行了内生性检验,排他性检验和弱工具变量检验(详细的检验结果请参阅本文表 1-8),这两个工具变量均通过了这些检验,说明选择这两个工具变量在统计学上的有效性。

$$Pr(Int_i = 1) = b_1 + \gamma_Z z_i + \gamma_X \sum X_i + v_i. \tag{2}$$

$$Pr(Y_i^* = 1) = \frac{\exp(a + \beta_I \hat{Int_i} + \beta_H H_i + u_i)}{1 + \exp(a + \beta_I \hat{Int_i} + \beta_H H_i + u_i)} \tag{3}$$

$$corr\ (Z, u) = 0\ and\ corr\ (Z, v) \neq 0.$$

　　在方程式(2)—(3)中, $Pr(Int_i = 1)$ 为使用互联网概率; $\hat{Int}$ 是互联网使用估计值; γ 是估计系数; v 和 δ 是误差项; Z 是工具变量。我们使用内生性检验(Durbin-Wu-Hausman 检验)、排他性检验(overidentification test)和弱工具变量检验(weak identification test)来判断是否可以使用工具变量。

───────────

① 尽管曹和姜(2020)和赵和李(2020)使用省级地区互联网普及率作为工具变量,我们发现这个工具变量没有通过排他性检验和弱工具变量检验。而本文使用的这两个新的工具变量均通过了内生性检验、排他性检验和弱工具变量检验(详细的检验结果请参阅本文表 1-8)。这两个工具变量与原始数据均来自国家统计局《中国统计年鉴 1999》。

第二，我们使用一期滞后模型来解决有可能出现的反向因果关系问题。在方程式（4）中，t 为当期（如 2018），t_1 为前期（如 2016），Int_{t_1} 为前期调查的互联网使用变量。

$$Pr(Y_i^* = 1) = \frac{\exp(a + \beta_I Int_{it\_1} + \beta_H H_i + u_i)}{1 + \exp(a + \beta_I Int_i t_1 + \beta_H H_i + u_i)} \qquad (4)$$

第三，因为 u 包括与个体特定和时间不变因素相关的误差（ρ_i，如个性，观察不到的个人能力等）和真正的误差项（ε），因此会出现个体异质性问题（heterogeneity）。我们使用固定效应或随机效应模型来应对该问题［方程式（5）］。使用 Breusch-Pagan Lagrange 乘数检验和 Hausman 检验来判断 OLS、随机效应和固定效应模型的妥当性。

$$Pr(Y_i^* = 1) = \frac{\exp(a + \beta_I Int_{it\_1} + \beta_H H_i + u_i + \rho_i + \varepsilon_{it})}{1 + \exp(a + \beta_I Int_i t_1 + \beta_H H_i + u_i + \rho_i + \varepsilon_{it})}$$

$$(5)$$

在各组异质性分析中，我们使用上述模型并利用互联网和各组的交叉项进行分析。①

（二）使用数据

本文使用了中国家庭追踪调查（China Family Panel Studies：CFPS）数据中的最新三期面板数据（2014 年，2016 年和 2018 年）。CFPS 是一项具有全国代表性的面板数据调查，收集了中国社区、家庭和个人的数据，是由中国北京大学社会科学研究所于 2010 年开始调查。我们可以从 CFPS 中获取有关互联网使用、个人收入、就业方

---

① 本文也进行了分组分析，其结果与交叉项分析相似。限于篇幅限制，考虑使用交叉项分析结果是在假定其他变量相同的情形下得出的结论，更为严谨，所以本文在后面只给出了使用交叉项的分析结果。对分组分析结果感兴趣者可以与本文作者联系。

式和其他因素(例如教育、工作年限、性别、职业和行业部门)的信息用于分析。CFPS 调查样本通过多阶段概率的分层抽取。在 2010 年基线调查中,CFPS 成功采访了近 15,000 个家庭和这些家庭中的近 30,000 人,回答率约为 79%。受访者通过年度进行跟踪,每两年进行全国跟踪调查。2010 年 CFPS 覆盖了 25 个省市。只有最近三期调查(2014 年、2016 年和 2018 年)中有关于互联网使用的调查项目和其他用于分析的必要信息。因此,在本研究中使用了最近三期的数据。2014 年、2016 年和 2018 年的 CFPS 样本分别为 37,147、36,892 和 37,354。本文使用了包括非农就业的自营就业者、受雇者和非就业者的样本。由于国有部门实施强制性退休制度,我们将分析样本限制在 16—60 岁的人群中,以尽量减少该制度的影响。[①] 排除了缺失值,分析中使用的面板数据样本总数为 23,286。

就业状况是依据调查问卷中关于"工作性质""职业"和"就业单位规模"的项目,中国政府关于自营就业部门中小微企业的定义,并根据 ILO (1972),Earle 和 Sakova (2000)的国际标准来进行分类的。具体而言,①如果劳动者的工作性质或职业是个体经营,则被定义是自营就业者,包括没有雇员的个体自营就业者和雇员在 8 人以下小微企业的小企业家;②如果劳动者的工作性质或职业即不是个体自营就业者和小企业家,也不是雇员在 8 人以上企业的企业家,并领取劳动报酬,则就定义其为受雇者;③如果劳动者的工作状况为没有工作,则被认为是非就业者。在自营就业概率模型种的自变量主要为一个二元变量(1=自营就业,0=其他)。

---

① 根据国有部门(例如政府组织和国有企业)的公共养老金计划和强制退休制度,退休年龄女干部是 55 岁,女工人为 50 岁,男性干部和工人为 60 岁。我们使用女性 16—60 岁和 16—55 岁两个样本进行了分析,其分析结果基本一致。由于篇幅所限,本文没有显示女性 16—55 岁分析结果,感兴趣者可以与本文作者联系。考虑到自营就业大多不受退休制度影响,所以本文选择了 16—60 岁的样本。

关键的因变量是互联网使用虚拟变量进行外延效应分析（extensive margin effect）。根据问题项目"您在过去一年中使用过互联网吗？"，我们将互联网使用评分分为"使用过互联网"为 1，"未使用过互联网"为 0。在分析互联网使用用途的模型中，我们使用了三个变量进行内涵效应分析（intensive margin effect）：（1）使用互联网进行电商活动（比如网银、网上购物）的频率；（2）使用互联网进行社交活动（比如聊天、发微博）；（3）使用互联网进行工作和学习的频率。这三个变量均为一个 7 阶段变量：从 1（几乎没有）到 7（几乎每天）。

使用中国政府公布的 1999 年年末省级地区的光缆电路数量和数字电路数量这两个变量作为工具变量。

参照既往文献（Wu，2006；Yueh，2009a，2009b；Zhang 和 Pan，2012；Zhang 和 Zhao，2015；Ma，2016，2018；马，2017；Ma 和 Li，2022），本文设定了一组变量作为控制变量：受教育年限、工作年限及其平方项，健康状态（1＝非常健康或健康，0＝普通、不健康或非常不健康）作为人力资本变量。个体特征如性别（1＝男性，0＝女性）、汉民族（1＝汉民族，0＝少数民族），党员身份（1＝共产党员，0＝非党员）；工作特征如职业（1＝服务性工作，0＝其他职业），工业部门（1＝制造业，0＝其他行业）；家庭特征如家庭总收入，家庭人数也被设定为控制变量。此外，我们考虑了一些在中国劳动力市场的特殊因素的影响，例如存在由户籍造成的劳动力市分割或者可以说是户籍歧视，因此，我们增加了城市户籍的虚拟变量来控制这些非市场性因素的影响。另外，考虑中国存在较大的地区差异，并且宏观经济环境和商业周期会随时间而变化，我们使用地区（西部、中部、或东部）和年份虚拟变量来控制这些因素对自营就业选择的影响。

五、 描述统计结果

（一） 就业方式的分布

　　中国非农就业方式的分布如图6所示。我们没有把农业劳动者（在劳动者分类中通常被视为农业自营就业者）作为本文分析对象，这里我们剔除了从事农业生产的劳动者，主要讨论非农就业方式。首先可以看出受雇者比例为60%—70%，为主要就业方式，自营就业者的比例较小，二者总计为10%左右。其次，从2014年到2018年，自营就业者比例从10.91%提高到了13.92%，表明了在近期伴随互联网的普及和政府鼓励创业政策的实施，自营就业者比例增大了。同时，受雇者比例也从2014年的63.56%提高到了2018年的74.08%。

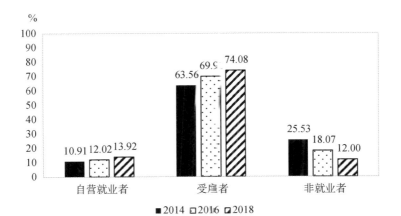

图6　中国非农就业方式的分布

注：自营就业者只包括没有雇员的个体自营就业者和雇员在8人以下的小微企业的小企业家。受雇者为自营部门或非自营部门的受雇者。
资料来源：使用CFPS2014,2016和CHIP2018作者计算。

自营就业者和受雇者比例的提高带来了非就业者比例的下降：从
25.53％下降到了12.00％，显示了在此期间就业状况有所好转，更多
的劳动力参与了就业。

（二） 按就业方式分的互联网使用情况

　　图7总结了按就业方式分的互联网使用者占各组总人数的比
例。首先可以观察到在2014年、2016年和2018年，互联网使用者比
例在受雇者组为最高，高于其在自营就业者组，而在非就业者组为最
低。其次，从2014年到2018年，各组的互联网使用者比例都有所增
加。例如互联网使用者比例在自营就业者组中从2014年的48.4％
提高到2018年的76.2％，其提高幅度大于受雇者（从2014年的
53.2％提高到2018年的76.8％）。这表明了互联网的普及在自营

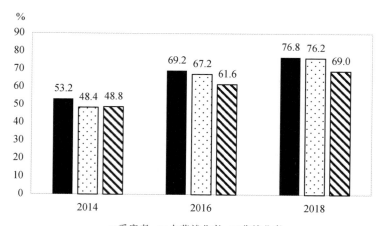

图 7　按就业方式分的中国互联网使用情况

注：自营就业者只包括没有雇员的个体自营就业者和雇员在8人以下的小微企业的小企业
家。受雇者为自营部门或非自营部门的受雇者。
资料来源：使用CFPS2014,2016和CHIP2018作者计算。

就业者组中高于受雇者组。互联网使用是否促进了自营就业呢？我们将在下一节进行具体分析来回答这个问题。

六、计量分析结果

（一）互联网使用对自营就业选择的影响

表 1 给出了使用互联网对自营就业选择的影响的分析结果。使用二元 Logit 模型来进行概率分析。基准组为非自营就业者（包括受雇者和非就业者）。为了应对内生性问题，我们使用 5 个模型进行分析并比较其结果。内生性检验结果显示互联网使用是一个内生变量；Cragg-Donal Wald F statistic 的结果为 17.772 大于 10，显示不存在弱工具变量问题；Sargan statistic 结果表明了 IV 与第二阶段方程式的残差在统计学上不相关，满足了外生性条件。这些结果显示了工具变量是有效的。Breusch and Pagan Lagrangian multiplier 检验结果显示了随机效应模型优于 Logit 模型；Hausman 检验的结果表明了固定效应模型优于随机效应模型。

基于这些分析结果可以得出以下的结论：当不考虑内生性问题时，模型 1(Logit)结果显示互联网使用显著提高成为自营就业者的概率。当考虑内生性问题后，模型 2(IV_Logit)、模型 3(LV_Logit)、模型 4(RE_Logit)和模型 5(FE_Logit)依然显示了使用互联网可以显著提高成为自营就业者的概率。这些结果表明了互联网使用可以提高选择自营就业的概率。使用固定效应模型的结果依然显示了互联网使用可以提高成为自营就业者概率，但是其显著水平为 10%，低于随机效应模型的显著性(1%)，表明了一些观察不到的个体特性差异(如对规避危险的态度、智商、情商等)也会影响自营就业的选择。

表 1 互联网对自营就业选择影响的分析结果

	(1) Logit	(2) IV_Logit	(3) LV_Logit	(4) RE_Logit	(5) FE_Logit
互联网	0.216*** (4.17)	0.235* (1.75)	0.156** (2.47)	0.441*** (3.83)	0.275* (1.65)
控制变量	Yes	Yes	Yes	Yes	Yes
第一阶段分析					
1999年光缆电路数量		0.117*** (2.73)			
1999年数字电路数量		−0.326*** (−8.63)			
样本数	23,286	23,286	14,445	23,286	1,751
分组数				10941	691
Hausman 检验		47.15($p=0.000$)			56.52($p=0.000$)
BP 检验		7,049.37($p=0.000$)			

续　表

	(1) Logit	(2) IV_Logit	(3) LV_Logit	(4) RE_Logit	(5) FE_Logit
Cragg-Donal Wald F statistic		17.772			
Sargan statistic		$p=0.239$			
Adjusted R2	0.056		0.055		
Log likelihood	-8,433.272	-8,473.032	-5,494.238	-602.908	-602.908
LR test Prob>chi2				0.000	0.000

注：

1. ***, $p<0.01$；**, $p<0.05$；*, $p<0.1$。括号中的数值为 t 或 z 值。

2. IV：工具变量法；LV：一期滞后模型；RE：随机效应模型；FE：固定效应模型；DF 检验；Breusch and Pagan Lagrangian multiplier test。

3. 控制变量包括受教育年数、年龄和年龄二乘、性别、汉族、党员、婚姻状况、健康状况、家庭总收入、家庭人数、城市户口、加入养老金、加入医疗保险、地区和调查年的变量。这些分析结果没有在此表中表示，感兴趣者可以与本文作者联系。

资料来源：使用 CFPS2014、2016 和 CHIP2018 作者计算。

(二) 异质性的分析结果

考虑到组间差异，我们使用了互联网使用和各组（年龄、户口、性别和受教育程度）的交叉项。与表 1 相同，使用 5 种模型。我们关注交叉项的分析结果，如果交叉项的结果在统计学上显著，表明存在组间异质性。

第一，表 2 给出了互联网使用效应的年龄组间异质性的分析结果。当控制了其他变量后，在模型 2 和模型 3 的结果中，互联网与中老年组（30—49 岁，50—60 岁）的交叉项均为正值且在 1% 水平上显著，显示了互联网使用对中老年者进入自营就业部门的影响大于其对年轻者的影响。这可能是因为企业更倾向于雇用年轻者。由于企业对中老年者的劳动需要低于年轻者，导致中老年者只能选择进入自营就业部门。从这个分析结果来看，相比于年轻者组，互联网使用可以更大地促进中老年者进入自营就业部门，从而提高中老年人就业率。

第二，表 3 给出了互联网使用效应在城市和农村间差异的分析结果。当其他控制了其他变量后，在模型 1-4 的结果中互联网与城市户籍者的交叉项均为负值且在 1% 或 10% 水平上显著，显示了互联网使用对进入自营就业部门的影响是农村组大于城市组。这可能是因为在中国劳动力市场存在户籍歧视（Cai，2016；Ma，2018），大企业或者国有企业更倾向于雇用城市户籍者。由于农村户籍者难于进入这些正规就业部门，所以他们大多选择进入非正规就业部门，如成为自营就业者。此结果显示了互联网的使用可以促进更多的农村户籍者进入自营就业部门，尽管这也许是非自愿的选择。由于数据中没有关于自愿和非自愿选择就业方式的信息，我们无法进行进一步分析，这成为我们今后的一个研究课题。

表 2 互联网效应的年龄组间差异

	(1) Logit	(2) IV_Logit	(3) LV_Logit	(4) RE_Logit	(5) FE_Logit
互联网	1.235*** (6.57)	0.107 (0.62)	0.075 (1.14)	0.300 (1.00)	0.197 (0.55)
年龄(16—29 岁)					
30—49 岁	0.396*** (2.62)	0.142 (1.57)	0.089 (0.80)	0.353 (1.13)	0.001 (0.00)
50 岁以上	0.162 (1.06)	-0.055 (-0.46)	0.030 (0.26)	-0.106 (-0.33)	-0.072 (-0.14)
互联网×30—49 岁	-0.127 (-0.79)	0.206*** (3.18)	0.319*** (3.72)	0.075 (0.23)	-0.062 (-0.15)
互联网×50 岁以上	-0.114 (-0.66)	0.242*** (2.70)	0.269*** (2.62)	0.386 (1.08)	0.294 (0.60)
控制变量	Yes	Yes	Yes	Yes	Yes
第一阶段分析					
1999 年光缆电路数量		0.117*** (2.73)			

续　表

	(1) Logit	(2) IV_Logit	(3) LV_Logit	(4) RE_Logit	(5) FE_Logit
1999 年数字电路数量		-0.326^{***} (-8.63)			
样本数	23,286	23,286	14,445	23,286	1,757
分组数				10,941	691
Hausman 检验		$53.61(p=0.000)$			$92.94(p=0.000)$
BP test		$7,042.84(p=0.000)$			
Cragg-Donal Wald F statistic		11.853			
Sargan statistic		$p=0.051$			
Adjusted R2	0.064		0.053		
Log likelihood	$-8,358.817$	$-8,472.551$	$-5,507.476$	$-6,528.737$	-605.323
LR test Prob>chi2				0.000	0.000

注:
1. ***: $p<0.01$; **: $p<0.05$; *: $p<0.1$。括号中的数值为 t 或 z 值。
2. IV:工具变量法;LV:一期滞后模型;RE:随机效应模型;FE:固定效应模型;BP 检验:Breusch and Pagan Lagrangian multiplier test。
3. 控制变量包括受教育年数、工作年限和其二乘、健康状况、性别、汉族、党员、婚姻状况、职业、行业、城市户口、地区和调查年份的变量。这些分析结果没有在此表中表示,感兴趣者可以与本文作者联系。

资料来源:使用 CFPS2014、2016 和 CHIP2018 作者计算。

表3　互联网效应的城市和农村组间差异

	(1) Logit	(2) IV_Logit	(3) LV_Logit	(4) RE_Logit	(5) FE_Logit
互联网	1.199*** (10.24)	0.628** (2.54)	0.449*** (4.79)	0.660*** (3.96)	0.150 (0.62)
城市	0.195*** (2.85)	0.426*** (4.82)	0.309*** (3.85)	0.272* (1.64)	-0.306 (-0.96)
互联网×城市	-0.247*** (-2.82)	-0.743*** (-5.47)	-0.450*** (-4.25)	-0.359* (-1.82)	0.210 (0.71)
控制变量	Yes	Yes	Yes	Yes	Yes
第一阶段分析					
1999年光缆电路数量		0.117*** (2.73)			
1999年数字电路数量		-0.326*** (-8.63)			
样本数	23,286	23,286	14,445	23,286	1,751

续　表

	(1) Logit	(2) IV_Logit	(3) LV_Logit	(4) RE_Logit	(5) FE_Logit
分组数				10,941	691
Hausman 检验		34.25($p=0.000$)			67.08($p=0.000$)
Prob>chi2		7,031.01($p=0.000$)			
Cragg-Donal Wald F statistic		17.124			
Sargan statistic		0.241			
Adjusted R2	0.061		0.056		
Log likelihood	−8,388.344	−8,426.459	−5,485.177	−6,487.573	−602.658
LR test Prob>chi2		0.000		0.000	0.000

注：

1. ***：$p<0.01$；**：$p<0.05$；*：$p<0.1$。括号中的数值为 t 或 z 值。

2. IV：工具变量法；LV：一期滞后模型；FE：固定效应模型；RE：随机效应模型；BP 检验：Breusch and Pagan Lagrangian multiplier test。

3. 控制变量包括受教育年数、工作年限和其二乘、性别、汉族、党员、婚姻状况、健康状况、职业、行业、地区和调查年的变量。这些分析结果没有在此表中表示。感兴趣者可以与本文作者联系。

资料来源：使用 CFPS2014,2016 和 CHIP2018 作者计算。

第三,表 4 给出了互联网使用效应的性别间差异的分析结果。当控制了其他变量和考虑内生性问题后,在模型 1—4 中互联网与女性的交叉项均不显著,显示了互联网使用效应的性别差异不明显。

第四,表 5 给出了互联网使用效应的受教育程度组间差异的分析结果。当控制了其他变量后,在模型 1、3 和 4 的结果中互联网与中低学历者的交叉项均为正的值且在 1% 或 10% 水平上显著,显示了互联网使用对进入自营就业部门的影响是中低学历组大于高学历组。依据市场分割理论(Piore,1970)。因为在非正规部门和正规部门之间存在市场分割,与非正规就业部门相比,受雇者在正规就业部门可以得到更高的工资、更稳定的工作和更高水平的社会保障,因此高学历者更多地是选择成为受雇者。互联网的使用促进了中低学历者进入自营就业部门。尽管这有可能是由于中低学历者进入正规部门就业的机会较少,他们不得不进入自营就业部门,但是可以说互联网使用可以促进低技能劳动者就业。

（三）考虑互联网使用用途的分析结果

考虑到不同互联网使用的用途和使用量可能影响其效应,我们区分了三种用途并进行了分析。分析结果分别总结在表 6(电商活动),表 7(社交活动)和表 8(工作和学习)。

在表 6 的模型 1—4 中,互联网使用频率的分析结果都为正值且在 1% 水平上显著,表明了使用互联网进行电商活动(如网银、网购)的频率越多,成为自营就业者的可能性更大。

在表 7 的模型 3 中,互联网使用频率的分析结果为负值且在 5% 水平上显著;其他模型的结果在统计学上都不明显。表明了使用互联网进行社交活动(如聊天、发微博)不能促进自营就业。

在表 8 的模型 1—2 中,互联网使用频率的分析结果一次项均为

表 4 互联网效应的性别差异

	(1) Logit	(2) IV_Logit	(3) LV_Logit	(4) RE_Logit	(5) FE_Logit
互联网	1.331*** (10.61)	0.684*** (2.72)	0.211*** (2.71)	0.523*** (3.58)	0.301 (1.37)
女性	-0.109* (-1.64)	-0.201** (-2.72)	-0.180** (-2.37)	-0.542*** (-3.18)	14.023 (0.01)
互联网×女性	-0.248*** (-2.96)	-0.151 (-1.17)	-0.121 (-1.21)	-0.179 (-0.91)	-0.058 (-0.19)
控制变量	Yes	Yes	Yes	Yes	Yes
第一阶段分析					
1999年光缆电路数量		0.117*** (2.73)			
1999年数字电路数量		-0.326*** (-8.63)			
样本数	23,286	23,286	14,445	23,286	1,751

续　表

	(1) Logit	(2) IV_Logit	(3) LV_Logit	(4) RE_Logit	(5) FE_Logit
分组数				10,941	691
Hausman 检验		43.89(p=0.000)			56.57(p=0.000)
BP test		7,046.08(p=0.000)			
Cragg-Donal Wald F statistic		14.562			
Sargan statistic		0.283			
Adjusted R2	0.061		0.055		
Log likelihood	-8,383.949	-8,425.776	-5,493.508	-6,488.205	-602.891
LR test Prob>chi2				0.000	0.000

注:
1. ***:$p<0.01$; **:$p<0.05$; *:$p<0.1$。括号中的数值为 t 或 z 值。
2. IV:工具变量法;LV:一期滞后模型;RE:随机效应模型;FE:固定效应模型;BP 检验:Breusch and Pagan Lagrangian multiplier test。
3. 控制变量包括受教育年数、工作年限和其二乘、汉族、党员、婚姻状况、健康状况、职业、行业、城市户口、地区和调查年的变量。这些分析结果没有在此表中表示,感兴趣者可以与本文作者联系。
资料来源:使用 CFPS2014、2016 和 CHIP2018 作者计算。

表 5　互联网效应的受教育程度组间差异

	(1) Logit	(2) IV_Logit	(3) LV_Logit	(4) RE_Logit	(5) FE_Logit
互联网	-0.579***	-0.661	-0.773***	-0.421	0.525
	(-2.66)	(-1.15)	(-3.38)	(-0.82)	(0.53)
高中以下	0.304	0.499	0.262	1.239**	0.146
	(1.45)	(1.05)	(1.21)	(2.40)	(0.14)
互联网×高中以下	0.786***	0.540	0.936***	0.861*	-0.251
	(3.56)	(1.04)	(4.01)	(1.64)	(-0.25)
控制变量	Yes	Yes	Yes	Yes	Yes
第一阶段分析					
1999 年光缆电路数量		0.117***			
		(2.73)			
1999 年数字电路数量		-0.326***			
		(-8.63)			
样本数	23,286	23,286	14,445	23,286	1,751

续　表

	(1) Logit	(2) IV_Logit	(3) LV_Logit	(4) RE_Logit	(5) FE_Logit
分组数				10,941	691
Hausman 检验		49.66(p=0.000)			89.97(p=0.000)
BP test		7,009.55(p=0.001)			
Cragg-Donal Wald F statistic		1.190			
Sargan statistic		0.561			
Adjusted R2	0.065		0.006		
Log likelihood	-8,345.571	8,357.210	5,427,380	-6,448.013	-603.308
LR test Prob>chi2			0.000	0.000	0.000

注：

1. ***:$p<0.01$；**:$p<0.05$；*:$p<0.1$。括号中的数值为 t 或 z 值。

2. IV:工具变量法；LV:一期滞后模型；RE:随机效应模型；FE:固定效应模型；BP 检验:Breusch and Pagan Lagrangian multiplier test。

3. 控制变量包括工作年限和其二乘、健康状况、性别、汉族、党员、婚姻状况、职业、行业、城市户口、地区和调查年的变量。这些分析结果没有在此表中表示，感兴趣者可以与本文作者联系。使用 CFPS2014,2016 和 CHIP2018 作者计算。

资料来源:使用 CFPS2014,2016 和 CHIP2018 作者计算。

表 6　互联网用于电商活动的分析结果

	（1）Logit	（2）IV_Logit	（3）LV_Logit	（4）RE_Logit	（5）FE_Logit
互联网使用频率：网银或网购	0.146*** (10.11)	1.313*** (4.92)	0.172*** (8.90)	0.165*** (5.37)	-0.026 (-0.58)
控制变量	Yes	Yes	Yes	Yes	Yes
第一阶段分析					
1999 年光缆电路数量		0.117*** (2.73)			
1999 年数字电路数量		-0.326*** (-8.63)			
样本数	14,983	14,983	8,725	14,983	1,021
分组数				7,749	417
Hausman 检验		38.59(p=0.000)			40.06(p=0.000)
BP test		2,999.62(p=0.000)			

续　表

	(1) Logit	(2) IV_Logit	(3) LV_Logit	(4) RE_Logit	(5) FE_Logit
Cragg-Donal Wald F statistic		15.000			
Sargan statistic		0.389			
Adjusted R2	0.091		0.055		
Log likelihood	-5,135.154	-8,429.946	-3,025.459	-4,260.791	-602.908
LR test Prob>chi2				0.000	0.000

注：

1. ***：$p<0.01$；**：$p<0.05$；*：$p<0.1$。括号中的数值为 t 或 z 值。

2. IV，工具变量*；I.V.　　　　　滞后模型；RF，随滞后效应模型；FE，固定效应模型；随机效应模型：Breusch and Pagan Lagrangian multiplier test.

3. 控制变量包括受教育年数、年龄和年龄二乘、健康状况、性别、党员、汉族、婚姻状况、本地区和调查年的变量。这些分析结果没有在此表中表示，感兴趣的读者可以与本文作者联系。

资料来源：使用 CFPS2014、2016 和 CHIP2018 作者计算。

表 7 互联网用于社交活动的分析结果

	(1) Logit	(2) IV_Logit	(3) LV_Logit	(4) RE_Logit	(5) FE_Logit
互联网使用频率:社交活动	-0.005 (-0.40)	-0.040 (-0.17)	-0.033** (-2.09)	0.009 (0.31)	0.027 (0.65)
控制变量	Yes	Yes	Yes	Yes	Yes
第一阶段分析					
1999年光缆电路数量		0.117*** (2.73)			
1999年数字电路数量		-0.326*** (-8.63)			
样本数	14,983	14,983	8,725	14,983	1,021
分组数				7,749	417
Hausman 检验		13.01(p=0.000)			37.87(p=0.000)
BP test		3,095.91(p=0.001)			
Cragg-Donal Wald F statistic		11.912			

续　表

	(1) Logit	(2) IV_Logit	(3) LV_Logit	(4) RE_Logit	(5) FE_Logit
Sargan statistic		0.001			
Adjusted R2	0.091		0.055		
Log likelihood	-5,135.154	-8,441.985	-3,025.459	-4,270.221	-343.207
LR test Prob>chi2				0.000	0.000

注:

1. *** : $p < 0.01$; ** : $p < 0.05$; * : $p < 0.1$。括号中的数值为 t 或 z 值。

2. IV:工具变量法;LV:一期滞后模型;RE:随机效应模型;FE:固定效应模型;BP 检验:Breusch and Pagan Lagrangian multiplier test。

3. 控制变量包括受教育年数,年龄和年龄平方、健康状况、性别、汉族、常员、婚姻状况、家庭总收入、家庭人数、城市户口、加入养老、加入医疗保险、地区和调查年的变量。这些分析结果没有在此表中表示,感兴趣者可以与本文作者联系。

资料来源:使用 CFPS2014,2016 和 CHIP2018 作者计算。

表 8 互联网用于工作和学习的分析结果

	(1) Logit	(2) IV_Logit	(3) LV_Logit	(4) RE_Logit	(5) FE_Logit
互联网使用频率：工作和学习					
一次项	0.080***	2.076***	0.023	0.069	0.027
	(2.56)	(9.04)	(0.57)	(1.02)	(0.65)
二次项	-0.005	-0.046***	-0.001	-0.005	0.027
	(-2.60)***	(-10.07)	(-0.63)	(-1.42)	(0.65)
控制变量	Yes	Yes	Yes	Yes	Yes
第一阶段分析					
1999年光缆电路数量		0.117***			
		(2.73)			
1999年数字电路数量		-0.326***			
		(-8.63)			
样本数	22,054	22,054	22,054	22,054	1,631
分组数				10,786	645
Hausman检验		21.58(p=0.000)			53.19(p=0.000)

续　表

	(1) Logit	(2) IV_Logit	(3) LV_Logit	(4) RE_Logit	(5) FE_Logit
BP test				6,889.45 ($p=0.000$)	
Cragg-Donal Wald F statistic		19.920			
Sargan statistic		2.672			
Adjusted R2	0.053		0.054		
Log likelihood	-8,166.832	-8,370.404	-5,495.377	-6,288.744	-556.033
LR test Prob>chi2				0.000	0.000

注:

1. ****：$p<0.01$；***：$p<0.05$；*：$p<0.1$。括号中的数值为 t 或 z 值。

2. IV：工具变量法；LV：一期滞后模型；RE：随机效应模型；FE：固定效应模型；BP 检验：Breusch and Pagan Lagrangian multiplier test。

3. 控制变量包括受教育年数、年龄和年龄二次、性别、汉族、党员、婚姻状况、健康状况、家庭总收入、家庭人数、城市户口、加入养老金、加入医疗保险、地区和调查年份的变量。这些分析结果没有在此表中表示，感兴趣的读者可以与本文作者联系。

资料来源：使用 CFPS2014、2016 和 CHIP2018 作者计算。

正值,而二次项结果均为负值,它们都在 1% 水平上显著;其他模型的结果在统计学上都不明显。表明了使用互联网进行学习和工作可以提高成为自营就业者的可能性,但是个体异质性对自营就业选择有显著的影响,当使用随机效应或固定效应模型控制了个体异质性后,使用互联网用于工作或学习对选择自营就业的影响变得不显著。

七、 结论

伴随经济改革和数字经济的发展,中国自营就业部门得到了很大的发展。互联网使用是否促进了自营就业? 本文在回顾中国自营就业部门发展的基础上进行了实证分析。使用 CFPS 的最新三期面板数据,在处理了内生性问题后,分析了互联网使用对自营就业选择的影响,得出了以下几个主要结论:

第一,互联网使用可以提高成为自营就业者的可能性,但是一些不随时间变化的个体异质性差异对创业选择有显著影响。

第二,互联网使用效应存在组间异质性:对自营就业选择的正向效应在中老年者、中低学历者和农村户口组大于年轻者、高学历和城市户口组,显示了互联网使用可以促进弱势群体进入自营就业部门。

第三,互联网使用用途影响其效应:使用互联网进行电商活动(如网银和网购),使用互联网进行学习和工作可以提高自营就业选择,但是使用互联网进行社交活动如聊天或发微博等对自营就业选择的影响不显著。

这些实证分析结果给我们带来的启示和政策含义如下。第一,分析结果显示了互联网使用可以提高成为自营就业者的可能性。而在自营就业者中,有一部分即小企业家是主动创业。这提示了促进数字经济和互联网发展的政策可以促进创业创新。新的技术发展带来新的商机和商业模式的革新(例如网购、网红、电子付款、BoT 等),

这些创新可以被看作熊彼特理论中的创造的破坏,在促进创业的同时可以带动经济快速增长,使得经济发展跳跃到一个新的更高的层面。中国数字经济发展是符合熊彼特理论的,本文的结果为中国政府在2010后陆续出台的促进数字经济发展和"互联网＋"政策提供了经验分析的证据。今后,应该鼓励借助互联网平台进行多种形式的电商活动,这有助于创业创新。有许多研究表明了在创业的最初阶段,存在流动性资金约束问题(Ma,2017;Ma 和 Li,2022)。可以预测如果小企业家不能通过正规金融市场进行融资来解决资金缺乏问题,那么小企业的生存和发展都会很困难。实际上,在目前的中国,中小民营企业中存在着这样的流动资金约束问题,例如国有银行不愿意向中小企业放贷款,许多中小企业不得不通过非正规金融市场——如影子银行(shadow bank)获得高价贷款,或通过家庭内部风险承担机制来自行解决(Haggard 和 Huang,2008)。为了促进小企业家通过自主创业,创造出更多的商机以带动经济新增长,政府应重视自营就业部门的发展,通过多种方式的融资为创业提供资金援助,积极实施支持中小企业的金融政策。

第二,分析结果显示了互联网使用对自营就业的正向效应在弱势群体(如农村户籍者、中低学历者、中老年者)更大。尽管在劳动力市场中,存在对弱势群体的歧视的劳动需求的不同,但是互联网使用可以提高弱势群体进入自营就业部门,这有助于从整体提高就业,促进经济增长。而国际劳动组织(ILO,1972)曾指出在发展中国家中的非正规部门就业可以促进经济发展。因此促进互联网使用在弱势群体中的普及和提高这一群体的互联网使用技能会更有助于促进就业。但是应该注意到由于弱势群体也许是由于受劳动力市场分割的影响,即由于没有进入正规部门就业的机会而不得不进入自营就业部门,所以他们中的大多数是潜在失业者。所以消除由于户籍制度等带来的进入正规部门障碍的政策会更有助于劳动力的合理分配;

加强职业培训等措施也会提高自营就业者的人力资本有助于提高就业质量。这些都会进一步促进中国经济的可持续增长。

虽然本文分析了近期互联网使用对自营就业的影响，并尝试使用工具变量法，滞后模型和固定效应模型去应对内生性问题，但是不能说完全进行了因果关系的验证，更进一步的因果关系的分析将作为今后的研究课题。关于政策影响的评估也是值得进一步研究（Ma和Li，2022）[①]。本文的分析只是一个静态分析，对自营就业行为进行动态分析也是一个重要的研究课题（Le，1999）[②]。最后，互联网使用虽然可以促进自营就业，但是也会影响收入分配，关注数字经济下的收入分配和群体间的差异（digital division）也成为我们今后的一个重要研究课题（Philip等，2017；OECD，2018；Ma，2022a，2022b）。

参考文献

Adelino, M., A. Schoar and F. Severino (2015) "House Prices, Collateral, and Self-employment", *Journal of Financial Economics*, 117(2), 288 - 306.

Alam, K, and S. A. K. Mamun. (2017) "Access to Broadband Internet and Labour Force Outcomes: A Case Study of the Western Downs Region, Queensland", *Telematics and Informatics*, 34(4), 73 - 84.

Amit, R., L. Glosten and E. Muller (1990) "Entrepreneurial Ability,

---

[①] Ma 和 Li（2022）使用中国居民收入调查（CHIP）2013 年和 2018 年数据和双倍差法（Difference in Differences），首次分析了在 2016 年和 2017 年实施的双创政策对自主创业的影响，其结果显示总体而言该政策对自主创业的影响不显著，但是在高学历者组和年轻者组，双创促进了自主创业。但是此研究没有考虑互联网的影响。

[②] 关于使用面板数据对自营就业进行的动态分析请参阅 Blau（1987），Evans 和 Jovanonic（1989），Blanchflower 和 Meyer（1992），解垩（2012）等。解垩（2012）对在中国从其他就业方式转入自营就业者的影响因素进行了分析，Evans 和 Leighton（1989），Bates（1990）等对在欧美国家从自营就业者转向受雇者进行了分析。

Venture Investments, and Risk Sharing", *Management Science*, 36 (10),1232 - 1245.

Atascy, H. (2013) "The Effects of Broadband Internet Expansion on Labour Market Outcomes", *Industrial and Labor Relations Review*, 6682),351 - 345.

Blanchflower, D. G. and B. Meyer (1992) "A Longitudinal Analysis of Young Entrepreneurs in Australia and the United States", in R. G. Gregory and T. K. Canberra (eds.) *Youth in the Eighties Papers from the Australian Longitudinal Survey Research Project*. AU: DEET and Centre for Economic Policy Research, Australian National University.

Blau, D. M. (1985) "Self-employment and Self-selection in Developing Country Labor Markets", *Southern Economic Journal*, 52(2),351 - 363.

Blau, D. M. (1987) "A times-series Analysis of Self-employment in the United States," *Journal of Political Economy*, 95(3),445 - 467.

Borjas, J. (1986) "The Self-employment Experience of Immigrants", *Journal of Human Resources*, 21(4),485 - 506.

Bruce, D. (1999) "Do Husbands Matter? Married Women Entering Self-employment", *Small Business Economics*, 13(4),317 - 329.

Brzozowski, J. and A. Lasek (2019) "The Impact of Self-employment on the Economic Integration of Immigrants: Evidence from Germany", *Journal of Entrepreneurship Management and Innovation*, 15(2),11 - 28.

Cai, F. (2016) *China's Economic Growth Prospects: From Demographic Divided to Reform Divides*. Social Sciences Academic Press. Beijing: China.

Chen, J and M. Hu (2018) "What Types of Homeowners Are More Likely to Be Entrepreneurs? The Evidence from China", *Small Business Economics*, 52(3),633 - 649.

Crandall, R. W., W. Lehr and R. E. Litan (2007) "The Effects of Broadband Deployment on Output and Employment: A Cross-Sectional Analysis of US data". *The Brookings Institution: Issue in*

Economic Policy, 6, 1 – 34.

Czernich, N. （2014） " Does Broadband Internet Reduce the Unemployment Rate? Evidence for Germany ", *Information Economics and Policy*, 29, 32 – 45.

Dettling L. J. （2017） "Broadband in the Labor Market: The Impact of Residential High-Speed Internet on Married Women's Labor Force Participation", *Industrial & Labor Relations Review*, 70, 451 – 482.

Deyyling, L. J. （2017） "Broadband in the Labour Market: The Impact of Residential High-Speed Internet on Married Women's Labour Force Participation", *Industrial & Labor Relations*, 70(2), 451 – 482.

Dimaggio, P, and B. Bonikowski （2008） "Make Money Surfing the Web? The Impact of Internet Use on the Earnings of U. S. Workers", *American Sociological Review*, 2, 227 – 250.

Dunn, T. A. and D. Holtz-Eakin （2000） "Financial Capital, Human Capital, and Transition to Self-Employment: Evidence from Intergenerational Links", *Journal of Labor Economics*, 18(2), 282 – 305.

Earle, J. S. and Z. Sakova （2000） "Business Start-ups or Disguised Unemployment? Evidence on the Character of Self-Employment from Transition Economics", *Labor Economics*, 7(5), 575 – 601.

Evans, D. S. and B. Jovanovic （1989） "An Estimated Model of Entrepreneurial Choice under Liquidity Constraints", *Journal of Political Economy*, 97(4), 808 – 827.

Evans, D. S. and L. Leighton （1989） "Some Empirical Aspects of Entrepreneurship", *American Economic Review*, 79(3), 519 – 535.

Furuholt, B, and S. Kristiansen （2007） "A Rural-Urban Digital Divide? Regional Aspects of Internet Use in Tanzania", *The Electronic Journal of Information Systems in Developing Countries*, 31(1), 1 – 15.

Ghosh, S. （2020） "Impact of Economic Growth Volatility on Income Inequality", *Quality & Quantity*, 54(3), 807 – 850.

Haggard, S. and Y. Huang （2008） "The Political Economics of Private Sector Development in China", in Brandt, L. and T. G. Rawski (eds.) *China's Great Economic Transformation*. Cambridge UK: Cambridge University Press.

Hair, N., L. Wetsch, C. E. Hull, Y. C Hung, V. Perotti and R. DeMartino (2007) "Taking Advantage of Digital Opportunities: A Typology of Digital Entrepreneurship", *International Journal of Networking and Virtual Organisations*, 4(3), 290 – 303.

Hanley, E. (2000) "Self-employment in Post-communist Eastern Europe: A Refuge from Poverty or Road to Riches", *Communist and Post-Communist Studies*, 33(3), 379 – 402.

Holtz-Eakin, D., D. Joulfaian and H. S. Rosen (1994) "Sticking it Out: Entrepreneurial Survival and Liquidity Constraints", *Journal of Political Economy*, 102(1), 53 – 75.

International Labor Organization (ILO)(1972) *Employment, Incomes and Equality: A Strategy for Increasing Productive Employment in Kenya*. Geneva, CH: International Labor Organization.

ILO (1993) *Resolutions Concerning International Classification of Status in Employment*. In Proceedings of the 15th International Conference of Labour Statisticians. January 1993.

ILO (2003) *Guidelines Concerning a Statistical Definition of Informal Employment*. In Proceedings of the 17th International Conference of Labour Statisticians (17th ICLS Guidelines, 24 November-3 December.

ILO (2013) *Measuring Informality: A Statistical Manual on the Informal Sector and Informal Employment*. Geneva, CH: International Labor Organization.

Krueger, A. B. (1993) "How Computers Have Changed the Wage Structure: Evidence from Microdata, 1984 – 1989", *The Quarterly Journal of Economics*, 103(1), 33 – 60.

Kwon, SW., C. Heflin and M. Ruef (2013) "Community Social Capital and Entrepreneurship" *American Sociological Review*, 78 (6), 980 – 1008.

Le, A. T. (1999) "Empirical Studies of Self-employment", *Journal of Economic Surveys*, 13(4), 381 – 461.

Lewis, W. A. (1954) "Economic Development with Unlimited Supplies of Labor", *Manchester School of Economic and Social Studies*, 28 (2), 139-151.

Lentz, B. F. and D. N. Laband (1990) "Entrepreneurial Success and Occupational Inheritance among Proprietors", *Canadian Journal of Economics*, 23(3), 563 – 579.

Lloyd-Ellis, H. (1999) "Endogenous Technological Change and Wage Inequality", *American Economic Review*, 89(1), 47 – 77.

Lucas, R. E. (1988) "On the Mechanics of Economic Development", *Journal of Monetary Economics*, 22, 3 – 42

Ma, X. (2016) "Economic Transition and the Determinants of Self-employment in Urban China: 2007 – 2013", *Journal of Chinese Economic and Business Studies*, 14(3), 279 – 307.

Ma, X. (2018) *Economic Transition and Labor Market Reform in China*. Singapore: Palgrave Macmillan.

Ma, X. (2022a) "Internet Use and Income Gaps between Urban and Rural Residents in China", *Journal of the Asia Pacific Economy* (in press). doi: 10.1080/13547860.2022.2054133

Ma, X. (2022b) "Internet Use and Gender Wage Gap: Evidence from China", *Journal for Labor Market Research*, 56:15.

Ma, X. and S. Li (2022). "Self-employment in Urban China: Entrepreneurship or Disguised Unemployment?", *China & World Economy*, 30(1), 166 – 195.

Miller, P, and C. Mulvey. (1997) "Computer Skills and Wages", *Australian Economic Papers*, 36(68), 106 – 113.

Minami, R. and X. Ma (2010) "The Lewisian Turning Point of Chinese Economy: Comparison with Japanese Experience", *China Economic Journal*, 3(2), 165 – 181.

Minami, R. and X. Ma (2014) "Labor Market and Lewisian Turning Point in China", in R. Minami, F. Makino and K. Kim (eds.) *Lewisian Turning Point in the Chinese Economy*. London: Palgrave Macmillan.

Molina, J. A. (2020) "Family and Entrepreneurship: New Empirical

Theoretical Results", *Journal of Family and Economics Issues*, 41, 1 – 3.

Novo-Corti, I., L. Varela-Candamio and M. García-Álvarez (2014) "Breaking the Walls of Social Exclusion of Rural Women by Means of ICTs: The Case of 'Digital Divides' in Galician", *Computers in Human Behavior*, 30, 497 – 507.

Organization for Economic Co-operation and Development (OECD) (2018). *Bridging the Digital Gender Divide: Include, Upskill, Innovate*. Paris: OECD.

Philip, L, C. Cottrill, J. Farrington and F. Wiliams (2017) "The Digital Divide: Patterns, Policy and Scenarios for Connecting the 'Final Few' in Rural Communities across Great Britain", *Journal of Rural Studies*, 54, 386 – 398.

Pabilonia, S. W, and C. Zoghi (2005) "Returning to the Returns to Computer Use." *American Economic Review*, 95(2), 314 – 317.

Philip, Lorna., Caitlin. Cottrill, John. Farrington, Fiona. Williams, and Fiona. Ashmore (2017) "The Digital Divide: Patterns, Policy and Scenarios for Connecting the 'Final Few' in Rural Communities across Great Britain", *Journal of Rural Studies*, 54, 386 – 398.

Piore, M. J. (1970) "Job and Training," in Beer S. H. and R. Barringer (eds.) *The State and the Poor*, Cambridge, MA: Winthrop. 53 – 83.

Poon, J. P. H., D. T. Thai and D Naybor (2012) "Social Capital and Female Entrepreneurship in Rural Regions: Evidence from Vietnam", *Applies Geography*, 35(1 – 2), 308 – 315.

Pradhan, R. P., M. B. Arvin, N. R. Norman, and S. E. Bennett (2016) "Financial Depth, Internet Penetration Rates and Economic Growth: Country-Panel Evidence", *Applied Economics*, 48(4), 331 – 343.

Romer, P. M. (1994) "The Origins of Endogenous Growth", *Journal of Economic Perspectives*, 8

Schmalz, M. C., D. A. Sraer and D. Thesmar (2017) "Housing Collateral and Entrepreneurship", *The Journal of Finance*, 72(1),

99 - 132.

Schumpeter, J. M. (1934) *The Theory of Economic Development: An Inquiry into Profits, Capital, Credit, Interest, and the Business Cycle.* Harvard University Press.

Schumpeter, J. M. (1942) *Capitalism, Socialism, and Democracy.* New York: Haper and Row.

Shirazi, F. (2012) "Information and Communication Technology and Women Empowerment in Iran", *Telematics and Informatics*, 29(1), 45 - 55.

Todaro, M. P. (1969) "A Model of Migration and Urban Unemployment in Less Developed Countries", *American Economic Review*, 59(1), 138 - 148.

Todaro, M. P. (1980) "Internal Migration in Developing Countries: A Survey in Population and Economic Change in Developing Countries". in Richard, A. E. (eds.) *Population and Economic Change in Developing Countries.* Chicago: University of Chicago Press.

Wassink, J. (2020) "International Migration Experience and Entrepreneurship: Evidence from Mexico", *World Development*, 136, article105077.

Yamada, G. (1996) "Urban Informal Employment and Self-employment in Developing Countries: Theory and Evidence", *Economic Development and Culture Change*, 44(2), 289 - 314.

Yueh, L. (2009a) "Self-employment in Urban China: Networking in a Transition Economy", *China Economic Review*, 20(3), 471 - 484.

Yueh, L. (2009b) "China's Entrepreneurs", *World Development*, 37 (4), 778 - 786.

Zhang, J. F. and Z. Zhao (2015) "Social-Family Network and Self-employment: Evidence from Temporary Rural-urban Migrants in China", *IZA Journal of Labor & Development*, 4:1.

Zhang, Q. F. and Z. Pan (2012) "Women's Entry into Self-employment in Urban China: The Role of Family in Creating Gendered Mobility Patterns", *World Development*, 40(6), 1201 - 1212.

Wu, X. G. (2006) "Communist Cadres and Market Opportunities: Entry into Self-Employment in China, 1978—1996", *Social Forces*, 85, 389-411.

蔡昉(2010)《人口转变、人口红利与刘易斯转折点》,《经济研究》,第 4 期,第 4—13 页。

蔡昉,都阳(2011)《工资增长、工资趋同与刘易斯转折点》《经济学动态》,第 9 期,第 9—16 页。

曹景林,姜甜(2020)《互联网使用对女性收入的影响》《天津财经大学学报》,第 12 期,第 79—95 页。

丁栋哄,袁维汉(2019)《互联网使用后与女性创业概率——基于微观数据的实证分析》《技术经济》,第 38 卷第 5 期,第 68—78 页。

国家统计局(2003)《中国统计年鉴 2003》,中国统计出版社。

国家统计局(2020)《中国统计年鉴 2020》,中国统计出版社。

胡家勇(2003)《中国个体经济发展的回顾与展望》《财经研究》,第 4 期,第 3—9+72 页。

林毅夫,蔡昉,李周(1994)《中国的奇迹:发展战略和经济改革》上海:上海三联书店。

马夫(2012)《我国个体经济发展的回顾与展望》《工商行政管理》,第 19 期,第 15—16 页。

马欣欣(2017)《关于中国城镇自雇者就业机制的实证分析——是隐蔽性失业还是自主创业?》《世界经济文汇》,2017 年第 1 期,第 205—233 页。

毛宇飞,曾湘泉,祝惠琳(2017)《互联网使用,就业决策与就业质量》,《经济理论与经济管理》,第 1 期,第 72—85 页。

毛飞,钱燕婷,赵泽瑾,秦智然,孔祥智(2019)《互联网使用频率对农村女性创业的影响——基于(2017)的实证分析》,《农村金融研究》,第 4 期,第 14—23 页。

石本仁(2005)《中国私营经济的发展回顾与现状分析》,《暨南学报(哲学社会科学版)》,第 3 期,第 56—14+19 页。

解垩(2012)《中国非农自雇活动的转换进入分析》《经济研究》,第 2 期,第 54—66 页。

赵颖智,李星颖(2020)《联网使用对个体健康的影响——基于中国家庭追踪调查数据的实证分析》《江汉论坛》,第 5 期,第 139—144 页。

周广肃,樊纲(2018)《互联网使用与家庭创业选择》,《经济评论》,第 5 期,第 134—147 页。

朱承亮,雷家骕(2020)《中国创业研究 70 年:回顾与展望》,《中国软科学》,第 1 期,第 11—20 页。

附表 A　描述统计量

	全体	互联网使用	互联网不使用	差异	t-test
	a	b	c	b－c	
互联网使用	0.644				
自营就业	0.128	0.125	0.134	－0.009	$p<0.019$
受教育年数	10.056	11.420	7.592	3.828	$p<0.000$
年龄	38.418	34.043	46.315	－12.272	$p<0.000$
女性	0.495	0.490	0.504	－0.014	$p<0.000$
城市户口	0.638	0.665	0.588	0.077	$p<0.000$
民族(汉族)	0.944	0.935	0.959	－0.024	$p<0.000$
有配偶	0.807	0.731	0.946	－0.215	$p<0.000$
家庭人数	4.267	4.267	4.267	0.000	$p<0.000$
党员	0.065	0.075	0.046	0.029	$p<0.000$
健康	0.359	0.383	0.316	0.067	$p<0.000$
家庭人均收入对数	9.474	9.604	9.239	0.365	$p<0.000$
养老保险	0.503	0.491	0.523	－0.032	$p<0.000$
医疗保险	0.890	0.884	0.901	－0.017	$p<0.000$
地区					
东部	0.465	0.470	0.455	0.015	$p<0.000$

	全体	互联网使用	互联网不使用	差异	t-test
	a	b	c	b−c	
中部	0.317	0.311	0.329	−0.018	$p<0.000$
西部	0.218	0.218	0.216	0.002	$p<0.000$
年份					
y2014	0.350	0.284	0.471	−0.187	$p<0.000$
y2016	0.322	0.336	0.295	0.041	$p<0.000$
y2018	0.328	0.380	0.234	0.146	$p<0.000$
样本数	23,286	14,985	3,301		

注:根据使用模型样本数有所不同。

资料来源:使用 CFPS2014,2016 和 CHIP2018 作者计算。

从不平衡到再平衡：理解中国经济发展道路的一个视角

章　元

一、 中国经济发展的起点与大国发展的难题

（一）新中国经济发展的起点

在中国共产党的带领下，中华民族经历了艰苦卓绝的抗日战争和解放战争之后，建立了人民当家作主的中华人民共和国，实现了民族独立和人民解放，彻底结束了旧中国一盘散沙的局面，彻底废除了列强强加给中国的不平等条约和帝国主义在中国的一切特权，为实现中华民族伟大复兴创造了根本社会条件。但新中国成立后，面临的局面却是满目疮痍，百废待兴，经济基础极其薄弱，表现在如下几个方面：

经济总量微不足道，农业在经济中占主体地位。1949 年年底，中国有 5.4167 亿人口，其中有 4.8402 亿在乡村；1952 年年底，中国的GDP 仅为 679 亿元，其中 346 亿元来自第一产业，占比高达 51%，全国 2.0729 亿就业人员中，有 1.8243 亿在乡村，1.7317 亿就业人员在

第一产业，第二和第三产业的从业人员仅有 1,531 万和 1,881 万。

城乡居民生活水平极低，农村贫困人口数量众多。1952 年年底，全国居民人均消费水平仅为 80 元，其中城镇居民的家庭人均消费水平为 154 元，而农村居民只有 65 元。1949 年，全国民用汽车数量仅为 5.09 万辆。1957 年，农村居民家庭人均纯收入仅为 73 元，农村居民的恩格尔系数高达 65.7%。即使到了 1978 年，城市人均住宅建筑面积也仅有 6.7 平方米，而农村居民的人均住宅建筑面积为 8.1 平方米。生活水平的低下以及城乡社会经济发展的差距，导致农村地区的贫困发生率极高。按照国家统计局较早制定的标准，1978 年的贫困线为每年收入 100 元，按照这一标准，即使到了 1978 年中国农村依然有 2.5 亿人口生活在此贫困线之下①。而 1978 年的农村人口为 7.9014 亿，对应的贫困发生率为 31.64%。

城乡基础设施以及教育和卫生条件极其薄弱，社会发展水平极低。基础设施方面，1949 年全国铁路营业里程为 2.18 万公里，公路里程为 8.07 万公里，全国城市的供水管长度仅有 6,587 公里，供气管道长度仅有 1,039 公里，城市道路总长度仅有 11,129 公里，年末公共汽车运营数量仅有 2,292 辆。卫生设施方面，1949 年全国各类卫生机构数量为 3,670 个，其中医院为 2,600 个，妇幼保健院为 9 个，专科防治院（所、站）为 11 个，当年的全国各类卫生机构人员数为 54.1 万人，每千人口职业（助理）医师数仅为 0.67 个；各类卫生机构床位数为 8.5 万张，每千人的医院、卫生院床位数仅为 0.15 张；医疗资源的匮乏导致人们的健康水平低下，1949 年底中国的人口死亡率高达 20‰。教育方面，1949 年全国拥有普通高等学校数量 205 所，高中 1,597 所，初中 2,448 所，幼儿园 1,799 所（1950 年数字）；全

---

① 国家统计局住户调查办公室，《中国农村贫困监测报告——2016》，国家统计出版社 2017 年版。

国各类普通高等学校的专任教师数量仅为 1.6 万人，高中和初中专
任教师数量分别为 1.4 万人和 5.3 万人。1949 年，全国的在学研
究生人数为 629 人。1952 年，全国小学学龄儿童净入学率仅为
49.2%。

工业基础微薄，工业化水平极低。1949 年，全国工业企业总产值
仅为 140 亿元；1957 年的工业企业数量只有 16.95 万个；1949 年，全
国的原煤产量仅为 0.32 亿吨，原油产量 12 亿吨，发电量 43 亿千瓦
时，生铁和粗钢产量为 25 吨和 16 亿吨，成品钢材仅为 13 亿吨，水泥
和硫酸的总产量为 66 吨和 4 万吨；化肥的总产量仅为 0.6 万吨。工
业基础的薄弱，导致新中国成立时的工业化水平极低，1952 年的工
业增加值占全国 GDP 的比重仅为 17.6%。

（二）大国发展的难题

中国是世界第一人口大国，也是世界上最大的发展经济体，2010
年成为世界第二大经济体。而新中国成立之初，中国还是典型的小
农经济。因此，中国的发展道路面临着与其他小型经济体所不同的
挑战。张培刚和杨建文(1999)指出，大国发展普遍面临着五大难题：
一是历史遗产和文化传统的重大影响；二是沉重的人口压力、严峻的
就业问题和低下的经济效率；三是区域经济的不平衡；四是农业落后
与工农业协调发展的矛盾；五是内源发展与对外开放的适度选择。
他们认为，与小国不同，大国经济的一个重要特征是，大国国土辽阔，
国民经济由若干乃至多个区域经济组成。由于资源禀赋、发展基础、
人力和技术条件等不同，各个区域经济的发展水平和速度存在着很
大差距。因此，区域经济之间如何协调发展以及各区域内部经济如
何发展，是大国在制定经济发展战略和政策时必须妥善处理的一个
难题。如果政府采取平衡增长战略，虽然能够促进落后地区的经济
增长，暂时缩小不发达地区与发达地区的经济差距，但这种抑制先

进、向落后看齐的平均主义做法，必将阻碍发达地区的进一步发展，结果也对整个国民经济的长期发展不利。反之，如果政府采取向发达地区倾斜的不平衡增长战略，必将加剧区域间的两极分化，使富区愈富，贫区愈贫。可见，大国在制定区域经济发展政策时，既要承认各个地区在客观上存在的差异，防止"一刀切"和平均主义，又要避免区域之间的两极分化。这确实是一个难度很大的问题。

（三）城乡两部门平衡或不平发展的争论：文献综述

西方发展经济学家都认识到了农业部门对于发展中国家经济腾飞的重要性，一部分发展经济学家认为，发展经济存在一个恶性循环：因为产品没有市场，所以发展中国家无法实现工业化；因为居民收入低下，所以产品没有市场；因为没有工业化，所以居民收入才低下。要打破这种恶性循环和低水平均衡，就必须对各经济部门同步实行工业化。为此，需要采取"大推动"或"平衡增长"战略（Rosenstein-Rodan，1943；Nurkse，1953；Scitovsky，1954；Fleming，1955）。在这个意义上，发展是一种各经济部门协同、同步和平衡的增长过程。例如，Rosenstein-Rodan（1943）提出"大推进"理论，认为发展中国家推进工业化必须依靠政府计划，针对互相补充的工业部门进行投资，特别是重点投资基础设施和轻工部门，从而能够获得外部经济（External Economies）并大量吸纳农村剩余劳动力，而投资所需要的资本除了来自国内，还需要国际投资和引进外国资本。类似地，Nurkse（1953）、Scitovsky（1954）以及Fleming（1955）也认为发展中国家应该对具有互补性的工业部门同时进行投资，使得它们相互支持并实现"平衡的增长"。

平衡发展理论者大多都认识到了农业部门在经济发展中的重要性。例如，Nurkse（1953）认为："每个人都知道，如果没有工业革命之前的农业革命，壮观的工业革命就不可能发生。"Ranis and Fei

(1961)在刘易斯模型的基础上,强调了工业与农业平衡发展的重要性,认为工业和农业的技术进步不是相互独立的,要顺利实现现代化,两个部门就要平衡发展,而拥有土地的地主可以充当两个部门之间的投资者。

　　平衡增长理论认识到国民经济中的各个行业和部门之间存在有机联系且相互协调,具有积极意义。然而大多数发展中国家都面临着资本稀缺的困境,多个行业和部门同时推进的平衡战略必然需要大量的资本投入,因此另一部分发展经济学家认为,在缺乏资本的情况下,以点带面实现经济非平衡发展才是常态。例如,Perroux(1950)从空间和区域发展的角度提出了"增长极"理论,认为可以优先发展主导产业以及有创新能力的产业,让它们形成增长极之后向外扩散,带动周边地区乃至整个经济发展。但这一理论对于城市如何带动农村发展涉及不多。例如,二元经济学的鼻祖 Lewis（1954）就只注重农村剩余劳动力向城市部门的转移对增长和城乡差距的影响,却忽视了农业部门自身发展的必要性和重要性,并因此而受到批判。Myrdal（1957）则提出了循环累计因果关系原理,用"回波效应"和"扩散效应"来解释不平衡发展的机制:前者是生产要素在收入差距的吸引下由落后地区向发达地区流动,后者是发达地区的生产规模扩张导致生产成本上升以及赢利机会减少,推动资本和技术向落后地区扩散。在这一框架下,发展中国家可以先利用"回波效应"率先发展城市,然后通过"扩散效应"带动农村发展。类似地,Hirschman（1958）也不同意平衡增长战略,并提出了不平衡增长理论,认为发展中国家由于面临资本积累不足的约束,应该先集中有限的资源发展少数主导产业,这些产业完成工业化之后通过创造供给和需求(即所谓的 Forward linkage 与 Backward linkage)来带动其他关联产业的发展。

　　由此可以看出,关于城乡不平衡发展理论的核心观点是:发展中国家可以通过先发展重工业带动轻工业发展,然后由轻工业带动农业的发展,最终实现以城市发展带动农村发展的路径,并最终实现城乡融合。

中国学者对城乡关系也较早地进行了深入的理论探索。早在新中国成立前,社会学家吴景超(1933,1934)就认为发展工业以接济农业,发展都市以救济农村,在此基础上辅之以人口控制等手段是中国农村发展的方向。与之相反,费孝通(1939)在《江村经济》一书中指出:"不在于紧缩农民的开支而应该增加农民的收入。因此,让我再重申一遍,恢复农村企业是根本的措施。"后来他还提出了城乡之间"相成相克"的关系,所谓"相成"是指城乡之间互相补充,而"相克"是指城乡之间互相竞争,并且在历史演变过程中,两种力量的对比会发生变化,并继续强调乡村收入工业对于农村经济发展和解决城乡间相克的重要性,以及都市工业的竞争导致乡村手工业的衰落(费孝通,1947,1948)。著名的华人发展经济学家张培刚(1949)早在他的哈佛大学博士毕业论文中就认识到,很多发展中国家错误地理解工业化的内涵严导致了对农业的忽视,他认为工业化应该包括工业和农业两个部门的工业化,而并非仅仅是工业部门的现代化。

新中国成立后,在当时的背景下采取了重工业优先发展的战略,通过以工农业产品价格剪刀差等形式剥夺农业利润补贴城市重工业。这造成了城乡两部门的不平衡发展,以及城乡居民收入差距的持续扩大。于是,国内学者开始对"工业反哺农业"展开讨论和研究。例如,张培刚和杨建文(1992)较早地探讨了乡村工业对农业的反哺,他们认为乡村工业起飞使农村劳动力出现相对稀缺,从而对推进农业机械化和适度规模经营提出了要求,而乡村工业起飞使农村居民的收入普遍提高,增加了对副食品的需求,从构成了农业转型的外部压力,此时的乡村工业可以通过"直接反哺"和"间接反哺"来推动农业现代化：直接反哺就是从乡村工业的利润中提取一笔资金，直接用于农业现代化建设，间接反哺就是乡村工业在为自己发展时投入的社会分摊资本（供电、交通、通讯等基础设施）也为现代化的农业提供了必要的物质条件。他们认为，乡村工业的发展给发展中国家的农业现代化带来了希望。

二、　通过制造不平衡促进经济增长

（一）　重工业优先发展战略

新中国成立后，国家领导人立即面临着选择何种发展道路和管理体制组织经济建设，迅速实现中华民族伟大复兴的抉择。基于当时的国际和国内环境，新中国领导人决定采取计划经济和与之相配套的重工业优先发展战略来推动经济增长和社会进步。这一战略的合理性在于：重工业是轻工业和建筑业以及农业机械产业的基础，没有重工业提供的钢材、化工原料等，轻工业和其他产业的发展就成为无源之水。然而，重工业是资本密集型产业，优先发展重工业对于一个发展中国家而言，尤其是对一个刚刚从战争中站立起来的新中国而言，带来了两个巨大挑战，一个是如何解决重工业优先发展所需要的资本积累问题，一个是如何协调处理不同产业之间发展进程的关系。史学家陈彪（1986）认为，重工业投资大，周期长，见效慢，近代各国的工业化进程无一不是从轻工业尤其是纺织工业开始。纺织业是英国工业腾飞的基地，继而是轻工业、重工业、交通运输业的机器大工业化。美、法、德、日的道路基本类似。德国由于普鲁士军国主义的崛起，工业化初期马上出现了重工业尤其是军事工业高潮，但其有一个独特背景，即当时荷、比、英、法等大量外国资本涌入，解决了德国本身资本不足的矛盾。尽管他的这一论断忽视了英、美等资本主义国家通过殖民掠夺、奴隶贸易、贩卖鸦片等手段进行原始资本积累并推动其工业化的事实，但也道出了一个非殖民国家发展工业化的可能顺序。

新中国成立后不久，国家领导人对如何处理重工业与其他产业之间的关系都有着深入的思考。例如，1956年4月毛泽东在中央政治局的讲话——《论十大关系》中提出的第一关系，就是重工业和轻工业、农业的关系，并认为要适当增加对轻工业和农业的投资比例，由此可见，毛泽东将如何在有限资源的情况下处理不同产业发展之间的关系列为十大关系之首，也体现了这一关系的重要性和全局性。另外，刘少奇认为："中国工业化的过程为什么要采取这样的步骤？在恢复中国的经济并尽可能发挥已有的生产能力之后，第一步发展经济的计划，应以发展农业和轻工业为重心。因为只有农业的发展，才能供给工业以足够的原料和粮食，并为工业的发展扩大市场，只有轻工业的发展，才能供给农民需要的大量工业品，交换农民生产的原料和粮食，并积累继续发展工业的资金。同时，在农业和轻工业发展的基础上，也可以把劳动人民迫切需要提高的十分低下的生活水平提高一步，这对于改进人民的健康状况，在政治上进一步团结全体人民，也是非常需要的。而建立一些必要的急需的国防工业，则是为了保障我们和平建设的环境所不可缺少的。只有在这一步做得有了成效之后，我们才有可能集中最大的资金和力量去建设重工业的一切基础，并发展重工业。只有在重工业建立之后，才能大大地发展轻工业，使农业机器化，并大大地提高人民的生活水平。"[1]

新中国要实施重工业优先发展战略时面临的困境是当时的国民

---

[1] 资料来源，参见人民网：http://www.people.com.cn/item/newlsq/zz/lxjx/lxjx001.html。

储蓄率极低，政府财力极其有限，几乎没有资本积累的能力。例如，1952 年年底，全国人均储蓄余额仅为 1.5 元；按照支出法核算 GDP（692.2 亿元[①]），居民消费和政府消费累计高达 546.3 亿元，资本形成总额只有 153.7 亿元，而净出口则为负 7.8 亿元；1950 年，全国各项税收总计仅为 48.98 亿元；政府的黄金储备在 1952 年仅有 500 万盎司，外汇储备仅 1.39 亿美元。面临上述资本积累的困境，新中国唯一能做的就是采取城市倾向政策，它是指发展中国家政府在面临着资本约束的情况下，为了发展资本密集型的工业而采取有利于城市部门的经济和社会政策，将农业利润转移到在城市中的工业部门，从而加速工业化进程，为经济腾飞创造条件。

（二）沿海地区优先发展战略

当中国在 1970 年代初决定由进口替代战略转向出口导向战略后，首先面临的一个问题就是需要能够大量生产出口到发达国家的商品的生产基地。国家领导人受到"亚洲四小龙"的启发，一个自然的选择就是在东部沿海地区建立经济特区、开放城市和开放区（吴敬琏，2010）。从新经济地理学的角度看，将有限的资源率先和优先投入到东部沿海地区顺应了经济规律：

第一，中国的地理环境决定了东部地区的基础设施的历史基础较好。新中国成立前的东部沿海经济就比内陆发达，同时，在东部地区提供基础设施的建设成本低于中部丘陵地区和西部山区。

第二，中国的港口大多集中在东部沿海地区，这为东部地区参与国际分工提供了便利条件。例如，Fuji and Mori（1996）的研究发现，靠近交通便利的河流、港口或交通枢纽，运输成本的优势使得该地区

---

① 支出法核算得到的 1949 年 GDP 为 692.2 亿元，而收入法核算得到了 1949 年 GDP 为 679 亿元，差额为来自计算误差。参见《新中国六十年统计资料汇编》第 13 页脚注。

能够集聚较多的经济活动和人口,如果一个国家的首位城市又是港口的话,那么它的人口将会因为交通要道效应而变得更多。而在新经济地理学的视野下,城市集聚形成一定规模后,就会通过分摊投资、技能匹配和知识外溢等机制带来规模经济,从而提高生产效率,同时吸引更多的企业和人口集聚并自我加强。另外,中国几千年的农业文明历史上,东部沿海的泉州、广州等沿海城市就一直有从事国际贸易的传统。

　　第三,中国在 1970 年代将工业化战略由进口替代转为出口导向,这种外向型经济的生产目的主要是为了国际市场,特别是早期阶段从事的来料加工等生产,集聚在东部沿海地区既可以节约“来料”的运输成本,又可以节约产品出口的运输成本。例如,Krugman and Livas Elizondo (1996)观察到墨西哥在 1980 年代实施对外开放时,原本集中于墨西哥城的制造业纷纷向墨美边境迁移。为了解释这一现象,他们建立了一个理论模型探索发展中国家的国际贸易与城市集中度之间的关系:如果一个发展中国家实施进口替代的工业化战略,制造业只为狭小的国内市场服务,这会产生强烈的前向和后向联系(Forward and Backward Linkages),企业就会在消费者和中间品集中的地方选址,因此而形成特大城市。而如果一个发展中国家实施贸易自由化政策,前向和后向联系就会被削弱,企业集中到内陆大城市的动机也会减弱,于是这些特大城市就会萎缩。而中国对外开放导致生产重心向东部沿海地区转移,与墨西哥城的制造业向美墨边境转移,背后的动力显然是一致的。

　　第四,邓小平的“让一部分人和一部分地区先富起来,先富带动后富”思想的推动,使得中国历史性地选择了“东部地区先富”。1985年 10 月 23 日,邓小平在会见美国时代公司组织的美国高级企业家代表团时提出:“一部分地区、一部分人可以先富起来,带动和帮助其他地区、其他的人,逐步达到共同富裕。"①邓小平的这一思想推动中国选择了经济起点和经济活力以及对外开放程度更高的东部地区率先发展,然后通过东部地区发挥辐射、示范和带动效应,来帮助中西部地区发展。类似地,2021 年 6 月 10 日,中共中央、国务院发布《关于支持浙江高质量发展建设共同富裕示范区的意见》,这一意见指出,浙江省在探索解决发展不平衡不充分问题方面取得了明显成效,具备开展共同富裕示范区建设的基础和优势,也存在一些短板弱项,具有广阔的优化空间和发展潜力,因此意见要求到 2025 年,浙江省在推动高质量发展建设共同富裕示范区取得明显实质性进展,浙江省要推动共同富裕的体制机制和政策框架基本建立,形成一批可复制可推广的成功经验。

(二) 重工业和沿海地区优先发展战略对经济增长的促进作用

由于中国实施了重工业优先发展战略,带来了重工业的快速增长,例如林毅夫等(1994)计算了重工业增长的领先指数(即重工业的年均增长速度除以轻工业的年均增长速度)后发现,1953—1978 年间的重工业领先系数为 1.47,其中,"一五时期"为 1.97,"二五时期"则飙升到 6.0,1963—1965 年下降到 1 以下,但是"三五时期"和"四五时期"又回升到 1.75 和 1.32。重工业的快速发展,不仅为国防事业奠定了基础,更为中国快速完成工业化并成为世界制造业大国打下了坚实的基础。他们认为中国实施的重工业优先发展战略以及与之相应的经济体制解决了在一个经济十分落后的发展起点上把积累率提高到 15% 以上的问题,并以较快的速度建成了比较完整的工业经济体系,从而使中国迅速由一个农业产出占主体的国家转变

---

① 参见《邓小平文选》第 3 卷,第 149 页。

成工业产出占主体的经济。下面从几个不同的角度总结一下新中国成立后的重工业优先发展战略给中国社会经济发展带来的重要贡献。

第一，为中国快速经济增长奠定了坚实的基础，国民收入总量已经实现了"赶英"，并在不远的将来实现"超美"。例如，图1报告了1970—2019年中国、美国和英国的GNI数据（当年价，美元）对比，从中可以看出，在1970年，中国的GNI总量为96.2亿美元，而英国和美国的GNI分别为141.37亿美元和1074.36亿美元，中国的GNI仅分别相当于英国和美国GNI的68%和8.95%，而到了2006年，中国的GNI便赶超过了英国；到了2019年，中国的GNI则相当于美国的65.97%。由此可见中国的经济增长速度是无比惊人的，也必将载入人类发展史册。

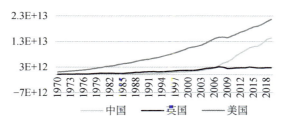

图1　中国、美国、英国GNI（current US$）对比（1970—2019年）
数据来源：世界银行WDI-2020。

第二，重工业优先发展战略推动了我国重工业的快速增长。以生铁、粗钢、成品钢和焦炭这四种关键重工业品为例，图2展示了它们的产量增长情况。从中可以看出，这四类重工业产品的增长速度非常快，特别是进入21世纪后更是快速上升。

在2019年9月20日举行的国务院新闻办公室新闻发布会上，工业和信息化部部长苗圩说："1949年我国钢产量只有15.8万吨，只

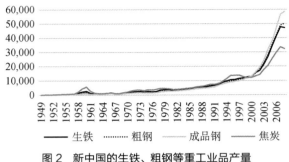

图2　新中国的生铁、粗钢等重工业品产量

数据来源：《新中国六十年统计资料汇编》。

占当年世界产钢量的 0.1％，1958 年'大跃进'时期，我们还在为生产
1,070 万吨钢而奋斗，到了 2018 年，我国钢产量已经超过 9 亿吨，增
长 5,799 倍，长期占据世界钢铁半壁江山。"[①]

　　第三，推动了我国工业的快速增长，且工业部门的增长远远快于
农业。重工业的快速增长也为轻工业的增长奠定了基础，从而带动
了整个工业部门的快速增长。例如，图 3 报告了中国第一和第二产
业的增加值，从中可以看出，新中国成立之初，第一产业和第二产业
的增加值差别并不明显，但是随着重工业优先发展战略推进和实施，
第二产业和其中的工业增加值逐步远超第一产业，特别是到了 1990
年代之后，第二产业增加值与第三产业增加值的差距便持续快速增
扩大。

　　第四，推动了中国工业化水平的快速提升，成长为一个工业化大
国。重工业和轻工业的快速增长带动了第二产业的增长，为中国快
速实现工业化提供了动力。图 4 报告了以第二产业 GDP 或者工业
GDP 占全部 GDP 比重衡量的工业化水平，从中可以看出，从新中国
成立到 1970 年代末期，无论哪个指标都经历了快速的增长。例如，

──────────

[①] https://xw.qq.com/amphtml/20190920006503/FIN2019092000650300.

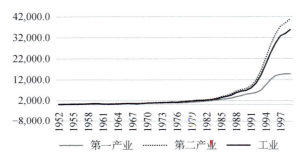

图 3　中国第二产业增加值与第三产业增加值的对比（1952—1998 年）

数据来源：《新中国六十年统计资料汇编》。

工业 GDP 比重在新中国成立初期为 20％左右，而到了 1970 年代便超过了 40％，此后便一直维持在 40％左右。

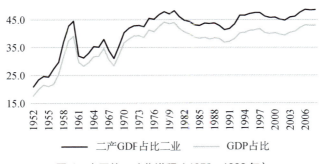

图 4　中国的工业化进程（1952—1998 年）

数据来源：《新中国六十年统计资料汇编》。

第五，推动中国形成了广类齐全的工业体系，使得中国快速成为一个世界制造业大国。一个国家是否有健全的工业体系，能否在关键制造业上具有完整的产业链，对于整体经济的健康和韧性十分重要。而新中国在重工业优先发展战略的基础上，迅速从一个小农占主体的经济成长为一个工业门类齐全的工业化国家。例如，工信部部长苗圩在 2019 年 9 月 20 日的国新办发布会上称,新中国成立后的 70 年里,我国工业增加值增长超 970 倍,形成了独立完整的现代工业体系,用了几十年走过发达国家几百年所走过的工业化历程,已经拥有 41 个工业大类、207 个工业中类、666 个工业小类,是全世界唯一拥有联合国产业分类中所列全部工业门类的国家①。新中国成立 70 年特别是改革开放以来,我国工业实现了历史性跨越。世界银行数据显示,按现价美元测算,2010 年我国制造业增加值首次超过美国,成为全球制造业第一大国。2018 年,我国制造业增加值占全世界份额的 28% 以上,成为驱动全球工业增长的重要引擎。

第六,对于中国采用经济特区等形式率先让东部沿海地区发展的战略,吴敬琏(2010)总结认为具有四点意义:第一,这些对外开放地区能有效利用国际资源,积极参与国际竞争,成为中国对外开放的先行区;第二,这些地区的对外开放有力地促进了经济的快速发展,成为区域经济中最具活力的高速增长区;第三,这些地区发挥了外引内联的功能,成为连接内地与国际市场的枢纽;第四,更重要的是,这些特区和经济开放区成为建立现代市场经济制度的试验场,它们汲取发达市场经济的经验,大胆探索新的经济制度和政府管理经济的新体制,为全国性的经济体制改革积累了经验,梳理了样板,提供了借鉴,成为改革的试验区。

例如,表 1 报告了 1960—2005 年东部、中部、西部地区的 GDP 占全国 GDP 的比重,从中可以看出:在 1960 年,东部地区创造的 GDP 就已经超过了全国的一半;随着时间推移,东部地区创造的 GDP 占全国 GDP 的比重在 1980 年代中期之前基本保持稳定,但是

---

① 对此评价也要理性看待,因为如果将 666 个工业小类进一步细分的话,有些更细小的工业门类中国并没有。

此后便持续稳定上升了将近 10 个百分点。与此相对应的,中部和西部地区创造的 GDP 占全国 GDP 的比重则有所下降。这意味着,中国的持续快速经济增长主要是由东部地区带动的,东部地区优先发展战略使得这一区域成为中国经济快速增长的引擎。

表 1　中国不同地区创造的 GDP 份额

	1960	1965	1970	1975	1980
东部	53.28%	49.66%	50.81%	51.96%	52.36%
中部	32.29%	32.96%	33.41%	32.00%	31.17%
西部	14.43%	17.38%	15.78%	16.04%	16.46%
	1985	1990	1995	2000	2005
东部	53.15%	54.24%	59.35%	60.40%	61.66%
中部	31.06%	29.66%	26.51%	25.93%	25.39%
西部	15.78%	16.10%	14.12%	13.67%	12.95%

数据来源:根据《新中国六十年统计资料汇编》提供的各省 GDP 计算。

此外,东部沿海地区率先发展的战略还可以通过如下几个渠道有助于内地和全国社会经济发展:第一,东部沿海地区能够通过产业转移、资本流动、技术外溢等多个途径促进内地经济发展;第二,东部发达地区更多地创造税收并上缴中央政府,然后由中央政府以财政转移支付的形式支援内地;第三,东部发达地区还会通过直接参与或援助中西部地区经济建设,例如扶贫攻坚过程中,东部发达地区对中西部地区给予了各种支持,派出很多干部到中西部地区挂职支援当地建设,以及对中西部地区的基层干部进行培训以提高他们的各种管理技能,向他们传输发达地区的各种先进理念和做法。

三、 城乡融合与区域协调发展：中国的再平衡战略

（一） 重工业优先发展战略带来的问题

推行以重工业优先增长为特征的赶超战略不仅是中国领导人的选择，也是诸多发展中国家决策者的选择。然而，尽管重工业优先发展战略给中国经济发展奠定了坚实的基础，但它并非没有弊端，它不仅扭曲资源的配置效率，导致了经济效率的损失，而且还对中国经济平衡增长和社会发展带来了深远的负面影响（林毅夫等，1994）。

与重工业优先发展战略相适应的城市倾向政策虽然成就了重工业优先发展战略并对中国经济腾飞起到了重要作用，但也会对社会经济发展造成不利影响或结果。

第一，城市倾向政策加剧了中国社会和经济的城乡二元分割。例如，Yang（1999）认为中国的城乡分割的根源在于中央计划经济采取了重工业优先的发展策略，从而需要提取农业剩余以增加城市资本积累以及对城市进行补贴。

第二，导致中国农业增长缓慢和大量的农村贫困。Carter（1997）认为，城市倾向政策所导致的对于农业生产的负面影响主要体现在农业增长速度的下降，同时也造成了农产品和农业生产要素市场的扭曲。Yang and Cai（2000）也持有同样的观点，他们认为要素市场的扭曲和因此而导致的农业增长缓慢使得整个经济的增长都受到了影响。Knight and Song（1993）认为城市倾向政策下对农村劳动力向城市的流动所产生的限制，从而导致了中国的贫困问题主要体现为农村贫困。例如，表2报告基于 PovcalNet 数据计算的中国城乡两部门贫困发生率，从中可以明显看出，无论采取什么贫困线，农村部门的贫困发生率都远远高于城镇部门。显然，重工业优先发

展战略下的城市倾向政策一边将更多的资源投入到城市部门，一边抽取农业剩余补贴城市部门，是中国"三农问题"产生的重要根源。

表 2　中国城乡两部门的贫困发生率

贫困线		1981	1990	1999
$1.9	城镇	59.18%	32.01%	10.88%
	农村	95.37%	78.58%	55.89%
$3.2	城镇	96.92%	76.07%	38.47%
	农村	99.92%	95.05%	84.36%

数据来源：PovcalNet at World Bank, http://iresearch.worldbank.org/PovcalNet/povOnDemand.aspx.

　　第三，导致中国的城乡居民收入差距和发展差距扩大。由于城市倾向政策一方面推动城镇部门以更快的速度增长，另一方面给予了城镇居民更高的福利水平，因此必然导致城乡居民收入差距的扩大，且理论上这一收入差距的扩大在中国经济还未到达"刘易斯转折点"之前无法缩小。例如，图 5 报告了 1978—2008 年城镇居民的家庭人均可支配收入以及农民的家庭人均纯收入水平，从中可以看出二者之间的差距继续扩大。1978 年，前者是后者的 2.57 倍，到 1983 年降低到 1.82 倍，然后就持续上升，到 2008 年则高达 3.31 倍。

　　陆铭和陈钊(2004)的研究认为，中国城乡收入差距的持续扩大与改革开放以后中国政府实施的经济政策总体上带有城市倾向有关。由于城乡分治的管理体制和城市倾向的经济政策，城市居民在改革开放的过程中受益更多。他们证实，城市化有利于缩小城乡收入差距，但由于城乡间的户籍管理，城市化对缩小城乡收入差距的积极作用受到了限制。在户籍制度管理下，较富裕的农村居民拥有更多的转变为城市居民的机会，于是一个地区的累计外来人口比重越

图 5   城乡居民收入对比（1978—2008 年）

数据来源：《新中国六十年统计资料汇编》。

高,该地区的城乡收入差距越大。此外他们还发现,经济的开放、就业的所有制结构调整、政府从经济活动中的退出以及财政支出结构的调整都是扩大城乡收入差距的重要因素。而缩小城乡收入差距的支持农业财政支出比重和农业贷款比重在各地均呈现不同程度的下降趋势,因此,城乡收入差距的扩大趋势没有得到有效的控制。另外,Yang and Zhou (1999)和 Tian (2001)的研究认为,中国政府实行的有利于城市部门的金融转移项目也是 1985 年以来城乡收入差距的原因之一。从 1986 年到 1992 年,中国经历了一个年平均 8.5% 的通货膨胀率,城乡居民分担了这一压力。造成了这一通货膨胀的部分原因在于政府支出和投资的增加,但是这些支出中的大部分却投向了城市部门。类似地,Yao (2000)认为城市倾向政策给城市居民在住房、养老金、健康、教育、食品等众多方面的补贴也是增加城乡收入差距的重要因素。张晓波(2003)认为无论在农村还是在城市,教育和医疗卫生的不平等问题随着经济改革的深入进行在加剧,这在很大程度上归因于城市倾向政策,城市居民所享有的教育及医疗卫生设施要远远多于农村居民,这就转化为社会发展过程中城乡间的巨大差异。

（二）实施工业反哺农业，战胜农村贫困并缩小城乡收入差距

由于重工业优先发展战略以及与之相配套的城市倾向政策、城市部门的计划经济和农村部门的集体经济带来了很多问题，因此，在经济实现了腾飞之后中国政府也开始逐步通过改革以扭转这些政策或者这些政策带来的影响。

随着中国经济持续快增长，中国从第十个五年计划开始实施惠农政策，2004 年的中央一号文件明确指出"要把解决好农业、农村、农民问题作为全党工作的重中之重"。为了增加农民收入，第一步要取消针对农民的各种税费，第二步要调整生产结构，鼓励更多经济作物和更少基本农作物的农业生产，推动粮食加工工业的发展。2006 年起，全国范围内全部免征农业税、牧业税和除烟叶外的农业特产税。2005 年 10 月，党的十六届五中全会通过的《中共中央关于制定国民经济和社会发展第十一个五年规划的建议》中指出，"建设社会主义新农村是我国现代化进程中的重大历史任务"。要按照"生产发展、生活宽裕、乡风文明、村容整洁、管理民主"的要求，坚持从各地实际出发，尊重农民意愿，扎实稳步推进新农村建设；建设社会主义新农村，是统筹城乡发展，实行"工业反哺农业、城市支持农村"方针的具体化；在此战略的引导下，各级政府在农村地区逐步重新建设覆盖农村居民的医疗和养老保障体系（简称"新农合"和"新农保"）。2017 年 10 月，党的十九大提出了乡村振兴战略，强调必须始终把解决好"三农"问题作为全党工作的重中之重，并要坚持农业农村优先发展，并实施乡村振兴计划，这可以被认为是对新中国成立后的重工业优先发展战略的彻底扭转。

2012 年，十八大报告则进一步明确提出，解决好"三农问题"是全党工作的重中之重，并且提出，城乡发展一体化是解决"三农"问题的

根本途径。十九大报告强调，必须始终把解决好"三农"问题作为全党工作的重中之重，并要坚持农业农村优先发展，同时还提出了乡村振兴计划。"农业农村优先发展"引领中国经济进入了一个崭新的时代。

随着农业税费的取消、政府对农业和农村投入的增加，对农业的补贴增加，以及农村剩余劳动力逐渐被工业化和城市化消耗完毕，农民也越来越多地受惠于中国的持续高速经济增长。特别是 2014 年年底，习近平总书记推动下的精准扶贫，用了 6 年的时间消灭了中国最后剩下的近 1 亿农村贫困人口，中国彻底战胜了农村绝对贫困。例如，图 6 描绘了中国政府制定的不同绝对贫困标准下的农村贫困发生率，从中可以看出，无论采用中国政府制定的哪一条绝对贫困线，中国的农村贫困发生率都持续快速下降直到为 0。

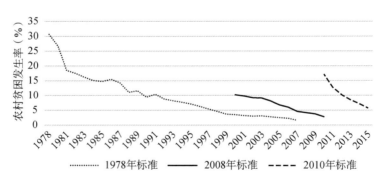

图 6　中国年农村贫困发生率及其变化（1978—2015 年）

数据来源：1993、1996 年数据来自《中国战胜农村贫困：世界银行国别报告》，其他年份数据来自《中国农村贫困监测报告——2016》。

另一方面，随着中国经济发展战略的扭转，政府对"三农问题"的重视和投入增加，"三农"也越来越多地受惠于中国持续高速的经济增长，城乡两部门的发展差距开始历史性缩小。例如，图 7 报告了城乡居民收入之比,这一指标可以被视为城乡两部门之间不均等的一个粗略度量,从中可以看出,改革开放以后,城乡居民的收入差距在波动中呈上升趋势,到 2009 年达到高点 3.33 后,便开始呈现出明显的下降趋势。

图 7　中国城乡居民收入之比（1978—2021 年）

注:2013 年城乡调查体系并表,此后农户的纯收入与城镇家庭并轨并采用可支配收入。
数据来源:历年《中国统计年鉴》。

（三）东部地区优先发展战略带来的问题

不可否认,东部地区优先发展,尽管创造了东部地区的快速经济增长极,对中西部地区产生示范和带动效应,但也不可避免地导致中国的经济重心向东部地区迁移,以及东部与中西部地区间的发展差距扩大。表 3 报告了 1960—2005 年中国中部和西部地区的人均 GDP 水平,从中可以看出:在观察期内,东部地区的人均 GDP 从 446.27 元增长到 25190.08 元,累计增长了 55.45 倍,而西部地区只增长了 45.75 倍,可见西部地区的人均 GDP 增速明显慢于东部地区。这种增速的差异自然导致东部和西部地区之间人均 GDP 水平的差距扩大。表 3 提供的数据表明:1960 年,东部地区人均 GDP 水

表 2　中国不同地区间的人均 GDP 差距

	1960 年	1965 年	1970 年	1975 年	1980 年	1985 年	1990 年	1995 年	2000 年	2005 年
东部	446.27	339.82	449.82	581.73	811.58	1,393.75	2,594.42	7,984.17	13,367.25	25,190.08
中部	250.57	223.70	225.86	285.59	409.44	758.52	1,439.57	3,709.38	6,074.16	11,991.22
西部	199.10	199.80	203.90	252.60	364.90	652.40	1,253.00	3,081.00	4,965.60	9,307.30
东/西	2.24	1.70	2.21	2.30	2.22	2.14	2.07	2.59	2.69	2.71
东/中	1.78	1.52	1.99	2.04	1.98	1.84	1.80	2.15	2.20	2.10
中/西	1.26	1.12	1.11	1.13	1.12	1.16	1.15	1.20	1.22	1.29

注：人均 GDP 的单位为元。

数据来源：根据《新中国六十年统计资料汇编》提供的各省人均 GDP 计算。

平是西部的 2.24 倍,1990 年代前没有明显上升,但此后则明显扩大,到了 2005 年则扩大到 2.71 倍;东部地区和中部地区的差距也随着时间的推移而呈扩大趋势。

（四）区域融合发展与缩小区域间发展差距

为了平衡地区间的发展差距,中国陆续实施了"西部大开发战略""中部崛起战略"和"东北振兴战略"。

1999 年 9 月,中共十五届四中全会通过决定,明确提出国家要实施"西部大开发"战略。2000 年 1 月,国务院成立西部地区开发领导小组,由时任国务院总理朱镕基为组长,时任国务院副总理温家宝为副组长,国务院和相关部委主要负责人作为成员。国务院西部开发办于 2000 年 3 月正式开始运行。西部大开发的范围包括四川、陕西、甘肃、青海、云南、贵州、重庆、广西、内蒙古、宁夏、新疆、西藏等 12 个省市,以及湖北恩施、湖南湘西、吉林延边等三个地级行政区。2000 年 1 月 19—22 日,国务院西部地区开发领导小组在北京召开会议,会议指出,新中国成立 50 年,特别是改革开放 20 年以来,我国综合国力显著增强,人民生活接近小康水平,国家有能力加大对中西部地区的支持力度。特别是当前正在实施扩大内需的积极财政政策,可以用更多的财力直接支持西部开发。我国已基本解决全国人民的吃饭问题,粮食出现了阶段性的供过于求,这是在生态脆弱地区,有计划、分步骤退耕还林(草),改善生态环境的大好时机。随着我国加入世界贸易组织进程的加快,对外开放进入了一个新的阶段,中西部地区也将像东部沿海地区一样更加开放。加快中西部地区发展的条件已经基本具备,时机已经成熟。实施西部大开发是一项规模宏大的系统工程,也是一项艰巨的历史任务。

"西部大开发"的战略目标包括:到 21 世纪中叶全国基本实现现代化时,从根本上改变西部地区相对落后的面貌,努力建成一个山川秀美、经济繁荣、社会进步、民族团结、人民富裕的新西部。21 世纪头十年,力争使西部地区基础设施和生态环境建设取得突破性进展,特色经济和优势产业有较大发展,重点地带开发步伐明显加快,科技教育和卫生、文化等社会事业明显加强,改革开放出现新局面,人民生活进一步改善,为实施西部大开发战略奠定坚实的基础。为了实现上述目标,中央从加快基础设施建设、加强生态环境保护和建设、积极调整产业结构、发展科技和教育和加快人才培养、加大改革开放力度等五个领域进行支持和投入。在全面深化改革扩大开放方面,政府推动部分重点领域改革在西部地区先行先试,贯彻落实"丝绸之路经济带"和"21 世纪海上丝绸之路"战略构想。依托重点经济区,着力打造成都、西安、重庆、南宁等内陆开放型经济高地。积极培育沿边省区中心城市连接边境口岸、通往周边国家和地区的经济走廊。着力支持重点开发开放试验区加快建设,提出相关政策措施。为西部地区吸收外资的行业准入、税收等方面提供了更加优惠的政策,鼓励外资向西部地区进行投资。进一步深化东西部地区产业合作,研究建设产业合作交流平台。继续做好中国西部国际博览会、中国西部国际投资贸易洽谈会的组织筹备工作。

吴敬琏(2010)认为,这一战略直接关系到扩大内需、促进经济增长、促进民族团结和边防巩固,关系到东西部协调发展和最终实现共同富裕。"西部大开发战略"的实施,极大地改善了西部地区的基础设施条件和生态环境,也为西部地区的产业发展注入了很多活力,有一些零星的研究探讨了这一战略的积极影响,但限于投入数据可得性的限制,全面科学评价这一战略的效果的研究成果还很少见。另外,从表 3 汇报的东部和西部地区人均 GDP 差距可以看出,1990 年到 1995 年,东部和西部地区人均 GDP 的差距从 2.07 扩大到 2.59,系数增长了 0.52,但是实施这一战略后,2000 年到 2005 年,这一差距仅仅由 2.69 上升到 2.71,上升幅度为 0.02,这意味着这一战略的实施遏制了中西部发展差距的扩大速度，从而有助于缩小地区间的发展差距。

四、 中国实施不平衡发展战略的制度基础

实现共同富裕是中国特色社会主义的本质特征，中国共产党始终把带领全国人民实现共同富裕作为自己的历史使命。马克思主义理论也是实现全人类共同富裕的理论。新中国成立之初，毛泽东就曾多次提出共同富裕问题。例如，1955 年 7 月 31 日，他明确提出，走社会主义道路，才能"使全体农村人民共同富裕起来"；同年 10 月 11 日，他再次提出，"共同富裕起来"是群众相信共产党的理由。1955 年 10 月 27 日，毛泽东在与工商界人士谈话时提出，"要同大家一起共同富裕起来"；10 月 29 日，在资本主义工商业社会主义改造问题座谈会上又指出，"这种共同富裕，是有把握的，不是什么今天不晓得明天的事。那种不能掌握自己命运的情况，在几个五年计划之内，应该逐步结束"。

自 20 世纪 80 年代初期起，在强调一部分人、一部分地区"先富裕起来"时，邓小平也不断强调先富和共富的关系，提醒人们"我们坚持走社会主义道路，根本目标是实现共司富裕"。1985 年 10 月 23 日，邓小平在会见美国时代公司组织的美国高级企业家代表团时提出，"一部分地区、一部分人可以先富起来，带动和帮助其他地区、其他的人，逐步达到共同富裕"①。1992 年的南方谈话中，邓小平专门解释过："共同富裕的构想是这样提出的：一部分地区有条件先发展起来，一部分地区发展慢点，先发展起来的地区带动后发展的地区，最终达到共同富裕。如果富的愈来愈富，穷的愈来愈穷，

---

① 参见《邓小平文选》第 3 卷，第 149 页。

两极分化就会产生，而社会主义制度就应该而且能够避免两极分化。"

改革开放以后，中国快速增长为世界第二大经济体，并于 2020 年彻底消除了现行标准下的绝对贫困，成为率先完成联合国千年发展目标的发展中国家，为全球减贫事业作出巨大贡献。习近平总书记在纪念中国共产党成立一百周年大会上的讲话也提出，在新征程上要推动人的全面发展、全体人民共同富裕取得更为明显的实质性进展。从上述多位国家领导人的论断中可以看出，中国共产党的初心和目标就是带领全国人民走向共同富裕，因此，中国制定的重大社会经济发展战略也都必然是围绕这一目标展开。

对于中国的区域发展平衡问题，国家领导人历来都十分重视。例如，早在 20 世纪 50 年代，毛泽东在《论十大关系》中就强调要处理好沿海工业和内地工业的关系，"我国全部轻工业和重工业，都有约百分之七十在沿海，只有百分之三十在内地。这是历史上形成的一种不合理的状况。沿海的工业基地必须充分利用，但是，为了平衡工业发展的布局，内地工业必须大力发展"①。1988 年 9 月 12 日，邓小平在听取关于价格和工资改革初步方案汇报时提出了"要顾全两个大局"的地区发展战略构想："沿海地区要加快对外开放，使这个拥有两亿人口的广大地带较快地先发展起来，从而带动内地更好地发展，这是一个事关大局的问题。内地要顾全这个大局。反过来，发展到一定的时候，又要求沿海拿出更多力量来帮助内地发展，这也是一个大局。那时沿海也要服从这个大局。"②可以说，这一区域平衡发展的"两个大局"与他在 1985 年提出的"让一部分人和一部分地区先富起来"的思想是完全一致的。

---

① 《毛泽东选集》第 5 卷，第 270 页。
② 《邓小平文选》第 3 卷，第 277—278 页。

　　综合新中国实施的重工业优先发展战略以及区域发展战略可以看出中国的经济发展战略的清晰脉络：面对大国发展难题，中央政府首先采取不平衡的政策（重工业优先发展＋沿海地区优先发展）发动工业化和形成东部沿海经济高速增长带，待经济增长到一定程度后，反过来通过"以工哺农、以城带乡"和东部发达地区帮扶中西部地区以实现区域间和城乡间的共同发展，带领全国人民稳步迈向共同富裕。这一从不平衡走向平衡的战略对于中国这样一个大国而言，从结果来看是十分奏效的，那么一个自然产生的重要问题是：为何这一战略能在中国获得成功？ 我们认为，邓小平在关于沿海和内地发展的"一个统一，两个大局"的论断时已经给出了答案："这一切，如果没有中央的权威，就办不成。各顾各，相互打架，相互拆台，统一不起来。谁能统一？ 中央！ 中央就是党中央、国务院。"[1]

参考文献

陈彪，1986，《洋务运动与世界近代工业化潮流》，《史学月刊》第 4 期。

国家统计局住户调查办公室，《中国农村贫困监测报告——2016》，国家统计出版社 2017 年版。

国家统计局国民经济综合统计司，2010，《新中国六十年统计资料汇编》，中国统计出版社 2010 年 1 月第 1 版。

国家统计局固定资产投资统计司，2002，《中国固定资产投资统计数典（1950—2000）》，中国统计出版社 2002 年 5 月第 1 版。

费孝通，1939，《江村经济》（戴可景译），南京：江苏人民出版社 1986年版。

费孝通，1947，《乡村·市镇·都会》，《大公报》（香港版）1947 年 4 月 27日第 2 版。

费孝通，1948，《关于"乡土工业"和"绅权"》，《观察》第 4 卷第 4 期第

---

[1]《邓小平文选》第 3 卷，第 278 页。

13 页。

林毅夫、蔡昉、李周,1994,《中国的奇迹:发展战略与经济改革》,上海三
　　联书店和上海人民出版社 1994 年 8 月第 1 版。

陆铭、陈钊,2004,《城市化、城市倾向政策与城乡收入差距》,《经济研究》
　　第 50—58 页。

吴景超,1933,《近代都市化的背景》,《清华学报》第 8 卷第 2 期第 80 页。

吴景超,1934,《发展都市以救济乡村》,《大公报》(天津版)9 月 9 日第
　　2 版。

吴敬琏,2010,《当代中国经济改革教程》,上海远东出版社 2010 年 1 月
　　第 1 版。

张培刚,1949,《Agriculture and Industrialization》,香港花千树出版社
　　2003 年英文影印版。

张培刚、杨建文,1999,《新发展经济学(修订版)》,河南人民出版社 1999
　　年 8 月第 2 版。

张晓波,2003,《中国教育和医疗卫生中的不平等问题》,《经济学(季
　　刊)》,第 2 卷第 2 期,405—416 页。

Fleming J. Marcus, 1955, "External Economies and the Doctrine of
　　Balanced Growth," *The Economic Journal*, 65(258):241‐256.

Hirschman Albert O., 1958, *The Strategy of Economic Development*,
　　New Haven: Yale University Press.

Krugman Paul and Raul Livas Elizondo, 1996, "Trade Policy and the
　　Third World Metropolis," *Journal of Development Economics*, Vol.
　　49, pp.137‐150.

Lewis W. Arthur, 1950, "The Industrialization of the British West
　　Indies," Caribbean Economic Review (May).

Myrdal Gunnar, 1957, Economic Theory and Underdeveloped Regions,
　　London: Gerald Duckworth and Co.

Nurkse Ragnar, 1953, Problems of Capital Formation in
　　Underdeveloped Countries, Oxford: Basil Blackwell.

Perroux F., 1950, "Economic Space: Theory and Applications," *The
　　Quarterly Journal of Economics*, 64(1):89‐104.

Ranis Gustav and John C. H. Fei, 1961, "A Theory of Economic
　　Development," *American Economic Review*, 51(4), pp.533‐565.

Rosenstein-Rodan P. N., 1943, "Problems of Industrialisation of Eastern and South-Eastern Europe," *The Economic Journal*, Vol. 53, No. 210/211, pp. 202 - 211.

Schumacher E. F., 1973, Small Is Beautiful: Economics of as if People Mattered, London: Blond & Briggs.

Scitovsky Tibor, 1954, "Two Concepts of External Economies," Journal of Political Economics 62:143 - 151.

Tian Qunjian, 2001, "China's New Urban-rural Divide and Pitfalls for the Chinese Economy," *Canadian Journal of Development Studies*, Vol. 22(1), pp. 165 - 190.

Yang Dennis Tao, 1999, "Urban-Biased Policies and Rising Income Inequality in China," *American Economic Review*, Vol. 89, No. 2, Papers and Proceedings of the One Hundred Eleventh Annual Meeting of the American Economic Association (May 1999), pp. 306 - 310.

Yang Dennis Tao and Cai Fang, 2000, "The Political Economy of China's Rural-Urban Divide," Working Paper No. 62 of Center for Research on Economic Development and Policy Reform, Stanford University.

Yang Dennis Tao and Zhou Hao, 1999, "Rural-Urban Disparity and Sectoral Labor Allocation in China," *Journal of Development Studies*, Vol. 35(3), pp. 105 - 133.

Yao Shujie, 2000, "Economic Development and Poverty Reduction in China over 20 Years of Reform," *Economic Development and Cultural Change*, Vol 43, pp. 447 - 474.

中国效应：金融的视角

罗长远、陶梅、邵翔

一、引言

　　中国和美国是目前世界上最大的贸易体和贸易伙伴。据中国国家统计局统计，2017 年中国同美国的进出口总额为 5,836.8 亿美元。2018 年中美贸易摩擦趋于激化，但是 2018 年中美双边贸易额仍实现了 8.54％的增长，达到 6,335.2 亿美元；中国对美国贸易顺差同比增长 17.2％，达到 3,233.2 亿美元。2019 年，中美双边贸易额同比下降 14.6％，为 5,412.23 亿美元；2019 年中国从美国进口总额、中国向美国出口总额和中美贸易顺差均有所下降。

　　近年来，随着中美经贸关系的快速发展，双边贸易摩擦日益加剧。一方面，随着中国出口的快速增长和美国产业结构的调整，中美贸易顺差逐年扩大。另一方面，伴随中国产业结构的升级，中国出口产品的质量和技术含量有了很大的提升，中美两国产品在国际市场上的竞争加剧。美国历史上曾 6 次对中国发起"301 调查"，最新一轮调查始于 2017 年 8 月。2018 年 3 月 23 日，美国总统特朗普在白宫正式签署对华贸易备忘录，基于"301 调查"结果宣布对中国商品加征 25％的惩罚性关税，涉及商品规模达 30 亿美元。同日，中国商务部发布针对美国钢铁和铝产品 232 措施的中止减让产品清单并征求公众意见，拟对自美进口部分产品加征关税。自此之后，贸易摩擦不断升级，在经历了多轮互相加征关税和十几乌艰苦的谈判之后，双方在 2019 年 12 月 13 日达成第一阶段协议，并于 2020 年 1 月 15 日正式签署协议。

中美贸易摩擦的原因是多方面的，其中之一涉及贸易利得的分配，美方认为中方从中美贸易顺差中获得了巨大利益，而美方则获益较少甚至受损。然而，中美贸易是否真的损害了美国利益呢？要回答这个问题，必须全面考察中美贸易对两国福利和发展的影响。近年来，不少学者关注中国外贸对世界其他国家的影响，形成一批被称为"中国效应(China effect)"的文献。本文从金融出发，研究中美贸易对美国上市企业融资约束的影响，对"中国效应"研究形成补充，也对评估和认识中美之间的贸易关系提供新的视角。

本文首先以 1989—2007 年美国制造业上市公司作为实证样本，采用约束词汇频率、KZ 指数、SA 指数和 WW 指数衡量融资约束，采用进口渗透度和进口份额衡量来自中国的进口竞争，考察来自中国的进口对美国企业融资约束的影响。本文还进一步根据"投资—现金流"敏感性框架，构造托宾 Q 模型和欧拉方程模型，检验来自中国的进口对美国企业融资约束的影响。在稳健性检验部分，本文引入进口渗透度的工具变量和构造双重差分模型以解决内生性问题。基准估计和稳健性检验的结果表明，总体上看，来自中国的进口对美国企业的融资约束具有缓解效应。若将样本扩展为 1989—2017 年的美国制造业上市公司，重新进行回归，我们发现来自中国的进口对美国企业融资约束的缓解效应主要表现在早期（2008 年之前），随着中国贸易结构的升级，这种缓解效应有所减弱。进一步的分析还显示，来自中国的进口对美国企业融资约束的影响存在异质性：有出口、资本密集度高、市场份额高、生产效率高的企业,融资约束得到缓解;没有出口、资本密集度低、市场份额低、生产效率低的企业,融资约束不受影响。从这些结果来说,来自中国的进口使得美国的金融资源向更加优质、更有效率的企业倾斜,提高了美国金融资源的配置效率。

与以往的研究相比,本文的边际贡献有三点:第一,本文提供了关于中美贸易对美国影响的新视角。在中美贸易对美国的影响方面,已有研究大多着眼于价格、创新、就业等实体领域的因素,而较少关注金融领域,本文则从企业融资约束这一角度,探讨中美贸易对美国金融资源配置的作用;第二,在贸易与金融的关系方面,已有研究大多采用国家层面的数据,从宏观角度探讨贸易或者资本市场开放对一国金融市场的影响,但是不同国家的贸易模式和金融制度有很大的差别,贸易开放对金融发展的影响也存在差异。而本文采用公司层面的数据进行实证研究,并从多个方面进行异质性分析,更容易捕捉相关效应的微观机理;第三,本文采用多种指标度量企业的融资约束,同时采用不同的指标衡量来自中国的进口竞争,在基准估计的基础上,还进一步运用工具变量以及倍差法,尽可能地保证估计结果的稳健性。

本文余下部分的安排如下:第二节是文献综述;第三节针对所研究的问题做理论分析;第四节对变量和样本进行说明,并介绍本文的识别策略;第五节是基准估计和稳健性检验;第六节针对样本年份和企业异质性等进行拓展性分析;最后是结论与政策含义。

二、 文献综述

在"中国效应"的文献中,有关中国出口对美国的影响是研究重点,不少学者从价格效应、就业和工资效应、创新效应、社会效应等角度探讨了中美贸易对美国的影响。

在价格效应方面,Kamin 等(2004)采用 1993—2002 年美国制造业 74 个行业的价格和进口数据,结果发现,来自中国的进口对美国的生产者价格几乎没有影响。Auer 和 Fiszer(2010)选取中国、巴西、印尼、印度等九个低收入国家,分析 1997—2006 年来自这些国家的进口对美国制造业 PPI 的影响。结果表明,来自这些低收入国家的进口占该部门总销售额每上升 1%,美国制造业的生产者价格就会下降 2.35%。同时,来自中国的进口对美国价格的影响比来自其他低收入国家的进口所产生的影响更强。Amiti 等(2017)从降低出口价格和提高出口种类两个维度考察中国加入 WTO 对美国的冲击,结果显示,中国加入 WTO 导致美国制造业价格指数在 2000—2006 年降低了 7.6%。

在就业和工资效应方面,Autor 等(2013)考察了来自中国的进口对美国劳动力市场的影响,结果表明,来自中国的进口对当地制造业的就业产生了显著的负向影响。Autor 等(2014)进一步利用劳动者个人层面的数据进行研究,结果表明,受来自中国的进口冲击较大的行业,其工人的收入较低,对社会保障依赖度较高,更换工作的可能性也较高。Pierce 和 Schott(2016)考察了 2001 年美国给予中国永久正常贸易关系给美国就业带来的影响,结果显示,政策不确定性下降越多的行业,就业下降的幅度越大。Acemoglu 等(2016)从一般均衡的视角进行研究,结论是,来自中国的进口对贸易部门就业有显著的负向冲击。至于对关联行业的影响,结论是,下游产业的就业没有受到显著影响,但上游产业的就业显著下滑。Caliendo 等(2015)所做的研究显示,来自中国的进口冲击使美国制造业就业比重下降,但抬升了服务和零售等非制造业部门的就业比重。由于为非制造业部门提供了更廉价的中间品,来自中国的进口略微拉低了美国的总体失业率。Shen 和 Silva(2018)从附加值的角度进行研究,结果表明,中国的附加值贸易对美国劳动力市场的冲击要小于毛值贸易,美国对中国的附加值出口几乎抵消了从中国的附加值进口带来的冲击。Wang 等(2018)的研究发现，来自中国廉价的中间品进口对美国下游产业就业有积极作用，对中国的出口也会拉动美国的就业。尽管来自中国的进口竞争导致制造业就业的下降，但对下游产业和非制造业就业产生了积极影响。Feenstra 等(2017)的研究显示，在行业层面，1991—2011 年来自中国的进口渗透和美国自身的出口扩张总体上导致了 30 万—40 万劳动力的失业，且来自中国进口的增加提升了工人整体的工资水平。Feenstra 和 Sasahara (2017)基于世界投入产出数据的实证研究表明，1995—2011 年美国商品部门出口扩张拉动了 370 万劳动力的就业，而商品部门从中国的进口导致了 200 万人的失业，二者的净效应是 170 万人的就业增长。

在创新效应方面，Lu 和 Ng (2013)分析了进口竞争对美国行业劳动技能水平的影响，结果显示，进口渗透度大的行业，会雇用更多的非常规技能劳动力。在剔除来自中国等低工资国家的进口后，这一结论依然成立。Autor 等(2016)研究了来自中国的进口对美国企业创新的影响，结果表明，来自中国的进口渗透度的提高降低了美国企业获得的专利数量。Hombert 和 Matray (2018)考察了不同创新水平的企业在面对进口冲击时的表现，发现创新水平高的企业在面对来自中国的进口冲击时受到的不利影响更小。

在社会效应方面，Che 等(2016)针对美国所做的研究显示，一个郡县受到来自中国进口的冲击越大，其民众越有可能在选举中投票给民主党。Autor 等(2017)探讨了来自中国的进口是否影响了 2016 年美国的总统选举，发现来自中国的进口渗透度的提高拉抬了共和党的选票份额。Ramirez 和 Rong (2012)考察了贸易失衡对有关中国的新闻报道的影响，研究显示，在贸易赤字冲击后三个月内，美国报道中国的负面新闻比例会上升约 0.045，然后再缓慢下降。Lu 等(2018)同样关注了来自中国的进口是否影响了美国媒体对中国的看法,结果显示,发行量大的报纸更容易受到夹自中国进口的影响,并更多地报道与中国相关的负面新闻,也更倾向于支持代表劳工权益和批判全球化的民主党。Autor 等(2018)考察了来自中国的进口冲击对美国婚姻市场的影响,结果显示,伴随来自中国的进口渗透度的上升,美国男性失业率和早亡率增加,有经济能力的年轻男性供给下降,婚姻和生育率下降。McManus 和 Schaur(2016)研究了来自中国的进口竞争对美国工人健康状况的影响,结果表明,来自中国的进口增长在短期和中期都提高了美国工人的伤病比例。Che 等(2018)考察了来自中国的进口竞争对美国犯罪率的影响,结果显示,受来自中国进口竞争冲击更大的县,有更高的犯罪率,财产犯罪较暴力犯罪受到了更为显著的影响。

三、 理论思考

在这一节,我们从理论上分析来自中国的进口竞争对美国企业融资约束的影响。企业的融资方式可以分为外部融资和内部融资。外部融资就是企业通过外部渠道进行筹资,如发行股票、债券、向银行贷款等。内部融资则是依靠企业自身盈利和现金流积累去投资。如果外部融资成本和内部融资成本相等,则代表企业不存在融资约束。如果外部融资成本大于内部融资成本,则代表企业受到融资约束。本文关注来自中国的进口对美国上市企业融资约束的影响。我们认为,一方面,这取决于美国企业生产的产品与中国出口产品之间的关系,另一方面,这取决于面对来自中国的进口竞争时,企业所采取的策略。

如果美国企业生产的产品与中国出口产品之间存在互补关系,比如美国企业从中国进口低附加值的中间投入品,用以生产高附加值的产成品。Wang 等(2018)指出,美国从中国进口的商品中约有

40％是中间投入品，这部分进口为美国下游企业节约了生产成本，提升了企业的生产效率和竞争力。因此，如果美国企业生产的产品与中国出口产品之间是互补性关系，那么这些企业的融资约束可能得到缓解。

如果美国企业生产的产品与中国出口产品之间是替代关系，或者说是直接竞争的关系，这中间的影响机制就更为复杂。一方面，由于中国的产品成本较低，价格较低，中国出口产品的竞争可能导致美国企业的利润空间下降，企业经营风险和违约风险加大（Valta 和 Paris，2012；Xu，2012；Rahaman，2016；Bustamante 和 Donangelo，2017），从而更难获得外部融资。竞争加剧导致企业业绩恶化，导致企业管理层被替换的风险增加（DeFond 和 Park，1999；Fee 和 Hadlock，2000）。管理层为了获得投资人的信任，避免自己被替换，可能掩盖不好的经营信息（Kim，1999；Kothari 等，2009；Rogers 等，2014；Li 和 Zhan，2018），从而加剧信息不完全和不对称的程度，内外部融资成本差异扩大，企业面临的融资约束加剧。Bernini 和 Montagnoli（2017）指出，竞争加剧会增加企业对外部融资的需求。面对激烈的外部竞争，企业需要进行大量投资和创新活动以避免被淘汰，同时因为竞争导致企业利润下降，企业内部现金流和留存收益无法满足投资需求，因而需要更多的外部融资。另一方面，竞争加剧导致企业破产风险提高，为了避免破产带来的个人损失，管理层会付出更多的努力来提高公司的价值（Holmstrom，1982；Grossman 和 Hart，1983；Nalebuff 和 Stiglitz，1983；Schmidt，1997），他们不得不加大研发投入和创新力度，转向生产技术含量更高的产品。实际上，有不少文献的研究表明，相比于竞争不激烈的行业，竞争激烈的行业的公司代理成本更低，公司治理更好（Giroud 和 Mueller，2010；Balakrishnan 和 Cohen，2011；Alimov，2014）。从这个角度看，进口竞争导致管理层的激励提高，企业经营变得更有效率，企业所受的融资约束将减小。

　　来自中国的进口对美国企业融资约束的影响，在不同的时段还可能有不同的表现。在早期，中国主要出口初级产品和劳动密集型工业制成品，而美国本土产品主要是资本和技术密集型产品，中美贸易的互补性强。伴随中国产业结构和贸易结构的升级，中国出口不断向资本和技术密集型产品转移，中国出口产品与美国本土产品的替代性有所加强。因此，我们预期，在早期，来自中国的进口竞争更有可能缓解美国企业的融资约束，而在后期这种缓解作用可能会减弱。

　　来自中国的进口对美国企业融资约束的影响，对不同的企业也可能有不同的表现。首先，相比于只专注于国内市场的企业，那些全球化程度高的企业，在面对进口竞争冲击时，能够通过多元化的国际市场来分散风险，也可以更好地利用低成本的进口中间品提升自身的生产效率，融资约束可能得到缓解。其次，基于中国的贸易结构，对于资本密集度高的美国企业来说，它们生产的产品与中国出口产品的同质化程度低、互补性强，这些企业的融资约束可能得到缓解。而对于资本密集度低的美国企业来说，它们生产的产品与中国出口产品的同质化程度高、替代性强，这些企业容易受到来自中国进口产品的负向冲击，融资约束可能加剧。最后，相比于那些市场份额小、生产率低的企业，市场份额大、生产率高的企业在行业中的地位更高、成本结构更加优化、技术实力更强，在面对来自中国的进口竞争时，它们更善于通过产品差异化等措施来维持自身的竞争优势，并不断提升自身的生产率，融资约束可能趋于缓解。Iacovone 等（2013）和 Bloom 等（2016）都指出，来自中国的进口竞争具有"创造性破坏"和"市场选择作用"，即来自中国的进口竞争使得高效率的企业规模扩大，低效率的企业规模萎缩。

四、 变量、数据和识别方案

这一节，我们先介绍指标的构造，然后对本文所采用的数据和样本进行说明，最后介绍本文的识别方案。

（一） 对融资约束的度量

学术界对于融资约束的度量存在一定的争议。为确保实证结果的稳健性，我们采用五种方法来度量融资约束，分别是约束词汇频率、KZ 指数、SA 指数、WW 指数，以及"投资—现金流"敏感度。

1. 约束词汇频率（frequency）

我们借鉴 Bodnaruk 等（2015）的做法，采用上市公司财报中约束词汇出现的频率（*frequency*）衡量融资约束。他们构造了包含 184 个约束词汇的约束词汇列表，约束词汇的选取标准是，在财报中，该词汇大多数情况下都具有约束的含义，如 required、obligations、requirements、permitted、comply 和 imposed 等。计算公式如下：

$$frequency = ln\left(\frac{number\ of\ constraining\ words}{number\ of\ total words}\right) \quad (1)$$

其中，*number of constraining words* 为公司财报中约束词汇的数量，*umber of total words* 为公司财报中的词汇总数。在进行回归时，我们对约束词汇频率做对数化处理，其值越大，表示融资约束越严重。

2. KZ 指数

我们也借鉴 Lamont 等（2001）的做法，构造 KZ 指数衡量企业融资约束的大小。KZ 指数为五个财务变量的线性组合：

$$KZ = -1.002 * \left(\frac{CF}{K}\right) + 0.283 * Q + 3.139 * DAR$$

$$- 39.368 * \left(\frac{DIV}{K}\right) - 1.315 * \left(\frac{Cash}{K}\right) \qquad (2)$$

其中，CF 代表企业的现金流，K 代表企业的资本存量，Q 为企业的托宾 Q 值，DAR 为企业的杠杆率，DIV 代表企业派发的红利，$Cash$ 代表企业持有的现金。KZ 指数的值越大，表示融资约束越严重。

3. SA 指数

Hadlock 和 Pierce（2009）认为采用 KZ 指数衡量融资约束存在严重的内生性问题。为此，他们通过企业规模和年龄这两个相对外生的变量构造 SA 指数，并用它衡量融资约束：

$$SA = -0.737 * size + 0.043 * size^2 - 0.04 * age \qquad (3)$$

其中，$size$ 为企业的规模，age 为企业的年龄。SA 指数的值越大，表示融资约束越严重。

4. WW 指数

我们还借鉴 Whited 和 Wu（2006），用 WW 指数衡量融资约束：

$$WW = -0.091 * CF - 0.062 * DIVPOS + 0.021 * TLTD$$
$$- 0.044 * LNTA + 0.102 * ISG - 0.035 * SG$$
$$(4)$$

其中，$DIVPOS$ 是一个哑变量，如果企业支付了现金股利，取 1，否则取 0；$TLTD$ 为企业长期负债与总资产的比率；$LNTA$ 为企业总资产的对数值；ISG 为行业销售额增长率；SG 为公司销售额增长率。WW 指数的值越大，表示融资约束越严重。

5. "投资—现金流"敏感度

Fazzari 等（1988）首次提出采用"投资—现金流"敏感度表征融资约束。如果企业外部融资受到限制，那么投资将在很大程度上依赖内部现金流。外部融资约束越大，投资对现金流越敏感。为此，我们构造如下的托宾 Q 投资模型：

$$\left(\frac{I}{K}\right)_{ijt} = \beta_0 + \beta_1 Q_{it} + \beta_2 \left(\frac{CF}{K}\right)_{it-1} + \eta_j + \gamma_t + \varepsilon_{it} \qquad (5)$$

其中，i 是企业，j 是行业，t 是年份。I 代表企业的投资支出，K 代表企业的资本存量，CF 代表企业的现金流，Q 代表托宾 Q 值，η_j 代表行业层面的固定效应，γ_t 表示年份固定效应，ε_{it} 为随机扰动项。托宾 Q 值是企业的市场价值与资产重置成本的比率，它反映了公司业绩表现及未来成长性的大小。在这一模型中，我们关注系数 β_2 的大小，如果 $\beta_2 > 0$，表明企业受到融资约束；如果 $\beta_2 < 0$ 或者不显著，则表明企业不受融资约束。

在实际应用过程中，托宾 Q 模型存在一些问题。[①] 为此，我们进一步借鉴 Laeven（2003）的做法，采用欧拉方程投资模型来捕捉企业受到的融资约束：

$$\left(\frac{I}{K}\right)_{ijt} = \beta_0 + \beta_1 \left(\frac{I}{K}\right)_{it-1} + \beta_2 \left(\frac{I}{K}\right)^2_{it-1} + \beta_3 \left(\frac{Y}{K}\right)_{it-1}$$
$$+ \beta_4 \left(\frac{CF}{K}\right)_{it-1} + \eta_j + \gamma_t + \varepsilon_{it} \qquad (6)$$

其中，Y 代表企业的总产出或者总收入。如果 β_4 显著为正，说明企业受到了融资约束；否则，企业没有受到融资约束。

（二）对来自中国的进口竞争的度量

本文的核心解释变量是来自中国的进口竞争，本文采用进口渗透度和进口份额两个指标衡量来自中国的进口竞争。我们首先借鉴 Xu（2012）和 Rahaman（2016）的做法，构造行业层面的进口渗透度，衡量美国不同行业受到的来自中国的进口竞争程度：

---

① 当资本市场不完全有效时，托宾 Q 值不能代表企业的投资机会。另外，决定企业投资的是边际 Q 值，但是现实中我们只能计算平均 Q 值，并用平均 Q 值来近似边际 Q 值，这会导致一定的度量偏误。

$$IP_{jt} = \frac{M_{jt}^c}{Y_{jt} + M_{jt} - X_{jt}} \tag{7}$$

其中，j 代表行业（采用 3 分位的 NAICS 行业分类），t 代表年份，IP_{jt} 表示 t 年 j 行业来自中国的进口渗透，M_{jt}^c 表示 t 年 j 行业来自中国的进口额，Y_{jt} 表示 t 年 j 行业的产出，M_{jt} 表示 t 年 j 行业的进口额，X_{jt} 表示 t 年 j 行业的出口额。

我们还借鉴 Bernard 和 Jensen（2006）的做法，采用美国各行业来自中国的进口占行业总进口的份额来度量来自中国的进口竞争，进口份额用 $share$ 表示：

$$share_{jt} = \frac{M_{jt}^c}{M_{jt}} \tag{8}$$

（三）控制变量

我们引入以往文献中已经证实会对公司融资约束造成影响的变量作为控制变量，包括：企业规模、年龄、市场势力以及有形资产占总资产的比例。同时，我们也在模型中控制年份固定效应和行业固定效应。[①]

Berger 和 Udell（1998）指出，财务状况不透明是中小企业融资最大的特点，同时，中小企业面临严重的逆向选择和道德风险问题（Hyytinen 和 Vaananen，2006），这使得银行给企业提供贷款的意愿降低。为此，本文引入企业规模作为控制变量，并采用企业总资产的对数值来衡量企业的规模：

$$size = lnK \tag{9}$$

[①] 由于 SA 指数为企业规模与年龄的线性组合，为避免内生性问题，在采用 SA 指数衡量融资约束时，不将企业年龄与企业规模作为控制变量。

成立时间短的企业公开信息少,信息不对称问题严重,因而难以获得外部融资。本文将企业的年龄纳入控制变量,由于缺乏上市企业成立时间的信息,本文借鉴 Atawnah 等(2017),用企业出现在COMPUSTAT 数据库中的年份的对数来表示企业的年龄。

Lerner 指数衡量了企业定价高于边际成本的能力(Lerner,1934;Lindenberg 和 Ross,1981)。Lerner 指数越高,企业市场势力越强,越容易获得外部融资。本文借鉴 Atawnah 等(2017)的方法计算 Lerner 指数:

$$lerner = \frac{Sale - COGS - XSGA}{Sale} \tag{10}$$

其中,$Sale$ 为销售收入,$COGS$ 为销售成本,$XSGA$ 为销售及行政开支。

相比于无形资产,有形资产的回报往往是比较确定的。企业有形资产占总资产的比例越高,信息不对称问题越小(Atawnah 等,2017)。同时,有形资产越多,意味着企业拥有的抵押资产越多,因而更容易获得外部融资(Rahaman,2016)。本文参考 Atawnah 等(2017),引入企业有形资产占总资产的比例作为控制变量,计算方法如下:

$$tangibility = \frac{0.715 * rect + 0.547 * invt + 0.535 * ppent + che}{at} \tag{11}$$

其中,$rect$ 为应收账款,$invt$ 为存货,$ppent$ 为固定资产净值,che 为现金和短期投资。

(四)样本选择与数据来源

本文实证分析的全样本为美国 1989—2017 年的制造业上市公司。为了避免 2008 年金融危机的额外干扰从而影响实证结果准确性,本文的基准结果将以 1989—2007 年的数据作为样本。我们将在拓展分析部分将样本扩展至 1989—2017 年,以分析金融危机后的发展变化。对于每一家上市公司,我们从 CRSP (Center for Research in Security Prices)数据库获得各年年末市值;从 Compustat 得到各上市公司的财务数据,将两个数据库的数据根据公司统一证券识别程序委员会代码(CUSIP)进行匹配,然后删除总资产、收入、现金流、市值为负的数据。Bodnaruk 等(2015)将他们计算的美国上市公司年报中的约束词汇数量与所有词汇数量发布在 McDonald 的个人主页中,我们根据公司 CIK 代码将这一数据与 CRSP 和 Compustat 的数据进行匹配。[①] 由于可得的 Bodnaruk 等(2015)数据的年份为 1993—2018 年,所以本文采用约束词汇频率衡量融资约束的回归,数据年份均从 1993 年开始。可得的 WW 指数的数据最新为 2011 年,采用 WW 指数衡量融资约束的回归,数据年份截至 2011 年。行业层面的进出口数据来自 Schott's International Economics Resource Page[②],行业层面的国内生产总值数据来自美国经济分析局(BEA)数据库,我们将两个数据库的数据根据三分位的 NAICS 编码进行匹配。表 1 是相关变量的定义及数据来源。

表 1　变量与数据来源

变量名称	变量代码	数据来源
约束词汇频率	*frequency*	McDonald's sentiment word lists: ln (number of constraining words/number of total words)
KZ 指数	*KZ*	计算得到

① McDonald 的个人主页的网址为:https://sraf. nd. edu/textual-analysis/resources/#LM_10X_Summaries。
② Schott 的个人网页的网址为:https://sompks4. github. io/sub_data. html。

变量名称	变量代码	数据来源
SA 指数	SA	计算得到
WW 指数	WW	计算得到
进口额	M	Schott's International Economics Resource Page
出口额	X	Schott's International Economics Resource Page
产出	Y	U. S. Bureau of Economic Analysis
进口渗透	IP	计算得到
企业投资	I	COMPUSTAT：capx (capital expenditure)
资本存量	K	COMPUSTAT：at (Assets-Total)
市值	me	CRSP：prc * shrout
托宾 Q 值	Q	COMPUSTAT & CRSP：(lse + me − ceq − txdb)/lse
现金流	CF	COMPUSTAT：ib+dp
杠杆率	DAR	COMPUSTAT：(dlc+dltt)/lse
分红	DIV	COMPUSTAT：dvp+dvc
现金	$Cash$	COMPUSTAT：che (cash and short term investment)
公司规模	$size$	COMPUSTAT：ln (at)
公司年龄	age	计算得到
Lerner 指数	$lerner$	COMPUSTAT：(sale−cogs−xsga)/sale
有形资产	$tangibility$	COMPUSTAT：(0. 715 * rect+0. 547 * invt+0. 535 * ppent+che)/at

（五）描述性统计

表 2 为变量的描述性统计。表 3 为 1989 年和 2017 年美国制造业来自中国的进口渗透度和进口份额，可以看到，相比 1989 年，2017 年美国各制造业行业来自中国的进口渗透度和进口份额都有了大幅的提升。

表 2　变量的描述性统计

	观测数	均值	标准差	最小值	最大值
被解释变量：					
frequency	53,957	−4.988	0.273	−7.253	−3.856
KZ	32,571	0.235	2.215	−111.726	21.872
SA	32,657	−3.542	0.924	−5.878	−0.282
WW	11,482	−0.207	0.151	−0.642	0.521
I/K	32,657	0.060	0.066	0.000	1.978
CF/K	32,657	0.119	0.078	0.001	4.850
Y/K	32,657	0.078	0.075	0.000	4.826
Q	32,657	2.008	1.826	0.114	80.964
解释变量：					
IP	32,657	0.053	0.086	0.000	0.444
share	32,657	0.127	0.137	0.000	0.591
控制变量：					
size	32,657	5.804	2.016	0.278	12.836
age	32,657	2.791	0.845	0.000	4.22
lerner	31,950	0.164	0.211	−19.876	0.900
tangibility	32,488	0.522	0.14	0.002	0.996

注：由于数据可得性的原因，*frequency* 的数据年份为 1993—2017 年，*WW* 指数的数据年份为 1989—2011 年，其余指标的数据年份均为 1989—2017 年；*I/K*、*CF/K*、*Y/K* 和 *Q* 对应"投资－现金流"敏感度框架。

表 3   1989 年和 2017 年美国各行业来自中国的进口渗透度和进口份额
（单位：%）

行业	进口渗透度		进口份额	
	1989 年	2017 年	1989 年	2017 年
食品、饮料和烟草制造	0.05	0.39	1.32	4.55
纺织厂和纺织产品厂	0.84	19.59	10.58	46.80
服装、皮革及相关产品	4.13	35.78	11.57	40.40
木制品	0.22	3.19	2.25	19.71
纸制品	0.03	1.82	0.33	16.48
印刷及相关支持活动	0.16	3.50	4.32	50.65
石油和煤炭产品	0.02	0.13	0.28	1.32
化学产品	0.09	2.16	1.21	8.35
塑料及橡胶制品	0.12	6.79	2.00	32.32
非金属矿产品	0.27	5.62	3.01	34.17
初级金属	0.73	1.67	0.73	4.84
金属制品	0.23	5.84	3.48	32.50
机械制造	0.13	8.44	0.61	20.73
计算机和电子产品	0.46	33.30	1.67	46.01
电气设备、器具和部件	0.78	24.23	5.07	38.47
运输设备	0.01	1.64	0.07	4.94
家具及相关产品	0.18	20.94	2.08	56.02
其他制造业产品	2.70	19.50	9.91	34.01

注：表中的行业分类为美国经济分析局 Gross Output by Industry 数据库对行业的分类；表中
只包含制造业。

（六）识别策略

1. OLS 模型

为了研究来自中国的进口对美国企业融资约束的影响,本文首先以公司层面的融资约束为被解释变量,以行业层面的进口渗透度作为解释变量,同时引入企业规模、年龄、勒纳指数、有形资产比例作为控制变量,并控制行业层面和年份层面的固定效应,以 OLS 作为基准估计:

$$FC_{ijt} = \alpha_0 + \alpha_1 IP_{jt} + \alpha_2 Ctrl_{it} + \eta_j + \gamma_t + \varepsilon_{it} \tag{12}$$

式(12)中,i 是企业,j 是行业,t 是年份。FC 是融资约束,分别由约束词汇频率($frequency$)、KZ 指数、SA 指数和 WW 指数代理。IP 是核心解释变量,表示进口渗透度。$Ctrl$ 表示控制变量。η 和 γ 分别表示行业和年份固定效应。ε 表示残差。

2. "投资—现金流"敏感度

为了进一步检验来自中国的进口对美国企业融资约束的影响,我们根据"投资—现金流"敏感度框架,在托宾 Q 模型中加入进口渗透度和现金流的交乘项,根据 Laeven(2003)的观点,如果交乘项的系数 β_3 显著为负,表明来自中国的进口使得企业投资对内部现金流的敏感度减弱,缓解了企业的融资约束:

$$\left(\frac{I}{K}\right)_{ijt} = \beta_0 + \beta_1 Q_{it} + \beta_2 \left(\frac{CF}{K}\right)_{it-1} + \beta_3 \left(\frac{CF}{K}\right)_{it-} * IP_{jt-1} + \eta_j + \gamma_t + \varepsilon_{it}$$

$$\tag{13}$$

同理,我们在欧拉方程投资模型中也加入进口渗透和现金流的交乘项,如果交乘项的系数 β_5 显著为负,则意味着来自中国的进口使得企业投资对内部现金流的敏感度减弱,缓解了企业的融资约束:

$$\left(\frac{I}{K}\right)_{ijt} = \beta_0 + \beta_1 \left(\frac{I}{K}\right)_{it-1} + \beta_2 \left(\frac{I}{K}\right)_{it-1}^2 + \beta_3 \left(\frac{Y}{K}\right)_{it-1} + \beta_4 \left(\frac{CF}{K}\right)_{it-1}$$

$$+ \beta_5 \left(\frac{CF}{K}\right)_{it-1} * IP_{jt-1} + \eta_j + \gamma_t + \varepsilon_{it}$$

$$(14)$$

3. 工具变量法

采用进口渗透度作为进口竞争的度量指标，存在一定的内生性问题。比如，美国国内行业的一些冲击，可能同时影响中美之间的贸易和企业的融资约束。为此，我们借鉴 Autor 等（2013）的做法，选取其他八个高收入国家相应行业来自中国的进口构造一个新的变量，作为美国各行业进口渗透度的工具变量，然后采用最小二乘法对基准模型进行估计：

$$IP_{jt}^o = \frac{\sum_k M_{jktc}}{Y_{jt} + M_{jt} - X_{jt}} \qquad (15)$$

其中，IP_{jt}^o 为美国 j 行业来自中国的进口渗透 IP_{jt} 的工具变量，k 表示国家，M_{jktc} 表示 t 年 k 国 j 行业来自 c 国（即中国）的进口额。这里的八个高收入国家包括：澳大利亚、丹麦、芬兰、德国、日本、新西兰、瑞士和西班牙。

4. 双重差分模型

为了进一步证明结果的稳健性，我们借鉴 Pierce 和 Schott（2016）的做法，将 2001 年美国授予中国永久正常贸易伙伴地位，看作来自中国进口竞争的一个外生冲击。2002 年 1 月 1 日，美国对华永久性正常贸易关系法案正式生效，免除了美国国会每年一度的对中国贸易地位的审议，保证中国商品进入美国市场时能够享受与其他国家相同的低关税待遇。美国对华永久性正常贸易伙伴关系法案的生效，消除了从中国进口商品的关税大幅上升（从较低的 NTR 关税变为较高的非 NTR 关税)的不确定性,使美国从中国进口更多的商品,美国各行业面临更激烈的来自中国的进口竞争。本文用 NTR 关税和非 NTR 关税的差距(NTR Gap)来度量各行业在 2001 年前面临的政策不确定性,采用双重差分法分析不同 NTR Gap 行业(第一重差分)的公司在 2001 年前后(第二重差分)融资约束的变化是否存在差异。NTR Gap 的数据来自 Schott's International Economics Resource Page。根据 Pierce 和 Schott（2016）的分析,不同行业的 NTR Gap 存在较大差异,1999 年各行业 NTR Gap 的均值和标准差分别为 33% 和 14%。不同行业 NTR Gap 的差别主要来自于非 NTR 关税的差别,而非 NTR 关税是在 1931 年制定的,也就是说 NTR Gap 是外生的,从而可以避免反向因果对模型估计造成的影响。

$$FC_{ijt} = \alpha_0 + \alpha_1 Post_t * NTRGap_j + \alpha_2 Ctrl_x + \eta_j + \gamma_t + \varepsilon_{it}$$

$$(16)$$

其中,$NTRGap_j$ 表示 j 行业的 NTR 关税和非 NTR 关税的差距,这里我们使用的是 1999 年各行业的 NTR Gap；$Post_t$ 为指示变量:

$$Post_t = \begin{cases} 1 & t \geqslant 2001 \\ 0 & t < 2001 \end{cases}$$

$$(17)$$

五、 基准估计和稳健性检验

在这一节,我们先运用 OLS 进行基准估计,然后进行一系列的稳健性检验:更换进口竞争度量指标;根据"投资—现金流"敏感性框架,对托宾 Q 模型和欧拉方程投资模型进行估计;考虑到内生性,分别进行工具变量估计和双重差分估计。

（一）基准估计：OLS 模型

Bodnaruk et al.（2015）采用 1996—2011 年美国上市公司的样本，比较了 KZ、SA、WW 指数和约束词汇频率对公司流动性的预测能力。[①] 他们的研究显示，相比于 KZ、SA 和 WW 指数，约束词汇频率更能反映企业融资约束的大小。Farre-Mensa and Ljungqvist（2016）也指出，KZ、SA 和 WW 指数无法较好地识别出真正面临融资约束的企业。考虑到这一因素，我们先使用约束词汇频率来代理融资约束，然后再用 KZ、SA 和 WW 指数来代理融资约束。

对式(12)进行 OLS 估计，结果见表 4。可以看到，在引入所有控制变量、行业和年份固定效应的情况下，采用约束词汇频率、KZ 和 WW 指数来衡量融资约束时，进口渗透度的估计系数分别为 −0.191、−1.475 和 −0.080，并且都在 5％ 的水平上显著；采用 SA 指数来衡量融资约束时，进口渗透度的系数为 −0.884，并在 1％ 的水平下显著，表明来自中国的进口竞争可以缓解美国上市企业的融资约束。

表 4 基准估计结果：OLS

	frequency	KZ	SA	WW
IP	−0.191 ** (0.068)	−1.475 ** (0.661)	−0.884 *** (0.292)	−0.080 ** (0.032)
age	−0.065 *** (0.005)	−0.217 *** (0.038)		0.009 *** (0.002)

[①] BLM（2015）认为公司的流动性事件可以反映公司外部融资条件的改善或者恶化，这些流动性事件包括不支付股利、增加股利、股份回购和养老金不足。

续　表

	frequency	KZ	SA	WW
size	0.008＊＊＊ (0.002)	−0.028 (0.026)		−0.055＊＊＊ (0.001)
lerner	0.000＊＊＊ (0.000)	−0.155 (0.179)	−0.162 (0.147)	0.000＊＊ (0.000)
tangibility	−0.101＊＊＊ (0.025)	−2.826＊＊＊ (0.323)	2.035＊＊＊ (0.213)	0.003 (0.007)
固定效应	j, t	j, t	, t	j, t
观测值	28,177	23,314	23,360	5,710
Adj. R²	0.146	0.051	0.223	0.930

注:该表中约束词汇频率的数据年份为 1993—2007 年,KZ 和 SA 指数的数据年份为 1989—2007 年,WW 指数的数据年份为 1989—2007 年;所有模型的回归标准误差都聚类到行业层面;括号内的是稳健标准误;＊、＊＊和＊＊＊分别表示在 10%、5%和 1%的水平上显著。

（二）稳健性检验

1. 更换进口竞争度量指标

为了保证我们的结果不受进口竞争度量指标的影响,我们改用不同行业来自中国的进口份额表示来自中国的进口竞争,分别采用约束词汇频率、KZ、SA 和 WW 指数来衡量企业受到的融资约束,并控制公司的规模、年龄、有形资产比例和市场势力,以及年份固定效应和行业固定效应,重新进行 OLS 估计,结果见表 5。可以看到,不论采用哪种指标来衡量融资约束,进口份额的系数均在 5%的水平上显著为负。初步表明,来自中国的进口竞争可以缓解美国企业的融资约束。

表 5　更换进口竞争度量指标的估计结果：OLS

	frequency	KZ	SA	WW
share	−0.111＊＊ (0.047)	−1.161＊＊ 0.437)	−0.484＊＊ (0.186)	−0.066＊＊ (0.021)
age	−0.065＊＊＊ (0.005)	−0.217＊＊＊ (0.038)		0.009＊＊＊ (0.002)
size	0.008＊＊＊ (0.002)	−0.028 (0.026)		−0.055＊＊＊ (0.001)
lerner	0.000＊＊＊ (0.000)	−0.155 (0.179)	−0.162 (0.147)	0.000＊＊ (0.000)
tangibility	−0.101＊＊＊ (0.025)	−2.839＊＊＊ (0.327)	2.031＊＊＊ (0.211)	0.003 (0.007)
固定效应	j, t	j, t	j, t	j, t
观测值	28,177	23,314	23,360	5,710
Adj. R²	0.146	0.051	0.223	0.930

注：该表中约束词汇频率的数据年份为 1993—2007 年，KZ 和 SA 指数的数据年份为 1989—2007 年，WW 指数的数据年份为 1989—2007 年；所有模型的回归标准误都聚类到行业层面；括号内的是稳健标准误；＊、＊＊和＊＊＊分别表示在 10％、5％和 1％的水平上显著。

2. "投资—现金流"敏感度分析

表 6 为根据"投资—现金流"敏感度框架，对托宾 Q 模型和欧拉方程投资模型的 OLS 估计结果。我们先不控制年份固定效应和行业固定效应，对未引入交叉项的两种投资模型进行 OLS 估计，结果见表 6 的列(1)和列(4)，可以看到，现金流变量的系数分别为 0.191 和 0.470，并且都在 1％的水平上显著，表明美国上市公司的投资对现金流高度敏感，即美国上市公司的确存在融资约束。引入控制行业和年份固定效应，并将标准误聚类到行业层面，估计结果见列(2)和列(5)。可以看到，现金流系数分别为 0.128 和 0.358，并且都在 1％的水平上显著，再次表明美国上市公司的确受到融资约束的限制。

表 6　托宾 Q 模型和欧拉方程模型的估计结果：OLS

解释变量	托宾 Q 模型				欧拉方程模型		
	(1)	(2)	(3)	(4)	(5)	(6)	
Q	0.001	0.002 **	0.002 *				
	(0.002)	(0.001)	(0.001)				
$(I/K)_{i, t-1}$				0.741 ***	0.667 ***	0.667 ***	
				(0.072)	(0.019)	(0.019)	
$(I/K)^2_{i, t-1}$				−0.275 ***	−0.382 ***	−0.383 ***	
				(0.065)	(0.075)	(0.075)	
$(Y/K)_{i, t-1}$				−0.443 ***	−0.322 ***	−0.322 ***	
				(0.084)	(0.021)	(0.020)	
$(CF/K)_{i, t-1}$	0.191 ***	0.128 ***	0.141 ***	0.470 ***	0.358 ***	0.363 ***	
	(0.076)	(0.040)	(0.048)	(0.077)	(0.022)	(0.024)	
$(CF/K)_{i, t-1} * IP_{i, t-1}$			−0.330			−0.158 *	
			(0.280)			(0.091)	
固定效应	none	j、t	j、t	none	j、t	j、t	
观测值	17,802	17,802	17,802	17,802	17,802	17,802	
Adj. R^2	0.048	0.367	0.367	0.560	0.601	0.601	

注：该表中的数据年份为 1989—2007 年；所有模型的回归标准误都聚类到行业层面；括号内的是稳健标准误；*、** 和 *** 分别表示在 10%、5% 和 1% 的水平上显著。

　　将进口渗透与现金流的交互项引入模型中，并控制行业和年份固定效应，估计结果见第列（3）和列（6）。可以看到，现金流系数仍是显著为正的，托宾 Q 模型中现金流与进口渗透度的交叉项系数为−0.330，但是不显著，但欧拉方程投资模型中现金流与进口渗透度的交叉项系数显著为负，表明来自中国的进口竞争使得美国上市企业投资对现金流的依赖度降低，即来自中国的进口竞争缓解了美国企业的融资约束。

　　在欧拉方程投资模型中，$(I/K)_{i,\,t-1}$ 的估计系数均显著为正，$(I/K)_{i,\,t-1}^{2}$ 的估计系数均显著为负，这与 Laeven（2003）的估计结果是一致的，间接说明我们的模型设定是正确的。

　　3. 工具变量的估计结果

　　为了避免内生性问题造成 OLS 估计结果的偏误，我们借鉴 Autor 等（2016）的做法，采用其他八个高收入国家相应行业来自中国的进口构造进口渗透度的工具变量，然后对式（12）进行 2SLS 估计，结果见表 7。可以看到，采用约束词汇频率和 SA 指数衡量融资约束时，进口渗透的 2SLS 估计系数分别为−0.239 和−0.861，并且都在 1% 的水平上显著。采用 KZ 指数衡量融资约束时，进口渗透的 2SLS 估计系数为−1.215，并在 10% 的水平上显著。采用 WW 指数衡量融资约束时，进口渗透的 2SLS 估计系数为−0.066，并在 5% 的水平上显著，证明我们的结果是比较稳健的，来自中国的进口竞争可以缓解美国企业的融资约束。

表 7　工具变量的估计结果：2SLS

	frequency	KZ	SA	WW
IP	−0.239 *** (0.078)	−1.215 * (0.661)	−0.861 *** (0.309)	−0.066 ** (0.034)
age	−0.065 *** (0.005)	−0.218 *** (0.037)		0.009 *** (0.002)

续　表

	frequency	KZ	SA	WW
size	0.008 ∗∗∗ (0.002)	−0.028 (0.025)		−0.055 ∗∗∗ (0.001)
lerner	0.000 ∗∗∗ (0.000)	−0.155 (0.174)	−0.162 (0.144)	0.000 ∗∗∗ (0.000)
tangibility	−0.101 ∗∗∗ (0.024)	−2.826 ∗∗∗ (0.315)	2.035 ∗∗∗ (0.208)	0.003 (0.006)
固定效应	j, t	j, t	j, t	j, t
观测值	28,177	23,314	23,360	5,710
Adj. R²	0.146	0.051	0.223	0.930

注:约束词汇频率的数据年份为 1993—2007 年,KZ 和 SA 指数的数据年份为 1989—2007 年,WW 指数的数据年份为 1989—2007 年;所有模型的回归标准误都聚类到行业层面;括号内的是稳健标准误;∗、∗∗ 和 ∗∗∗ 分别表示在 10%、5% 和 1% 的水平上显著。

4. 双重差分模型估计结果

我们还借鉴 Pierce 和 Schott（2016）的做法 构造 DID 模型,我们想知道不同 NTR Gap 行业的公司,在 2001 年之后融资约束的变化是否存在差异。对式(16)的双重差分模型进行估计,结果见表 8,可以看到,采用约束词汇频率、KZ 和 SA 指数衡量融资约束时,DID 变量的系数分别为 −0.083、−1.038 和 −0.313,并且都在 5% 的水平上显著。采用 WW 指数衡量融资约束时,DID 变量的系数为 −0.024,但是不显著。总体来看,2001 年之后,那些 NTR Gap 更大行业的公司,融资约束的确减少更多,进一步证明了,来自中国的进口竞争对美国企业的融资约束具有缓解效应。

表 8　双重差分模型的估计结果

	frequency	KZ	SA	WW
$Post * NTRGap$	−0.083∗∗ (0.036)	−1.038∗∗ (0.404)	−0.313∗∗ (0.129)	−0.024 (0.017)
age	−0.065∗∗∗ (0.005)	−0.218∗∗∗ (0.038)		0.009∗∗∗ (0.002)
$size$	0.008∗∗∗ (0.002)	−0.028 (0.026)		−0.055∗∗∗ (0.001)
$lerner$	0.000∗∗∗ (0.000)	−0.154 (0.178)	−0.164 (0.148)	0.000∗∗ (0.000)
$tangibility$	−0.106∗∗ (0.025)	−2.833∗∗ (0.324)	2.046∗∗∗ (0.216)	0.003 (0.007)
固定效应	no	no	no	no
观测值	28,077	23,227	23,273	5,676
Adj. R^2	0.146	0.051	0.224	0.930

注：约束词汇频率的数据年份为 1993—2007 年，KZ 和 SA 指数的数据年份为 1989—2007 年，WW 指数的数据年份为 1989—2007 年；所有模型的回归标准误都聚类到行业层面；括号内的是稳健标准误；∗、∗∗ 和 ∗∗∗ 分别表示在 10%、5% 和 1% 的水平上显著。

六、 拓展性分析

　　在这一节，我们做了一系列拓展性分析。我们首先将样本年份扩展至 2017 年，重新对基准模型进行回归；然后根据是否出口、资本密集度、市场份额、劳均收入、全要素生产率等五个指标对美国上市企业进行分组，研究来自中国的进口竞争对美国企业融资约束的影响是否存在异质性。

（一）扩展样本年份

我们将样本时间跨度扩展为 1989—2017 年美国制造业上市公司，重新进行回归，结果见表 9(A)和表 9(B)。可以看到，当样本年份为 1989—2017 年时，采用进口渗透衡量进口竞争时，除了采用约束词汇频率衡量融资约束时，进口渗透的 OLS 估计系数为负但是不显著之外，其余列进口渗透的 OLS 估计系数都显著为负。采用进口份额衡量进口竞争时，除了采用约束词汇频率衡量融资约束时，进口份额的 OLS 估计系数不显著之外，其余列进口份额的 OLS 估计系数都显著为负。在引入进口渗透的工具变量之后，采用约束词汇频率和 KZ 指数衡量融资约束时，进口渗透的 2SLS 估计系数为负但是不显著；采用 SA 和 WW 指数衡量融资约束时，进口渗透的 2SLS 估计系数显著为负。采用 DID 模型，不论采用哪种指标来衡量企业融资约束，DID 变量的估计系数都显著为负。这进一步证明来自中国的进口竞争可以缓解美国企业的融资约束。

把表 9(A)和表 9(B)的回归结果和表 4—表 8 的回归结果进行比较，可以发现，当我们把样本年份由截至 2007 年扩展为截至 2017 年时，除了 SA 指数作为被解释变量时，进口渗透度、进口份额和 DID 变量估计系数基本没变之外，其余模型设定中进口渗透度、进口份额和 DID 变量的估计系数的绝对值都变小了。另外，在样本年份截至 2007 年时，以约束词汇频率作为被解释变量，进口渗透度、进口份额和 DID 变量的估计系数都是显著为负的，但是样本年份截至 2017 年时，以约束词汇频率作为被解释变量，进口渗透度、进口份额和 DID 变量的估计系数都不显著。这说明，相比于 2008 年之后，在 2008 年之前，来自中国的进口竞争对美国企业融资约束的缓解效应更强。这可能是因为，在早期，中国出口产品更多的是一些初级产品和劳动密集型工业制成品，而美国本土产品主要是资本和技术密集型产

表9（A）　改变样本年份的估计结果：1989—2017 年

解释变量	frequency				KZ			
	OLS	OLS	2SLS	DID	OLS	OLS	2SLS	DID
IP	-0.024 (0.036)		-0.065 (0.052)		-1.019*** (0.331)		-0.552 (0.477)	
share		-0.023 (0.028)				-0.777** (0.279)		
Post * NTRGap				-0.047* (0.023)				-0.896* (0.459)
age	-0.056*** (0.005)	-0.056*** (0.005)	-0.056 (0.005)	0.019*** (0.001)	-0.228*** (0.051)	-0.229*** (0.051)	-0.230*** (0.050)	0.005 (0.022)
size	0.019*** (0.001)	0.019*** (0.001)	0.019*** (0.001)	-0.057*** (0.005)	0.005 (0.022)	0.005 (0.022)	0.005 (0.021)	-0.231*** (0.052)
lerner	0.000* (0.000)	0.000* (0.000)	0.000** (0.000)	-0.044 (0.026)	-0.441 (0.371)	-0.441 (0.371)	-0.440 (0.362)	-2.847*** (0.340)
tangibility	-0.040 (0.026)	-0.040 (0.026)	-0.040 (0.025)	0.000* (0.000)	-2.849*** (0.337)	-2.857*** (0.339)	-2.843*** (0.329)	-0.440 (0.370)

续　表

解释变量	frequency				KZ			
	OLS	OLS	2SLS	DID	OLS	OLS	2SLS	DID
IV	no	no	yes	no	no	no	yes	no
固定效应	j、t	j、t	j、t	j、t	j、t	j、t	j、t	j、t
观测值	45,847	45,847	45,847	45,597	31,713	31,713	31,713	31,585
Adj. R²	0.215	0.215	0.215	0.216	0.052	0.052	0.052	0.052

注：约束词汇频率的数据年份为 1993—2017 年；所有模型的回归标准误都聚类到行业层面；括号内的是稳健标准误；*、** 和 *** 分别表示在 10%、5% 和 1% 的水平上显著。

表 9（B） 改变样本年份的估计结果：1989—2017 年

解释变量	SA				WW			
	OLS	OLS	2SLS	DID	OLS	OLS	2SLS	DID
IP	−0.911*** (0.213)		−0.967*** (0.272)		−0.056*** (0.017)		−0.057*** (0.022)	
share		−0.656*** (0.178)				−0.051*** (0.015)		
Post * NTRGap				−0.661*** (0.187)				−0.034* (0.017)
age					0.008*** (0.003)	0.008*** (0.003)	0.008*** (0.002)	−0.055*** (0.001)
size	−0.160 (0.134)	−0.161 (0.135)	−0.160 (0.131)	1.928*** (0.179)	−0.055*** (0.001)	−0.055*** (0.001)	−0.055*** (0.001)	0.008*** (0.003)
lerner					−0.000*** (0.000)	−0.000*** (0.000)	−0.000*** (0.000)	0.002 (0.004)
tangibility	1.914*** (0.177)	1.911*** (0.175)	1.913*** (0.173)	−0.162 (0.136)	0.002 (0.004)	0.001 (0.004)	0.002 (0.004)	0.000*** (0.000)

续　表

解释变量	SA				WW			
	OLS	OLS	2SLS	DID	OLS	OLS	2SLS	DID
IV	no	no	yes	no	no	no	yes	no
固定效应	j，t	j，t	j，t	j，t	j，t	j，t	j，t	j，t
观测值	31,791	31,791	31,791	31,663	9,672	9,672	9,672	9,608
Adj. R^2	0.271	0.271	0.271	0.271	0.931	0.931	0.931	0.931

注：WW指数的数据年份为1989—2011年；所有模型的回归标准误都聚类到行业层面；括号内的是稳健标准误；*，** 和 *** 分别表示在10%，5%和1%的水平上显著。

品，中国出口产品与美国本土产品之间的互补性强，来自中国的进口对美国企业的缓解效应更强；而在后期，伴随中国产业结构和贸易结构的升级，中国出口结构向资本和技术密集型产品转移，中国出口产品与美国本土产品之间的替代性增强，竞争更加激烈，来自中国的进口对美国企业融资约束的缓解效应减弱。

（二）企业异质性分析

面对来自中国的进口竞争，不同类型的企业可能会做出不同的反应，同时也会受到不同的影响，即存在企业异质性。基于此，我们选取是否出口、资本密集度、市场份额、劳均收入、全要素生产率等五个指标，考察进口竞争影响企业融资约束的异质性。资本密集度为公司资本存量与雇用人口数量的比值。企业的市场份额为企业的销售额占行业销售额的比重。劳均收入为公司销售收入与雇佣劳动力的比值，全要素生产率根据 Olley 和 Pakes（1996）的方法计算，这两个指标可以衡量企业的生产经营效率。是否出口的分组则根据公司是否存在正的国外销售额，如果公司 1999 年国外销售额为正，那么被分到 global group；否则，被分到 domestic group。我们根据 1999年其他四个指标的高低将公司分成 low group 和 high group。比如，如果公司 1999 年的 TFP 位于 1999 年所有公司 TFP 的下 25％区间，那么这家公司被分到 low group；如果公司 1999 年的 TFP 位于1999 年所有公司 TFP 的上 25％区间，那么这家公司被分到 high group。然后我们对不同组样本分别采用 2SLS 进行回归，表 10 为1993—2007 年样本的异质性分析结果，表 11 为 1993—2017 年样本的异质性分析结果。

从表 10 的估计结果来看，在是否出口方面，来自中国的进口竞争对专注于国内市场的企业没有显著影响，但是可以缓解出口企业的融资约束。正如 Campa 和 Shaver（2002）和 Bridges 和 Guarigli

表 10　企业异质性的估计结果（1993—2007 年）：2SLS

	frequency									
	Export		Capital intensity		Marketshare		Sales per-employee		Productivity	
	Domestic	Global	Low	High	Low	High	Low	High	Low	High
IP	-0.042	-0.466***	0.167	-0.449***	-0.200	-0.334***	0.218	-0.472***	-0.031	-0.215
	(0.227)	(0.141)	(0.11)	(0.060)	(0.149)	(0.178)	(0.190)	(0.118)	(0.132)	(0.210)
age	-0.052***	-0.057***	-0.071***	-0.088***	-0.055***	-0.086***	-0.083***	-0.076***	-0.084***	-0.056***
	(0.015)	(0.011)	(0.010)	(0.011)	(0.010)	(0.008)	(0.014)	(0.014)	(0.022)	(0.010)
size	-0.009*	-0.005	-0.014**	-0.005	-0.031*	-0.009	-0.013***	0.005	0.003	-0.012***
	(0.005)	(0.004)	(0.005)	(0.004)	(0.004)	(0.008)	(0.004)	(0.004)	(0.005)	(0.004)
lerner	0.000	-0.064**	0.000	0.000***	0.000	-0.282***	0.000	0.000***	0.000	-0.000
	(0.000)	(0.032)	(0.000)	(0.000)	(0.000)	(0.068)	(0.000)	(0.000)	(0.000)	(0.000)
tangibility	-0.172**	-0.206***	-0.178**	-0.097**	-0.053**	-0.248***	-0.097*	-0.146***	-0.157	-0.105**
	(0.075)	(0.055)	(0.089)	(0.042)	(0.040)	(0.073)	(0.055)	(0.049)	(0.044)	(0.044)
IV	j、t	j、t	j、t	j、t	j、t	j、t	j、t	j、t	j、t	j、t
固定效应	yes	yes	yes	yes	yes	yes	yes	yes	yes	yes
观测值	1460	7050	5777	4830	4576	5668	4714	5577	4953	5367
Adj. R²	0.220	0.180	0.139	0.173	0.153	0.210	0.160	0.151	0.157	0.122

注：该表中的数据年份为 1993—2007 年；所有模型的回归型的回归标准误都聚类到细分行业层面；括号内的是稳健标准误；*、** 和 *** 分别表示在 10%、5% 和 1% 的水平上显著。

表 11　企业异质性的估计结果（1993—2017年）：2SLS

解释变量	Export		Capital intensity		Marketshare		Sales per-employee		Productivity	
	Domestic	Global	Low	High	Low	High	Low	High	Low	High
					frequency					
IP	0.051	-0.193**	0.010	-0.089***	0.100	-0.081***	0.086	-0.190**	-0.033	-0.093
	(0.140)	(0.082)	(0.122)	(0.080)	(0.139)	(0.094)	(0.117)	(0.091)	(0.094)	(0.139)
age	-0.053***	-0.058***	-0.068***	-0.085***	-0.055***	-0.087***	-0.083***	-0.078***	-0.088***	-0.053***
	(0.012)	(0.010)	(0.009)	(0.011)	(0.011)	(0.008)	(0.013)	(0.015)	(0.021)	(0.012)
size	0.010***	-0.004	0.014***	0.005**	0.031***	-0.010	0.017***	0.006*	0.010***	0.011
	(0.003)	(0.005)	(0.004)	(0.003)	(0.005)	(0.007)	(0.003)	(0.004)	(0.004)	(0.003)
lerner	0.000	-0.024***	0.000	0.000**	0.000	-0.264***	0.000	0.000***	0.000	0.000
	(0.000)	(0.004)	(0.000)	(0.000)	(0.000)	(0.070)	(0.000)	(0.000)	(0.000)	(0.000)
tangibility	-0.175***	-0.130**	-0.153**	-0.078*	-0.052	-0.200***	-0.120***	-0.106***	-0.120***	-0.104*
	(0.056)	(0.051)	(0.074)	(0.047)	(0.040)	(0.070)	(0.038)	(0.042)	(0.040)	(0.048)
IV	yes	yes	yes	yes	yes	yes	yes	yes	yes	yes
固定效应	j、t	j、t	j、t	j、t	j、t	j、t	j、t	j、t	j、t	j、t
观测值	1994	10202	7896	6997	6286	8232	6542	7869	7095	7653
Adj. R²	0.236	0.239	0.181	0.237	0.211	0.256	0.204	0.210	0.213	0.175

注：该表中的数据年份为1993—2017年；所有模型的回归标准误都聚类到行业层面；括号内的是稳健标准误；*、** 和 *** 分别表示在10%、5%和1%的水平上显著。

(2008)所指出的，出口企业的销售收入更加分散，可以缓解局部需求冲击，所以来自中国进口竞争对这些企业的冲击更小。在资本密集度方面，来自中国的进口竞争对低资本密集度企业的融资约束没有显著影响，但是可以缓解高资本密集度企业的融资约束。这可能是因为中国出口产品主要是低资本密集度、高劳动力密集度的商品，所以美国低资本密集度的企业面临更加严重的进口竞争冲击。从市场份额来看，来自中国的进口竞争对市场份额低的企业的融资约束没有显著影响，但是可以缓解市场份额高的企业的融资约束。在生产经营效率方面，来自中国的进口竞争对劳均收入低的企业的融资约束没有显著影响，但是可以缓解劳均收入高的企业的融资约束。从TFP来看，虽然两组进口渗透的系数都不显著，但是高 TFP 组的系数要比低 TFP 组的系数的绝对值更大。这可能是因为生产效率高的企业成本结构更加优化、技术实力更强，更善于应对来自中国的进口冲击。

综合以上企业异质性的分析结果，我们发现来自中国的进口竞争使得有出口、资本密集度高、市场份额高和生产效率高的企业，融资约束得到缓解；而没有出口、资本密集度低、市场份额低和生产效率低的企业，融资约束不受影响。因此，来自中国的进口实际上使得美国的金融资源流向了那些更优质和更有效率的企业。

从表 11 的结果来看，采用 1993—2017 年的样本进行异质性分析时，我们仍能得到上面的结论。如果我们把表 11 的估计结果与表 10 的估计结果进行比较，我们会发现，表 11 中 Global 和 High group 进口渗透的估计系数比表 10 中 Global 和 High group 进口渗透的估计系数的绝对值更小，也就是说相比于 2008 年之后，在 2008 年之前，来自中国的进口对美国有出口、资本密集度高、市场份额高和生产效率高的企业的融资约束的缓解作用更强，这与我们在前一节中得出的结论是一致的。

七、 结论和政策建议

本文以 1989—2007 年美国制造业上市企业为实证样本，用进口渗透度和进口份额衡量不同行业受到的来自中国的进口竞争，我们首先采用约束词汇频率、KZ、SA 和 WW 指数衡量融资约束，考察来自中国的进口对美国企业融资约束的影响。然后，根据"投资—现金流"敏感度框架，构造托宾 Q 模型和欧拉方程投资模型，进一步检验美国企业是否受到融资约束，以及来自中国的进口对美国企业融资约束的影响。我们还引入进口渗透度的工具变量和采用双重差分模型，以解决内生性问题。通过基准估计和稳健性分析，我们发现，从总体上来说，美国企业的确存在融资约束，而来自中国的进口竞争缓解了美国企业的融资约束。

通过将样本年份由截止至 2007 年改为截止至 2017 年，重新回归，我们发现，来自中国的进口对美国企业融资约束的缓解作用主要表现在早期（2008 年之前），这是因为早期中国出口产品与美国本土产品之间的互补性强，而伴随中国贸易结构的升级，中国出口产品与美国本土产品之间的替代性增强，进口竞争对美国企业融资约束的缓解效应减弱。

根据是否出口、资本密集度、市场份额、劳均收入和全要素生产率等五个指标对企业进行分组，分别进行回归，我们发现，来自中国的进口竞争对美国企业融资约束的影响存在异质性，具体表现为有出口、资本密集度高、市场份额高、生产效率高的企业，融资约束得到缓解；没有出口、资本密集度低、市场份额低、生产效率低的企业，融资约束不受影响。从某种程度上说，来自中国的进口使得美国的金融资源向更加优质和更有效率的企业倾斜，提高了美国金融资源的配置效率。

　　本文从融资约束出发，提供了关于中美贸易对美国影响的新视角，同时也进一步证明了全球化与贸易自由化的积极影响，即来自中国的进口竞争可以提高美国金融资源的配置效率。基于本文的研究结论，我们提出以下政策建议：第一，从国家层面看，全球化与贸易自由化是世界经济发展的大趋势，各国应秉持全面开放、互利共赢的态度参与到全球化与贸易自由化进程中。面对进口竞争对本国企业的冲击，关键在于提升本国企业的技术水平和效率，而不是通过贸易保护和限制措施对进口竞争进行防御。第二，从企业层面看，进口竞争虽然在一定程度上提高了经营风险，但是也激发了企业提升自身效率的动力，同时企业也能通过进口中间品优化自身的成本结构。企业要想在贸易自由化中获得最大的好处，必须不断提升自身效率并积极参与全球化。第三，从中美经贸互动看，两国应从贸易关系走向投资关系，鼓励具备竞争优势的中国出口企业走出去。中国在美投资使得中资企业成为联系中美市场的直接纽带，中美市场联系愈加紧密。另外，中国企业对美绿地投资，将生产线带到美国，可以规避潜在的贸易壁垒，也可以增加美国的就业岗位，减少中美贸易摩擦。

参考文献

Acemoglu, D., D. Autor, and D. Dorn, 2016, "Import Competition and the Great US Employment Sag of the 2000s," *Journal of Labor Economics*, 34(S1), pp. S141 – S198.

Alimov, A., 2014, "Product Market Competition and the Value of Corporate Cash: Evidence from Trade Liberalization," *Journal of Corporate Finance*, 25, pp. 122 – 139.

Auer, R. and A. M. Fischer, 2008, "The Effect of Trade with Low-

Income Countries on US Industry," Federal Reserve Bank of Dallas, No. 14.

Autor, D. , D. Dorn and G. H. Hanson, 2013, "The China Syndrome: Local Labor Market Effects of Import Competition in the United States," *American Economic Review*, 103(6), pp. 2121 – 2168.

Autor, D. , D. Dorn and G. H. Hanson, 2016, "Foreign Competition and Domestic Innovation: Evidence from US Patents," NBER Working Paper, No. 22879.

Autor, D. , D. Dorn, G. Hanson and K. Majlesi, 2017, "A Note on the Effect of Rising Trade Exposure on the 2016 Presidential Election," Mimeo.

Autor, D. , D. Dorn and G. Hanson, 2018, "When Work Disappears: Manufacturing Decline and the Falling Marriage Market Value of Young Men," IZA Discussion Papers, No. 11465.

Amiti, M. , M. Dai and R. C. Feenstra, 2017, "How did China's WTO Entry Benefit US Consumers?" NBER Working Paper, No. 23487.

Atawnah, N. , B. Balachandran, H. N. Duong, 2018, "Does Exposure to Foreign Competition Affect Stock Liquidity? Evidence from Industry-Level Import Data," *Journal of Financial Markets*, 39, pp. 44 – 67.

Balakrishnan, K. and D. A. Cohen, 2014, "Competition and Financial Accounting Misreporting," *SSRN Electronic Journal*, 115 (Pt11), pp. 2433 – 2442.

Berger, A. N. and G. F. Udell, 1998, "The Economics of Small Business Finance: The Roles of Private Equity and Debt Markets in the Financial Growth Cycle," *Journal of Banking and Finance*, 22 (6), pp. 613 – 673.

Bernard, A. B. and J. B. Jensen, 2006, "Survival of the Best Fit: Exposure to Low-Wage Countries and the (Uneven) Growth of US Manufacturing Plants," *Journal of International Economics*, 68(1), pp. 219 – 237.

Bernini, M. and A. Montagnoli, 2017, "Competition and Financial

Constraints: A Two-Sided Story," *Journal of International Money and Finance*, 70, pp. 88 - 109.

Bloom, N., M. Draca, and J. V. Reenen, 2016, "Trade Induced Technical Change? The Impact of Chinese Imports on Innovation, IT and Productivity," *Review of Economic Studies*, 83(1), pp. 87 - 117.

Bodnaruk, A., T. Loughran and B. McDonald, 2015, "Using 10 - K Text to Gauge Financial Constraints," *Journal of Financial and Quantitative Analysis*, 50(4), pp. 623 - 646.

Bridges, S. and A. Guariglia, 2008, "Financial Constraints, Global Engagement, and Firm Survival in the United Kingdom: Evidence from Micro Data," *Scottish Journal of Political Economy*, 55(4), pp. 444 - 464.

Bustamante, M. C. and A. Donangelo, 2017, "Product Market Competition and Industry Returns," *Review of Financial Studies*, 30(12), pp. 4216 - 4266.

Caliendo, L., M. A. Dvorkin, and F. Parro, 2015, "The Impact of Trade on Labor Market Dynamics," NBER Working Paper, No. 21149.

Campa, J. M. and J. M. Shaver, 2002, "Exporting and Capital Investment: On the Strategic Behavior of Exporters," IESE Research Papers D/469, IESE Business School.

Che, Y., Y. Lu, J. R. Pierce, P. K. Schott and Z. Tao, 2016, "Does Trade Liberalization with China Influence US Elections?" NBER Working Paper, No. 22178.

Che, Y., X. Xu and Y. Zhang, 2018, "Chinese Import Competition, Crime, and Government Transfers in US," *Journal of Comparative Economics*, 46(2), 544 - 567.

Defond, M. and C. Park, 1999, "The Effect of Competition on CEO Turnover," *Journal of Accounting & Economics*, 27(1), pp. 35 - 56.

Erickson, T. and T. M. Whited, 2000, "Measurement Error and the Relationship between Investment and q," *Journal of Political*

Economy, 108(5J), pp. 1027 – 1057.

Farre-Mensa, J. and A. Ljungqvist, 2016, "Do Measures of Financial Constraints Measure Financial Constraints?" *Review of Financial Studies*, 29(2), pp. 271 – 308.

Fazzari, S., G. Hubbard, and B. Petersen, 1988, "Financing Constraints and Corporate Investment," *Brookings Papers on Economic Activity*, 1, pp. 141 – 195.

Fee, C. E. and C. J. Hadlock, 2000, "Management Turnover and Product Market Competition: Empirical Evidence from the U. S. Newspaper Industry," *Journal of Business*, 73(2), pp. 205 – 243.

Feenstra, R. C., H. Ma, and Y. Xu, 2017, "US Exports and Employment," NBER Working Paper, No. 24056.

Feenstra, R. C. and A. Sasahara, 2018, "The 'China shock', Exports and US Employment: A Global Input-Output Analysis," *Review of International Economics*, 26(5), pp. 1053 – 1083.

Giroud, X. and H. M. Mueller, 2010, "Does Corporate Governance Matter in Competitive Industries?" *Journal of Financial Economics*, 95(3), pp. 312 – 331.

Grossman, S. J. and O. D. Hart, 1983, "An Analysis of the Principal-Agent Problem," *Econometrica*, 51(1), pp. 7 – 45.

Hadlock, C. J. and J. R. Pierce, 2010, "New Evidence on Measuring Financial: Moving beyond KZ Index," *Review of Financial Studies*, 23(5), pp. 1909 – 1940.

Holmström, B., 1982, "Moral Hazard in Teams," *Bell Journal of Economics*, 13(2), pp. 324 – 340.

Hombert, J. and A. Matray, 2018, "Can Innovation Help U. S. Manufacturing Firms Escape Import Competition from China?" *Journal of Finance*, 73(5), pp. 2003 – 2039.

Hyytinen, A. and L. Vaananen, 2006, "Where Do Financial Constraints Originate from? An Empirical Analysis of Adverse Selection and Moral Hazard in Capital Market," *Small Business Economics*, 27(4), pp. 323 – 348.

Iacovone, L., F. Rauch and L. A. Winters, 2013, "Trade as an

Engine of Creative Destruction: Mexican Experience with Chinese Competition," *Journal of International Economics*, 89(2), pp.379 – 392.

Kamin S. B. , M. Marazzi, and J. W. Schindler, 2004, "Is China 'Exporting Deflation'?" International Finance Discussion Papers, No. 791.

Kaplan, S. and L. Zingales, 1997, "Do Financing Constraints Explain Why Investment is Correlated with Cash Flow?" *Quarterly Journal of Economics*, 112(1), pp.169 – 215.

Kim, O. , 1999, "Discussion of the Role of the Manager's Human Capital in Discretionary Disclosure," *Journal of Accounting Research*, 37, pp.183 – 185.

Kothari, S. P. , L. Xu, and J. E. Short, 2009, "The Effect of Disclosures by Management, Analysts, and Business Press on Cost of Capital, Return Volatility, and Analyst Forecasts: A Study Using Content Analysis," *Accounting Review*, 84(5), pp.1639 – 1670.

Laeven, L. , 2003, "Does Financial Liberalization Reduce Financing Constraints?" *Financial Management*, 32(1) pp.5 – 34.

Lamont, O. , C. Polk, and J. Saa-Requejo, 2001, "Financial Constraints and Stock Returns," *Review of Financial Studies*, 14 (2), pp.529 – 554.

Lerner, A. P. , 1934, "The Concept of Monopoly and the Measurement of Monopoly Power," *Review of Economic Studies*, 1(3), pp.157 – 175.

Li, S. and X. Zhan, 2018, "Product Market Threats and Stock Crash Risk," *Management Science*, 65(9), pp.4011 – 4031.

Lindenberg, E. B. and S. A. Ross, 1981, ' Tobin's Q Ratio and Industrial Organization," *Journal of Business*, 54(1), pp.1 – 32.

Lu, Y. and T. Ng, 2013, "Import Competition and Skill Content in U. S. Manufacturing Industries," *Review of Economics and Statistics*, 95(4),1404 – 1417.

Lu, Y. , X. Shao and Z. Tao, 2018, "Exposure to Chinese Imports and Media Slant: Evidence from 147 US Local Newspapers over 1998 –

2012," *Journal of International Economics*, 114, pp. 316 – 330.

McManus, T. C. and G. Schaur, 2016, "The Effects of Import Competition on Worker Health," *Journal of International Economics*, 102, pp. 160 – 172.

Nalebuff, B. J. and J. E. Stiglitz, 1983, "Prizes and Incentives: Towards a General Theory of Compensation and Competition," *Bell Journal of Economics*, 14(1), pp. 21 – 43.

Olley, S. and A. Pakes, 1996, "The Dynamics of Productivity in the Telecommunications Equipment Industry," *Econometrica*, 64, pp. 1263 – 1298.

Pierce, J. R. and P. K. Schott, 2016, "The Surprisingly Swift Decline of US Manufacturing Employment," *American Economic Review*, 106(7), pp. 1632 – 1662.

Rahaman, M. M., 2016, "Chinese Import Competition and the Provisions for External Debt Financing in the US," *Journal of International Business Studies*, 47(8), pp. 898 – 928.

Ramirez, C. D. and R. Rong, 2012, "China Bashing: Does Trade Drive the "Bad" News about China in the USA?" *Review of International Economics*, 20(2), pp. 350 – 363.

Rogers, J. L., C. M. Schrand and S. L. C. Zechman, 2014, "Do Managers Tacitly Collude to Withhold Industry-Wide Bad News?" Chicago Booth Research Paper, No. 13 – 12.

Schmidt, K., 1997, "Managerial Incentives and Product Market Competition," *Review of Economic Studies*, 64(2), pp. 191 – 213.

Shen, L. and P. Silva, 2018, "Value-Added Exports and US Local Labor Markets: Does China Really Matter?" *European Economic Review*, 101, pp. 479 – 504.

Valta, P. and H. Paris, 2012, "Competition and the Cost of Debt," *Journal of Financial Economics*, 105(3), pp. 661 – 682.

Wang, Z., S.-J. Wei, X. Yu and K. Zhu, 2018, "Re-examining the Effects of Trading with China on Local Labor Markets: A Supply Chain Perspective," NBER Working Paper, No. 24886.

Whited, T. M. and G. Wu, 2006, "Financial Constraints Risk,"